Bauwelt Fundamente 38

Herausgegeben
von Ulrich Conrads

Programmredaktion:
Hansmartin Bruckmann
Ulrich Conrads
Gerhard Fehl
Rolf-Richard Grauhan
Herbert Hübner
Frieder Naschold
Dieter Radicke
Mechthild Schumpp

Beirat:
Gerd Albers
Adolf Arndt
Lucius Burckhardt
Werner Kallmorgen
Julius Posener
Hans Scharoun

Großstadt-Politik

Texte zur Analyse und Kritik lokaler Demokratie

Herausgegeben von
Rolf-Richard Grauhan

Bertelsmann Fachverlag

Quellennachweis für die Nachdrucke aus anderen Publikationen siehe Seite 269.
Die Beiträge »Die örtliche Gemeinschaft als ökologisches System von Spielen«, »Stadtpolitik«, »Die politische Organisation in Stadtregionen« und »Die Politik der Verflechtungsräume als Problem der Diplomatie« wurden von Heinz Schollwöck, Berlin, ins Deutsche übersetzt.

© 1972 Verlagsgruppe Bertelsmann GmbH / Bertelsmann Fachverlag, Gütersloh · 1
Umschlagentwurf von Helmut Lortz
Gesamtherstellung Poeschel & Schulz-Schomburgk, Eschwege
Alle Rechte vorbehalten · Printed in Germany
ISBN 3-570-08638-0

Inhalt

Warum »Großstadt-Politik«? 7
von Rolf-Richard Grauhan

I. Politische Theorie der Stadt
Der Bedeutungswandel der Stadt als politischer Einheit 19
von Sigmar Gude
Die örtliche Gemeinschaft als ökologisches System von Spielen 60
von Norton E. Long
Stadtpolitik 79
von Edward C. Banfield und James Q. Wilson

II. Strukturprobleme städtischer Verflechtungsräume
Die politische Organisation in Stadtregionen 97
von Vincent Ostrom, Charles M. Thiebout und Robert Warren
Die Politik der Verflechtungsräume als Probleme der
Diplomatie 121
von Matthew Holden jr.

III. Institutionelle Politik in der Großstadt
Der politische Willensbildungsprozeß in der Großstadt 145
von Rolf-Richard Grauhan
Politische Willensbildung und Führung in Großstädten der
Oberstadtdirektor-Verfassung 162
von Gerhard Banner

IV. Politische Dimensionen der Stadtplanung
Stadtplanung und Politik 181
von Rolf-Richard Grauhan
Sachzwang und Entscheidungsspielraum 198
von Claus Offe
Nahverkehrsplanung und städtische Lebensbedingungen 212
von Wolf Linder

V. Bürgerinitiativen und gewaltsame Aktion
Zum politischen Stellenwert von Bürgerinitiativen 237
von Claus Offe
Im Dickicht städtischer Gewalt 249
von Wolf-Dieter Narr

Die Autoren 269
Quellenverzeichnis 270
Namensverzeichnis 271

Warum »Großstadt-Politik«?
Von Rolf-Richard Grauhan

Ein Sammelband zum Thema »Großstadt-Politik« bedarf der Begründung. Einmal in bezug auf das Thema selbst, zum anderen in bezug auf die Auswahl der einzelnen Beiträge. Mit dieser Einführung soll eine solche Begründung versucht werden.
Warum das Interesse an der Großstadt-Politik? Ist die »kleine« Kommunalpolitik – gemessen an den Existenz-Fragen der »großen« Staatspolitik – nicht trivial, kommt ihr nicht lediglich historische Bedeutung zu? Zunächst ist zu fragen, was die Gründe für diese Einschätzung sind. Seit der großen Weltwirtschaftskrise am Ende des ersten Drittels dieses Jahrhunderts und verstärkt nach dem Ende des Zweiten Weltkriegs hatte sich das politische Interesse vorwiegend der Politik der Zentralanstalten des politischen Systems zugewandt. Die Weltwirtschaftskrise hatte vor aller Augen klar demonstriert, daß die nationalen Wirtschaften der entwickelten westlichen Länder zu ihrem eigenen Funktionieren der steuernden Eingriffe des zentralen Staatsapparats bedürfen. Zentrale »Globalsteuerung« der Wirtschaft wurde zum beherrschenden politischen Problem, die Entwicklung zu einer immer stärkeren Zentralisierung auch der politischen Organisation schien die natürliche Konsequenz. Zudem hatte die Wirtschaftspolitik mit ihrer Zielsetzung eines »stetigen und gleichgewichtigen Wirtschaftswachstums« die Formel geliefert, die die politischen Grundprobleme der westlichen Demokratien – durch die Weltwirtschaftskrise erneut offenbart – mit einem Schlage zu lösen versprach. Eine durch gesamtstaatliche »Konjunkturpflege« garantierte Mindestwachstumsrate sollte dem Krisenproblem wie dem Verteilungsproblem abhelfen, das heißt einmal die Krisenanfälligkeit der kapitalistischen Wirtschaft zu korrigierbaren »konjunkturellen Schwankungen« dämpfen und zum anderen der mit dem Konzentrationstrend immer krasser werdenden Ungleichheit der Vermögensverteilung durch Umverteilung aus dem erwirtschafteten Zuwachs abhelfen. Die Werbewirksamkeit dieser Verheißung ließ an der Kommunalpolitik nur noch das Problem ihrer möglichst nahtlosen Einfügung in eine gesamtstaatlich konzipierte Wachstumsstrategie interessant erscheinen.
Die faktische Entwicklung der Bundesrepublik zeigt, daß bereits seit der ersten Aufbauphase nach Beendigung des Zweiten Weltkriegs die Förderung wirtschaftlichen Wachstums zum Generalnenner staatlicher und kommunaler Politik geworden war. Der Wiederaufbau der im Kriege zerstörten Städte ging reibungslos in eine von den Ein-

nahmeerwartungen aus der Gewerbesteuer angetriebene Industrieansiedlungspolitik über. Diese fand ihre Fortsetzung in der zu Beginn der sechziger Jahre nach Verabschiedung des Bundesbaugesetzes aufkommenden Stadtentwicklungsplanung, die durch großzügige Kerngebietsausweisungen in den Stadtzentren, die Planung von »Entlastungssiedlungen« in den Randzonen und die Inangriffnahme aufwendiger Straßen- und Schienenverkehrssysteme zur Verbindung beider den Standort- und Investitionswünschen der expandierenden Wirtschaft, insbesondere des tertiären Sektors, engegenkam. Mit dem Programm der »Stadtentwicklung« im Sinne der faktischen Förderung weiterer Agglomeration befand sich die Kommunalpolitik der Großstädte grundsätzlich im Einklang mit den Wachstumszielen der Zentralinstanzen und gemeinsam mit diesen wiederum im Einvernehmen mit dem Trend der Wirtschaft zu großbetrieblicher Konzentration und Expansion. Kommunalpolitik erschien so in der Tat als das letzte Glied in einem großen Aktionszusammenhang, den »Sachzwängen« des Gesamtsystems unterworfen und damit dem politisch Interessierten nicht der Beschäftigung wert.

Freilich hatten sich schon in den verschiedenen Programmen zur Stadtentwicklung Zielkonflikte angekündigt, die jedoch, solange sie nicht in der politischen Wirklichkeit unmißverständlich in Erscheinung traten, als verbal harmonisierbar behandelt werden konnten. So hatte etwa das Bundes-Raumordnungsgesetz von 1965 mit dem Begriff der »gesunden Lebens- und Arbeitsbedingungen« operiert, allerdings geflissentlich, ohne Kriterien für die »Gesundheit« anzugeben, und die widersprüchliche Forderung erhoben, das Wachstum von hochentwickelten Gebieten zugleich mit dem überproportionalen Wachstum zurückgebliebener Gebiete zu fördern. Der Münchener Stadtentwicklungsplan von 1963 zum Beispiel hatte die Förderung der City-Bildung durch weitreichende Kerngebietsausweisungen und ein sternförmig auf die Stadtmitte zulaufendes Massenverkehrssystem mit der Erhaltung des »historisch und organisch gewordenen Gefüges der Stadt« als »erster Ordnungsvorstellung« zu einem Zielkonflikt verbunden.

Das Neue an der Kommunalpolitik zu Beginn der siebziger Jahre ist, daß diese Zielkonflikte nun konkret aufbrechen und politisch artikuliert werden. So zeigt es sich, daß in den zum Kerngebiet erklärten Stadtteilen, ganz wie es dem abstrakten Wachstumsziel der Stadtentwicklung entspricht, expandierende Wirtschaftsunternehmen, Banken, Versicherungen, Kaufhäuser und Firmenzentralen in großem Stile Grundstücke aufkaufen und den Althausmietern und Kleingewerbetreibenden kündigen, das »historisch und organisch entstandene Gefüge« der Stadt hier also beseitigt wird und daß die Betroffenen sich in Mieteraktionen dagegen zur Wehr setzen. Es wäre falsch,

hierin nur eine Art Maschinenstürmerei im letzten Drittel des 20. Jahrhunderts zu sehen. Ebensowenig ist die wachsende Kritik an der »Unwirtlichkeit unserer Städte«, an der Einöde der zur »Entlastung« der Stadtzentren schnell hochgezogenen Schlafstädte, an den wachsenden Verkehrsschwierigkeiten der zwischen Arbeiten, Wohnen und Erholung hin und herpendelnden Bewohner, an der Zerstörung der ökologischen Lebensbedingungen durch Wasser- und Luftverschmutzung, lediglich als Neuauflage der romantischen, an vorindustriellen Leitbildern orientierten Großstadtkritik zu interpretieren. Zur Debatte steht nicht die Großstadt an sich und ihre Konfrontation mit einem »gesunden« Landleben. Die Geschichte ist inzwischen weitergegangen. Was sich in den Mieteraktionen, Hausbesetzungen und Verkehrsstreiks der Großstädte artikuliert und in den letzten Jahren Leben in die Kommunalpolitik gebracht hat, ist nur das sichtbare Symptom eines viel weitergehenden Sachverhalts: an den Lebensbedingungen in den Zentren der Verflechtungsräume erweist sich in steigendem Maß die Fragwürdigkeit des seit Jahrzehnten als politische Zauberformel ausgegebenen und zum abstrakten Prinzip erhobenen Wirtschaftswachstums, und zwar – dies ist der Grund für die Beschäftigung gerade mit der Großstadt-Politik – exemplarisch für die verstädterte Gesamtgesellschaft der westlichen Industrienationen. Es ist die Frage zu stellen, ob von der Kommune her eine qualitative Alternative zur gegenwärtigen, auf quantitative Wachstumsraten fixierten Zentralpolitik entwickelt werden kann, die radikal die Frage nach dem Sinn und der Vernünftigkeit des tatsächlich stattfindenden Wachstumsprozesses aufwirft.
Diese Frage ist zwar spekulativ, aber nicht so spekulativ, wie sie auf den ersten Blickt ausschaut. Das läßt sich durch einige Zusatzfragen belegen, die hier freilich nur als Fragen formuliert werden können.

1. Erstens ist die Frage nach der Natur des gegenwärtig stattfindenden Wachstumsprozesses selbst zu stellen. Dafür ist zunächst festzuhalten, daß das Wachstum der Verflechtungsräume unter den gegebenen Verhältnissen eine direkte Folge des stattfindenden Wirtschaftswachstums ist. Solange Maßstab des wirtschaftlichen Erfolgs die Erwirtschaftung einer Rendite ist, folgt zwangsläufig, daß Standorte und Investitionen dort angelegt werden, wo sie am kostengünstigsten sind, das heißt im wesentlichen dort, wo ein Arbeitsmarkt, das für die Gewinnung qualifizierter Fachkräfte erforderliche kulturelle Angebot, Absatzchancen und günstige Transportverhältnisse schon im Ansatz vorhanden und ausbaufähig sind. Das bedeutet: solange Wirtschaftswachstum rein quantitativ verstanden und nach quantitativen Kriterien, also der prozentualen Wachstumsrate, als Erfolg verbucht wird, kann auch Stadtentwicklung sich nicht nach qualitativen Kri-

terien richten. Umgekehrt: wenn sich an der faktischen Stadtentwicklung die Notwendigkeit der Anlegung qualitativer Kriterien zeigt, so muß auch der gesamtgesellschaftliche Wachstumsprozeß der Produktion nach qualitativen Kriterien gesteuert werden.
Als nächstes ist deshalb die Frage zu stellen, was eigentlich das seinem Inhalt nach ist, was da als »Wirtschaft« wächst, mithin die Frage nach dem Spezifikum der herrschenden Produktionsweise. Hier ist daran zu erinnern, daß diese ihrem Charakter nach *Warenproduktion* ist. Wohlstand wird deshalb verstanden als die Reichhaltigkeit des Angebots verbrauchbarer Waren, der Lebensstandard wird gemessen an dem verfügbaren »Warenkorb«. Der prätendierte Sinn des Wachstums der Produktion ist also die Steigerung des Wohlstandes durch Vermehrung des Warenangebots. Demgegenüber ist die Frage zu stellen, ob nicht die Lebensbedingungen in den Verflechtungsräumen eine wesentliche *qualitative Erweiterung* des Wohlstandsbegriffs erforderlich machen, die den »Bereich von Lebensbedürfnissen, zu deren Befriedigung die Mittel nicht individuell kaufbar« (Offe) sind, als wesentlichen Bestandteil einschließt. Darauf wird sogleich zurückzukommen sein. Hier ist noch der Hinweis erforderlich, daß die neuere Kapitalismus-Kritik hat zeigen können, daß die nach dem Selbstverständnis des Systems eingebauten Sicherungen, die die Vernünftigkeit der Entwicklung des Produktionsprozesses hatten gewährleisten sollen, von dem konkret stattfindenden Wachstumsprozeß selbst überrollt wurden und deshalb nicht mehr, wie vorgesehen, zu greifen vermögen.
Der Abhängigkeit der Arbeitnehmer im Produktionsprozeß sollte ihre Unabhängigkeit als »König Kunde« auf dem Markt gegenüberstehen; durch die Vernunft ihrer Entscheidung zum Kauf oder zum »Konsumverzicht« sollten die Arbeitnehmer die um den Gewinn konkurrierenden Unternehmer von außen steuern und damit deren Entscheidungsgewalt nach innen ausbalancieren. Die tatsächliche Entwicklung der Unternehmerwirtschaft zeigte jedoch die steigende Tendenz zur Konzentration und Monopolisierung, zur einvernehmlichen Aufteilung der Märkte unter wenige Großunternehmen, zur immer weitergehenden Verselbständigung der Produktion gegenüber der Nachfrage. Diese Entwicklung war wesentlich mitbedingt durch die auf die Warenproduktion bezogene Wachstumspolitik, und zwar durch das, was von Ökonomen der »zweite Effekt« (nach dem der Konjunkturpflege) genannt wird, nämlich die Kapazitätserweiterung. Wachstum heißt auch: ständig wachsende Produktionskapazitäten, für die auf der Basis der mit der Konzentration einhergehenden Internationalisierung von Produktion und Markt langfristige Absatzstrategien geplant und finanziert werden. Motor dieser Entwicklung ist nicht, wie von konservativen Kulturkritikern behauptet wurde, eine immanente

Eigenbewegung »der Technik«, sondern das vom Prinzip der Rendite diktierte Erfordernis, wachsende Produktionsanlagen immer weiter rentabel zu halten.
Die Kosten dieser Entwicklung haben weitgehend die Bewohner der Verflechtungsräume zu tragen. Denn einerseits ist ihnen in besonderem Maß das angenommene Steuerungsmittel des Konsumverzichts aus der Hand geschlagen. Mit wachsendem Verstädterungsgrad wird Bedürfnisbefriedigung, einstmals mit »Wohlstand« umschrieben, immer mehr zu dem, was ebenso altfränkisch als »Notdurft« zu bezeichnen ist. Zunehmende Distanz zwischen Wohnung und Arbeitsplatz führt zwangsläufig zur Anschaffung von Kraftfahrzeugen, zunehmende Kommunikationsbeziehungen durch stärkere Verdichtung schaffen sichere Absatzgarantien für die Kleidungs-, Hygiene- und pharmazeutische Industrie, die wachsende Distanz zwischen Wohnung und »Erholungsgebiet« machen die Ausgestaltung der Wohnung zum Erholungsraum notwendig und entlasten Möbel- und Kulturindustrie vom Konkurrenzdruck. »Administrierte Preise« und die Anpassung der Bedürfnisse an die Erfordernisse der Produktion besiegeln den Sturz von »König Kunde«. Wachsende Verstädterung läßt mithin nach einem Ersatz für die versagenden Mechanismen zur Gewährleistung der »Vernünftigkeit« der wachsenden Produktion fragen. Etwas anderes kommt hinzu. Jüngste Analysen zeigen, daß bei den prosperierenden Großunternehmen die Investitionen in neue Kapazitäten und die Preise steigen, *obwohl* die Nachfrage sinkt. Dem Stadtbürger bleibt also auch nicht der Trost, daß er für die Beeinträchtigung seiner Umweltbedingungen wenigstens ein Mehr an Waren einhandelt.

2. Dies führt zu der Frage zurück, die hier als zweite formuliert werden soll: ob nicht von den verstädterten Räumen her eine ganz neue Wohlstandsdefinition entwickelt werden muß, die eine Umkehr der Prioritäten gesamtgesellschaftlicher Kapitalinvestitionen bedeuten würde. Die Verflechtungsräume werfen die Frage auf, ob in dem immer weiteren Vorantreiben des Wachstums der Produktion tauschbarer Waren eine sinnvolle Entwicklungsperspektive – auch über die kapitalistische Produktionsweise hinaus – gesehen werden kann. Sind nicht parallel zu dem Prozeß, der den Warenverbrauch zur Notdurft werden ließ, die Dinge, die seinerzeit eine Selbstverständlichkeit waren, zu kostbaren Gütern geworden, deren »Produktion« ganz außerordentliche gesellschaftliche Aufwendungen verlangt, nämlich sauberes Wasser, saubere Luft und eine von Mülhalden unbeeinträchtigte Landschaft? Erfordert nicht der »Wohlstand« mit zunehmendem Verstädterungsgrad wachsende Investititonen in eine ästhetisch akzeptable Stadtgestaltung, geräumigen Wohnungsbau, leistungsfähige und flä-

chenstreuende Massenverkehrsmittel, einen individuellen und doch der Bevölkerung in ihrer Gesamtheit zukommenden Gesundheitsdienst, ein Bildungssystem, das seinen Namen verdient, und reichhaltige Erholungsmöglichkeiten – kurz – Investitionen in Bereiche, die nach den Gesetzen der Massenproduktion und der an ihr orientierten Wachstumspolitik den niedrigsten Rang auf der gesamtgesellschaftlichen Prioritätenskala einnehmen, da sie auch bei wachsendem Einkommen entweder überhaupt nicht oder nur für eine privilegierte Elite als Waren zu kaufen sind. Diese Frage macht zur Zeit einen Hauptstreitpunkt unter marxistisch orientierten Kritikern der gegenwärtigen Gesellschaft aus, die entweder an dem »Hauptwiderspruch« von Kapital und Arbeit unbeirrt festhalten oder die Widersprüche zwischen privilegierten und vernachlässigten *Lebensbereichen* hervorheben, die prinzipiell alle Bürger betreffen – eine Kontroverse, die eine neue Dimension gewinnt, wenn man sie unter dem hier interessierenden Gesichtspunkt der fortgeschrittenen *Verstädterung* betrachtet. Auf dem Hintergrund dieser Kontroverse ist der Beitrag von *Claus Offe* zur politischen Einschätzung von »Bürgerinitiativen« zu sehen.

3. Die beiden ersten Fragen hatten dem Zielproblem gegolten. So wie an den Lebensbedingungen in den Verflechtungsräumen der Pferdefuß einer lediglich quantitativ bestimmten und gemessenen Wachstumspolitik offenbar wird, war zu fragen, ob von den Lebensbedürfnissen einer verstädterten Bevölkerung aus eine Alternative in Gestalt einer qualitativ orientierten Entwicklungspolitik zu gewinnen ist. Das würde, was den Politik*inhalt* anbetrifft, eine Umkehrung der herrschenden Perspektive von der Zentral- zur Kommunalpolitik in eine Perspektive von der kommunalen zur zentralen Ebene bedeuten. Die dritte Frage ist daher nach der gesamtgesellschaftlichen Leistungsfähigkeit kommunalpolitischer Prozesse und einer neuen Funktionsbestimmung kommunaler Autonomie zu stellen. Der Befund ist, daß die lokalen politischen Prozesse weithin nicht in ihrem gesamtgesellschaftlichen Zusammenhang gesehen wurden und werden, sondern eben ausschließlich als »Angelegenheiten der örtlichen Gemeinschaft«, für die das Grundgesetz in Artikel 28 das Recht kommunaler Selbstverwaltung gewährt. Das Problem der fortschreitenden überörtlichen Verflechtung wurde danach als quantitative Ausdehnung der »örtlichen Gemeinschaft« über herkömmliche Kommunalgrenzen hinaus verstanden, das institutionell durch die Bildung neuer, eben größerer lokaler Einheiten gelöst werden könne.
Die beiden grundlegenden Konzepte hierfür werden in diesem Band vorgestellt: das Konzept der »Internalisierung«, das von *Ostrom*, *Thibout* und *Warren* diskutiert wird – und in der Bundesrepublik

zum Beispiel der Schaffung des »Großraum-Hannover-Verbandes« zugrundeliegt –, und das von *Matthew Holden* vorgestellte Konzept der »Gemeinschaftsbildung« auf dem Wege interkommunaler Diplomatie, für das in der Bundesrepublik etwa die München-Region als Beispiel dienen kann. Geht man jedoch davon aus, daß in einer verstädterten Gesellschaft die Angelegenheiten der »örtlichen Gemeinschaft« *inhaltlich* auch die der überörtlichen »Gemeinschaft« sind, so gewinnen die vertikalen Beziehungen zwischen Zentral- und Lokalebene an Interesse. Diese können nach dem hierarchischen Modell als Verhältnis von zentraler »Rahmenplanung« und lokaler »rahmenausfüllender Planung« oder zentral »konzertierter« Mehrebenenpolitik verstanden werden, was voraussetzt, daß die Zentralpolitik entweder prinzipiell unproblematisch ist, oder die wesentlichen inhaltichen Probleme auf der Zentralebene artikuliert, behandelt und gelöst werden können. Zeigt sich jedoch die inhaltliche Fragwürdigkeit einer auf der Zentralebene prinzipiell unbestrittenen Politik gerade auf der Lokalebene, so rückt die Frage nach der »Rückkopplung«, dem »Gegenstrom« oder dem Durchschlagen lokaler Politik-Artikulationen auf die Ebene der Gesamtpolitik in den Vordergrund. Lokale »Bürgerinitiativen« in den Zentren der Verflechtungsräume gewinnen in dieser Perspektive einen über die Lokalebene hinausweisenden gesamtgesellschaftlichen Stellenwert. Ein in der Großstadt politisch artikulierter Konflikt zwischen den Bedürfnissen von Altstadtbewohnern und den Bauwünschen finanzkräftiger Unternehmen betrifft so nicht nur die lokale Bauleitplanung, sondern wirft auch die Frage nach einer »Globalsteuerung« von Investitions- und Standortentscheidungen nach politischen Zielkriterien auf.
Konflikte wie diese haben bisher zumindest bewirkt, daß Kommunalpolitiker an ihren eigenen quantitativ bestimmten Wachstumszielen zu zweifeln begonnen haben. Unter Bürgermeistern ist es jedoch eine seit langem ausgemachte Sache, daß die faktische Stadtentwicklung mit dem kommunalen Instrumentarium der Bauleitplanung allein nicht zu steuern ist. Dafür steht OB Vogels oft verwendetes Schlagwort:
»Wenn der Dom von München nicht glücklicherweise in der Hand der Kirche wäre, würde er nach den Gesetzen der Rendite sofort einem Warenhaus oder Bürogebäude weichen müssen.« Jahrzentelange Bürgermeister-Appelle an die Zentralpolitik (»Rettet unsere Städte jetzt!«) haben jedoch gegen den Einwand, es handle sich eben um eine »Angelegenheit der örtlichen Gemeinschaft« kaum etwas vermocht. Zu fragen ist, ob in einer verstädterten Gesamtgesellschaft, in der sich die Wählerschaft des Gesamtsystems zunehmend in den städtischen Verflechtungsräumen konzentriert, lokale Politisierungen der Betroffenen das Konfliktpotential aufbringen können, um die nur von der

Zentralebene aus beizusteuernden Elemente einer qualitativ bestimmten Entwicklungspolitik wirksamer auf die politische Tagesordnung zu setzen. Diese Frage ist nur zum Teil an die Institutionen des im engeren Sinne politischen Systems gerichtet. Wie oben angedeutet, ist die Dequalifizierung der Lebensbedingungen in den städtischen Verflechtungsräumen wesentlich darauf zurückzuführen, daß der als »Vernunftgarantie« der Entwicklung einer warenproduzierenden Wirtschaft gedachte Marktmechanismus versagt und an seine Grenzen gestoßen ist. Die ökonomische »Außensteuerung« der expandierenden Großunternehmen funktioniert nicht mehr wie vorgesehen, so daß die Frage ihrer »Innensteuerung« erneut aufgeworfen ist. Hier zeichnet sich eine Verknüpfung der Großstadtpolitik mit der Problematik der »Mitbestimmungspolitik« ab, die gesehen werden muß, wenn die Frage nach qualitativen statt quantitativen Kriterien für jene Entscheidungen ernsthaft gestellt wird, von denen die Entwicklung der Lebensbedingungen in einer verstädterten Gesellschaft abhängt. Deshalb ist auch die Frage berechtigt, ob das kommunale Selbstverwaltungsprinzip nicht nochmals für ebenso entscheidende Bereiche eine neue historische Relevanz erhält.

4. Die letzte Frage ist die nach der sozialen Gruppe, die Träger einer alternativen Politik sein könnte. Gude schildert in diesem Band die historische Entwicklung der Stadt als Ort und Mittel der Emanzipation des Bürgertums. Für das Bürgertum war die Stadt Ausgangspunkt der Schaffung territorialer Märkte, überlokaler Produktionsweise und eines allgemeinen Staatsbürgertums, das gewissermaßen die Eierschalen der Stadt von den Ohren streifte. In der Tat läßt sich »Stadt« heute nicht mehr auffassen als eine Insel »im Land«, sondern nur noch als Paradigma einer verstädterten Gesamtgesellschaft. Doch wer repräsentiert den »Städter«, nachdem die Gleichung Stadt = Bürgertum nicht mehr aufgeht?
Gude stellt am Ende seines Beitrages die Frage, was die Stadt zur Emanzipation des doch auch stadtsässigen Proletariats beitragen könne, dessen »Ort der spezifischen Abhängigkeit« im Gegensatz zum Bürgertum der Betrieb sei. Doch was ist heute »das Proletariat«? Die Statistik weist aus, daß der Anteil manueller Arbeiter an der Gesamtzahl der Beschäftigten zurückgeht, während der Anteil der kaufmännischen und Verwaltungsangestellten, der Techniker und Ingenieure im Wachsen begriffen ist. Zudem dürften sie in den Verflechtungsräumen überrepräsentiert sein. An der Einschätzung dieser Gruppe aber scheiden sich die Geister der Theoretiker, die am Konzept der Klassenanalyse prinzipiell festhalten: Handelt es sich um einen »neuen Mittelstand« oder eine »neue Arbeiterklasse« – um »Handlanger des Kapitals« oder »Verbündete der Arbeiterschaft«? Nach den

Erfahrungen der europäischen Geschichte – der Refeudalisierung des Bürgertums während des Wilhelminismus und seiner Anfälligkeit für den Faschismus – liegt es nahe, die Demokratie bei der Arbeiterschaft am besten aufgehoben zu sehen, zumal sie als letztes Glied der gesellschaftlichen Hierarchie *objektiv* das größte Interesse an Demokratisierung hat. Doch impliziert der Begriff Demokratie den Begriff Mehrheit, und das Vertrauen in die Arbeiterschaft war nicht zuletzt von der Überzeugung getragen, daß sie die Mehrheit bilden werde. Die Mehrheit bilden heute in der Tat diejenigen, deren »spezifische Abhängigkeit« die Abhängigkeit des Arbeitnehmers im Betrieb ist – und dieses Kriterium schließt, vor allem in den Großunternehmen der Verflechtungsräume, die Angestellten und Techniker mit ein. Freilich ist nicht zu übersehen, daß die Hierarchisierungen und Positionsdifferenzierungen in den Unternehmen aus naheliegenden Gründen die vielfältigsten *vertikalen* Abschottungen unter den verschiedenen Statusgruppen vornehmen. Die Frage an die Politik der Verflechtungsräume ist damit letztlich, ob die in ihnen zutage tretende *horizontale* Vernachlässigung der für das Stadtleben zentralen Lebensbereiche die Basis für gemeinsame politische Aktion zu schaffen in der Lage ist.

Ich habe mich bemüht, die Fragerichtung deutlich zu machen, in der mir die Beschäftigung mit der Großstadt-Politik heute wichtig zu sein scheint, ohne nach schicklicher Herausgeberart die hier versammelten Beiträge zusammenfassend zu interpretieren. Ich will das auch jetzt nicht nachholen, sondern die Autoren selber sprechen lassen. Doch seien die Kriterien der Auswahl abschließend offengelegt.
Aufgabe des Bandes sollte es sein, den gegenwärtigen Stand der Diskussion um Fragen der Großstadt-Politik zu dokumentieren. Dabei kam es auf die Konfrontierung der grundsätzlichen Betrachtungsweisen des Überganges von der Stadt zum Verflechtungsraum an. Zwar sollte dabei die Diskussion in der Bundesrepublik im Vordergrund stehen; grundsätzliche Übereinstimmungen in Wirtschaftssystem und föderaler Verfassung sowie der prinzipielle Vorlauf in den Entwicklungs- und Diskussionsprozessen ließen jedoch die vergleichende Betrachtung der politischen Szene in den USA und ihrer Literatur ratsam erscheinen. Neben der historischen Analyse von *Gude* steht so der prinzipiell ahistorische Systemansatz von *Norton Long*, der die örtliche Gemeinschaft als Überlappungsraum pluraler Spiele unter der Prämisse prinzipieller Gleichheit auffaßt. In seiner Repräsentanz für die Pluralismus-Theorie auf der Basis des Markt-Modells ist dieser Beitrag inzwischen zu einem »klassischen« Test geworden.
Der Beitrag von *Banfield* und *Wilson* wurde aufgenommen, weil er

repräsentativ für die Aufdeckung des Konfliktcharakters städtischer Politik gegenüber der in den USA wie in Deutschland lange vorherrschenden Ideologie der unpolitischen Kommunal*verwaltung* ist. In ihm deutet sich zudem die Verschärfung der grundlegenden sozialen Konflikte in der amerikanischen Großstadt ebenso an, wie er die Grundzüge des herrschenden Politikverständnisses offenbart: die Auffassung der politischen Funktion als Konfliktmanagement auf der einen Seite und – was vielen Beiträgen zur »Partizipations«-Diskussion in der Bundesrepublik zugrunde liegt – die Auffassung der politischen Beteiligung der Bürger als »Spiel«.

Die weiteren Beiträge dieses Bandes folgen in etwa der historischen Entwicklung der Diskussion um großstädtische Politik: von den strukturellen Problemen der neu entstehenden Verflechtungsräume über die Rückwendung zum politischen Prozeß der Zentralstädte selbst und die sich anschließende Frage nach den Spielräumen, die überhaupt für politisches Handeln gegeben sind, bis zur Infragestellung der Grenzen institutionell-politischen Handelns durch politische Artikulationen der Betroffenen. Auch hier wurden aus der amerikanischen Literatur die Texte ausgewählt, die die Grundlagen der auch in der Bundesrepublik vertretenen Positionen aufdecken: der administrative Ansatz von *Ostrom*, *Thibout* und *Warren*, die von der Dienstleistungsfunktion öffentlicher Verwaltungen ausgehen und Einzugsbereiche als Abgrenzungskriterien vorschlagen – ein Gedanke, der in der Bundesrepublik von *Frido Wagener* in seinen Überlegungen zum »Neubau der Verwaltung« gründlich ausgearbeitet worden ist. Hinzu kommt als spezifisch amerikanischer Beitrag der auf dem unerschütterlichen Vertrauen in die fortwirkende Vernunft des Marktmechanismus beruhende Gedanke einer Reprivatisierung öffentlicher Dienste, der auch vom späten *Banfield* wieder aufgenommen worden ist. Kontrastierend dazu steht der politische Ansatz von *Holden*, der die Vergleichspunkte internationaler und interkommunaler Föderierungsprozesse herausarbeitet. Zur Frage der Leistungsfähigkeit institutionalisierter politischer Prozesse wurde auf amerikanische Beiträge verzichtet, da hier die Unterschiede der kommunalen Verfassungsform stärker ins Gewicht fallen. So wurden für die Bundesrepublik die Verfassungstypen, in denen der Oberbürgermeister als Verwaltungschef fungiert, und jene, die den Dualismus von Oberbürgermeister und Oberstadtdirektor kennen, gegenübergestellt. In den aufgenommenen, mehr empirisch orientierten Beiträgen lassen sich unschwer die zuvor diskutierten theoretischen Grundpositionen wieder auffinden. Am Beispiel des Themas Stadtplanung und Politik sollte die Frage der Reichweite institutioneller Politik exemplifiziert werden. Deshalb wurden ein Beitrag aufgenommen, der administrative und politische Planungsauffassungen konfrontiert und an empirischen Beispielen unterschiedlicher Planungspraxis deutsche und amerikanische Diskussion zu verknüpfen sucht. Ein weiterer Beitrag gilt der für die Planungsdiskussion zentralen Auseinandersetzung mit den Sachzwang-Argumenten der Technokratie-Theorie, die die prinzipielle Unmöglichkeit politischer Handlungsspielräume zu beweisen versucht. Am Beispiel der Verkehrsplanung – also einem auf den ersten Blick vorwiegend technischen Bereich – sollte dann die inhaltlich politische Dimension der Technik, die Verknüpfung scheinbar »rein technischer« Alternativen mit sozialen Interessenkonflikten – aber auch die derzeit begrenzten Handlungsmöglichkeiten der institutionellen Politik gezeigt werden. Diese Grenzen werden wiederum von den »Basisartikulationen« problematisiert, die gegenwärtig die Diskussion beherrschen und denen die letzten beiden Beiträge dieses Bandes gelten – in ihrer Form als »Bürgerinitiative« ebenso wie in ihrer Form als gewaltsame Aktion.

Die Funktion dieses Bandes ist mithin eine doppelte: die allein auf die lokale Ebene bezogene Diskussion um die großstädtische Politik durch die Resumierung ihrer Ergebnisse abzuschließen – und zugleich im erweiterten Bezugsrahmen eine neue Diskussion zu eröffnen.

1. Politische Theorie der Stadt

Der Bedeutungswandel der Stadt als politischer Einheit
Von Sigmar Gude

1. Methodische Anmerkungen

Im folgenden wird sehr oft von »Der Stadt« die Rede sein. Das wirft natürlich die Frage auf, ob alle Städte innerhalb Europas eine gleichartige politische Entwicklung genommen haben. Das wird man sicherlich nicht behaupten können. Während manche Städte im Laufe ihrer Geschichte oft Aufruhr und Revolutionen erlebt haben, ging die Entwicklung in anderen scheinbar stetig ohne Bruch durch die Jahrhunderte. Doch die Städte unterscheiden sich nicht nur in ihrer Sozialgeschichte. Auch die Produktionsform, das Verhältnis der Bürger untereinander und die Beziehungen zum die Stadt umgebenden Land trennten die Städte in verschiedene Typen.[1]

Eine besonders ins Auge fallende unterschiedliche Entwicklung haben die Residenzstädte und die sogenannten »freien« Städte genommen. Mauersberg hat das an den Beispielen der freien Reichsstädte Basel, Frankfurt und Hamburg und an den Residenzstädten Hannover und München sehr genau beschrieben.[2] Die Residenzstädte erreichen nie ein gleiches Maß an Selbstverwaltungsbefugnissen wie die freien Städte. Die wenigen, die sie erreichten, wurden ihnen schon sehr früh, teilweise nach langen Kämpfen mit den Fürsten, wieder genommen.[3] Auch ihre Wirtschaftsstruktur war anders. Weber bezeichnet sie in seiner Typologie als »Konsumentenstadt«, »deren Einwohner in ihren Erwerbschancen vorwiegend direkt oder indirekt von der Kaufkraft des fürstlichen und der anderen Großhaushalte abhängen«.[4] Schließlich unterschied sich ihre Sozialstruktur völlig von der der »freien« Stadt. Die Zahl der in den fürstlichen Diensten stehenden

---

[1] Weber, Max: Wirtschaft und Gesellschaft. Köln/Berlin, 1964, S. 923 ff.
[2] Mauersberg, Hans: Wirtschafts- und Sozialgeschichte zentraleuropäischer Städte in neuerer Zeit. Göttingen, 1960.
[3] Ein gutes Beispiel für den Autonomieverlust einer Stadt durch fürstliche Eingriffe gibt Hegemann an Hand der Geschichte Berlins. Hegemann, Werner: Das steinerne Berlin. Berlin/Frankfurt/Wien, 1963.
[4] Weber, Max, a. a. O., S. 925.

Personen, die weder als Vollbürger noch als Beisassen zum städtischen Bürgerverband gehörten, war in der Regel beachtlich.[5]

Da ich trotz der bestehenden erheblichen Unterschiede weiterhin von »Der Stadt« sprechen werde, bedarf es einiger methodischer Anmerkungen.

Es läge nahe zu vermuten, daß die Stadt hier als idealtypischer Begriff abgeleitet werden soll. Das ist jedoch ebensowenig beabsichtigt wie der Versuch, den Durchschnitt aus den verschiedenen Entwicklungen zu bilden.[6] Stadt soll nicht isoliert in ihren möglichen Existenzformen betrachtet werden, sondern als Faktor einer gesamtgesellschaftlichen Entwicklung. Dabei ist dieser Faktor nicht selbständig, sondern unterliegt selbst wieder Veränderungen, die durch andere Faktoren der Gesellschaft in Gang gesetzt werden. Ja, die von der Stadt bedingten Prozesse wirken wieder in verselbständigter allgemeiner Form auf die Stadt zurück und beenden den städtischen Einfluß auf die gesellschaftliche Entwicklung weitgehend. Man kann Stadt in diesem Zusammenhang als eine historische oder »epochaltypische«[7] Kategorie bezeichnen, deren Aussagewert streng auf eine geschichtliche Epoche begrenzt und nicht auf andere Geschichtskonstellationen übertragbar ist. Sie ist zugleich eine dialektische Kategorie, »weil sie in dem positiven Verständnis des Bestehenden zugleich auch das Verständnis seiner Negation, seines notwendigen Untergangs einschließt, jede gewordene Form im Flusse der Bewegung also auch nach ihrer vergänglichen Seite auffaßt«.[8]

Vielleicht erscheint ein solcher Gedankengang, der von der Auflösung der historischen Kategorie Stadt spricht, erstaunlich angesichts einer weltweiten Bevölkerungsentwicklung, die mit Recht als Verstädterung bezeichnet wird. Doch gerade deshalb erscheint es mir notwendig, mit Hilfe einer geschichtlichen Ableitung die Begriffe Stadt und Urbanität ideologiekritisch zu untersuchen, um festzustellen, ob mit einem an der Bürgerstadt oder der Großstadt der Jahrhundertwende gewonnenen Stadtbegriff das neue Siedlungsphänomen einer Regionen oder gar Länder überziehenden »Stadt«[9] ausreichend gefaßt werden kann.

---

[5] Vgl. Mauersberg, a. a. O., S. 98 f. und 145 ff.

[6] Vgl. zum Begriff des Ideal- und des Durchschnittstyps Weber, Max, a. a. O., S. 14 f.

[7] Vgl. Habermas, Jürgen: Strukturwandel der Öffentlichkeit. Neuwied am Rhein und Berlin, 1965, S. 7.

[8] Marx, Karl: Das Kapital, 1. Band; Marx-Engels, Werke, Band 23. Berlin, 1968, Nachwort zur zweiten Auflage, S. 28.

[9] In einem Artikel am 4. 4. 1970 berichtete die Frankfurter Rundschau über eine Planertagung, die der Diskussion über die Planung einer möglichen Raumstadt von England bis zu den Alpen diente.

Es wird im folgenden sehr viel von der bürgerlichen Gesellschaft die Rede sein. Die Geschichte der Stadt und der bürgerlichen Gesellschaft sind über lange Zeit hinweg fast identisch. Diese Identität ist jedoch zerbrochen. Gerade deswegen ist es notwendig, die noch bestehenden Bindungen zwischen Stadt und Bürgertum zu analysieren und festzustellen, welche gesellschaftlichen Kräfte die Stadt heute beeinflussen.
Das letztere kann allerdings nicht allein auf dem Weg der Analyse der jetzigen Form der Stadt geschehen. Zwar ist statistisches Material über Größe, Wirtschaftskraft, Bevölkerungsentwicklung, Verkehrswesen usw. unbedingt notwendig. Will man dieses aber zusammenfassend interpretieren, so kann es leicht passieren, daß ein bestimmtes Vorverständnis von der Stadt die Interpretation schief werden läßt.[10] Deswegen ist die historische Kritik der Begriffe ebenso notwendig wie die empirische Aufarbeitung.
In diesem Aufsatz soll versucht werden, über die Analyse der Geschichte der europäischen Stadt zum Verständnis heutiger Stadtformen vorzudringen.

2. Stadt und Bürgertum

Entstehung der mittelalterlichen Stadt

Im 9. Jahrhundert setzte eine Wiederbelebung der alten, ehemals römischen und die Gründung neuer Städte in Europa ein.[11] Grundlage dieser Entwicklung war eine stetig zunehmende landwirtschaftliche Produktion, die das Anwachsen der gewerblichen Produktion ermöglichte.[12] Die Zunahme der gewerblichen Produktion macht eine effektivere Form des Warentausches erforderlich als den unmittelbaren Tausch zwischen Produzenten. Dieser Notwendigkeit verdankt der Händler seine ökonomische und soziale Bedeutung.[13] »Die Stadt (ist) das Produkt einer bestimmten Entwicklungshöhe in der

---

[10] Dreitzel erwähnt in diesem Zusammenhang den hermeneutischen Zirkel zwischen Vorverständnis und Materialverarbeitung. Vgl. Dreitzel, Peter: Über die historische Methode in der Soziologie. In: Sozialer Wandel, herausgegeben von Peter Dreitzel. Neuwied und Berlin, 1967.
[11] Vgl. Ennen, Edith, Artikel »Stadt« (III) im Handwörterbuch der Sozialwissenschaften Bd. 9, S. 780 ff.. Tübingen/Göttingen, 1956.
[12] Vgl. Czok, Karl: Die Stadt. Leipzig/Jena/Berlin, 1969, S. 14.
[13] Die Stützpunkte der anfangs noch ständig umherziehenden Händler in der Nähe einer Burg oder eines Bischofssitzes sind oft der Kern der neugegründeten Städte gewesen. Vgl. Ennen, Edith, a. a. O., S. 780.

Arbeitsteilung zwischen der agrarischen und der gewerblichen Produktion und der daraus entstandenen Austauschverhältnisse.«[14]
Die Entwicklung besonderer Handels- und Produktionsorte wurde zunächst von allen Feudalherren unterstützt. Sie stärkten die wirtschaftliche Kraft des Landes und erhöhten so die Einnahmen der Fürsten. Durch zusätzliche Abgaben an den Lehnsherrn erkauften sich die Stadtbürger persönliche Freiheit und die Städte gewisse Rechte der Selbstverwaltung.[15] Die militärische Sicherung durch die Stadtmauer zeigte, daß hier ein neuer sozialer Verband entstanden war, wenngleich er auch noch fest im feudalen Herrschaftsbereich verankert war.

Die Auseinandersetzung mit den Feudalherren

Diese Einheit im feudalen Rahmen war jedoch notwendig trügerisch. Die Interessen der Feudalherren und der Stadtbürger waren zu konträr, die Wirtschaftskraft der Städter zu stark, als daß das alte Herrschaftsgefüge unangefochten die Veränderung im sozialen Bereich hätte überstehen können. Die städtische Wirtschaftsform benötigte vor allem Kontinuität. Der Händler konnte nur dann einen Profit erzielen, wenn die vielfachen Risiken langfristig berechenbar wurden. Das war aber dann nicht möglich, wenn die Feudalmacht durch willkürliche Besteuerung, neue Zölle usw. den neuen Wirtschaftszweig auszubeuten versuchte. Zur Absicherung ihrer wirtschaftlichen Position nach innen und außen schlossen sich die Bürger der Stadt gegen den Adel zusammen. Die besondere Form dieses Zusammenschlusses zu einem eidlichen Verband, der zuerst in der Regel den Charakter einer Geheimgesellschaft hatte, bestimmte die Rechtsform der mittelalterlichen Stadt.[16] Durch den Zusammenschluß entstand eine neue militärische Kraft, die der des städtischen Adels in der Regel überlegen

---

[14] Kofler, Leo: Zur Geschichte der bürgerlichen Gesellschaft. Neuwied und Berlin, 1966, S. 67.
[15] Max Weber sieht hierin ein weiteres Merkmal der Stadt, als einen »Ort des Aufstiegs aus der Unfreiheit in die Freiheit durch das Mittel geldwirtschaftlichen Erwerbs« (a. a. O., S. 942).
[16] Vgl. Weber, Max, a. a. O., S. 952 f.
In den ökonomisch am weitesten entwickelten Städten in Oberitalien kommt es zu solchen Zusammenschlüssen, zur »conjuratio«. Zur ersten Schwurgemeinschaft in Deutschland schließen sich 1112 die Kölner Bürger, 38 Jahre nach ihrem erfolglosen Aufstand gegen den Erzbischof, zusammen. »Conjuratio Coloniae facta est pro libertate (eine Schwurvereinigung bildete sich in Köln für die Freiheit).« Czok, Karl, a. a. O., S. 22.

war.[17] Die Form der Auseinandersetzung mit dem Adel hing jedoch von vielen Komponenten ab. Insbesondere der ökonomische Entwicklungsstand der Stadt, der ja über die Einwohnerzahl und die finanziellen Möglichkeiten direkt die militärische Stärke bestimmte, entschied Zeitpunkt und Möglichkeit eines offenen militärischen Kampfes gegen den Adel.[18] Oft gingen jedoch Herrschaftsfunktionen – vorwiegend gegen Bezahlung – an den städtischen Rat über, ohne daß die bischöfliche, kaiserliche oder gräfliche Oberherrschaft ganz aufgehoben wurde. »Aber oft und zwar gerade in den wichtigsten Fällen handelte es sich um etwas ganz anderes: eine, formalrechtlich gesehen, revolutionäre Usurpation.«[19]

Konstitution der freien Stadteinung als Ort eines neuen Produktions- und Herrschaftsverhältnisses

Das Interesse der Bürger, die feudale Herrschaft abzuschütteln, ist nun leicht einsehbar. Dieses Interesse hatten ja auch die Bauern. Die wirklich umwälzende Kraft der Stadtbürger resultierte aus der Veränderung der Produktions- und Verkehrsweise der Stadt. Zwar unterschieden sich anfangs die handwerklichen Produktionsmethoden nicht von denen der dörflichen Handwerker, aber der Handel setzte eine neue Qualität. Indem er die bekannte Welt mit zunehmend verbesserten Verkehrswegen überzog, schuf er einen einheitlichen Weltmarkt, der die Möglichkeit gab, regionale Ressourcen stärker auszunutzen und bessere Produktionsmethoden zu verbreiten. »Das erste Aufblühen der Manufakturen – in Italien und später in Flandern – hatte den Verkehr mit auswärtigen Nationen zu seiner historischen Voraussetzung.«[20] Gleichzeitig ermöglichte der ständige Kontakt der Städte

---

[17] »Alle conjurationes und Einigungen des Okzidents aber ..., waren Zusammenschlüsse der wehrhaften Schichten der Städte. Das war das positiv Entscheidende.« Weber, Max, a. a. O., S. 989.
[18] In fast allen bedeutenden Städten, nur Venedig nimmt eine Sonderstellung ein, nahmen die Auseinandersetzungen den Charakter offener revolutionärer Kämpfe an, in denen die bürgerliche Selbständigkeit konstituiert wurde. In Oberitalien, wo der Adel stadtsässig war, wurde die Leibeigenschaft auch auf dem umliegenden Lande aufgehoben. Der Adel wurde unter Zwangsgesetze gestellt. In Florenz war zwischen 1293 und 1295 die Erhebung in den Adelsstand eine besondere Strafmaßnahme. Vgl. Kofler, Leo, a. a. O., S. 87 und passim.
[19] Weber, Max, a. a. O., S. 951.
Ein deutlicher Ausdruck für die Stärke der Bürger war die Schleifung der Burgen in der Stadt und innerhalb eines bestimmten Umkreises um die Stadt.
[20] Marx, Karl: Die deutsche Ideologie. Berlin, 1953, S. 54.

untereinander die Bildung einer Bürgerklasse aus den einzelnen Stadtbürgerschaften.[21] Die Städte schlossen sich zur Durchsetzung ihrer gemeinsamen Interessen trotz der Verbote der Zentralgewalt zu Städtebünden zusammen. Die hohen Profite, die die Handelsbourgeoisie erzielte, hatten zudem eine militärische Bedeutung. Sie ermöglichten einmal den Bau der Festungsanlagen und die Ausrüstung der städtischen Bürgerheere[22], deren Kriegstechnik mehr und mehr der der Ritterheere überlegen wurde, und brachten zum anderen Feudalherren immer mehr in die Abhängigkeit städtischer Kreditgeber. Doch auch die handwerkliche Produktion entwickelte sich schnell. Auf Grund der guten Absatzmöglichkeiten, die der Handel hat, konnte die Produktion spezialisiert und gesteigert werden.[23] Die Zünfte als soziale Organisation der Handwerker, nach dem Vorbild der städtischen Schwurgemeinschaft als eidlicher Verband gebildet, verliehen dem Handwerk zusätzlich Stärke und Kontinuität. Die Zunft schützte ihre Mitglieder gegen die mögliche Konkurrenz vom Lande nachrückender Handwerker und gegen den Einfluß des Kaufmannskapitals.[24] Durch ihre genossenschaftliche Struktur, etwa gemeinschaftliche Produktionsanlagen[25] und kollektiver Einkauf von Rohmaterialien[26], konnten sie zudem billiger produzieren.

Der Kampf um die Vorherrschaft innerhalb der Stadt

Der Kampf um die Befreiung von feudalen Abhängigkeiten, an dem alle Schichten Interesse hatten und an dem alle aktiv beteiligt waren, hat nun aber der Stadt keine demokratische Verfassung im Sinne einer allgemeinen und gleichen Beteiligung am politischen Entschei-

---

[21] A. a. O., S. 52.
[22] Mauersberg, Hans, a. a. O., S. 440.
»Die Ausgaben verteilen sich hauptsächlich auf Aufwendungen für das städtische Bauwesen, die Wehrbereitschaft und das Söldnerwesen der Stadt ...«
[23] A. a. O., S. 179 ff. Die Städte hatten, von Zeiten großer Wirtschaftskrisen abgesehen, stets einen erheblichen Bedarf an Arbeitskräften, die als Vollbürger, Pfuscher oder Beisassen integriert wurden.
[24] »Die Zunft wehrte eifersüchtig jeden Übergriff des Kaufmannskapitals ab, der einzig freien Form des Kapitals, die ihr gegenüberstand. Der Kaufmann konnte alle Waren kaufen, nur nicht die Arbeit als Ware.« Marx, Karl: Das Kapital, 1. Band, a. a. O., S. 380. Vgl. auch Weber, Max, a. a. O., S. 1005.
[25] Vgl. Wittfogel, Karl August: Geschichte der bürgerlichen Gesellschaft. 1924, S. 84.
[26] Vgl. Mauersberg, a. a. O., S. 240 (Anmerkung).

dungsprozeß gebracht. Selbst dort, wo formal die Versammlung aller Vollbürger als oberstes politisches Gremium galt, lag die Herrschaft faktisch in der Hand einer Schicht, der »Geschlechter«. Sei es, daß nur sie die Qualifikation zu Ämtern und Rat hatten, sei es, daß sogar das Wahlrecht allein auf sie beschränkt blieb. Sie »setzte(n) sich aus altfreien, wohlhabenden Leuten zusammen, Grundbesitzern, Rentnern und Kaufleuten«.[27] Max Weber erklärt ihre Vorherrschaft durch ihre ökonomische Abkömmlichkeit[29], Wittfogel im bezug auf Marx aus dem Entwicklungsstand des Handels[29]. Es gehörte zwar nur ein Teil der Handelsbourgeoisie den Geschlechtern an, aber die in den oberen Zünften oder Gilden organisierten Händler setzten zuerst ihre Beteiligung an der Macht durch.[30] Die Amtsfähigkeit hing nun von der Mitgliedschaft in den oberen Zünften ab. Für die Masse der kleinen Handwerker und Tagelöhner hatte sich jedoch faktisch nichts geändert. Einmal traten die Geschlechter in die oberen Zünfte ein und behielten einen großen Teil ihrer Macht, zum anderen gerieten die Handwerker unter den Einfluß der Kapitalkraft der Unternehmer- und Händlerzünfte.[31] Dieser scharfe Interessengegensatz führte zu offenen Klassenkämpfen in den Städten, und die zahlenmäßig stärkeren unteren Volksschichten gewannen auch regelmäßig im spontanen Aufstand die Macht in den Städten. Zeitweilig gelangten sogar die nicht zünftig organisierten Tagelöhner an die Macht.[32]
Allerdings konnten sich diese auf demokratische Verfassung zielenden Volksherrschaften in dieser Form nicht lange behaupten. Die ökonomisch stärkere Handelsbourgeoisie sicherte sich nach und nach wieder Einfluß. In Italien entstanden im Laufe dieses Prozesses die Si-

---

[27] Heil, B.: Die deutschen Städte und Bürger im Mittelalter. Leipzig, 1912, S. 26. Zitiert nach Wittfogel, a. a. O., S. 82.
[28] Vgl. Weber, Max, a. a. O., S. 961.
[29] Vgl. Wittfogel, a. a. O., S. 85.
[30] Das läßt sich am besten an der Geschichte der oberitalienischen Städte zeigen. So erhalten 1193 in Florenz die Zünfte des »popolo grasso«, die sieben Zünfte der Händler, Unternehmer und der Schichten mit Universitätsbildung, das Recht der Mitregierung. Vgl. Kofler, a. a. O., S. 86.
[31] Vgl. Weber, Max, a. a. O., S. 987 f.
[32] Bekannt ist vor allem der Ciompi-Aufstand 1378 der Florentiner Wollkämmer geworden. Kofler, a. a. O., S. 85. Aber auch in Flandern haben nichtzünftlerische Handwerker versucht, eine Beteiligung an der Ratsregierung zu erringen. Solche Aufstände konnten allerdings nur dort zustande kommen, wo eine manufakturähnliche Produktion eine große Anzahl Tagelöhner benötigte. Aufstände der Handwerker sind jedoch fast in allen Städten nicht nur bei der Einrichtung einer den Ansprüchen der Zünfte entgegenkommenden Verfassung, sondern auch in späteren Jahrhunderten immer wieder vorgekommen.

gnorien.³³ Die Ratsverfassungen in Mitteleuropa stellten einen Kompromiß zwischen Klein- und Großstadtbürgertum dar.³⁴

Sozial- und Rechtsstruktur der mittelalterlichen Stadt

Die Stadt des Mittelalters ist aus einem bürgerlichen Schwurverband entstanden als Mittel, die neue Produktionsform auch in der politischen Sphäre adäquat zu repräsentieren. Diese rechtlich-politische Form der eidlichen Vereinigung bestimmte die Organisation aller relevanten politischen Faktoren in der Stadt. So wie die Stadt ein politischer Verband zur Durchsetzung bestimmter wirtschaftlicher Interessen war, so nahmen alle Vereinigungen der Stadt die Gestalt eines Zweckverbandes an. Wer nicht in Zünften, Gilden, Stuben, Gesellschaften usw. organisiert war, war politisch machtlos und wurde wirtschaftlich ausgebeutet.³⁵ Zu den beiden anerkannten Klassen, der Handelsbourgeoisie und den kleinbürgerlichen Handwerkern, kam eine dritte nichtorganisierte hinzu, juristisch definiert als Beisassen und Aufenthalter, ökonomisch bestehend aus Pfuschern und Tagelöhnern.³⁶ Deren Stellung war unsicher, da sie kein volles Bürgerrecht hatten. Sie zogen diese Unsicherheit der vollständigen Abhängigkeit vom Feudalherren auf dem Lande jedoch vor.

---

³³ Weber bezeichnet es als das Gemeinsame dieser Signorien, »daß sie überwiegend in der Hand einer begüterten Familie und im Gegensatz gegen die eigenen Standesgenossen entstanden, daß sie ferner, als erste politische Macht in Westeuropa, eine rationale Verwaltung mit (zunehmend) *ernannten Beamten* durchführten, und daß sie dabei doch meist gewisse Formen der übernommenen kommunalen Verfassung aufrechterhielten« sowie, »daß sie meist aus den legalen Ämtern des Popolo heraus sich entwickelten«. Weber, Max, a. a. O., S. 996 f. Kofler nennt die Signorie eine Form des fortschrittlichen Absolutismus, da sie wesentlich dazu beigetragen hat, den Feudalismus zu überwinden, auch wenn gerade hier die Bourgeoisie auf Kosten des Volkes gefördert wurde. Vgl. Kofler, a. a. O., S. 138.
³⁴ Vgl. Weber, Max, a. a. O., S. 1002.
³⁵ »Diese Leibeigenen, ..., kamen einzeln in die Städte, wo sie eine organisierte Gemeinde vorfanden, gegen die sie machtlos waren und worin sie sich der Stellung unterwerfen mußten, die ihnen das Bedürfnis nach ihrer Arbeit und das Interesse ihrer organisierten städtischen Konkurrenten auswies.« Marx, Karl: Die deutsche Ideologie, a. a. O., S. 50.
³⁶ »Trotz dieser verschiedenen Anordnungen (das Bürgerrecht zu erwerben, S. G.) verblieb noch immer eine Schicht, die sich nicht in die Bürgerschaft inkorporieren ließ, entweder weil sie zu arm und sozial zu schwach war, ... auch weil die Stadt aus wirtschaftlichen Gründen und wegen der Versorgung mit billigen Arbeitskräften auf sie nicht ganz glaubte verzichten zu können, ...« Mauersberg, a. a. O., S. 129.

Die Stadt war ein ökonomischer Zweckverband, und so ging es bei den innerstädtischen Auseinandersetzungen immer um die Frage ökonomischer Macht und Abhängigkeit.[37] Das Bestreben nicht nur der handwerklichen Zünfte bestand darin, durch Anerkennung ihrer Satzung die wirtschaftliche Existenz ihrer Mitglieder zu sichern. Ihr Ziel war es also, gewerbepolizeiliche Befugnisse zu okkupieren. Das schien ihnen um so notwendiger, als die potentielle Konkurrenz vieler in die Stadt hineinstrebender Fremder die wirtschaftliche Sicherheit vor allem der Handwerker gefährdete. Der Schwurvereinigung gehörte der einzelne vor allem auch als »Rechtsgenosse«[38] an. Das städtische Recht unterschied sich nun erheblich von den Rechtsformen des Feudalismus. Die vor allem im Wirtschaftsleben notwendige Rationalität, die Voraussetzung für langfristige rechnerische Kalkulation ist, wurde in dem Maße Grundlage des Rechtslebens, wie die bürgerlichen Klassen die Herrschaft in der Stadt eroberten.[39] Vor allem auf das Wirtschaftsrecht bezog sich dieser Prozeß der Rationalisierung. Durch Befragen der Räte anderer Städte, Gutachten usw. wurde versucht, das Handels- und Wirtschaftsrecht zu vereinheitlichen.[40]

Das Verhältnis der Städte zum Feudalismus

Ich habe gezeigt, wie sich in der Stadt der Prozeß der Emanzipierung der bürgerlichen Klasse von feudaler Herrschaft historisch entwickelte. Eine ökonomisch und politisch immer stärker werdende Klasse, die als Eigentümerin ihrer Produktionsmittel nicht direkt unter das Lehnsprinzip feudaler Wirtschaftsordnung fiel, schuf sich in den Städten neue Sozialformen, die nun wieder auf die alte Gesellschaftsform wirken mußten.[41] Daß dies aber noch nicht zur Revolutionierung der ganzen Gesellschaft führte, zeigt eine kurze Betrachtung der Geschichte. Der Augenschein, der eine jahrhundertelange Koexistenz der Städte mit dem Umland zeigt, trügt jedoch ebenfalls. Stadt und Land,

---

[37] Vgl. Weber, Max, a. a. O., S. 1005.
[38] Vgl. Weber, Max, a. a. O., S. 944.
[39] Vgl. Kofler, a. a. O., S. 82 und Weber, Max, a. a. O., S. 1002.
[40] Mauersberg führt sehr viele solcher Versuche zur Vereinheitlichung des Rechts an. Sie bezogen sich auf das Wechselrecht, die Behandlung fremder Kaufleute, die Schuldeintreibung in anderen Städten, das Fuhrwesen usw.
[41] Daß die Kämpfe zwischen Stadtbürgern und Feudalismus fast immer auf regionale Kämpfe mit dem unmittelbar beteiligten Graf oder Bischof begrenzt blieben und deshalb relativ leicht zum Erfolg der Städter führten, läßt sich vor allem wohl auf die Schwäche der Zentralmacht zurückführen, die weder über eine entwickelte Bürokratie noch über ein stehendes Heer verfügte. Vgl. Weber, Max a. a. O., S. 960 und S. 1020.

industrielle und landwirtschaftliche Produktion bildeten nicht Teile eines sich ideal ergänzenden Ganzen, sondern die Teilung war Ausdruck eines beginnenden Ausbeutungsverhältnisses zwischen der unterentwickelten feudalen und der vorkapitalistischen städtischen Wirtschaft.[42] Die Stadt hatte das Handelsmonopol inne, und die Zünfte versuchten oft, die handwerkliche Produktion auf dem Lande zu behindern. Solange die Städte stark und die feudalen Gewalten schwach waren, konnte diese Abhängigkeit bestehen bleiben. Zudem wurden die Städte und ihre Wirtschaftsentwicklung während einer bestimmten Periode von der Zentralgewalt unterstützt, die auf einen wirtschaftlich starken, zentralistisch gelenkten Staat hinarbeitete.[43] Die beiden bürgerlichen Klassen der Städte waren ihrerseits nicht an einer vollständigen Umwälzung der Gesellschaft interessiert. Das Handwerk wollte sich nicht einer allgemeinen Konkurrenz aussetzen – der Handel hatte ja in dem das Land ausbeutenden Adel den Kunden für seinen profitablen Handel mit den Luxusgütern.[44]

Der Einfluß des Handelskapitals

»Die große, das bürgerliche Leben der Renaissance neugestaltende und trotz anfänglich stärkerer, später geringerer religiöser Hemmungen durchrationalisierte Erscheinung ist der Kaufherr.«[45] Diese Rationalität blieb weder auf Betriebsführung der Handelshäuser noch auf die innere Struktur der Städte beschränkt. Die Rationalisierung erfaßte notwendig die ganze Gesellschaft.[46] Zuerst bezog sie sich auf

---

[42] »Alle Verordnungen also, die danach streben, diese Löhne und Profite (der städtischen Bourgeoisie) höher zu heben, als sie sonst wären, wirken dahin, die Stadt instand zu setzen, mit einer geringeren Menge Arbeit das Produkt einer größeren Menge Arbeit des Landes zu kaufen.« »Dank diesen (den städtischen) Ordnungen erhalten die Bewohner der Stadt einen größeren Anteil daran (am jährlichen Gesamtprodukt, S. G.), als sie sonst erhielten, und ein geringerer fällt dem flachen Land zu.«
A. Smith, zit. nach Wittfogel, a. a. O., S. 85.
[43] Kofler nennt diese Epoche die Zeit des fortschrittlichen Absolutismus; a. a. O., S. 140 ff.
[44] Vgl. Kofler, a. a. O., S. 132.
[45] Kofler, a. a. O., S. 130.
[46] »Aber auch in der Bestimmung der objektiven historischen Funktion des Großbürgertums selbst kann die Fortschrittlichkeit behauptet werden, denn ökonomisch war die Vermittlung von Produktion und Bedürfnis, die in großzügiger Weise die lokalen Grenzen und damit die mittelalterliche Organisationsform sprengte, von einer die ganze Gesellschaft umwälzenden Kraft.« Kofler, a. a. O., S. 134 f.

den Handelsbetrieb selbst. Aber nach und nach wurden die meisten Prinzipien des Geld- und Warenverkehrs entwickelt, auf die die heutige Wirtschaft nicht verzichten kann. Wechsel, Giralgeld, Börsen, Banken, Mustermessen, Postwesen usw. setzten sich in dieser Zeit durch. Die immer stärkere wirtschaftliche Verflechtung der Regionen erzwang Maßnahmen zur Vereinheitlichung der Währungen.[47] Parallel zu den Rationalisierungen der Wirtschaftsorganisation entwikkelten sich in den Städten und im städtischen Großbürgertum Träger einer sich auf das ganze menschliche Leben beziehenden rationaleren Geistesströmung. Schon der Nominalismus, der erste Angriff auf die mystisch-kirchliche Weltanschauung, der ein auf Empirie gegründetes, naturwissenschaftliches Denken vorbereitete, ist »eine erste ... intellektuelle Form bürgerlich-städtischen Denkens«.[48] Diese Geisteshaltung kulminierte im Humanismus der Renaissance, der »überall da zur maßgeblichen Ideologie geworden (ist), wo es eine kräftige Handelsbourgeoisie gab«[49]. Deismus und religiöses Freidenkertum, Individualismus und rational verwalteter, aber absolutistischer Staat[50] waren Ergebnisse des allgemeinen Rationalisierungsstrebens in Verbindung mit der politischen Situation der großbürgerlichen Klasse. Diese politische Situation wurde dadurch gekennzeichnet, daß sich seit den Befreiungskämpfen der Städte keine radikale, antifeudale großbürgerliche Politik mehr beobachten läßt. Der Zusammenhang zwischen städtischer Produktion und feudalem Konsum verbot dem Handelsbürgertum im politischen Bereich jede Radikalität, ja sogar vielfach die Distanz vom Feudalismus, die in seiner eigenen Ideologie angelegt ist. »Als Individuum, für das die rationelle Tätigkeit alles bedeutet, ist der Bourgeois der Renaissance kompromißlos. Als Angehöriger einer Klasse, die des Feudalismus bedarf und sich daher mit seiner Existenz abgefunden hat, ist er dagegen jederzeit zu Kompromissen bereit.«[51]

[47] Mauersberg beschreibt diese Entwicklung sehr genau. Vgl. vor allem a. a. O., S. 261–291 und S. 483–507.
[48] Kofler, a. a. O., S. 59 f.
[49] Kofler, a. a. O., S. 173.
[50] Dieser scheinbare Widerspruch läßt sich an Machiavellis Schriften »Discorsi« und »Principe« studieren.
Vgl. Kofler, a. a. O., S. 191–203.
»Dieser Widerspruch zwischen Gelöstheit und der Abhängigkeit des Individuums enthält das Geheimnis des inneren Bewegungsgesetzes der bürgerlichen Gesellschaft überhaupt. Er ist es, der dem Individuum schließlich als Widerspruch von Tätigkeit und Bestimmtheit, von Freiheit und Notwendigkeit, von Aktivität und Kontemplativität zum Bewußtsein kommt.« Kofler, a. a. O., S. 176 f.
[51] Kofler, a. a. O., S. 180.

Das Handwerk

Die kleinbürgerliche Klasse der mittelalterlichen Städte drängte nun keinesfalls stärker auf die Umwälzung der feudalen Gesellschaftsordnung. Zwar war sie nicht in gleicher Weise wie das Handelsbürgertum auf den Adel angewiesen. Auch war ihre Ideologie weitaus radikaler gegen weltliche und kirchliche Autoritäten gerichtet.[52] So waren die Bestrebungen zu einer kirchlichen Reformation eng mit den Bemühungen handwerklicher Kreise um soziale Reformen verbunden. Mauersberg beschreibt anhand der Ereignisse der Reformationszeit in Basel, Frankfurt, Hamburg, Hannover und München, daß die kirchliche Reformation unmittelbar zusammen mit sozialen Reformen von den unteren Volksschichten gegen den Widerstand eines Teils des händlerischen Patriziats gefordert wurden. »Diese aufrührerischen Anläufe aus der Bürgerschaft fanden ihre Ursache aber nicht nur in dem religiös-kirchlichen Anliegen, sondern wurden untergründig immer mitgespeist aus der politischen Verdrossenheit der sozial unterdrückten Schichten. Die errungenen Siege brachten in der Regel auch nicht nur die Aufrichtung einer neuen Glaubensordnung, sondern setzten meistens auch neues Recht, da sie neue politische Tatbestände geschaffen hatten.«[53] Aber diese Reformen zielten nicht auf eine Revolutionierung der Gesellschaft, sondern nur auf die Erhaltung und Ausweitung des zünftlerischen Einflusses. Die reale Situation der Handwerker drängte nicht auf eine Umwälzung der Gesellschaft hin. Die handwerkliche Produktionsweise hatte sich gerade in der Stadt ihre ideale Existenzform geschaffen. Das handwerkliche Kapital war unmittelbar an den Meister gebunden. »Dies Kapital war nicht, wie das moderne, ein in Geld abzuschätzendes, bei dem es gleichgültig ist, ob es in dieser oder jener Sache steckt, sondern ein unmittelbar mit der bestimmten Arbeit des Besitzers zusammenhängendes, von ihr gar nicht zu trennendes und insofern ständisches Kapital.«[54] Damit war das Interesse auf Reproduktion, nicht auf Akkumulation festgelegt. Auf die Erhaltung dieser Wirtschaftsordnung legten die Zünfte größten Wert. Immer häufiger wendeten sich seit dem 17. Jahrhundert die Handwerker an den Rat gegen die will-

---

[52] Die Sektenbewegung war ebenso ein Ausdruck kleinbürgerlicher wie bäuerlicher Ideologie. Befangen in religiöser Mystik, aber in Verbindung mit den Rationalisierungsbestrebungen der Zeit mischen sich in Glaubensvorstellungen der Sekten Sozialkritik und eschatologische Hoffnung. Die Ungerechtigkeit der Welt wird am absoluten Naturrecht gemessen, der Ausgleich jedoch nicht primär in sozialer Veränderung sondern im kommenden Reich Gottes gesucht. Vgl. Kofler, a. a. O., S. 240–248.
[53] Mauersberg, a. a. O., S. 11.
[54] Marx, Karl, a. a. O., S. 52.

kürliche Beschäftigung von Gesellen und Tagelöhnern durch einzelne zumeist fremde Unternehmer[55], immer stärker entwickelte sich bei der Abwehr der Gewerbefreiheit angesichts der Gefahr der sozialen Deklassierung der »reaktionäre« Charakter der Handwerker.[56] Die handwerkliche Produktionsform hatte ihre geschichtliche Grenze erreicht. Die Handwerker hätten ihren Einfluß nur durch ein »Einfrieren« des gesellschaftlichen Zustands halten können, doch sie hatten ja gerade durch die Entwicklung der Stadt mit dazu beigetragen, den Geschichtsprozeß in Richtung auf eine kapitalverwertende Wirtschafts- und Gesellschaftsordnung in Gang zu setzen, die jetzt ihre eigene Handwerkerexistenz weitgehend vernichtete.

3. Bürgerstadt und Bürgertum

Das Ende der selbständigen Stadt und ihrer Einordnung in den zentralen Staat

Die Ausbeutung des Landes durch die Stadt, die ich oben beschrieben habe, hatte nun langfristig doch Folgen für das Verhältnis der Städte zum Feudalismus. Der feudale Machthaber war nämlich gezwungen, wollte er nicht langfristig wirtschaftlich immer schwächer werden[57], dem städtischen Wirtschaftssystem, ›freier Kommerz‹ verbunden mit der durch die Zünfte fast monopolisierten handwerklichen Produktion, ein eigenes Wirtschaftssystem entgegenzusetzen: statt freiem Kommerz bürgerlicher Individuen untereinander staatlich gelenkte merkantilistische Wirtschaftspolitik. Sollte diese Politik jedoch erfolgreich sein, mußte die feudale Macht selbst erst gewisse Entwicklungen durchmachen, ehe sie den Städten ein neues wirtschaftliches Verhalten aufzwingen konnte.
Man kann nämlich in Hinblick auf die mittelalterlichen politischen

---

[55] Vgl. Das Kapitel »Die Bedrohung der alten Zunftvorrechte durch das Fabrik- und Manufakturwesen«. In: Mauersberg, a. a. O., S. 324–342.
[56] Vgl. Kuczynski, Jürgen: Die Bewegung der deutschen Wirtschaft von 1800 bis 1946. Leipzig, S. 21.
[57] Die wirtschaftliche Lage der meisten Flächenstaaten war während des gesamten Mittelalters schlecht, zumindest schlechter als die der Städte. (Die Städte diktierten die Preise für ländliche Rohprodukte.) Das äußerte sich in der ständigen Geldverschlechterung dieser Länder, was wiederum Ausdruck ihrer passiven Handelsbilanz war. Die Städte notierten schließlich gegen den erbitterten Widerstand der Territorialfürsten die Wechselkurse der Geldsorten amtlich.
Vgl. Mauersberg, a. a. O., Die Zerrüttung im Münzwesen, S. 483–507, insbesondere dort S. 492 f., S. 498 und S. 518.

Gebilde nicht von einem mittelalterlichen Staat sprechen, etwa in dem Sinne, daß es eine Macht gegeben hätte, die über die Ressourcen eines Gebietes wie des Deutschen Reiches eigenmächtig hatte verfügen können. Insofern ist schon der Ausdruck Zentralgewalt für den Kaiser oder König äußerst unscharf. Diese »Zentralgewalt« konnte nur gelegentlich im Falle einer elementaren Störung der gesellschaftlichen Ordnung eingreifen. Sonst herrschte »ein Agglomerat von zahllosen größeren, kleineren und kleinsten Herrschaftseinheiten, die untereinander meist nur durch das sehr lockere Lehensband vertraglich zusammenhängen«[58]. Die vielen kleinen sich gegenseitig beargwöhnenden feudalen Machthaber waren, wie ich gezeigt habe, den Städten unterlegen gewesen. Die Städte hatten an politischer, militärischer und wirtschaftlicher Macht inzwischen hinzugewonnen. Die Städtebündnisse bildeten eine zusätzliche Machtkonzentration. Gegen diese Macht konnte nur ein feudaler Machthaber etwas ausrichten, der über die Machtmittel eines relativ großen Flächenstaates absolut verfügte, das heißt, die vielen feudalen Gewalten mußten einer zentralen Macht weichen. Hierin berührten sich die Interessen des Landesfürsten (oder des Königs) mit denen der Städter. Letztere zogen aus der Entmachtung des Kleinadels den Vorteil, ihren Warenverkehr unbehinderter durchführen zu können. Die städtische Wirtschaft garantierte dem Fürsten eine günstige Handelsbilanz und das hieß Geldwertstabilität, auch wenn der Reichtum noch in die Taschen der Städter und nicht in die des Landesherrn floß.[59] In dem Augenblick jedoch, wo der absolut gewordene Herrscher über eine funktionierende Verwaltung und ein stehendes Heer verfügte, also den Städten machtmäßig überlegen war[60], konnte er auch die politische Selbständigkeit der Städte brechen. Er tat dies aus zwei Gründen. Einmal, um die Verfügungsgewalt über die städtische Produktion und die daraus gezogenen Kapitalien zu erreichen, zum anderen, um die Wirksamkeit seiner wirtschaftspolitischen Maßnahmen zu garantieren.[61] Diese Maßnahmen förderten die Produktion von Fertigwaren, um die Aus-

---

[58] Heller, Hermann: Staatslehre. Leiden, 1963, S. 127.
[59] Die Residenzstädte spürten zuerst die wirtschaftspolitische Neuorientierung des Landesherrn. So wurde zum Beispiel die Münchner Bürgerschaft gezwungen, sich an der Erweiterung der Münchner Tuchproduktion durch einen zinslosen Kredit zu beteiligen.
Vgl. Mauersberg, a. a. O., S. 257.
[60] »Aber das Entscheidende lag doch in der an sich bestehenden Unmöglichkeit für die Städte, militärisch-politische Machtmittel nach Maß und Art der patrimonialbürokratischen Fürsten in den Dienst ihrer Interessen zu stellen.«
Weber, Max, a. a. O., S. 1006.
[61] Vgl. Weber, Max, a. a. O., S. 1005 f.

fuhr zu verstärken, und sie behinderten die Einfuhr, um die Handelsbilanz zu verbessern. Max Weber beschrieb diese Wirtschaftspolitik so: »Merkantilismus bedeutet die Übertragung des kapitalistischen Erwerbsbetriebes auf die Politik. Der Staat wird behandelt, als bestünde er einzig und allein aus kapitalistischen Unternehmern; die Wirtschaftspolitik nach außen beruht auf dem Prinzip, den Gegner zu übervorteilen, möglichst billig einzuhandeln und sehr viel teurer abzusetzen. Zweck ist, die Macht der Staatsleitung nach außen zu stärken. Merkantilismus bedeutet also moderne Machtstaatsbildung, und zwar direkt durch Steigerung der fürstlichen Einkünfte, indirekt durch Steigerung der Steuerkraft der Bevölkerung.«[62]
Die Auswirkung dieser Politik traf, noch ehe die Landesherren die Städte ganz unter Kontrolle bringen konnten, deren Sozialordnung im Kern. Der mühsam erreichte Kompromiß zwischen Handel und Handwerk, nämlich die weitgehende Beherrschung des Rates durch die Handelsbourgeoisie bei genauer Respektierung des zünftlerischen Prinzips der Bedarfsdeckungswirtschaft, wurde durch die fürstlich geförderte manufakturelle Produktionsweise gesprengt. Der Handel selbst genoß jedoch zunehmende Privilegierung durch den Landesherrn.[63] Hier entstand endgültig die kapitalistische Klassentrennung in Bürgertum, bestehend aus Handelsbourgeoisie und Unternehmern, und Lohnarbeiter, bestehend aus Tagelöhnern und abgesunkenen Handwerkern.[64] Mauersberg betont, daß der Merkantilismus nicht in der Lage gewesen ist, die Wirtschaft langfristig anzukurbeln. Die Risikobereitschaft der freien Unternehmer sei weit mehr die treibende Kraft für die beginnende Industrialisierung gewesen.[65] Das ist so lange richtig, wie man die wirtschaftspolitischen Maßnahmen isoliert betrachtet. Im Zusammenhang mit der ganzen Politik der absolutistischen Macht zeigt sich, daß die dirigistische Politik erst die Voraussetzung für die Unternehmerinitiative geschaffen hat, indem sie durch die Bauernbefreiung die Lohnarbeitermassen und durch die Vernichtung der städtischen Selbstverwaltung die Gewerbefreiheit ermöglicht hat. Die freie Stadtkommune war als wirtschaftliches und politisches System unbeweglich und ineffizient geworden. Die manufakturelle Teilung der Arbeit ersetzte die Kommune durch ein leichter

---

[62] Weber, Max, a. a. O., S. 1040.
[63] Vgl. Weber, Max, a. a. O., S. 1041.
[64] Die Handwerker haben sich gegen diese Entwicklung gewehrt. Der Frankfurter Handwerkeraufstand unter Führung von Vincenz Fettmilch von 1612 bis 1614 kann als Indiz für diese Entwicklung angesehen werden. Vgl. Mauersberg, a. a. O., S. 114.
[65] Vgl. Mauersberg, a. a. O., S. 250 ff.; vgl. auch Weber, Max, a. a. O., S. 1005.

überschaubares, kalkulierbares und effektiveres System, den kapitalistischen Betrieb. Dieser zerlegt auf der technischen Seite den Arbeitsprozeß in genau kalkulierbare Einzeloperationen.[66] Dadurch kann die Arbeitszeit vereinheitlicht werden, die zur Herstellung eines Produktes benötigt wird. Gleichzeitig wird durch die Spezialisierung die Arbeitsproduktivität erhöht.[67] Auf der gesellschaftlichen Seite wird dadurch die Arbeit selbst zur Ware, von der jedes Quantum käuflich ist. Am Ende dieser Entwicklung haben die Städte also nicht nur ihre politische Selbständigkeit verloren, sondern auch ihre gesellschaftspolitische Sonderstellung. Zum Teil waren ihre Grundprinzipien, wie zum Beispiel das rationale Recht, insbesondere das Wirtschaftsrecht, vom Territorialstaat übernommen worden. Die Grundlage der ehemaligen Vorherrschaft der Stadt, ihre ökonomische Monopolstellung, war nicht mehr vorhanden.[68]

Daraus folgt aber, daß in diesem Stadium der Entwicklung die starke, streng organisierte Stadt ein Hemmschuh für die wirtschaftliche Weiterentwicklung des Landes war. Die Geschichte zeigt, daß bei einem Übergang zu einem kapitalistisch-industriellen Wirtschaftssystem die freie Kommune überall zu existieren aufhörte.

Die politische Öffentlichkeit als neue Kampfform des Bürgertums

Den Verlust der städtischen Autonomität darf man jedoch nicht mit einem Verlust der sozialen und politischen Bedeutung der Stadt gleichsetzen. Bürgerlich-kapitalistische Produktionsformen waren

---

[66] Vgl. Marx, Karl: Das Kapital, a. a. O., 12. Kapitel, Teilung der Arbeit und Manufaktur.
[67] »Der Gesamtarbeiter besitzt jetzt alle produktiven Eigenschaften in gleich hohem Grad der Virtuosität und verausgabt sich zugleich aufs ökonomischste, indem er alle seine Organe, individualisiert in besonderen Arbeitern oder Arbeitsgruppen, ausschließlich zu ihren spezifischen Funktionen verwendet. Die Einseitigkeit und selbst die Unvollkommenheit des Teilarbeiters werden zu seiner Vollkommenheit als Glied des Gesamtarbeiters.« Marx, Karl, a. a. O., S. 369 f.
[68] »Vor allem dadurch, daß die traditionellen, in die Stadtwirtschaft eingegliederten Unternehmungsformen jetzt nicht mehr diejenigen waren, welche die ganz großen Gewinne abwarfen, und daß, wie einst die feudale Kriegstechnik, so jetzt sowohl die politisch orientierten, wie die händlerischen und gewerblichen kapitalistischen Unternehmungen, auch wo sie formal stadtsässig waren, doch nicht mehr in der städtischen Wirtschaftspolitik ihre Stütze fanden und nicht mehr von einem lokal, an den einzelnen Bürgerverband, gebundenen Unternehmertum getragen werden konnten.« Weber, Max, a. a. O., S. 1006.

zwar nicht mehr notwendig auf die Stadt beschränkt, faktisch gab es aber Manufakturen und Fabriken nur in Städten.[69] Auf dem Lande existierten als Organisationsform der Industrie nur das Verlagssystem und der Bergbau.[70] Die Stadt blieb weiterhin die Basis bürgerlicher Politik. Nur sie bot die Möglichkeit, Einfluß auf die Politik der Zentralgewalt zu nehmen. Dieser Einfluß war notwendig, um zu gewährleisten, daß bei den Entscheidungen der Regierung die Interessen der bürgerlichen Klasse berücksichtigt wurden. Währungs- und Zollpolitik, Festpreise insbesondere für Lebensmittel, Kolonialpolitik usw.; all diese wichtigen Gegenstände merkantilistischer Politik beeinflußten direkt die Profitchancen der Händler und Unternehmer. Das Bürgertum hatte mit den freien Städten den Ort seiner selbständigen Politik durch die Feudalgewalt verloren, die die Prinzipien der rationalen Geschäfts- und Staatsführung vom Bürgertum übernommen hatte. Dieser Machtverlust, verbunden mit dem Anwachsen seiner realen Stärke durch die industrielle Entwicklung, zwang das Bürgertum, den Gedanken einer Koexistenz mit dem Feudalismus preiszugeben und den Sieg der bürgerlichen Gesellschaft über den feudalen Staat anzustreben. Das Bürgertum sah in der Entwicklung seiner Prinzipien die Rationalität verwirklicht, die die Freiheit und den Wohlstand aller garantierte. Die bürgerliche Gesellschaft war ihr das Allgemeine, der Staat das Besondere.[71] Allgemeines und Besonderes lassen sich nur ausgleichen durch die Herrschaft der rationalen Prinzipien der Gesellschaft über den Staat. Der Staat soll unmittelbar Werkzeug der als bürgerlich gedachten Gesellschaft sein. An der Willensbildung soll jeder interessierte Bürger in gleicher Weise beteiligt, Kriterium einzig der Grad der Rationalität sein. Statt eines Herrschers sollen alle durch die Teilnahme an der öffentlichen Diskussion entscheiden. »Diese (die politische Diskussion aller Bürger, S.G.) soll voluntas in eine ratio überführen, die sich in der öffentlichen Konkurrenz der privaten Argumente als der Konsensus über das im allgemeinen Interesse praktisch Notwendige herstellt.«[72] Diese Form politischer Öffentlichkeit bildete nun die spezifische Kampfform des städtischen Bürgertums gegen den Feudalstaat. Die Form der Ausein-

---

[69] Vgl. Kuczynski, Jürgen, a. a. O., S. 21 und Czok, a. a. O., S. 77.
[70] Der Bergbau hat bei Stadtgründungen und -entwicklungen eine bedeutende Rolle gespielt. Vgl. Czok, a. a. O., S. 80.
[71] Einen Eindruck von dem Selbstbewußtsein der Bürger vermittelt die Lektüre von Wilhelm Heinrich Riehl »Die Naturgeschichte des Volkes als Grundlage einer deutschen Social-Politik«. Vgl. besonders a. a. O., 2. Band: Die bürgerliche Gesellschaft. Stuttgart und Tübingen, 1854, S. 195 ff.
[72] Habermas, Jürgen: Strukturwandel der Öffentlichkeit. Neuwied und Berlin, 1965, S. 95.

andersetzung hatte sich verändert; der dieser Auseinandersetzung zugrunde liegende Widerspruch war geblieben, der Widerspruch zwischen der ungeheuren Produktivität der städtisch-bürgerlichen Produktionsweise und der Herrschaft des das agrarisch-feudale Wirtschaftsprinzip vertretenden Adels.

Zum Typus der bürgerlichen Öffentlichkeit

Jürgen Habermas hat in dem oben zitierten Buch die bürgerliche Öffentlichkeit als »epochaltypische Kategorie«[73] entwickelt, um mit ihr die sich entfaltende, aber noch nicht zur Herrschaft gelangte bürgerliche Gesellschaft des 18. und 19. Jahrhunderts zu beschreiben.
Ich hatte oben gezeigt, wie, ausgehend von der städtischen Wirtschaftsform, die gesamte Wirtschaftsordnung das System der Bedarfsdeckungswirtschaft verläßt, um zu einer warenproduzierenden und kapitalverwertenden Wirtschaft zu werden, die sich trotz der staatlichen Eingriffe nur vom Markt her reguliert. Dieser Vorgang konstituiert nach Habermas die bürgerliche Gesellschaft als »Pedant zur Obrigkeit«[74]. Da die kapitalistische Wirtschaftsform den Privatmann als eine Institution der Gesellschaft einrichtet, dessen private wirtschaftliche Aktivitäten die ökonomische Situation des Staates bedingt, können die wirtschaftspolitischen Eingriffe des Staates von den Privatleuten im allgemeinen Interesse kritisiert werden.[75] Aus diesen Bedingungen entwickelte das Bürgertum den Begriff der Öffentlichkeit in zweierlei Hinsicht: einmal als Forderung an die regierenden Monarchen, zum anderen als politische Institution, in der Rationalität und Moral zum Wohle aller konvergieren.[76] »Bürgerliche Öffentlichkeit läßt sich vorerst als die Sphäre der zum Publikum versammelten Privatleute begreifen; diese beanspruchen die obrigkeitlich reglementierte Öffentlichkeit alsbald gegen die öffentliche Gewalt selbst, um sich mit dieser über die allgemeinen Regeln des Verkehrs in der grundsätzlich privatisierten, aber öffentlich relevanten Sphäre des Warenverkehrs und der gesellschaftlichen Arbeit auseinanderzusetzen.«[77]

---

[73] A. a. O., S. 7.
[74] A. a. O., S. 29.
[75] »Weil die dem Staat gegenübergetretene Gesellschaft einerseits von öffentlicher Gewalt einen privaten Bereich deutlich abgrenzt, andererseits aber Reproduktion des Lebens über die Schranken privater Hausgewalt hinaus zu einer Angelegenheit öffentlichen Interesses erhebt, wird jene Zone des kontinuierlichen Verwaltungskontaktes zu einer – ›kritischen‹ auch in dem Sinne, daß sie die Kritik eines räsonierenden Publikums herausfordert.« A. a. O., S. 35.
[76] Vgl. a. a. O., S. 117.
[77] A. a. O., S. 38.

Die Vermittlungsinstanz dieser Auseinandersetzung, das »öffentliche Räsonnement«, war bereits in der Diskussion literarischer und philosophischer Themen entwickelt worden. Dort wo das Bürgertum stark wurde, also zuerst in England, verlagerten sich die Themen zu politischen und ökonomischen Fragen und der Ort der Dispute vom Salon ins Kaffeehaus.[78] Neben den Treffpunkten der interessierten Bürger gewann die Presse die Bedeutung als Ort kritischer Reflexion. So sehr die bürgerliche Klasse auch überzeugt war, keine partiellen, sondern allgemeine menschliche Interessen zu vertreten, die Teilnahme am Willensbildungsprozeß in der Öffentlichkeit war dennoch an Kriterien gebunden. Aber diese Kriterien, Bildung und Besitz, schienen keine der Herkunft, sondern der persönlichen Qualifikation zu sein. Die Chancen, die Zulassungskriterien zu erfüllen, waren aber dem bürgerlichen Selbstverständnis nach für alle gleich. Der freie Wettbewerb, der Tausch der Waren, auch der Ware Arbeitskraft zu ihrem Wert und die vollständige Mobilität[79], sind die Bedingungen der freien Entfaltung aller Gesellschaftsmitglieder. Ebenso wie der gestaltete Markt herrschafts- und gewaltfrei sein sollte, weil kein Anbieter oder Nachfrager stark genug war, den Preis zu bestimmen, so sollte die freie Diskussion herrschaftsfrei sein, da niemand außer durch vernünftige Argumente den Willensbildungsprozeß beeinflussen konnte.[80] Weil der unbeeinflußte Markt gleichermaßen die persönliche Freiheit und die Volkswohlfahrt garantierte, schienen die Interessen des Privateigentümers die Interessen aller zu sein. »Die entfaltete bürgerliche Öffentlichkeit beruht auf der fiktiven Identität der zum Publikum versammelten Privatleute in ihren beiden Rollen als Eigentümer und als Menschen schlechthin.«[81]

Öffentlichkeit in der mittelalterlichen Stadt

Habermas bezieht sich nicht auf Formen der Vergesellschaftung der mittelalterlichen Stadt, sondern entwickelt die Kategorie der bürgerlichen Öffentlichkeit an dem Gegensatz der bürgerlichen Klasse zum zentral gelenkten Staat. Wenn jedoch die »politisch fungierende Öffentlichkeit« eng mit der Warenproduktion verknüpft ist, dann müssen sich bestimmte Elemente jener Öffentlichkeit in der mittelalterlichen Stadt finden lassen.

---

[78] Vgl. a. a. O., S. 44 und S. 63 ff.
[79] Vgl. a. a. O., S. 99.
[80] Deshalb entspricht nicht der aufgeklärte Monarch sondern nur das Parlament den politischen Ansprüchen der bürgerlichen Gesellschaft, vgl. a. a. O., S. 93 f.
[81] A. a. O., S. 68.

H. P. Bahrdt geht davon aus. Er sieht ja gerade in der Öffentlichkeit ein wesentliches Definitionsmerkmal der Stadt. Der Markt als ein System, das die einzelnen unvollständig integriert, ist die negative Voraussetzung, repräsentatives Verhalten auf der persönlichen, unmittelbarer Kontakt zwischen Individuum und Staat auf der politischen Seite sind die positiven Bedingungen der Öffentlichkeit. Der Markt taucht also bei Habermas und Bahrdt gleichermaßen auf. Aber für Bahrdt konstituiert dieser bereits durch seine bloße Existenz als Ort des Warentausches Öffentlichkeit, während Habermas damit ein wirtschaftliches System meint, das sich ausschließlich über den Markt regelt. In der Tat erfüllt die städtische Wirtschaft des Mittelalters diese Bedingung nicht. Nach innen ist sie eine reine Bedarfsdeckungswirtschaft geblieben, in der die Zünfte durch verbindliche Vorschriften die Zahl der Meister und Gesellen und damit das Ausmaß der Produktion bestimmen. Im Inneren wurde die Politik folglich im wesentlichen korporativ durch die berufsständischen Vereinigungen betrieben.[82] Die wirtschaftlichen Beziehungen der Städte untereinander wurden bereits über ein Marktsystem im Sinne der liberalen Theoretiker geregelt. Die Schaffung eines einheitlichen Weltmarktes war ja nach Marx gerade die spezifische Leistung der städtischen Handelsbourgeoisie gewesen.[83] Der »freie Kommerz«, die Forderung der Liberalen des 18. und 19. Jahrhunderts war hier schon weitgehend verwirklicht.

Politische Öffentlichkeit im Sinne von Habermas hat es in der alten Stadt sicherlich nicht gegeben. Abgesehen davon, daß die Öffentlichkeit des 18. Jahrhunderts eine politische Kampfform, nicht eine Regierungsform war, die Ziele anstrebte, die die mittelalterliche Kommune nicht oder nicht mehr anzustreben brauchte, weil diese ja schon von der bürgerlichen Klasse beherrscht wurde, fehlte weitgehend die Erscheinung des selbständig agierenden Individuums[84] und der

---

[82] Vgl. Mauersberg, a. a. O., S. 218 ff.
[83] Vgl. Marx/Engels: Die deutsche Ideologie, a. a. O., S. 54.
Nicht die Tatsache des regelmäßigen Austausches zweier oder mehrerer Regionen untereinander schafft schon den Markt. Dazu gehört vor allem die Durchsichtigkeit der Angebote, damit der Preis sich auf seine »natürliche« Größe einpendeln kann. Durch die Verbesserung des Verkehrs- und Nachrichtenwesens und durch die Waren- und Mustermessen sowie die Börsen wurde diese Bedingung weitgehend erfüllt.
[84] Weber betont zwar, daß der städtische Bürger als einzelner in die Stadt eintritt. Er ist dort allerdings Angehöriger der städtischen Gemeinde. Weber, Max, a. a. O., S. 946 ff.
In der Entwicklung eines Begriffes vom Individuum ist die Handelsbourgeoisie natürlich bedeutend weiter als die Handwerker, denn jene arbeiten bereits für einen anonymen Markt, wo individuelle Geschäftstüchtigkeit be-

Glaube, daß dessen vereinzelte Aktionen notwendig zum Wohle des Ganzen beitragen. Andererseits hatten die Entscheidungen des städtischen Rates einen großen Grad an Öffentlichkeit. Die Maßnahmen des Rates waren ja in der Regel auf den ökonomischen Bereich gerichtet. Imperialistische Politik haben die Städte mit wenigen Ausnahmen nicht getrieben.[85] Die Folgen der wirtschaftspolitischen Maßnahmen waren in der Regel von allen Bürgern zu berechnen. Als gewähltes Gremium war der Rat zudem kritisierbar. Die Zünfte und Gilden übten eine genaue Kontrolle des Rates aus. Sie hatten teilweise ein Vetorecht[86] und versuchten den Etat zu kontrollieren.[87] Die berufsständischen Korporationen wurden erst nach der Reformation langsam in der unmittelbaren Bedeutung zurückgedrängt und durch Vertreter der Kirchspiele ersetzt.[88] Damit war ein erster Schritt getan, den Einzelnen als Bürger unabhängig von seiner sozialen Rolle an der politischen Willensbildung zu beteiligen. Erst dieser Prozeß der Individualisierung, auf den sich Habermas bezieht, bedingt die Polarisierung des Lebens in einen öffentlichen und einen privaten Bereich, verbunden mit einem spezifischen öffentlichen und privaten Verhalten, die Bahrdt zum Kriterium seiner Stadtdefinition macht. Vorher erfüllten höchstens die humanistisch gebildeten Handelsherren die von Bahrdt geforderte Bedingung. Diese, das habe ich oben gezeigt, waren bereits in ein auf Kapitalverwertung beruhendes nationales und europäisches Marktsystem integriert, so daß Habermas' These stringenter ist, die die Entwicklung der Öffentlichkeit mit der Entwicklung der kapitalistischen Produktionsweise verknüpft. Die historische Analyse zeigt, daß Bahrdts Definition einen wesentlichen Teil der Stadtentwicklung nur ungenügend faßt. Ob sie für die Erklärung der weiteren Entwicklung mehr leistet, werde ich später unten erörtern.

Das Verhältnis von Stadt, Markt und Öffentlichkeit in der bürgerlichen Stadt des 18. und 19. Jahrhunderts

Die Eingliederung in den zentralen Staat hatte der städtischen Öffentlichkeit, wie sie bis dahin bestand, den Boden entzogen. Mit dem Verlust der Selbstverwaltungsbefugnisse war die freie Kommune als eigenständige politische Einheit verschwunden. Hier beginnt die Be-

---

reits honoriert wurde. Der Humanismus als Ideologie der Großhändler betonte ja bereits die Individualität. Vgl. Kofler, a. a. O., S. 170 ff.
[85] Vgl. Weber, Max, a. a. O., S. 1022 und 1001.
[86] Vgl. Weber, Max, a. a. O., S. 985.
[87] Die Hamburger Bürgerschaft setzte 1548 die Etatkontrolle durch. Vgl. Mauersberg, a. a. O., S. 460.
[88] Vgl. Mauersberg, a. a. O., S. 104 ff.

deutung der bürgerlichen Öffentlichkeit. Diese weist auf die Eigenschaften der Stadt hin, die fast alle der oben dargestellten Autoren ihr zuschreiben: den besonderen verhaltensprägenden Einfluß des sozialen Systems Stadt und eine spezifische Lebensweise und -haltung die zudem eine bestimmte als fortschrittlich zu umschreibende politische Einstellung bedingt, werden dabei in enger Beziehung gesehen.

Die von Habermas analysierte politische Öffentlichkeit weist einen solchen Zusammenhang für das sich entwickelnde Bürgertum des 18. und 19. Jahrhunderts auf. Bürgerliches Leben ist zu diesem Zeitpunkt noch mit städtischem Leben identisch. Stadt und Hof symbolisieren die beiden konträren Lebensstile und Gesellschaftssysteme.[89] Die Identität von städtischem und bürgerlichem Leben erklärt sich einmal aus der historischen Entwicklung heraus. Sie war eben der Ort des Aufstiegs der bürgerlichen Klasse gewesen. Zum anderen bestand die Identität aus funktionalen Gründen: die Stadt war weiterhin der einzige Ort, wo manufakturelle und industrielle Produktion aus rechtlichen und aus Gründen der Arbeitskräftebeschaffung möglich war. Nur die Stadt war durch die Verkehrswege und Kommunikationskanäle mit dem Markt verbunden, für den produziert werden sollte. Die Stadt bot weiterhin den Bürgern die Möglichkeit, schnell zu kommunizieren, um rechtzeitig die eigenen Interessen formulieren und politische Maßnahmen ergreifen zu können.

Stadt, Markt und Öffentlichkeit gehören im Prozeß ihrer Entstehung zusammen. Sie sind jeweils auf ihrem Gebiet die historische Erscheinungsform des gleichen gesellschaftlichen Prinzips. Die Öffentlichkeit ist gleichermaßen der Markt der Argumente, wie der Markt die Öffentlichkeit der Warenangebote ist. Beide benötigen zu ihrem Funktionieren das vollständige Angebot der Waren beziehungsweise der Argumente, die uneingeschränkte Überschaubarkeit des Angebotes sowie die allgemeine Zugänglichkeit zu ihm, um eine rationale Entscheidung zuzulassen. Markt und Öffentlichkeit finden diese Bedingungen nur in der Stadt. Das ausgehende 18. und das beginnende 19. Jahrhundert ist der geschichtliche Moment, für den die Definition der Stadt als die räumliche Kristallisation von Markt und Öffentlichkeit zutrifft. Das war Simmel als das Prinzip der Geldwirtschaft und Verstandesherrschaft bezeichnet, ist hier verwirklicht. Alle Waren, auch die Ware Arbeitskraft, sind auf ihre Geldform reduziert, alle Argumente werden in gleicher Weise in die Diskussion einbezogen, das heißt, kein Diskussionsbeteiligter ist von vornherein durch seine gesellschaftliche Stellung bevorzugt oder benachteiligt. In der Stadt war in dieser Zeit deshalb auch alles vorhanden, was zu Markt

---

[89] Vgl. Habermas, a. a. O., S. 34 und S. 40.

und Öffentlichkeit gehörte. Produzenten, Händler und Arbeitskräfte, Künstler und Wissenschaftler mußten in der Stadt vertreten sein, wenn sie an den Geschäften und der Diskussion beteiligt sein wollten. Öffentliche, jedermann zugängliche Plätze, wo Waren oder Gedanken ausgetauscht wurden, waren in ihr leicht zu erreichen. Kaffeehaus, Bank, Klub und Börse sind Prototypen dieser Tauschzentren.[90]
Bürgerliche Theoretiker haben in dieser Zeit Bürgertum und Gesellschaft als identisch betrachtet. Dem folgend könnte man die Städte als stellvertretend für die ganze Nation ansehen. »Die Stadt ist weit mehr als irgendwann zuvor der Ausgangs- und Mittelpunkt aller großen sozialen und politischen Lebensregungen geworden. Das Städteleben des Mittelalters stand origineller da in dem Bildungsprozeß der damaligen Zustände, das moderne Städteleben wirkt aber weit massenhafter entscheidend, ja fast ausschließlich entscheidend auf den Entwicklungsgang der modernen Civilisation.«[91]
Die Presse war ebenfalls eine städtische Einrichtung, ganz auf Informationsbedürfnisse der Bürger ausgerichtet[92], denn Warenmarkt, politische und literarische Öffentlichkeit waren ihr Inhalt. Sie ergänzte so das Informationssystem der Stadt, entwickelte sich aber gleichzeitig zu ihrem Konkurrenten, Zeitungen und Zeitschriften waren in der Lage, die bürgerliche Öffentlichkeit überschaubarer und leichter zugänglich darzustellen.
Eine Alternative zwischen Presse und Stadt als Informationssystem hat in dieser Form in der Geschichte nicht bestanden. Sie zeigt aber, daß die Faktoren, denen die Stadt ihre Bedeutung verdankt, auch innerhalb der bürgerlichen Gesellschaft einer Wandlung unterliegen und durch andere Formen ersetzt werden können. Deshalb müssen wir, um die weitere Entwicklung der Stadt als einen eigenständigen gesellschaftlichen und politischen Faktor im System der konstitutionellen und republikanischen Demokratie verfolgen zu können, die Veränderungen jener Faktoren beobachten, die die politische Bedeutung der Stadt bedingt haben. Das heißt, die Wandlungen der bürgerlichen politischen Öffentlichkeit, die Veränderungen in der Produktionssphäre und des Marktsystems sowie des Verkehrs- und Informationssystems werden den Einfluß der Stadt ebenfalls verändern. Im folgenden werde ich diese Wandlungen analysieren.

---

[90] Vgl. Habermas, a. a. O., S. 43 ff. und S. 70.
[91] Riehl, W. H., a. a. O., Bd. 2, S. 197.
[92] Vgl. Habermas, a. a. O., S. 35 f.

Der Verfall der bürgerlichen Öffentlichkeit

Die politisch fungierende Öffentlichkeit, das Idealbild einer herrschaftsfreien Verwaltung der Gesellschaft, hat das Bürgertum nicht realisieren können. Als es sich in den Besitz der staatlichen Macht brachte, hatte der Kapitalismus, dem es seine Stärke verdankte, den dem Konzept der Öffentlichkeit innewohnenden Widerspruch aufgedeckt. Solange die politische Öffentlichkeit auf die Eigentümer beschränkt bleibt, dient sie dem Klasseninteresse der Bürgerlichen. Die gesellschaftliche Sphäre ist nicht frei von Macht und Herrschaft, denn der Äquivalententausch zeigt sich zumindestens dort als Fiktion, wo die Ware Arbeitskraft eingetauscht wird. Werden jedoch die Massen der lohnabhängigen Arbeiter zur bürgerlichen Öffentlichkeit zugelassen, dann »wird die Reproduktion des gesellschaftlichen Lebens als solche zur allgemeinen Angelegenheit und nicht mehr bloß ihre Form privater Aneignung«[93]. Deswegen verloren die liberalen Theoretiker des 19. Jahrhunderts im Zusammenhang mit der Wahlrechtsdiskussion ihren naiven Aufklärungsglauben und warnten vor dem »Joch der öffentlichen Meinung«[94].

Die Wahlrechtsreform bezeichnet Habermas als einen Einschnitt in der Geschichte der bürgerlichen Öffentlichkeit. Durch das Wahlrecht erhielten die Lohnarbeiter langfristig gesehen so viel Macht, daß sie staatliche Eingriffe in den privaten Bereich bürgerlicher Produktion zu ihren Gunsten erzwingen konnten. Der Staat mußte die private Sphäre der Bürgerlichen verletzen, um die private Existenz der Arbeiter zu sichern. Er mußte gewisse Prinzipien der bürgerlichen Ideologie aufgeben, um das wesentliche Prinzip, wofür die Bürger jetzt noch kämpften, das Privateigentum an den Produktionsmitteln, retten zu können. Die Trennung von Staat und Gesellschaft wurde damit aufgehoben.[95]

Umgekehrt entspricht die veränderte staatliche Politik auch der veränderten gesellschaftlichen Wirklichkeit. Die wirtschaftlichen Großbetriebe drängen in den Bereich, der früher den staatlichen Maßnahmen vorbehalten war. Der Großbetrieb übernimmt Sicherungsgarantien für Angestellte und Arbeiter, übernimmt oder fördert Bildung

---

[93] Habermas, a. a. O., S. 141.
[94] Vgl. Habermas, a. a. O., S. 147.
[95] »Sobald der Staat zunehmend zum Träger der gesellschaftlichen Ordnung avanciert, muß er sich über die negatorischen Bestimmungen der liberalen Grundrechte hinaus einer positiven Anweisung versichern, wie ›Gerechtigkeit‹ im sozialstaatlichen Eingriff zu verwirklichen sei ... Anstelle der formellen muß vielmehr eine materielle Garantie treten.« Habermas, a. a. O., S. 244 f.

und Wissenschaft und bestimmt teilweise die Wirtschaftssituation einer Stadt oder Region.[96] Ein solcher Wirtschaftsbetrieb wird auch darum zur quasi-öffentlichen Anstalt, weil der Staat seinerseits Garantien für ihn übernimmt und übernehmen muß, um den gleichmäßigen Wirtschaftsablauf nicht zu gefährden.[97] So garantiert der Staat schließlich die bürgerliche Gesellschaft auch auf ihrem ureigensten Gebiet, dessen Abspaltung vom Staat die Unabhängigkeit jener geschaffen und garantiert hatte, auf dem Gebiet der Wirtschaft.

Mit der Einbeziehung der Sphäre der gesellschaftlichen Arbeit, die den Kern des privaten Bereiches gebildet hatte, in die Öffentlichkeit wurde jedoch nicht das radikaldemokratische Idealbild erreicht, alle Bereiche des gesellschaftlichen Lebens durch ihre Einbeziehung in die Diskussion zu rationalisieren. Die Form der politischen Öffentlichkeit unterlag nämlich selbst einer Wandlung. Die »zum Publikum versammelten Privatleute« sind nicht weiterhin Subjekt der Öffentlichkeit. »Das Publikum wird von dieser Aufgabe durch andere Institutionen weitgehend entlastet: einerseits durch Verbände, in denen sich die kollektiv organisierten Privatinteressen unmittelbar politische Gestalt zu geben suchen, anderseits durch Parteien, die sich, mit Organen der öffentlichen Gewalt zusammengewachsen, gleichsam über der Öffentlichkeit etablieren, deren Instrumente sie einst waren.«[98] Ziel dieser von Verbänden und Parteien bestrittenen Diskussionen ist nicht der »im öffentlichen Räsonnement ermittelte Konsensus«, da dafür das grundsätzlich gleiche Interesse durch die gleiche Klassenlage der Beteiligten fehlt, sondern der Kompromiß, der die Macht der Organisationen widerspiegelt. Öffentlichkeit ist bei solchen Auseinandersetzungen nur soweit nötig, als zum Zweck der Machtdemonstration die Mitglieder zur Akklamation aufgerufen werden müssen.[99]

Schließlich wandeln sich die Medien des Räsonnements, Kunst und Presse. Beide werden in den Verwertungsprozeß einbezogen. Die »Gesetze des Marktes« bestimmen ebenso den Inhalt des Kunstwerks wie den redaktionellen Teil der Zeitung, der weitgehend nur dazu dient, den Anzeigenteil verkaufbar zu machen.[100] Diese Analyse von Habermas mag nicht in allen Details unbestritten sein. Wir können jedoch einige sichere Erkenntnisse für unsere Problemstellung daraus gewinnen. Denn wenn die alte bürgerliche Öffentlichkeit den politischen Charakter der Stadt ausgemacht hat, so betrifft deren Wandel

---

[96] Vgl. a. a. O., S. 170.
[97] Vgl. a. a. O., S. 162 f.
Die Kreditgarantien des Bundes für Krupp oder die Behandlung der Kohlenkrise illustrieren diese These treffend.
[98] A. a. O., S. 194.
[99] Vgl. a. a. O., S. 197 f.
[100] Vgl. a. a. O., S. 181 und S. 202 f.

die Stadt direkt. Die Verlagerung der öffentlichen Diskussion in die Halböffentlichkeit der Parteien und Verbände hat die Bedeutung der Stadt, die zugleich Ort und Medium dieser Diskussion war, zurückgedrängt und an ihre Stelle die Partei- und Verbandsorganisation gesetzt. Durch diese Organisationen wurde die gleichmäßige Diskussion auf nationaler Ebene gesichert. Die Hauptstadt, deren Öffentlichkeit stets einen bedeutenden Einfluß ausübte[101], ist mehr und mehr nur noch Sitz der Hauptverwaltungen der Parteien, Verbände und der staatlichen Bürokratie. Bürger als Partei- und Verbandsmitglied und Stadt verlieren gleichermaßen ihre alte Bedeutung und gewinnen eine neue Funktion hinzu. Wie die Bürger statt zur Meinungsbildung zu Akklamation und Machtdemonstration herangezogen werden, dient die Stadt als Ort dieser Manifestationen. Die Stadt wurde zu Anfang dieser Entwicklung noch gewählt, weil dadurch viele Menschen informiert werden konnten. Man benutzte die Stadt noch als Informationsmedium. Heute haben die Demonstrationen nur noch den Charakter einer Veranstaltung für die Massenmedien, die ja sehr viel mehr Menschen mit ihren Informationen erreichen. Nur städtische Demonstrationen von Gruppen, deren Argumente und Ansprüche nicht ausreichend durch die anderen Kommunikationsmittel verbreitet werden, haben noch den Charakter der Informationsveranstaltung. Die Verschränkung von Staat und Gesellschaft und die damit verbundene Aufhebung der Polarität von Öffentlichkeit und Privatheit wirkt sich auch auf die Gestalt der Stadt aus. »Verlust der Privatsphäre und eines gesicherten Zugangs zur Öffentlichkeit ist für die städtische Wohn- und Lebensweise heute charakteristisch, gleichviel, ob die alten großstädtischen Wohnformen durch die technisch-ökonomische Entwicklung stillschweigend umfunktioniert worden sind oder ob man aufgrund dieser Erfahrungen neue vorstädtische Siedlungsformen entwickelt hat.«[102] Als Ausdruck des Rückzugs der Privatsphäre aus der Sphäre der gesellschaftlich notwendigen Arbeit werden die Produktionsstätten von den Wohngebieten getrennt. In diesen ausschließlich der Privatsphäre dienenden Gebieten wird ein Teil des privaten Lebens, zum Beispiel das Konsumverhalten, wieder öffentlich.[103]

---

[101] Besonders Paris und London sind die Beispiele für Hauptstädte, die die nationale Öffentlichkeit auf allen Gebieten repräsentierten.
[102] A. a. O., S. 174.
[103] Habermas bezieht sich hier auf eine Analyse der amerikanischen Suburbs von W. H. White, a. a. O., S. 174. Eine solche Offenlegung der Intimsphäre entspricht nicht deutschen Verhältnissen. Bahrt umschreibt die deutsche Situation mit dem Begriff »Glück im Winkel«. Bahrdt, H. P.: Die moderne Großstadt. Reinbeck, 1961, S. 58.
Die Veröffentlichung der Intimsphäre und die Abkapselung eines letzten

Das öffentliche politische Leben wird dagegen immer undurchsichtiger. Bahrdt spricht in diesem Zusammenhang von einer Refeudalisierung unserer Gesellschaft.[104] Die Definition der Stadt als einem Ort, der durch private und öffentliche Bereiche strukturiert ist, wird angesichts der beschriebenen Entwicklung immer untauglicher, es sei denn, man weicht darauf hin aus, die Wohnungstür als Trennungslinie zwischen Privatsphäre und Öffentlichkeit zu bezeichnen. Dann allerdings kann zwischen Stadt und Dorf nur aufgrund der Einwohnerzahl unterschieden werden. Stadt und Land unterscheiden sich nur noch quantitativ, nicht mehr qualitativ.

Der Wandel im Produktions-, Verkehrs- und Informationssystem

Diese These der qualitativen Angleichung von Stadt und Land muß an der Entwicklung von Produktion, Verkehr und Informationsvermittlung geprüft werden.
Jegliche entwickelte handwerkliche und industrielle Produktion war über Jahrhunderte städtische Produktion gewesen. Lediglich Bergwerke und Handwerker, die für den unmittelbaren Bedarf der Landbevölkerung produzierten, waren auf dem Land angesiedelt. Die Stadt hatte also ein Produktionsmonopol, das auch seine politische Stärke wesentlich bestimmte und über das eifersüchtig gewacht wurde. »Vor allem aber erstrebte die Stadt den Ausschluß des ihrer Herrschaft unterworfenen flachen Landes von der gewerblichen Konkurrenz, suchte also den ländlichen Gewerbebetrieb zu unterdrücken und den Bauer im städtischen Produzenteninteresse zum Einkauf seines Bedarfs in der Stadt zu zwingen...«.[105] Dieses städtische Monopol wurde im zentralen Staat gebrochen.[106] Das bedeutete zwar noch nicht eine faktische Gleichheit der städtischen und ländlichen Entwicklung, aber es bedeutete eine mögliche Ausweitung der Produktion und die schnelle Einbeziehung der billigen ländlichen Arbeitskräfte in die industrielle Arbeit. Engels berichtet, daß zwischen 1850 und 1880 der größte Teil der deutschen Exportwaren aus der ländlichen Hausindustrie stammten, in der noch geringere Löhne gezahlt

---

Restes von Intimität scheinen mir jedoch zwei Erscheinungsformen des gleichen Prozesses zu sein, nämlich des Verlustes der Privatheit als einer Sphäre, in der Gesellschaft kritisch reflektiert wurde.
Vgl. Habermas, a. a. O., S. 178 f.
[104] Vgl. Bahrdt, a. a. O., S. 92.
[105] Weber, Max, a. a. O., S. 1005.
[106] Schon die oberitalienischen Signorien hatten die städtische Monopolstellung gegenüber dem Lande gesprengt. Vgl. Weber, a. a. O., S. 999.

wurden als in der Stadt.[107] Das Verhältnis der Stadt- und Landstandorte der Maschinenfabriken gibt Czok für Preußen mit 50:23, für Sachsen mit 56:7 an.[108] Dennoch ist die industrielle Produktion bis heute weitgehend in der Stadt geblieben. Ländliche Produktionsstätten bildeten oft den Kern einer neuen Stadt, vor allem, wenn wie im Ruhrgebiet und in Oberschlesien Rohstofflager in der Nähe waren. Hier entstehen Städte, die sich von den bisherigen Bürgerstädten weitgehend unterscheiden. Sie werden von einem oder wenigen Großbetrieben gestaltet.

Ganz allgemein wird ja die Bevölkerungsentwicklung in Europa mit dem Begriff Verstädterung gekennzeichnet. Die Massen, die in die Städte strömten, fanden und finden ihre Arbeit in der gewerblichen Wirtschaft und den Dienstleistungsbetrieben. Man könnte also annehmen, daß sich die Bedeutung der Städte weiter gesteigert hat. Dem steht jedoch entgegen, daß sich der Charakter der landwirtschaftlichen Produktion verwandelt hat und nicht mehr so konträr der städtischen Wirtschaft entgegensteht.

Die Landwirtschaft verließ den traditionellen Zusammenhang ihrer Produktion und wurde selbst Teil der nach kapitalistischen Prinzipien produzierenden Wirtschaft. Der feudale Großgrundbesitzer entwickelte sich dabei entweder selbst zum Kapitalisten, oder er wurde durch einen kapitalistischen Pächter ersetzt.[109] Das Bauernlegen war dabei ein wesentlicher Prozeß in der Entwicklung der Landwirtschaft vieler europäischer Länder. England und Preußen stachen hier besonders hervor. Es entstand das Landproletariat. Mit der Kapitalisierung des Bodens beginnt ein Prozeß, der den Unterschied zwischen Stadt und Land langsam aufhebt. Industrielle und landwirtschaftliche Produktion sind zu einem Markt zusammengefaßt. »In der Tat, die Ereignisse, die die Kleinbauern in Lohnarbeiter und ihre Lebens- und Arbeitsmittel in sachliche Elemente des Kapitals verwandeln, schaffen gleichzeitig diesen letzteren seinen inneren Markt. Früher erzeugte und bearbeitete die Bauernfamilie die Lebensmittel und Rohstoffe, die sie nachher größtenteils selbst verzehrte. Diese Rohstoffe und Lebensmittel sind jetzt Waren geworden; der Großpächter verkauft sie, in den Manufakturen findet er seinen Markt.«[110] Soweit die Stadttheoretiker sich auf ökonomische Unterschiede zwischen Stadt und Land berufen, wie Weber und Bahrdt in bezug auf den Markt und

---

[107] Engels, Friedrich: Zur Wohnungsfrage. In: Marx/Engels: Ausgewählte Schriften in 2 Bänden, Bd. 1, Berlin, 1966, S. 522 ff.
[108] Vgl. Czok, a. a. O., S. 81.
[109] Vgl. Baran, Paul A.: Politische Ökonomie des wirtschaftlichen Wachstums. Neuwied und Berlin, 1966, S. 116.
[110] Marx: Das Kapital, Bd. 1, a. a. O., S. 775.

Simmel auf die Geldwirtschaft, soweit müßten diese Autoren eine Verstädterung des Landes annehmen.
Auch andere Unterschiede zwischen Stadt und Land sind verschwunden. Die ländlichen Bezirke sind heute verkehrsmäßig schon fast so gut erschlossen wie die Städte oder können leicht an die Verkehrsnetze angeschlossen werden. So werden in der Bundesrepublik neue Fabriken mehr nach den Gesichtspunkten des Vorhandenseins eines Reservoirs billiger Arbeitskräfte gebaut als nach verkehrstechnischen Gesichtspunkten.[111]
Schließlich verliert die Stadt auch noch ein weiteres Monopol, das Informationsmonopol. Auch das hatte die Stadt entwickelt und über Jahrhunderte innegehabt. Zuerst hatten die reisenden Händler die Nachrichten von Stadt zu Stadt gebracht. Später richteten die Städte eigene Post- und Botendienste ein.[112] Die Avisenschreiber, die Wirtschaftsnachrichten per Post an Abonnenten schickten, wie die sich unter anderem aus ihr entwickelnde Presse richteten sich an das städtische Bürgertum.[113] Auch später wurden die Städte schneller und in größerem Umfang mit Zeitungen und damit mit Informationen versorgt.
Über das Warenangebot konnte man sich nur in der Stadt vollständig informieren. Der direkte Anschluß an die Nachrichtenverbindungen war für die städtischen Geschäftsleute wichtig. So konnten sie die günstigen Angebote erfahren und schneller disponieren. Wenn man rechtzeitig Informationen über die Wirtschafts- und Börsenentwicklung in anderen Städten und Ländern erhielt, dann waren leicht Spekulationsgewinne zu erzielen.[114]
Heute besteht faktisch kein Unterschied mehr in der Versorgung mit Nachrichten und Informationen zwischen Stadt und Land. Zeitungen werden in der Regel ebenso schnell auf dem Land ausgeliefert wie in der Stadt, politische Nachrichten durch Rundfunk und Fernsehen gleichermaßen schnell für alle gesendet. Durch Telefon und Fernschreiber kann man praktisch von überall geschäftliche Dinge erledigen und die dazu notwendigen Informationen aus dem Wirtschaftsleben erhalten. Die Ansiedlung der Verwaltungen großer Wirtschaftsunternehmen mit wenig Publikumsverkehr in den Zentren der Großstädte müßte man angesichts der katastrophalen Verkehrssituation in den Citys als Anachronismus ansehen, würden sie nicht

---

[111] Die Zweigwerke des Volkswagenwerks in Emden und Baunatal und die Verlegung des gesamten Werkes der Massey Ferguson AG von Köln nach Eschwege sind charakteristische Beispiele für diese Entwicklung.
[112] Vgl. Mauersberg, a. a. O., 4. Kapitel, S. 375 ff.
[113] Vgl. Habermas, a. a. O., S. 31 f.
[114] Vgl. Habermas, a. a. O., S. 203 Anmerkung.

offensichtlich den Prestigebedürfnissen dieser Unternehmen dienen.[115]

Auch der Verbraucher auf dem Lande kann sich einen Überblick über das Warenangebot verschaffen. Die Werbung erreicht ihn ebenso wie den Städter, und der Blick in den Katalog der Versandhäuser erspart ihm den Schaufensterbummel.

Faßt man diese Entwicklungen zusammen, so erkennt man, daß die Kapitalverwertung als Grundprinzip unseres Wirtschaftssystems alle Bereiche des Lebens in den hochentwickelten Industrieländern erfaßt und damit die Stadt als ein besonderes soziales und wirtschaftliches System fast aufgelöst hat. Noch im Versinken der städtischen Besonderheit zeigt sich die Grundlage ihres Entstehens, die Entwicklung einer kapitalistischen Wirtschaftsordnung.

4. Kritik des Begriffes Urbanität und einiger Ansätze zur Theorie der heutigen Stadt

Meine geschichtliche Ableitung läßt den Schluß zu, daß der qualitative Unterschied zwischen Stadt und Land in den hochentwickelten Ländern aufgehoben ist.[116] Sicherlich bestehen noch Unterschiede zwischen Dorf und Stadt, dörflichem umd städtischem Leben. Diese Unterschiede sind, so meine ich, nicht mehr grundsätzlicher Art, sondern Ergebnisse der Ungleichzeitigkeit der ökonomischen Entwicklung. Solche Unterschiede gibt es aber auch zwischen ländlichen Bezirken, wie zum Beispiel zwischen der niederländischen und der Landwirtschaft in den deutschen Mittelgebirgen. Dieses Ergebnis der relativen Gleichheit zwischen Stadt und Land widerspricht jedoch den Ergebnissen anderer Untersuchungen der Stadt. Ich möchte deshalb meine Analyse mit anderen Abhandlungen konfrontieren.

Zur Kritik des Begriffs Urbanität

Wie ich schon einleitend dargestellt habe, beinhaltet städtischer Einfluß in der Regel auch den Einfluß auf die Verhaltensweisen seiner Bewohner. Diese verhaltensprägende Kraft der Stadt wird gewöhnlich als Urbanität bezeichnet. Wenn also die Bedeutung der Stadt für die Richtung der gesellschaftlichen Entwicklung nicht mehr ausschlaggebend ist, so erscheint es doch möglich, daß eine spezifisch städtische

---

[115] Vgl. Baran/Sweezy: Monopolkapital. Frankfurt, 1967, S. 51 f. und die Anmerkung 17, S. 379 f.
[116] Oswald spricht von einem »Stadt-Land-Kontinuum«: Die überschätzte Stadt. Olten und Freiburg, 1966, S. 127.

Sozialisationsform weiterexistiert. Zur Stützung dieser These wird zum Beispiel auf die vielfältigen Kontakte hingewiesen, die in der Stadt möglich sind und eine tolerante, allem Neuen aufgeschlossene Lebenshaltung begünstigen sollen.

H. P. Bahrdt und H. Berndt haben in ihren Schriften abzuleiten versucht, daß und auf welche Weise Stadt (Bahrdt) oder bauliche Umwelt (Berndt) einen Einfluß auf die Menschen ausübt. Dieser Einfluß ist nicht auf äußerliches Verhalten beschränkt, sondern strukturiert das ganze Leben des Städters.[117] Für beide Autoren ist Urbanität eine besonders glückliche Konstellation in einer Stadt. Sie entsteht da, wo die Prinzipien städtischer Lebensweise besonders rein verwirklicht sind. Beide sehen aber heute die Urbanität zunehmend gefährdet.

Bahrdt geht bei der Behandlung des Begriffes Urbanität von seiner Analyse städtischen Verhaltens aus. Die moderne Großstadt zwingt ihre Bewohner, ihre Verhaltensweisen noch prägnanter zu machen. Angesichts einer »bunte(n) Zusammensetzung einer großstädtischen Bevölkerung« und dem in der Privatheit kultivierten Individualismus »wird jener Verhaltensstil entwickelt, den wir Urbanität nennen und der den Charakter einer echten Tugend annimmt«[118]. Diese Tugend ist die Toleranz des urbanen Menschen. »Der urbane Mensch setzt in jedem Fall voraus, daß der andere – mag dessen Verhalten noch so sonderbar sein – eine Individualität ist, von der her sein Verhalten sinnvoll sein kann.«[119] Berndt bezieht sich direkt auf Bahrdt. Sie betont allerdings den Einfluß der baulichen Struktur etwas stärker. Bestehen nämlich öffentliche Räume, die Kontakte ermöglichen und das soziale Leben durchsichtig machen, kann sich Urbanität entfalten; denn persönliches Erfahren der sozialen Umwelt baut Vorurteile ab und fördert Toleranz. Fehlen jedoch solche öffentlichen Räume und damit Kontakte und Erfahrungen, entstehen Abwehrreaktionen gegen unbekannte soziale Gruppen, gegen neue Einrichtungen und unvorhergesehene Ereignisse. »Die Homogenisierung der einzelnen Stadtteile, gleichgültig, ob sie administrativ gefördert wird oder durch freiwillige Selektion zustande kommt, erfüllt Funktionen des Ghettos: die Stärkung der Gruppe nach ›innen‹ und Entfremdung gegenüber den Gruppen ›draußen‹.«[120] Die Urbanität, das betonen Berndt und Bahrdt, ist durch den modernen Städtebau stark gefährdet. Beide sind

---

[117] Vgl. auch Berndt, Heide: Der Verlust von Urbanität im Städtebau. In: Das Argument 44, Berlin, 1967.
[118] Bahrdt, a. a. O., S. 103.
[119] Bahrdt, a. a. O., S. 103.
[120] Berndt: Ist der Funktionalismus eine funktionale Architektur? In: Berndt, Lorenzer, Horn: Architektur als Ideologie. Frankfurt, 1968.

jedoch auch überzeugt, daß man sie durch eine veränderte Städtebaupraxis retten kann.
Urbanität ist also eine Eigenschaft der Stadt oder eingeschränkt bestimmter Städte. Die wesentlichen Voraussetzungen sind Mannigfaltigkeit des Lebens, Internationalität, Kontaktmöglichkeiten usw. Daraus folgen Toleranz, Kosmopolitismus (Simmel) und Individualität. Es fällt allerdings auf, daß der so stilisierte Begriff von Urbanität eigentümlich blutleer wirkt. Ist Urbanität, die wir den großen Städten der Welt, etwa dem Berlin der zwanziger Jahre, zusprechen, identisch mit jener »resignierenden Humanität«[121], die Bahrdt ihr zuspricht? Oder sind alle diese ›Tugenden‹, die dem urbanen Lebensstil zugeschrieben werden, nicht vielmehr Qualitäten einer demokratischen Lebenshaltung, die in der Stadt entstanden, aber nicht mehr notwendig mit ihr verbunden ist?
Folgerichtig wendet auch Oswald ein, daß urbane Lebensform heute überall möglich sei.[122] Aber er löst den Begriff damit nicht historisch auf. Er verwendet ihn vielmehr zur Erklärung von Präferenzen der individuellen Lebensgestaltung. Der urbane Lebensstil wird heute von einer wachsenden Bevölkerung gesucht.[123] Diese wollen unkontrolliert ein vielfältiges Angebot für ihre Freizeitgestaltung nutzen. Sie suchen flüchtige, schnell wechselnde Kontakte.[124]
In ähnlicher Weise argumentiert Schmidt-Relenberg.[125] Urbane Lebensform und Urbanität der Stadt stehen in gleicher Beziehung zueinander wie Bedürfnis und Mittel der Bedürfnisbefriedigung, das heißt, urbane Lebenshaltung wird nicht aus der urbanen Siedlungsform abgeleitet, sondern diese zur Befriedigung jener bereitgestellt. »Zur urbanen Lebenshaltung gehört eine vergleichsweise differenzierte Bedürfnisstruktur in bezug auf das Angebot an Kultur, Amüsement, Konsumgütern usw.«[126] Für Menschen mit solchen Bedürfnissen müssen Gebiete mit städtisch-lebendigem Charakter in der Stadt geplant werden.[127]
Bahrdt und Berndt auf der einen und Oswald und Schmidt-Relenberg auf der anderen Seite haben zwei Entwicklungsstufen des städtischen Lebens gezeigt, die dieses in den letzten 150 Jahren durchgemacht hat. Die Definition der Urbanität von Bahrdt und Berndt erinnert nämlich stark an die von Habermas geschilderte Funktion der Stadt als

---

[121] Bahrdt, a. a. O., S. 103.
[122] Vgl. Oswald, a. a. O., S. 128.
[123] Vgl. Oswald, a. a. O., S. 202.
[124] Vgl. Oswald, a. a. O., S. 203 f.
[125] Schmidt-Relenberg, Norbert: Soziologie und Städtebau. Stuttgart, 1968.
[126] Schmidt-Relenberg, a. a. O., S. 210.
[127] Vgl. Schmidt-Relenberg, a. a. O., S. 215 und S. 220.

Informationssystem innerhalb der politisch fungierenden bürgerlichen Öffentlichkeit. Kaffeehäuser und Klubs waren solche Plätze, wo Kontaktmöglichkeiten, Informations- und Erfahrungsaustausch sich unmittelbar in politisches Emanzipationsbestreben der Beteiligten umsetzte. Hier war zum erstenmal eine politische Diskussion möglich, an der sich jeder Bürger in gleicher Weise beteiligen konnte. Individualität und Originalität waren nicht nur geduldet, sondern in gewisser Weise sogar gefordert.

Die Stadt behielt diese Funktion noch bei, als der von Habermas geschilderte Prozeß des Verfalls der bürgerlichen Öffentlichkeit einsetzte. Ja, die bürgerlichen Städte gewannen noch an Glanz. Die Städte wurden größer. Ihre Citys wurden mit Bauten versehen, die die Macht und das Selbstbewußtsein des Bürgertums repräsentierten.

Vor allem aber, und hier trifft sich der Urbanitätsbegriff von Bahrdt und Berndt mit dem von Oswald und Schmidt-Relenberg, vergrößerte sich das Angebot von Waren aller Art. Die Stadt war ja nach wie vor Ort der kapitalistischen und das heißt auch der höchst arbeitsteiligen Produktion und hatte eine wesentliche Funktion der Warenverteilung innerhalb des gesamten Marktes inne; denn in der Stadt wohnen so viele Menschen, daß auch für die ausgefallensten Waren noch Käufer vorhanden sind. Simmel betont, daß die Produktion von Extravaganzen in der Stadt ebenso möglich wie notwendig sei, damit der Städter seine Individualität auch bei flüchtigem Kontakt darstellen könne.[128]

Riehl sah diese Entwicklung zu einem nach seiner Ansicht verschwenderischen Konsum mit größerem Mißbehagen. »Nicht die notwendigen, den unabweislichen Lebensbedürfnissen dienenden Gewerbe vermehren sich auffallend rasch in den Großstädten, sondern die kurzlebigen Luxusgewerbe...«[129]

Ein ebenso großes Ausmaß erreichte das Angebot an kulturellen Veranstaltungen und politischen Informationen. Aber die Art der Verarbeitung der kulturellen und politischen Informationen hatte sich geändert. Freier Markt und aufklärerische Öffentlichkeit hatten, das hat Habermas gezeigt, die gleiche innere Struktur. Erst jetzt, da sich das Bürgertum emanzipiert hatte und an weiterer Aufklärung nicht mehr interessiert war, zeigte sich die Gleichheit von Markt und politischer und literarischer Öffentlichkeit. Kunst, Literatur und Politik wurden immer mehr bloß konsumiert. Die Konsumtion blieb folgenlos[130], denn angewandte Aufklärung hätte für die Bürger Aufgabe ihrer Privilegien bedeutet.

---

[128] Vgl. Simmel, a. a. O., S. 390 f.
[129] Riehl: Land und Leute, a. a. O., S. 92.
[130] Vgl. Horkheimer, Max, und Theodor W. Adorno: Dialektik und Auf-

Die Arbeiter als die Mitglieder der ausgebeuteten Klasse konnten an dieser städtischen Lebenskultur nicht teilnehmen. Ihnen fehlten die wesentlichen Kriterien für die Teilnahme, Bildung und vor allem Geld. Wenn sie auch, etwa durch Demonstrationen, Versammlungen, Verteilen von Flugblättern, zu der »erregenden Atmosphäre« der Urbanität beitrugen, so förderte das kaum ihre Emanzipation. Die erreichten sie nur durch solidarische Aktionen ihrer Klassengenossen, die gerade Qualitäten wie Individualität und Toleranz notwendig ausschlossen.

Insofern war die Urbanität der bürgerlichen Städte nicht mehr als das für diese Zeit wirksamste Verteilungsmittel für die von einer hochentwickelten Wirtschaft produzierten Waren und die bürgerliche Kultur. Die schnell wachsende Konsumgüterindustrie[131] benötigte einen steigenden Absatz, den nur die Stadt mit ihren Informationsmöglichkeiten anregen konnte.

Die Funktion des effektivsten Warenverteilungsapparates hat die Stadt weitgehend an andere Medien verloren. Die Reklame in den Zeitungen und Zeitschriften, im Rundfunk und Fernsehen und an den Anschlagflächen auch auf dem Land vermittelt die Information über das, was gekauft werden soll; Nebenzentren wie etwa das Main-Taunus-Zentrum bei Frankfurt und Versandhäuser nehmen den städtischen Einkaufszentren immer mehr Kunden weg, so daß diese schon dazu übergegangen sind, als Werbegemeinschaften für den Besuch in ihnen zu werben.

Die Zentren übernehmen die Restfunktion der Urbanität, die nicht von anderen Medien übernommen werden kann. Sie bieten zu den Kaufmöglichkeiten durchaus noch gewisse Extravaganzen wie Theater, exklusive Restaurants, Cafés und Bars, Konzerte und Vorträge. Der Besucher der Zentren wird als Konsument erwartet. Aktivitäten, die darüber hinausgehen, sind nicht eingeplant. »Die *Bevölkerung* soll dabei zunächst einmal als *Kunde* der vielfältigen *städtischen Einrichtungen* gesehen werden. Nüchtern betrachtet werden städtische Einrichtungen für Kunden geplant. Eine Sozialforschung, die herauszufinden sucht, unter welchen Bedingungen der Kunde kommt, ist nichts anderes als eine Marktforschung für städtische Einrichtungen.«[132]

Mir scheint, daß Bahrdt und Berndt die Urbanität ebenso romantisch

---

klärung, speziell darin: Kulturindustrie – Aufklärung als Massenbetrug. Amsterdam, 1947.
[131] Vgl. Kuczynski, S. 46 und S. 55.
[132] Drewe, P.: Sozialwissenschaftliche Aspekte der Stadtentwicklung. In: Urbanität – Plan oder Zufall. Beiträge zur Stadtforschung, Heft 3. Amt für Statistik und Wahlen, Leverkusen.

betrachten, wie Riehl die Zeit der »natürlichen Städte« bewahren wollte. Zumindestens ist Urbanität für das, was als »Tugend« betrachtet wird, der falsche Begriff. Aber auch Oswalds und Schmidt-Relenbergs Flucht in die Bedürfnisforschung ist nicht ideologiefrei. Indem sie nämlich den Begriff Urbanität, der während einer bestimmten historischen Epoche gültig war, auch auf die heutige Stadt anwenden, schieben sie der modernen Stadt einen auch in ihren Augen positiven Aspekt zu, der nach ihrer eigenen Analyse auf sie eigentlich nicht mehr zutrifft. Dadurch verwenden sie den von Bahrdt und Berndt und Salin kritisch gegen die bestehende Gesellschaft gebrauchten Begriff apologetisch. Urbanität und damit Toleranz und Weltoffenheit müssen nicht erst durch gesellschaftliche Anstrengungen erreicht werden, sondern lassen sich in jeder Stadt, in der ein urbaner Menschenschlag es wünscht, umstandslos einplanen. Dabei wird Urbanität eben nicht als das bezeichnet, als was sie sich heute darstellt, als Förderung des Konsums, sondern sie wird immer noch mit einem Rest fortschrittlicher Gesinnung verklärt, aus der sie einmal entstanden war.[133]

Kritik der Stadttheorien von Bahrdt und Oswald

Ich habe am Anfang dieser Arbeit einige Thesen zur Bedeutung der Stadt diskutiert und daraus meine Problemstellung abgeleitet. Ich möchte jetzt die Theorien von Bahrdt und Oswald, stellvertretend für die von ihnen vertretenen Thesen eines spezifischen städtischen Verhaltens (Bahrdt) und der verhältnismäßig geringen Bedeutung der Stadt (Oswald), mit den Ergebnissen meiner Arbeit konfrontieren.

Zur Theorie der modernen Großstadt von H. P. Bahrdt

Bahrdt wollte mit seinem Buch, das zu einer Zeit erschien, als der Trend zur stadtfernen Schlaf- und Wohnstadt im Grünen am stärksten war, das Verständnis für großstädtisches Leben wecken. Er wollte zum Überdenken jener städtebaulichen Praxis anregen, deren Problematik damals langsam sichtbar wurde.
Dazu hat er den Ideologiecharakter der stadtfeindlichen Theorien aufgezeigt. Er stellt dar, wie sich ein bestimmtes Verhalten in der Stadt entwickelt hat, um eine theoretische Grundlage für den heutigen Städtebau zu schaffen. Dazu zeigt er auch auf, daß das »fruchtbare Spannungsverhältnis von privater und öffentlicher Sphäre« heute ge-

[133] Vgl. Schmidt-Relenberg, a. a. O., S. 210 und Oswald, a. a. O., S. 204.

stört ist.[134] Die Öffentlichkeit der Stadt ist heute nicht im gleichen Maße wie früher für den Bürger durchschaubar. Großbetriebe üben einen öffentlich kaum kontrollierbaren Einfluß auf das städtische Leben und die Entscheidungen der städtischen Behörden aus. Selbst die private Sphäre der Lohnabhängigen dieser Betriebe wird in starkem Maße beeinflußt. Die städtische Verwaltung schließlich ist ebenfalls weitgehend nicht-öffentlich. »Die Bürokratisierung der städtischen Institutionen führt dazu, daß immer weitere Bereiche praktisch der kommunalen Öffentlichkeit, das heißt dem Eingriff und dem Einblick der Bürger, entzogen werden. Das Recht der Mitwirkung ist sowieso auf das Recht der Kontrolle reduziert.«[135]

In enger Beziehung zum Verfall der Öffentlichkeit verändert sich auch die Privatheit. Die Menschen ziehen sich in ihre Privatsphäre zurück, da sie in der Öffentlichkeit nur noch wenig Funktionen finden, die sie ausfüllen können. Dadurch, daß das Arbeiten inzwischen völlig von dem Wohnen getrennt wurde, stehen die Wohnungen ausschließlich für den Privatgebrauch zur Verfügung. »Radikalste Privatisierung« ist möglich.[136]

Bahrdt geht aber in der Beurteilung des Strukturwandels der Öffentlichkeit nicht so weit wie Habermas. Er sieht vor allem noch Chancen, die alte Form der städtischen Öffentlichkeit weitgehend wiederherzustellen. Sein Buch »Humaner Städtebau«[137] ist vor allem dem Thema gewidmet, wie man in der heutigen Stadt Öffentlichkeit und Privatheit baulich adäquat einplanen kann. Dies scheint mir allerdings eine erste Inkonsequenz der Bahrdtschen Analyse zu sein. Er hat einen Trend zur Aufhebung der Gültigkeit der Begriffe Öffentlichkeit und Privatheit aufgrund von gesellschaftlichen Prozessen in der Produktionssphäre und in der Verwaltung angegeben. Diesen Prozeß mit baulichen und nicht mit politischen Mitteln aufhalten zu wollen, erscheint mir unmöglich. Bahrdt selbst hat ja städtisches Verhalten aus sozialen Prozessen abgeleitet und daraufhin die Bauwerke als architektonischen Ausdruck dieser sozialen Prozesse bezeichnet.

Eine zweite Inkonsequenz begeht er, wenn er den Wandel der Stadt völlig ohne die theoretischen Begriffe analysiert, die er bei seiner Theorie der Stadt entwickelt hat, nämlich ohne das sich aus dem Marktgeschehen bildende besondere Verhalten.

Wenn er Öffentlichkeit, Privatheit und das damit einhergehende Verhalten aus der besonderen Form des Marktes herleitet, so muß dem Verschwinden oder einer Veränderung der so abgeleiteten städti-

---

[134] Bahrdt, a. a. O., S. 79.
[135] Bahrdt, a. a. O., S. 94.
[136] Bahrdt, a. a. O., S. 75.
[137] Bahrdt: Humaner Städtebau. Hamburg, 1968.

schen Lebensform ein Verschwinden oder eine Veränderung des Marktes, das heißt des freien, gleichen Tausches, vorausgehen, Änderungsvorschläge zur Wiederherstellung von Öffentlichkeit und Privatheit müssen Änderungsvorschläge zur Wiederherstellung des Marktes sein. Oder aber er muß erklären, warum der Markt in seiner Bedeutung für die Konstituierung einer besonderen Form des städtischen Lebens von anderen Faktoren abgelöst worden ist.
Es ist sicher richtig, daß der Markt schon sehr früh zu dem bei Bahrdt geschilderten Verhaltensmuster beigetragen hat, denn hier wird der Mensch radikal auf die Darstellung einer ökonomischen Grundkategorie reduziert, den Käufer oder den Verkäufer, ohne Rücksicht auf seine sonstige soziale Stellung. Aber heute, da sich dieses Verhalten noch weiter differenziert hat, können wir eine andere Ursache dafür annehmen; die stark arbeitsteilige Industriegesellschaft zwingt den einzelnen in jeder Situation ein anderes, rational auf den unmittelbaren Zweck gerichtetes Verhalten zu zeigen und durch Darstellung klarzumachen, welche Funktionsrolle er gerade spielt.
Bahrdt bezieht sich bei der Analyse der modernen Stadt nur noch mittelbar auf den Markt; die Veränderungen von Öffentlichkeit und Privatheit leitet er vorwiegend aus der Produktionssphäre ab. Das darstellende, auf Repräsentation zielende Verhalten erwähnt er gar nicht mehr. Dieses hat sich nämlich auch nicht verändert, sondern kann als das Verhalten fast aller Mitglieder unserer Gesellschaft, also auch der Landbewohner, bezeichnet werden. Kann Bahrdt also das Entstehen der Öffentlichkeit aus dem Marktverhalten nur ungenau erklären, so zerstört er mit der Erklärung des Verschwindens der Öffentlichkeit den Mythos ihrer Entstehung: daß nämlich politische Öffentlichkeit ein Produkt der Verteilungssphäre, des Marktes sei.

Zur Einschätzung der Stadt durch H. Oswald

Auch Oswald stellt die mittelalterliche Stadt der modernen gegenüber. Er vergleicht sie anhand der beiden Begriffspaare Lokalität – Überlokalität und Integration – Desintegration. Dabei kommt er zu dem Ergebnis, daß die Bewohner der heutigen Stadt fast ausschließlich überlokal orientiert sind, und daß die Integration der Stadt heute weit geringer ist als früher.
Diese Ergebnisse unterscheiden sich nicht von meinen. In beiden Untersuchungen wird die relative Bedeutungslosigkeit der heutigen Stadt betont. Meiner Ansicht nach liegen jedoch in der Vorgehensweise von Oswald Fehler begründet, die bei den Folgerungen für die Kommunalpolitik und für den Städtebau kraß zutage treten und die das richtige Verständnis der Stadt weitgehend erschweren. Seine Darstel-

lung der mittelalterlichen Stadt ist meines Erachtens schief. Sicherlich waren ihre Bewohner im Vergleich zu heute stark lokal orientiert. Aber sie waren es nicht in dem Maße, wie Oswald meint. Mauersberg zeigt, daß selbst kleinste Städte des Mittelalters schon weitestgehende Wirtschaftsbeziehungen hatten.[138]
Die wirtschaftliche Lage der Handwerker hing von Wirtschaftsprozessen ab, die weitab von der Heimatstadt von den führenden Gewerbestädten und von den Entwicklungen auf den Messen wesentlich beeinflußt wurden. Über diese Wirtschaftsprozesse waren nicht nur die Händler, sondern auch die Handwerker informiert, damit sie zum Beispiel ihre Rohstoffe günstig einkaufen konnten. Die Städte haben ja, das hat Marx gezeigt[139], einen großen nationalen und europäischen Markt konstituiert. Die Außenbeziehungen einer jeden Stadt hatten für damalige Verhältnisse ungeheure Ausmaße angenommen.
In ähnliche Schwierigkeiten kommt Oswald bei der Behandlung des Begriffs Öffentlichkeit. Auch hier betont er das Normale, das heißt, die statistisch am häufigsten vorkommenden sozialen Prozesse. Deshalb weist er Bahrdts Begriff der Öffentlichkeit in der mittelalterlichen Stadt zurück mit dem Einwand, die Personen, die miteinander in Kontakt kamen, hätten sich fast immer gekannt. Selbst auf dem Markt seien die Geschäftspartner einander selten unbekannt gewesen.
Die Tatsache, daß in der Stadt Verhaltensweisen entwickelt wurden, die mit der leichten Einbeziehung von Fremden in den Wirtschaftsablauf ein Wirtschafts- und Sozialsystem ermöglichten, das persönliche Bekanntschaft oder langwierige Rituale nicht mehr voraussetzt, gerät bei einer Betrachtungsweise, wie Oswald sie verwendet, leicht aus dem Blickfeld. Denn die Begriffspaare Integration-Desintegration und Lokalität-Überlokalität können den geschichtlichen Prozeß nur ungenügend fassen. Durch die Betonung der starken Integration der alten Bürgerstädte geht gerade das Wesentliche verloren, das diese auszeichnet, den Prozeß in Gang gesetzt zu haben, der eine nationale Wirtschaft, eine Nation und damit auch eine überlokale Orientiertheit möglich gemacht hat. Bei Oswald scheinen sich dagegen alte und moderne Stadt an zwei entgegengesetzten Punkten einer Skala zu befinden und keine Gemeinsamkeiten zu haben.
Die Mängel dieser unhistorischen Vorgehensweise zeigen sich bei den Vorschlägen, die Oswald für die zukünftige Gestaltung der Städte und der Gemeindeselbstverwaltung macht. So möchte er das Interesse der Bürger an den Belangen der Gemeinde erhöhen. Dazu analysiert

---

[138] Vgl. Mauersberg, a. a. O., S. 236 f. und Ennen, a. a. O., S. 785.
[139] Vgl. oben S. 88.

er die bestehende Apathie der Bürger[140] und kommt zu dem Schluß, daß diese stärker am Prozeß der demokratischen Willensbildung beteiligt werden müssen. Dabei fällt ihm nicht auf, daß diese Analyse der Inaktivität der Städter in den meisten Teilen als Analyse unseres gesamten demokratischen Staatswesens gelten kann. Sein Ruf nach mehr Demokratie müßte sich mit gesamtgesellschaftlichen Entwicklungen auseinandersetzen und nicht an den guten Willen der Verwaltung appellieren. Hätte er nicht statisch den Integrationsgrad zweier Stadttypen verglichen, sondern die Desintegration der heutigen Stadt als Ergebnis eines allgemeinen Integrationsprozesses begriffen, der die Menschen als Staats- statt als Stadtbürger einbezieht und der von eben der scheinbar vollintegrierten mittelalterlichen Stadt ausgegangen ist, dann hätte er auch verstanden, daß nur ein allgemeiner Demokratisierungsprozeß der ganzen Gesellschaft die Misere der Gemeindeverwaltung ohne Gemeindebürger aufheben kann.

5. Die Arbeiterbewegung und die Stadt

Wenn ich davon gesprochen habe, daß die Stadt Ort und Mittel bürgerlicher Emanzipation war, die Errichtung des bürgerlichen Staates jene städtischen Funktionen zum Erliegen gebracht habe, die dem Fortschritt und der Emanzipation dienten, dann habe ich noch nicht beantwortet, ob nicht das Proletariat als die um ihre Emanzipation kämpfende Klasse, die ja auch »stadtsässig« ist, die alten Formen benutzt oder neue Formen städtischer Politik entwickelt hat.
Das Interesse des Bürgertums war von Anfang an auf die Kommune gerichtet gewesen. Hier konnte es im Schoße der alten Gesellschaft ihre neuen Produktionsweisen entwickeln und sich eine Basis schaffen, von der aus es die Macht im Staate erkämpfte, als die alte feudale von der neuen kapitalistischen Produktionsform in der Bedeutung für das Wirtschaftsleben schon weitgehend verdrängt worden war. Das Bürgertum hatte sich in der Stadt eine freie Zone geschaffen, weil es hier seine politische Unfreiheit überwinden konnte. Wirtschaftlich war es vorher nicht direkt unfrei gewesen. Zwar hatte es immer herrschaftliche Eingriffe und Beschränkungen zu befürchten gehabt, aber es konnte handeln und handwerklich produzieren, wie es das später in der freien Stadt grundsätzlich nicht anders getan hat. Es hat ja seine wirtschaftliche Macht in feudalbeherrschten Ansiedlungen ungestört so weit entwickeln können, bis es auch in der Lage war, seine politische Freiheit zu erzwingen. Die Situation des Proletariats ist demgegenüber ganz anders. Es ist politisch durch die bürgerlichen Prin-

[140] Vgl. Oswald, a. a. O., S. 180 ff.

zipien, also durch die formalen Freiheitsrechte und das Wahlrecht, ebenfalls frei geworden. Es ist jedoch wirtschaftlich abhängig. Eine proletarische Wirtschaftsform kann sich nicht innerhalb des kapitalistischen Systems entfalten, da sich bewußte Planung des Reproduktionsprozesses der Gesellschaft und anarchischer Markt gegenseitig ausschließen. Der Ort der spezifischen Abhängigkeit des Proletariers ist der Betrieb. Der Staat verhindert jedoch dadurch, daß er das Privateigentum schützt, die volle politische Freiheit des Proletariers. So wie der Bürger seine politische Freiheit erringen mußte, um seine wirtschaftliche Freiheit ganz entfalten zu können, so benötigt der Proletarier seine wirtschaftliche Freiheit, um seine politische Freiheit zu vollenden.[141] Das zeigt sich auch in den Kampfformen der Proletarier. Sie sind entweder auf den Betrieb gerichtet, also Streik, Besetzung der Betriebe usw., oder auf den Staat selbst, also politischer (General)-Streik, Teilnahme einer Arbeiterpartei an den Wahlen und Revolution.

Die städtische Kommune scheint also ohne Bedeutung für proletarische Emanzipationsbestrebungen gewesen zu sein. Dieser Eindruck trügt allerdings. Denn die Proletarier lebten ja zum größten Teil in den Städten. Ihr materielles Elend wurde durch die unhygienischen, kleinen Wohnungen bei hohen Mieten noch erhöht. Ihre Wohnviertel waren die am ungünstigsten gelegenen, mit öffentlichen Einrichtungen am schlechtesten versehenen Gebiete der Stadt. Urbanität strahlten diese Viertel nicht aus. Aber diese Slums waren doch die Grundlage eines besonderen städtischen Verhaltens der Proletarier, eine Grundlage ihrer politischen Schlagkraft. Hier konnten sie eine Schwäche kompensieren, die sie im Betrieb hart traf. Dort waren ihre Kommunikationswege leicht zu überwachen und zu zerstören. Im proletarischen Stadtviertel ermöglichte unbeeinflußte Kommunikation proletarisches Selbstbewußtsein und proletarische Kultur.

Die Städte in denen die in Mietskasernen lebenden Arbeiter einen immer größer werdenden Prozentsatz der Bewohner stellten, entwickelten sich in immer stärkerem Maße zu Stützpunkten der sozialistischen Bewegung. Engels schrieb nach den Reichstagswahlen von 1881: »Der Schwerpunkt der Bewegung ist verlegt ... in die großen Städte ... Die ihrer ökonomischen Lage nach revolutionärste Klasse ist der Kern der Bewegung geworden.«[142] Der sichtbarste Ausdruck dieser Entwicklung ist die »Pariser Kommune« gewesen. Sie war der Versuch der Pariser Arbeiter, ein Modell eines sozialistischen Staates auf der Grundlage der Produktions- und Wohneinheit Stadt zu er-

---

[141] Zur Entwicklung der politischen und wirtschaftlichen Freiheitsrechte vgl. Korsch, Karl: Arbeitsrecht für Betriebsräte (1922). Frankfurt, 1968.
[142] Engels nach Czok, a. a. O., S. 101.

richten. Marx nahm sie gegen den Einwand in Schutz, eine Wiederbelebung der mittelalterlichen Stadt, also eine reaktionäre Einrichtung, gewesen zu sein.[143] Sie sei weder ein Versuch gewesen, die Herrschaft der Städte über das Land neu zu begründen, noch eine übertriebene Form des Kampfes gegen den Zentralismus. Sie sei vielmehr eine Form der Aufhebung des bürgerlichen Staates durch das Proletariat gewesen, einer Form, die die Beteiligung aller an der Verwaltung der Gesellschaft nicht nur ermöglicht, sondern notwendig gemacht hätte. »Sie war wesentlich eine *Regierung der Arbeiterklasse*, das Resultat des Kampfes der hervorbringenden gegen die aneignende Klasse, die endlich entdeckte politische Form, unter der die ökonomische Befreiung der Arbeit sich vollziehen konnte.«[144] Hier kann nicht der Ort sein, die Marxsche Vorstellung von der Kommune als Einheit einer zukünftigen Gesellschaftsordnung zu diskutieren. Ich kann im Rahmen dieser Arbeit nur erörtern, ob es Anzeichen dafür gibt, daß das proletarische Stadtviertel ein Faktor im politischen Kampf der Arbeiterschaft gewesen ist. Die Geschichte der Pariser Kommune läßt dies vermuten. Ein weiterer Hinweis darauf ist die Geschichte der Wiener »Gemeindebauten«[145]. Um die Wohnungsnot in Wien zu beheben, hatte die sozialdemokratische Wiener Stadtverwaltung nach 1918 ein Wohnungsbauprogramm entwickelt, das schnell und billig viele Wohnungen für die armen Schichten des Volkes erstellen sollte. Im Zuge dieses Programms wurden riesige Wohnhöfe angelegt, deren Wohnungen fast ausschließlich an Arbeiter vermietet wurden. Diese Höfe bildeten so etwas wie kleine Stadtviertel, denn sie enthielten praktisch alle Folgeeinrichtungen, die für eine solche Einwohnerzahl notwendig sind.

In den folgenden Jahren erwiesen sich die »Superblocks« als Zentren der Arbeiterbewegung. Es wird von einer ausgezeichneten Kommunikation zwischen den Bewohnern gesprochen, die die Solidarität der Arbeiter begünstigte. »Im Unterschied zu den durchgängig fehlgeschlagenen Nachbarschaftsexperimenten nach dem Weltkrieg waren in den Gemeinschaftseinrichtungen der Superblocks, jedenfalls in der damaligen Situation wirtschaftlichen Mangels und politischer Bedrängnis, sinnvolle gemeinsame Aktivitäten möglich. Es soll nicht behauptet werden, daß dadurch Solidarität geschaffen wurde, aber sie wurde begünstigt und erleichtert.«[146]

---

[143] Vgl. Marx, Karl: Der Bürgerkrieg in Frankreich. In: Marx/Engels: Ausgewählte Schriften in zwei Bänden, Bd. 1. Berlin, 1966, Seite 489.
[144] Marx, a. a. O., S. 490.
[145] Vgl. Krauss, Karla, Joachim Schlandt: Der Wiener Gemeindewohnungsbau – Ein sozialdemokratisches Programm. In: Kapitalistischer Städtebau. Hrsg. H. G. Helms und J. Janssen. Neuwied am Rhein und Berlin, 1970.
[146] Krauss, Schlandt, a. a. O., S. 123.

In der Analyse einer solchen »politischen Nachbarschaft« scheint mir ein sinnvoller Ansatz zu liegen, die Analyse der politischen Situation der Stadt weiterzutreiben. Sie könnte aus der Sackgasse herausführen, in die man mit der Konstatierung der politischen Bedeutungslosigkeit der Stadt geraten ist. Das Zusammenwohnen im Stadtviertel erlaubt nämlich, durch primäre Kommunikation im Falle eines bewußten Interessenkonflikts die Manipulationsversuche der Massenkommunikationsmittel zu unterlaufen. Eine Schichtintegration innerhalb eines Wohnviertels, wie sie Bahrdt, Berndt, Oswald und Schmidt-Relenberg empfehlen, scheint mir eher ein Versuch zu sein, die realen Konflikte der Gesellschaft zu verschleiern, die untere Klasse einem enormen Anpassungsdruck an die Konsumnormen der Mittel- und Oberklasse auszusetzen und somit nicht zur erwünschten Demokratisierung der Gesellschaft beizutragen.

Die örtliche Gemeinschaft als ökologisches System von Spielen*

Von Norton E. Long

Die örtliche Gemeinschaft, ob als politische, ökonomische oder soziale Einheit betrachtet, stellt sich als ein Ordnungsgefüge dar, in dem Erwartungen entsprochen wird und Funktionen erfüllt werden. In einigen Fällen, wie etwa in einer neuen, von Unternehmen geplanten Bergewerksstadt, ist diese Ordnung das bewußt hervorgebrachte Produkt einer zentralen Kontrollinstanz; aber meist ist sie eher ein geschichtlich bedingtes Ergebnis einer Entwicklung als ein Produkt zentraler Planung. Aus Gewohnheit akzeptieren wir, daß die ungeheure Aufgabe, New York zu ernähren, durch ungeplante, geschichtlich entwickelte Kooperation von Tausenden von selbständig Handelnden geleistet wird, die zum großen Teil kein ausreichendes Bewußtsein ihrer Zusammenarbeit zu diesem Zweck haben. Die Effizienz dieses Systems wird bestätigt durch die ganz außerordentlichen Schwierigkeiten des War Production Board und des Service of Supply bei der Erfüllung ähnlicher logistischer Aufgaben durch ein explizit gemachtes System von Zuständigkeiten und Anweisungen. Soweit Rationalität eine Rolle spielt, ist sie mehr ein Attribut der einzelnen Teile als des

* Dieser Aufsatz beruht zum größten Teil auf Erkenntnissen, die bei einer Feldstudie im Großraum von Boston gewonnen und durch die Unterstützung der »Stern Family Foundation« und des »Social Sciences Research Council« ermöglicht wurden. Die dabei geäußerten Ansichten und Schlüsse hat nur der Verfasser zu verantworten.

Ganzen. Ausdifferenzierte Strukturen, die innerhalb des Ganzen auf die Verfolgung eigener Ziele angelegt sind, können die in ihnen Tätigen mit Zielvorstellungen, Rollen und Strategien ausstatten, die rationales Handeln stützen. Die Resultate des Zusammenwirkens der rationalen Bemühungen um jeweils partikulare Ziele sind zum Teil, wenn auch ungeplant, kollektiv rational. All das ist die fein gesponnene Doktrin des Adam Smith, von der man nicht mehr zu akzeptieren braucht als die Tatsache, daß ein ungeplantes ökonomisches System funktionieren kann.

Während man eine solche Sicht für den ökonomischen Bereich akzeptiert, wird sie für den politischen gemeinhin zurückgewiesen. Ohne Herrscher wird Leviathan, so wird allgemein unterstellt, sich auflösen und auseinanderfallen. Auch wenn Lockes optimistischere Einschätzung der Natürlichkeit der sozialen Ordnung angenommen wird, scheint das politische System – anders als die Ökonomie – ein erdachtes Kunstprodukt zu sein. Weiterhin wirken die überständigen Traditionen der justitianischen Souveränität und die griechische Auffassung des Primats des Ethischen nach. Politischen Institutionen wird dadurch der Anschein verliehen, etwas ganz anderes zu sein, nicht zuletzt durch eine übergreifende Zielsetzung, wodurch sie für die gesamte Gesellschaft eine Orientierungsfunktion erhalten. Politische Institutionen allen anderen Institutionen der Gesellschaft gleichzusetzen, statt sie ihnen als andersartig, übergeordnet und umfassend (in dem zweifachen Sinne, daß sie Herrschaftsfunktionen ausüben und ethisch höher bewertet werden) gegenüberzustellen, ist eine Form des relativistischen Pluralismus, die zu vertreten auf Schwierigkeiten stößt. Auf der lokalen Ebene fällt es jedoch leichter, die Gemeindeverwaltungen, einzelne Dienststellen sowie die Behörden der einzelnen Länder und der Bundesregierung als Institutionen zu betrachten, die von Banken, Zeitungsverlagen, Gewerkschaften, Handelskammern, Kirchen usw. nicht grundsätzlich verschieden, wie diese auf ein bestimmtes Gebiet bezogen und in ihren Handlungen miteinander verflochten sind. Dieses Zusammenwirken kann als ein Systemzusammenhang aufgefaßt werden, ohne daß es notwendig wäre, die handelnden Institutionen und Individuen auf die Rolle eines Elementes irgendeiner umfassenden Gruppe zu reduzieren. Psychologisch gesehen ist es verführerisch, das räumlich abgegrenzte System als einen Klüngel Regierender, als »die da oben« zu betrachten. Sicherlich ist das eine denkbare Möglichkeit, die aber erst durch Forschung zu belegen wäre. Es scheint jedoch so zu sein, daß nur zu häufig Systeme mit Gruppen verwechselt werden; und unsere primitive Neigung, Donner und Blitz mit Hilfe einer Theologie oder auch einer Dämonologie erklären zu wollen, ergibt sich aus der falschen Annahme, daß es eine heilige oder dämonische Hierarchie gäbe. Der »Exekutiv-Ausschuß der Bourgeoi-

sie« oder die »Machtelite« vereinfachen die Welt für den modernen Sozial-Wissenschaftler weit mehr, als dies der Glaube an die Olympier für die Alten tat. Wenn die These der Nachgeborenen auch prinzipiell nachprüfbar ist, da es hier doch immerhin mit irdischen Dingen zugehen soll, so wird sie doch durch die metaphysische Weise ihrer Einführung gleichermaßen wirklicher Nachprüfung entzogen.
Die Beobachtung bestimmter örtlicher Gemeinschaften zeigt, daß die Annahme einer total übergreifenden Organisation mit umfassender Zielsetzung auf schwachen Füßen steht und nicht aufrechtzuerhalten ist. Vieles von dem, was geschieht, scheint durch zufällige Entwicklungen bedingt zu sein, die mit der Zeit kumulieren und Ergebnisse zeitigen, die *so* niemand gewollt hat. Ein großer Teil der Aktivitäten in einer Gemeinde besteht aus direktionslosen Handlungszusammenhängen partikularer Sozialgebilde, von denen jedes partikulare Ziele verfolgt und in deren Verfolgung mit anderen in Kontakt tritt. Während vieles davon in den Worten von Adam Smith erklärt werden kann, reicht die Erklärung des atomistischen Modells des rational kalkulierenden Individuums für anderes nicht mehr hin. Für bestimmte Zwecke erscheint es sinnvoll, Menschen als Einzelwesen anzusehen; für viele andere Zwecke ist die Konzeption des Menschen als eines rollenbestimmten Mitglieds einer besonderen Gruppe hilfreicher. Es geht hier letztlich um die Frage der Möglichkeit von Prognosen im sozialen Bereich. Wenn wir wissen, daß das betreffende Spiel Baseball ist, und daß X der dritte Spieler ist, können wir in Kenntnis seiner Position und des Spielstandes mehr über die Tätigkeit von X auf dem Spielfeld sagen, als wenn wir ihn psychologisch oder psychiatrisch untersuchten. Wenn dem nicht so wäre, würde X wohl eher in einem Irrenhaus als auf einem Spielfeld zu finden sein. Das Verhalten von X stellt keine vom konkreten Menschen abgehobene Rationalität dar, aber es ist doch ein Verhalten innerhalb der Aktivität einer organisierten Gruppe, die Ziele, Normen, Strategien und Rollen ausgebildet hat, die dann den Bereich und die Möglichkeiten rationalen Verhaltens definieren. Baseball strukturiert die Situation.
Es ist die These dieses Aufsatzes, daß die in einem räumlich abgegrenzten System existierenden, spezifisch ausgebildeten Gruppenaktivitäten als Spiele betrachtet werden können. Diese Spiele versorgen die Spieler mit einem Satz von Zielen, die ihnen eine Orientierung für Erfolg oder Mißerfolg vermitteln. Sie schaffen bestimmte Rollen sowie kalkulierbare Strategien und Taktiken. Zusätzlich stellen sie die Spieler in den Zusammenhang einer spiel-internen und einer allgemeinen Öffentlichkeit, was sie mehr oder weniger dazu befähigt, ihre Situation einzuschätzen. Es hat schon seinen guten Grund, wenn viele, die an Gruppenhandlungen beteiligt sind, im täglichen Sprach-

gebrauch eine Analogie zum Spiel herstellen. In der amerikanischen Zivilisation schließlich hat – und dies nicht erst seit Eisenhower – die Vorstellung einem »Team« anzugehören, weite Verbreitung gefunden.
Unglücklicherweise ist die Brauchbarkeit des Terminus »Spiel« für die Zwecke dieses Aufsatzes beeinträchtigt; erstens durch die allgemeine Auffassung, daß Spiele eine triviale Beschäftigung seien, und zweitens durch die bereits eingeführte Verwendung des Wortes im Zusammenhang mit Wahrscheinlichkeitskalkülen über eine Wahl oder Entscheidung in bestimmten Spielsituationen. Weit davon entfernt, Spiele als eine triviale Angelegenheit zu betrachten, ist die Auffassung des Verfassers, daß der Mensch zweierlei ist: ein Spiele spielendes und ein Spiele erfindendes Tier; daß dies und die Bereitschaft, diese Spiele tödlich ernst zu nehmen, den Menschen erst eigentlich ausmacht, und daß der Mensch durch Spiele oder diesen analoge Aktivitäten erst eine zureichende Orientierung über die Wichtigkeit von Dingen und mit einer Rolle erst die Möglichkeit zur Gewinnung einer Identität erhält.
Die Kalkulierbarkeit einer Spielsituation ist wichtig; entscheidender aber ist die Eignung eines Spiels, das Gefühl einer sinnvollen Tätigkeit und eine Rollenidentität zu vermitteln. Die Organisationen in Gesellschaft und Politik sorgen für Zufriedenheit sowohl durch ihre Resultate wie auch durch die dazu führenden Prozesse. Beides ist nicht unabhängig voneinander, während aber die Erzielung des Resultates den Spieler und in weiterem Sinne auch die Zuschauer befähigt, ihre Position zu behaupten, vermittelt die während des Prozesses erreichte Befriedigung – die Befriedigung, die damit verbunden ist, das Spiel zu spielen – erst die emotionale Disposition, die es erlaubt, jede Betätigung als Spiel zu begreifen.
Gemäß dieser Betrachtungsweise gibt es im räumlich abgegrenzten System ein Politik-Spiel, ein Bank-Spiel, ein Zeitungs-Spiel, ein Verwaltungs-Spiel, ein Kirchen-Spiel und viele andere. Innerhalb jedes Spiels gibt es eine Reihe anerkannter Ziele, mit deren Erreichung für die Spielteilnehmer Erfolg signalisiert wird; es gibt eine Reihe von sozial anerkannten Rollen, die das Verhalten der Spielteilnehmer in einem hohen Grad kalkulierbar machen, und eine Reihe von Handlungsstrategien und taktischen Empfehlungen, die durch Erfahrung gewonnen wurden und gelegentlich Gegenstand von Verbesserungen und Veränderungen sind; es gibt eine besondere spiel-interne Öffentlichkeit, auf deren Beifall großer Wert gelegt wird, und schließlich die allgemeine Öffentlichkeit, die das Sozialprestige des Spielers bestimmt. Innerhalb des Spiels kann sich der Spieler rational in dem Maße verhalten, wie das die Struktur des Spiels zuläßt. Alles in allem weiß man, wie man sich verhalten muß und worauf es ankommt.

Individuen können an einer ganzen Anzahl von Spielen teilnehmen, eines aber bestimmt meist ihre Hauptbeschäftigung und ebenso ihre Auffassung von Erfolg und Aufstieg. Transfers von einem Spiel in ein anderes sind natürlich möglich. Das gleichzeitige Ausfüllen von Rollen in zwei oder mehr Spielen ist so eine wichtige Art, getrennte Spiele zueinander in Beziehung zu bringen.
Während sie ein gemeinsames räumliches Bezugssystem teilen, und durch die Verfolgung von je partikularen Interessen gerade dazu beitragen, übergeordnete soziale Funktionen zu erfüllen, benutzen die Spieler des einen Spiels die eines anderen und werden ihrerseits genauso benutzt. So gebraucht der Bankier den Zeitungsverleger, den Politiker, den Unternehmer, den Kirchenmann, den Gewerkschaftsführer, den Bürgervereinsführer; er benutzt sie alle, nur um im Bank-Spiel Erfolg zu haben. Er wird aber umgekehrt benutzt zur Förderung von deren Erfolg im Zeitungs-, Politik-, Unternehmungs-, Kirchen-, Gewerkschafts-, und Bürgervereins-Spiel. Jeder ist eine Figur im Schachspiel des anderen, manchmal willig, dies aber immer nur soweit, wie verschiedene Spiele mit verschiedenen Zielsetzungen es gestatten.
So mag ein bestimmtes Autobahnnetz das Planungsergebnis einer Verwaltungsstelle in dem Spiel »Aufträge der öffentlichen Hand« sein, einem Spiel, an dem unabhängig voneinander folgende selbständige Spiele mitwirken: ein berufsmäßig ausgeübtes Straßenbau-Spiel mit eigener Zielsetzung und eigener Fachkritik, eine zuständige Verwaltungsbehörde, eine Reihe von interessierten Politikern, die aus dem Autobahnbau politisches Kapital schlagen wollen, sich in der Rolle eines Förderers gefallen usw., ein Bank-Spiel, in dem es um Obligationen, Zinsen und um die Auswirkungen des Baus auf die Grundstückspreise geht, Zeitungsleute, die an Schlagzeilen, Sensationsmeldungen und an den Auswirkungen der Autobahn auf die Verbreitung ihrer Zeitung interessiert sind, Unternehmer, begierig, durch den Bau der Straße Geld zu verdienen, Kirchenleute, die sich mit den Auswirkungen der Autobahn auf ihre Gläubigen und mit den Gewinnaussichten der Unternehmer beschäftigen, die ihre kirchlichen Bemühungen unterstützen, Gewerkschaftsführer, die an Arbeitsplätzen ebenso interessiert sind wie an dem Einfluß, den sie auf kommunale Entscheidungen ausüben können und an ihrem Recht darauf, »gefragt« zu werden, schließlich »bürgerschaftliche« Führer, die die Aufwendungen, die durch ihren Bürgerverein oder durch die Handelskammer initiiert wurden, als Beitrag zur sozialen Entwicklung rechtfertigen müssen. Jedes Spiel hat seinen Anteil an dem komplizierten Hin und Her um die Trassenführung und die Errichtung der Autobahn, und obwohl eine Vielzahl von Zielsetzungen dabei verfolgt wird, gibt es doch keine allem übergeordnete Autorität, die al-

les kontrollierte. Das Beziehungsgefüge zwischen den am Autobahnbau beteiligten Gruppen entwickelt sich jedoch erst mit der Zeit, ebenso wie generelle Erwartungen über die Art des Zusammenwirkens. Es gibt allgemeine Verhaltenserwartungen darüber, wie Politiker, Unternehmer, Zeitungsverleger, Bankiers usw. die Gelegenheit des Autobahnbaus beim Spielen ihres je besonderen Spiels nutzen werden. In der Tat ist die Kenntnis, daß der Bankier sich wie ein Bankier und der Zeitungsverleger sich wie ein Zeitungsverleger verhalten wird, ein wichtiger Umstand, der die Situation kalkulierbar macht und es den Spielern erlaubt, ihre jeweiligen Handlungsmöglichkeiten in ihren besonderen Spielen einzuschätzen.

Es könnte den Anschein haben, als seien die Ingenieure des städtischen Tiefbauamtes bezüglich dieses Autobahnnetzes die wichtigsten Protagonisten. Ihre Tätigkeit eröffnet jedoch einer ganzen Reihe anderer Spieler Möglichkeiten beziehungsweise bedrohliche Aussichten, die sich diese Ingenieure nicht hätten träumen lassen. Einige allgemeine, öffentlich geteilte Ansichten über die Regeln, die die Spieler bei ihrem Handeln beachten müssen, sowie Erwartungen über das wünschenswerte Ergebnis ziehen dem Gerangel Grenzen. Aktiviert werden diese Erwartungen natürlich durch die interessierten Bemühungen all der Zeitungsleute, Politiker, bürgerschaftlichen Führer usw., die hier eine Gelegenheit sehen, auf diese Weise ihre Ziele besser verfolgen zu können, und deren vorgeprägte Rollen diese Mobilisierung der Öffentlichkeit teilweise erfordern. In gewisser Hinsicht ist der Gruppenkampf, wie ihn Arthur Bentley in »Process of Government« beschreibt, ein Drama, das kritisch zu betrachten lokale Vorkommnisse gelehrt haben. Doch darüber Aufklärung zu verschaffen ist Beruf und Geschäft einiger der beteiligten Parteien. Die Existenz einer Öffentlichkeit setzt, jenseits der Normen der besonderen Spiele, allgemeine Grenzen des Spiels überhaupt. Für die Spieler jedoch sind diese Grenzen, unbeschadet der von ihnen verfolgten Absichten, unveränderliche Bestandteile der sozialen Lebenswelt, hinzunehmen wie Sonne und Wind.

Es ist vielleicht diese Existenz einer Art allgemeiner Öffentlichkeit, wie rudimentär auch immer sie entwickelt sein möge, die das räumlich abgegrenzte System von einem ökologischen System in der Natur unterscheidet. Die fünf acres umfassende Waldparzelle, in der die Eule und die Feldmaus, die Eiche und die Eichel und die übrige Fauna und Flora sich zu einem ausbalancierten System entwickelt haben, kennt keine öffentliche Meinung, auch nicht in der rudimentärsten Form. Alles Zusammenwirken geschieht völlig unbewußt. Für einen Teil der Ereignisse, die sich im regionalen System abspielen, ergibt sich jedes Zusammenwirken ebenfalls unbewußt und vielleicht sogar – es sei denn ein Sozialwissenschaftler würde zufällig Zeuge –

unbemerkt. Dieses unbewußte Zusammenwirken führt jedoch, wie im Fall des Waldstücks, zu Ergebnissen. Die Ökologie der Spiele erzeugt in dem regionalen System ungeplante, aber in höchstem Maße funktionale Resultate. Spiele und Spieler bilden ineinander vermaschte Aktionsketten und dies führt zu gültigen Ergebnissen. Das System wird ernährt und in Ordnung gehalten. Seine Einwohner handeln innerhalb bestimmter Grenzen rational und genügen, indem sie begrenzte Ziele verfolgen, einem funktionalen sozialen Zweck.

Während die weitgehend unbewußt vor sich gehende Kooperation zwischen besonderen Spielen des regionalen Systems im Verlauf der geschichtlichen Entwicklung bestimmte Formen ausbildet, muß mit der Ausdifferenzierung von Gesamtfunktionen das Problem der Erneuerung und des Zusammenbruchs behandelt werden. Es mag den Anschein haben, als ob hier, wie im natürlichen ökologischen System, ziellose Anpassung und schrittweise Innovation die normalen Formen der Entwicklung seien. Not und krisenartige Systemzustände erscheinen den Spielern entweder als Gelegenheiten, die ausgenutzt, oder als Gefahren, die überwunden werden müssen. So wird eine Verkehrskrise, beispielsweise wegen einer drohenden Stillegung von Pendlerzügen durch eine Eisenbahngesellschaft, die Spieler einer ganzen Reihe von Spielen auf den Plan rufen, für die es letztlich immer um Gewinn oder Verlust geht. Auch wenn in der Diskussion durchaus Überlegungen angestellt werden, die die Gesamtlage berücksichtigen, wird doch der Bezugsrahmen und die Interpretation des Ereignisses weitgehend bestimmt sein durch das Spiel, in das die interessierten Parteien jeweils primär involviert sind. So wird der Geschäftsführer einer Telefongesellschaft, der gleichzeitig Präsident der örtlichen Handelskammer ist, in gewisser Weise das allgemeine Interesse vertreten, schon weil er auch auf die nur zahlenden Mitglieder Rücksicht nehmen muß. Er tut dies gleichzeitig jedoch nur, indem er seine Art, die Krise zu bewältigen, danach beurteilt, wie ihm das in seinem besonderen Spiel zustatten kommt. Die Politiker, die als die gegebenen Vertreter des allgemeinen Interesses angesehen werden könnten, mögen dies in der Tat auch sein; der Umkreis ihrer Aktivitäten und die Brille, durch die sie die Probleme betrachten, werden jedoch unweigerlich bestimmt sein durch die Art, in der ihr Politik-Spiel durch diese Probleme tangiert wird. Das Maß, in dem sein Spiel das der Allgemeinheit ist, wird bestimmt, zumindest zu einem großen Teil, durch sein Kalkül bezüglich der Wählerstimmen, durch seine Orientierung an den Interessen, die seinem und seiner Partei Erfolg förderlich zu sein scheinen. Nochmals, zum Teil betrifft das, was Walter Lippmann die »Philosophie des öffentlichen Interesses« genannt hat, sowohl die Politiker als auch alle anderen Spieler. Dies weist darauf hin, daß Rollen und Normen eines umfassenderen, aber auch unbestimmteren Spiels existieren, dazu ein Publikum, das ein Gefühl für faires Spiel besitzt. Dieses potentiell mobilisierbare Publikum ist keineswegs bedeutungslos, stellt aber auch keine sichere oder auch nur zureichende Unterstützung in dem besonderen Spiel dar, das der Politiker oder irgendein anderer spielt. In Ermangelung einer Reihe von Normen, die den gleichwohl ständig auszufüllenden Rollenspielen eine feste Struktur geben könnten, übt dieses Publikum bei momentanem Fehlverhalten Druck aus oder sorgt auf andere Weise für ein Korrektiv, was dann im jeweiligen besonderen Spiel wohl zu beachten ist.

In vielen Fällen beeindruckt das räumliche System durch den Intensitätsgrad seiner besonderen Spiele, durch seine Banken, Zeitungen, seine Warenhäuser, seine Fabriken und Unternehmer, seine Kirchen, seine Politiker und durch seine unterschiedlichen anderen, vielfältig strukturierten und zielgerichteten Aktivitäten. Die Spiele geschehen innerhalb des Territoriums, haben hier ihr Zentrum, obwohl sie zeitweise auch darüber hinausgreifen. Während die einzelnen Spiele in sich geschlossen sind und klare Ziele aufweisen, gibt es nur wenige, wenn überhaupt welche, die das ganze System direkt zu ihrem Gegenstand haben. Für das Ganze handeln nur wenige; sie sind schwach und ihr Aufgabenbereich ist vage. In die Vorbereitung des Lincoln-Square-Projektes geht immenses Organisationshandeln ein, aber die 22 Bezirke von Groß-New York haben nur wenige Fürsprecher für ihre gemeinsamen Interessen und auch keinen ausreichenden Apparat, um diesen mehr Rückhalt verschaffen zu können; es sei denn gerade so viel, wie benötigt wird, um eine »do-gooding«[1]-Zeitung herauszugeben. Die New Yorker Hafenbehörde zum Beispiel vertritt strikt ihre eigenen Interessen und hält konsequent an den historisch herausgebildeten Aufgabenstellungen fest. Bezüglich der allgemeinen Probleme des Großraumes jedoch ist die Haltung der Hafenbehörde kaum verschieden von der eines privaten Unternehmens. Sie beweist ihre moralische Verbundenheit mit diesen Aufgaben, indem sie Beiträge für Stiftungen zu Untersuchungen und Forschungen zur Verfügung stellt, und vermeidet es, im übrigen größere Verantwortung zu übernehmen. Tatsächlich weisen die Vertreter der Hafenbehörde die Notwendigkeit einer übergeordneten politischen Einheit zur dezidierten Wahrnehmung der Interessen des Gesamtraumes strikt zurück. Soweit überhaupt von einem solchen Gesamtinteresse ausgegangen werden könne, sollte es durch institutionalisierte Kooperation realisiert werden, nicht aber durch den Sachverstand einer wie auch immer gearteten Gruppe, die mit der Identifizierung und Verfolgung

---

[1] Amerik. Ausdruck für jene Bürgergruppen, die »für die Allgemeinheit Gutes tun« wollen. (Anm. d. Hrsg.)

dieses Gesamtinteresses beauftragt ist. Mit Ausnahme der Zeitungsredakteure, hin und wieder einiger Politiker und einiger weniger Sprecher der Bürgerschaft befaßt sich kaum jemand hauptberuflich mit dem gesamten Raum; tut es dennoch jemand, dann betreibt er dabei wohl eher sein Hobby, als daß er seinen geschäftlichen Obliegenheiten nachkommt.

Schon der Mangel an übergeordneten Institutionen im räumlichen System und der beschränkte Einfluß der überhaupt vorhandenen beweisen, daß die dennoch stattfindende Koordination eher ökologischen Charakters als der Ausfluß bewußter rationaler Planung ist. Im Großraum gibt es in den meisten Fällen keine übergeordnete wirtschaftliche oder soziale Organisation. Die Leute betreiben ihre besonderen Spiele, ihr Spielplatz ist mehr oder weniger der Großraum. Aber auch in einer Stadt, in der die Gemeindeordnung klare, übergeordnete Kompetenzen vorsieht, trügt dieser Schein. Die Politiker, die die Ämter besetzt halten, betrachten sich keineswegs als die Regierenden des Stadtgebiets, sondern eher als Mittler zwischen Spielen oder als Spieler eines besonderen Spiels, das sich der anderen Einwohner bedient. Soweit sie ihre Rolle selbst reflektieren, fassen sie diese nicht als analog zu der auf, die der Direktor der »Tennessee Valley Authority«, der die planmäßige Entwicklung eines Gebietes verantwortet, zu spielen hat. Die Ideologie der Kommunalverwaltung ist eine höchst begrenzte Angelegenheit: die Amtsinhaber reagieren auf Forderungen, die an sie herangetragen werden, und vermitteln bei Konflikten. Sie spielen Politik, und Politik ist unendlich verschieden von Regieren, sofern letzteres als rationales, verantwortliches Herstellen der Ordnung der Gemeinde verstanden wird. Teilweise liegt das an der allgemein zu beobachtenden Auffassung, daß eine Regierung kaum notwendig sei oder daß Regieren ein Gemengsel von Funktionen umfaßt, die sich von anderen nur dadurch unterscheiden, daß sie mit Steuergeldern bezahlt und von Angestellten der Gemeinden ausgeführt werden. Die Trennung der Ökonomie von der Politik hat teilweise dazu geführt, die formalen Theorien des Regierungshandelns von fast aller Substanz des sozialen Lebens abzulösen. Eingriffe in die nun tatsächlich wichtige ökonomische Ordnung geschehen auf dem Wege schrittweiser Ausnahmeregelungen und in Abweichung von der geltenden Norm der Trennung von Ökonomie und Politik. Das Ideal dieser Trennung hat die Entwicklung einer Theorie relevanten Regierungshandelns bislang verhindert und den Politiker auf die Rolle desjenigen verwiesen, der Machtausübung nur noch registrieren, nicht aber als Verantwortlicher über das ökonomische Geschehen in der politischen Einheit bestimmen kann. Die Politik in einer Gemeinde wird eine völlig andere Sache als das Ausüben von Hoheitsrechten. Letzteres, das eigentliche Regieren, ist dann nicht von der Art, daß es den damit Befaßten das Gefühl allgemeiner Verantwortlichkeit verleiht oder auch nur die Rollen bereitstellt, die solches erfordern würden. Die Bürger haben das unbestimmte Gefühl, daß es so etwas wie eine Regierung geben sollte. Dies wird dann offensichtlich, wenn Zeitungen oder wer auch immer bestimmte Individuen als Mitglieder eines oberen Führungsklüngels, als »die da oben« kennzeichnen. Diese Individuen werden dann periodisch dazu berufen, Probleme der Gemeinde zu lösen, ihren Krisen zu begegnen. Typischerweise wird dieses »die da oben« für Leute gebraucht, die private, eben nicht öffentliche Positionen bekleiden. Mit dem gesellschaftlichen Pluralismus werden die politischen, kirchlichen, ökonomischen und sozialen Hierarchien voneinander geschieden. Die alte Personalunion zum Beispiel des weltlichen und geistlichen Würdenträgers ist heute nicht mehr denkbar. Folglich gibt es einen spürbaren Unterschied zwischen dem Status desjenigen, der ein politisches Amt bekleidet, und dem Status »derer da oben«, um mit den Zeitungen zu reden, oder dem der »Machtelite«, um den Terminus von C. Wright Mills oder Floyd Hunter[2] zu übernehmen. Die Politiker bekleiden formelle Ämter, was ihnen eine verantwortliche Stellung einbringen mag. Ihr Mangel an Status würde es aber absurd und anmaßend erscheinen lassen, wollten sie sich selbst zu ernst nehmen. Wer sind sie denn schon, daß sie wie die Herren der Schöpfung handeln könnten. Weder erlaubt ihnen die Öffentlichkeit, noch erwartet sie von ihnen, die obersten Leiter des Gemeindegeschehens zu sein. Letztere Stellung ist reserviert für eine ziemlich wechselnde Gruppe (in einigen Gemeinden klar bestimmt und abgegrenzt, in anderen vage) von Positionsinhabern, in den meisten Fällen Inhabern von privaten Machtstellungen auf ökonomischer, kirchlicher oder sozialer Grundlage. Diese Gruppe wird als eigentliche Führungselite der Gemeinde betrachtet, wie das »Top Management« eines Unternehmers erzeugt sie das Gefühl, daß es Götter im Himmel gibt, die sich – wenn sie es wünschen – der Probleme der Gemeinde annehmen können, daß es eine Reihe von Dämonen gibt, auf deren Konto alles Schlechte in der Welt geht. »Die da oben« füllen eine Lücke, die mit der Ablösung des Absolutismus und der Aristokratie offen blieb. Da »die da oben« anders als die Berufspolitiker nur teilweise den Blicken der Öffentlichkeit ausgesetzt und von nie ganz bekannter Macht sind, produziert diese Führungselite ständig Interpretationsschemata, mit deren Hilfe der Bürger sich deuten kann, was in der Gemeinde vor sich geht. Es ist bequem zu glauben, daß der »Exekutiv-Ausschuß der Bourgeoisie«

---

[2] Hunter, F.: Community Power Structure. A Study of Decision Makers. Chapel Hill, 1953; Mills, G. Wright: The Power Elite. New York, 1959. (Anm. d. Hrsg.)

die Gemeinde ausbeutet. Es ist aber auch bequem zu glauben, daß unsere wohltätigen, führenden Männer des sozialen und ökonomischen Lebens sich und ihre Verdauung allzu sehr mit »Gabelfrühstücken« belasten, nur um beispielsweise einer verstopften Stadt wieder zu Parkraum zu verhelfen.
Oft wird die Frage gestellt, ob es de facto einen informellen Kreis von Mächtigen gebe, der alles lenkt. Eine damit im Zusammenhang stehende Frage ist die, ob die Leute glauben, daß es einen solchen Kreis gibt, daß es ihn geben sollte, und was diese informell Mächtigen tun sollten. Sicherlich, die meisten Zeitungsleute und die anderen professionell »Eingeweihten« meinen, daß es »die da oben« gibt. Tatsächlich besteht ihre Beschäftigung zu einem großen Teil darin, die »Hofchronik« der Dinge zu schreiben, die jene tun. »Sie« sind, nur weil sie »die« sind, immer für Neuigkeiten gut und fügen sich auch sonst gut in das Bild ein, das man sich in derart vulgarisierter Form allgemein von sozialen Zusammenhängen macht. Der gleiche Journalist jedoch, der mit dem Gehabe des Wissenden sein Büchlein öffnen und einen Einblick in das lokale »who is who« bieten könnte, würde wahrscheinlich in lästerndem Tonfall berichten, daß »sie« keinen Finger für die Stadt rührten, daß »sie« sich schämen sollten, immer nur herumzusitzen, sich zu unterhalten und im übrigen nichts zu tun. So werden diese Idole, genau wie bei primitiven Stämmen, einerseits in den Himmel gehoben, andererseits geschlagen, zumindest verbal. Die Öffentlichkeit und ihre Reporter geben sich nur zu gern dem Glauben hin, daß es »die da oben« gibt, sowohl um sich das Geschehen in der Gemeinde erklären zu können, als auch um für alles jemanden verantwortlich machen zu können. Zum Teil schafft dieser Glaube erst die Rolle der Führungselite, was den Zwang ergibt, sie gewisserweise auch auszufüllen. Es hat ganz den Anschein, als ob eine sozial-psychologische Disposition zu einer festen Struktur der Gemeinde vorhanden wäre, der dann entsprochen werden muß, damit die Ängste gebannt werden können. Gordon Childe sagte einmal, daß der Mensch eine Anpassung an die unsichtbare, sozial geschaffene Umwelt ebenso zu benötigen scheine wie die an die Tatsachenwelt der Sinne.
Die Leute brauchen den Glauben an überirdische Väter, gute oder böse, die sich in der Finsternis zurechtfinden. Im Mittelalter bekämpften die Bauern eine Heuschreckenplage mit der Heiligen Messe und durch Prozessionen, bei denen die Geistlichkeit die Grashüpfer mit Hilfe von Glocken, Bibel und Weihrauch verdammten. Die Hopi-Indianer tanzen einen Regentanz, um eine Trockenheit zu überstehen. Die dauernd beunruhigten Bürger der amerikanischen Großstädte versuchen mit der Abhaltung von »Frühstückstreffen« Slums, Smog und Arbeitslosigkeit zu bannen. Wir lächeln über die Menschen des

Mittelalters und über die Hopi-Indianer, aber unsere eigenen Praktiken sind vielleicht genauso magisch. In gewissem Sinn ist es klar, daß die alten und die neuen magischen Praktiken funktional sind – in dem gleichen Sinne, wie Beruhigungspräparate funktional sind. Viele der menschlichen Krankheiten sind gutartig; wenn der Kranke seine Zeit abwartet, werden sie von selbst vergehen. Viele der Krankheiten unserer Gesellschaft vergehen ebenfalls von selbst, wenn man die Leute nur davon abhalten kann, sich gegenseitig in ihrer Angst etwas vorzuweinen. Die Heuschrecken und die Dürre werden vorübergehen. Jedenfalls gingen sie bisher zumeist vorüber.
Während rituelle Handlungen Ängste beruhigen, geht der Prozeß des Experimentierens und der Anpassung im sozialen ökologischen System weiter. Die schrittweisen Reaktionen der Spieler und der Spiele auf Anforderungen, die in Krisen gestellt werden, bilden ein soziales Äquivalent zum Prozeß der Evolution und der natürlichen Auslese. Aber ungleich der wahllosen Mutation im Reich der Tiere geschieht die Anpassung des Verhaltens der Spieler, soweit es Teil des Spiels ist, zum großen Teil bewußt, rational und zielgerichtet. Erst aus einer abgehobenen Perspektive, aus einer Sicht, in der die je unbeabsichtigten Beiträge ihrer Aktionen zur Formierung eines neuen oder der Wiederherstellung des alten ökologischen Gleichgewichts des sozialen Systems erscheinen, gewinnen diese Aktionen den Anschein des Zufälligen, scheint wie bei Anpassungsprozessen im natürlichen ökologischen System ein willentlicher Plan zu fehlen.
Inmitten des weiten Feldes ungeplanter, unbewußt vor sich gehender sozialer Prozesse finden sich Bereiche des Technischen, die so strukturiert sind, daß hier rationales, zielorientiertes Verhalten und wohlerwogene Experimente bloßem Geschehen gegenüber überwiegen. In diesem Bereich kann Gruppenaktivität in stets wachsendem Wissen und in sich selbst korrigierendem Verhalten kumulieren. So mag die Fähigkeit zur Problemlösung im Bereich des Gesundheitswesens oder der Hygiene auf einem Stand sein, der sich weit entfernt hat von jeder überkommenen Bindung an nur schrittweise Verbesserungen und zufällige Neuerungen. In diesem Sinne gibt es Bereiche, die sich schon jenseits der Evolution befinden, wie es Julian Huxeley in »The Meaning of Evolution« vermutet. Jedoch sind dies bislang Inseln in einer Welt, die sich immer noch durch Magie beruhigt und größtenteils noch nach der Logik des ungeplanten, ungerichteten historischen Prozesses vorangebracht wird.
Es kann nicht überraschen, daß die Mitglieder der Führungselite des räumlich abgegrenzten Systems weitgehend auf rituelle und zeremoniale Rollen festgelegt scheinen. »Führungselite« (»top leadership«) wird gewöhnlich eher in Status-Begriffen als in festumrissenen Funktionen im Rahmen des Systems sozialer Handlungen beschrie-

ben. Die Rolle eines solchen »top leader« ist unzureichend definiert und in hohem Grade unspezifisch. Sie ist meist eine zusätzliche Rolle, die aus der primären als Geschäftsführer, reicher Mann, einflußreicher Kleriker, Inhaber eines hohen sozialen Status usw. abgeleitet ist. Als abgeleitete ist sie so eher das Resultat als der Grund eines bestimmten Status. Der primäre Beruf mag Bankpräsident oder Präsident von Standard Oil sein; in einer solchen Position wird man natürlich ausgewählt, nominiert und als Mitglied der Führungselite anerkannt. Man vergißt selten, die primäre Rolle eines Mannes, seine Verpflichtung zu rationalem Verhalten und seine Möglichkeiten dazu nach seinem Beruf zu beurteilen. Tatsächlich überlegt jemand, der die Vorteile der Mitgliedschaft an der Führungselite insgesamt doch zu schätzen weiß – genauso wie seine Gattin davon angetan wäre, unter die zehn bestgekleideten Frauen gewählt zu werden –, auch, was diese Rolle in der Verausgabung an Zeit und Mitteln verlangt. Es kann jemand auch den Verdacht hegen, daß er nicht gut tanzen könne und sich deshalb vielleicht vor einer ganzen Reihe bekannter wie unbekannter einflußreicher Leute, vor der ganzen Öffentlichkeit blamieren könnte. Alles in allem wäre es aber doch eine geschäftlich sehr nützliche Sache; die Verbindungen sind bedeutsam und das Prestige wird hilfreich sein, ist man erst wieder zuhause (im doppelten Sinne). Auf jeden Fall kann man sich immer noch zurückziehen, sollte die Ausschußtätigkeit, oder welche konkrete Aktivität die »Führerschaft« auch immer impliziert, sich als anstrengend oder als sonst unbefriedigend herausstellen oder mit dem Geschäft nicht zu vereinbaren sein.

Ein angemessener Indikator für die Bedeutung einer Führungsrolle ist die von dem Spieler aufgewandte Zeit und die institutionelle Unterstützung des zur Verfügung stehenden Apparats. Wieder und wieder wird dem Interviewer versichert, daß der Präsident dieser oder jener Organisation einen ganz fürchterlichen Job habe und sich, bildlich gesprochen, der vielen Aufgaben wegen fast umbringe. Bei Nachforschungen erweist es sich dann, daß die vielen Aufgaben in einigen wenigen Telefongesprächen bewältigt werden; dazu kommen dann vielleicht noch drei »Gesprächsfrühstücke« im Monat. Was hier als fürchterlicher Job gilt, stellt offenbar lange nicht die gleichen Anforderungen wie die Berufsrolle.

Während Unternehmungen, die Kirchen und die Regierung oft einen tiefgestaffelten Apparat zu ihrer Verfügung haben, mag der Repräsentant einer Vereinigung zur Förderung des Hafens wenig mehr als eine Sekretärin und einen gewieften Journalisten, der als Ghostwriter die Reden für den Chef besorgt, zu seiner Unterstützung haben. Es gibt Fälle, in denen die Inhaber derartiger Positionen Ressourcen aus ihrer Berufsrolle, vielleicht auch die Anwälte, mit denen sie sonst zusammenarbeiten, einsetzen; es scheint dies aber auf derartige Aktivitäten beschränkt zu sein, die noch einen Zusammenhang mit dem Geschäft aufweisen. Zusammenfassend kann gesagt werden, daß diese Führungsrollen von den lokalen Eliten nur geringen Aufwand an Zeit, Apparat und Geld zu verlangen scheinen. Das Fehlen des organisatorischen Unterbaus und die Betonung der Öffentlichkeitsarbeit begrenzen die Möglichkeiten der Führungseliten zu regelmäßigem rationalem Handeln.

Wo Führungseliten diesen organisatorischen Unterbau zugeordnet bekamen, scheint dies mehr das Ergebnis äußerer Pressionen als eigener Entschlüsse zu sein. Von allen Funktionen der Führungselite ist die der Wohlfahrtspflege am besten organisatorisch untermauert. Zu einem großen Teil ist dies das Ergebnis des Drucks der Sozialarbeiter in Richtung auf eine organisatorische Zusammenfassung der finanziellen und sozialen Ressourcen zur Absicherung ihrer Berufsmöglichkeiten. Natürlich ist es richtig, daß der Preis für den Aufbau der Organisation und die Anstrengungen, sie in ein handhabbares Instrument zu verwandeln, durch die Sozialarbeiter selbst bezahlt werden mußte, daß dies alles ihre eigene Kontrolle ermöglichte – eine Kontrolle, deren Bitterkeit Hunter anschaulich beschreibt. Ein erheiterndes Streiflicht auf die Organisation eines »Exekutiv-Ausschusses der Bourgeoisie« ist der Fall des »Cleveland Fifty Club«. Dieser Club besteht aus den vermutlich wichtigsten fünfzig Männern von Cleveland. Die meisten Vertreter des mittleren und auch höchsten Managements streben nach dem Prestige, das durch die Mitgliedschaft gegeben ist. Nach allgemeiner Annahme wurde der Club durch Brooks Emery zu der Zeit organisiert, als er Direktor des »Cleveland Council of World Affairs« war. Letztlich sollte dadurch die Eintreibung von Spenden zur Unterstützung dieses Councils erleichtert werden. Die jedesmal notwendige Vorbereitungszeit zur Sammlung der ehrenwerten Mitglieder des Clubs der Fünfzig sowie deren Interessenwidersprüche haben seine Möglichkeiten, als Machtzentrum zu fungieren, erheblich eingeschränkt. Mitglieder, die versuchten, dieses Ziel zu realisieren, sind nach zuverlässigen Berichten regelmäßig gescheitert.

Das Beispiel des »Cleveland Fifty Club« zeigt, obwohl etwas krass, daß gewisse Aktivitäten im räumlich abgegrenzten System eine Führungselite erfordern, damit sie zum Tragen kommen können. Viele unterschiedliche Initiativen, die uns alle betreffen, sind darauf angewiesen, für die Finanzierung und die Legitimierung ihrer Aktivitäten Leute mit Prestige zu mobilisieren. Der Angestellte eines privaten Büros für Stadtforschung kann nicht auf sich selbst gestellt etwas unternehmen; er bedarf einer Förderung durch einflußreiche Kreise, die ihm die Legitimation verschafft. Seine Aufgabe mag von ihm frei gewählt sein, die Problemauffassung und den Vorschlag zur Problemlösung mag er ebenso frei bestimmt haben; aber ohne Mobilisierung von Einfluß wird er nichts ausrichten. Um den Erfolg in seinem Spiel sicherzustellen, muß er bereit sein, das Spiel der Führungselite mitzumachen. Der Angestellte, der mit öffentlichen Angelegenheiten befaßt ist, ist auch der typische Vertreter des Ganzen – eine Art Unternehmer in Sachen Ideen. In seinem Bereich füllt er dieselbe Rolle aus wie der »Stockpromoter« der zwanziger Jahre oder wie die Zekkendorfs bei der Stadterneuerung. In Ermangelung von Status oder einer auch nur begrenzten organisatorischen Basis nimmt er eine sozial wertvolle Zwischenstellung zwischen den speziellen Spielen und Hierarchien im räumlichen System ein. Sein Erfolg bei der Bewältigung von Aufgaben, die ihm etwa die Hafenbehörde stellt, wirft nicht nur ein gutes Licht auf seine Steuerzahlervereinigung oder seinen Handelsverband, auch für ihn selbst kann dabei ein gesicherter und lukrativer Posten abfallen.

Angestellte der Organisationen, die mit Belangen der Öffentlichkeit befaßt sind, angefangen von dem Personal der Handelskammern bis zu College-Professoren und Journalisten, sind in verschiedenem Grad austauschbar und bilden ein bedeutsames Kommunikationsnetz. Diese Angestellten spielen eine ähnliche Rolle wie die Cohens und die Corcorans[3] in Washington. Immer erschließt eine Reihe von Telefonnummern spezielle Informationen und sorgt für eine wirkungsvolle Zusammenarbeit auf der unteren Ebene. Konsens zwischen den beteiligten Angestellten der unteren Ebene kann schon dort zur Initiierung von Aktionsprogrammen führen, die höheren Stellen dann aufgezwungen werden können. Wie die Cohens und Corcorans die vielleicht bedeutendste und umfassendste Rolle in der Washingtoner Bürokratie spielten, so sind auch ihre Gegenstücke in den jeweiligen lokalen Behörden in alle Aktivitäten, die das ganze System betreffen, eingeschaltet. Wie jene müssen auch sie für eine wirksame Konzentration der Einflußfaktoren sorgen, wenn sie ein Programm zur Ausführung bringen wollen.

In diesem Zusammenhang ist anzumerken, daß gewöhnlich Forschungsaufträge zur Einstellung von ehemaligen New-Deal-Bürokraten und College-Professoren genutzt werden, um einflußreiche Kräfte in der Stadt-Region zu politisch aktiven Gruppen zu organisieren.

---

[3] Benjamin V. Cohen, geb. 1894, Thomas G. Corcoran, geb. 1900, Anwälte, ab 1933 unter der Roosevelt-Administration gemeinsam in verschiedenen amtlichen und halbamtlichen Funktionen am Entwurf der wichtigsten New Deal-Gesetze beteiligt, stehen hier stellvertretend für das Beziehungsnetz formeller und informeller Berater. Diesen Hinweis verdanke ich Konsul Hamilton vom amerikanischen Generalkonsulat in Bremen. (Anm. d. Hrsg.)

Hauptberufliche Leiter von Handelskammern, die durch ihre orthodoxe Ideologie unbeweglich wurden, sind entsetzt sehen zu müssen, wie Mitglieder ihrer Kammer mit Planern und anderen Abtrünnigen von den Dogmen der Freihandelslehre gemeinsam an Problemen sitzen. Der Versuch, die Verflechtungsräume, deren Erscheinung durch Zusammenhanglosigkeit geprägt ist, in wohlgeordnete Regionen zu verwandeln, beruht bei den Angestellten der sich eben konstituierenden, noch embryonalen politischen Organisationen auf nicht weiter infrage gestellten Vorentscheidungen. Die Unordnung, die vor allem überwunden werden muß, ist der Mangel an Ordnung und Zusammenhang in der »Machtelite« selbst. Wie im Falle der Sozialarbeiter gibt es von unten Bestrebungen zur Organisation der Führungselite. Für diese Art von Angestellten ist sie ein notwendiges Instrument zur Verfolgung ihrer Zielsetzungen. In vielerlei Hinsicht zeigt dies nichts anderes als einen Ausschnitt aus dem allgemeinen Tasten nach der Form lokaler politischer Einheit, die eine angemessene Behandlung der langen Liste von Problemen ermöglicht, die durch die existierende feudale Kräftezersplitterung nicht geleistet werden kann. Die Proklamierung einer Führungselite durch Zeitungen und die übrige Öffentlichkeit sowie die tatsächlichen Versuche, sie durch die genannte Art von Angestellten in den Apparaten zu schaffen, entspringen aus der Einsicht in die Notwendigkeit einer sogearteten politischen Einheit mit dem Status, den Ressourcen und der Aufgabe, die allgemeinen Probleme der Region anzugehen und so dem Gedanken der Allgemeinheit Substanz zu verleihen. Dies bedeutete einschneidende Veränderungen in den Spielregeln des Führungsspiels und im Selbstbild seiner Teilnehmer. Tatsächlich bereitet ihre Statusunsicherheit und der oft situationsbedingt enge Spielraum ihrer Möglichkeiten in der Unternehmung oder in anderen Organisationen, in der ihre primäre Rolle angesiedelt ist, besondere Schwierigkeiten, den bislang immer davon abgeleiteten Sekundärrollen in der Führungselite größeres Gewicht zu verleihen. Viele Mitglieder der Führungselite verhalten sich gegenwärtig grundsätzlich zögernd, ängstlich; sie sind sogar moralisch getroffen, wenn sie feststellen, daß ihre Position die einer anerkannten regionalen Regierung ist. Während allgemein angenommen wird, daß Macht instinktiv gewollt wird, scheint es doch so zu sein, daß in vielen Bereichen unserer städtischen Kultur Verantwortung nicht gerade ersehnt wird. Die machiavellistische »Tugend« ist unter den heutigen Handels-Prinzen eine eben doch seltenere Eigenschaft als unter deren Vorgängern zur Zeit der Renaissance. Dazu kommt, daß das Erziehungssystem von Schule und Beruf die Spitzenmänner nicht mit mehr Erfindungsgeist und Können versorgt, als nötig ist, um Mittel bereitzustellen und Ausschüsse ins Leben zu rufen. Politik wird oft mit dem gleichen Widerwillen betrachtet wie ehemals der Militärdienst von traditionell erzogenen Chinesen.

In einer Handelskammer oder einer Wohlfahrtsorganisation ist es möglich, Einfluß ziemlich direkt in effektive Macht umzusetzen. Es bedarf jedoch einer Organisation mit bezahlten Angestellten, soll ökonomische Macht in umfassendere soziale oder politische Macht umgemünzt werden. Wo eine solche Organisationsstruktur erst einmal besteht, kann sie kontrolliert werden, es sei denn, die angeworbenen Kräfte wären unsichere Kantonisten wie im Fall der Condottieri, Gangster und Politiker, die ihre Unabhängigkeit nicht aufzugeben gewillt sind. Wenn die Geschäftsleute unwillig oder unfähig sind, ihren eigenen politischen Apparat zu organisieren, müssen sie die bezahlen, die das für sie erledigen. Manchmal hat der Geldgeber zu bestimmen, zu anderen Zeiten verhandelt er mit Gleichgestellten oder Überlegenen.

Ein wichtiger Vertreter des Allgemeininteresses eines räumlich abgegrenzten Systems ist die Zeitung. Gemeinsam mit den Sozialarbeitern, Museumsdirektoren, den Technikern des öffentlichen Dienstes und anderen hat der Journalist ein Interesse daran, Aufgaben und Projekte, die die Allgemeinheit betreffen, in deren Sprache zu propagieren. In der Berichterstattung über die Leute mit Einfluß, in den Spalten über allgemeine Neuigkeiten und in den speziellen Artikeln, die der Wirtschaft und der Gesellschaft gewidmet sind, dient die Zeitung den lokalen Eliten als konstruktives Nachrichtenmedium und versorgt sie mit den meisten ihrer Informationen über den allgemeinen Gang der Ereignisse, nicht zuletzt auch mit Klatsch über das Verhalten einzelner Mitglieder der Elite. In gewissem Sinne bestimmt zuerst die Zeitung, was in der Region auf die Tagesordnung gesetzt wird. Großenteils bestimmt sie, worüber die meisten Leute sich unterhalten werden, was die meisten Leute als Tatsachen hinnehmen und was die meisten Leute als die Weise ansehen werden, in der Probleme gelöst werden sollten. Zwar begrenzen einerseits die Konventionen darüber, wie eine Zeitung »gemacht« werden soll, sowie einige zwingende Ereignisse die völlige Freiheit einer Zeitung, darüber zu befinden was als Vorkommnis zählen soll und welchen Leuten ihre Leser Aufmerksamkeit schenken sollen; dennoch hat sie dabei großen Spielraum. Das Herausgeben einer Zeitung ist jedoch ein Geschäft, ein spezialisiertes Spiel, auch wenn die Reporter Idealisten sind und sich der Herausgeber des Titels eines »Mr. Cleveland« erfreut. Die Zeitung übernimmt für ihr Bezugsgebiet nicht die Verantwortung einer politischen Rolle. Sie ist eine Macht, aber eine nur zum Teil verantwortliche. Doch auch die relative Aufmerksamkeit ihrer Leser sowie die Konventionen darüber, was eine Story ausmacht, lassen ihr doch zumindest für bestimmte Bereiche die Rolle eines Vorreiters. Kurz, zu einem großen Teil bestimmt sie die Tagesordnung des öffentlichen Geschehens.

Von einem Bürgermeister einer Großstadt im Osten der Vereinigten Staaten wird folgendes erzählt: er hatte die drei Hauptstädte seiner Wählerschaft – Rom, Dublin und Tel Aviv – besucht und war über Paris nach Le Havre zurückgereist. Da sein Stab das Schiff vor der Presse nicht erreichen konnte, wurde er von den Reportern bestürmt zu erzählen, was er auf der Reise gelernt habe. Der unglückliche Bürgermeister konnte ja nicht gut antworten, daß er auf Staatskosten einen lustigen Ausflug unternommen habe. So war er froh, als er sich daran erinnerte, daß in Paris eine Anti-Lärm-Kampagne stattgefunden hatte. Einmal festgenagelt, sagte er der Presse, daß er diese Kampagne für eine gute Sache halte. Das verschaffte den Journalisten Stoff, über den sie schreiben konnten. Der Bürgermeister hoffte, daß es damit sein Bewenden haben würde. Aber eine große Zeitung glaubte unbedingt wieder einen Kreuzzug starten zu müssen und begann, den Bürgermeister wegen des Beginns einer Anti-Lärm-Kampagne unter Druck zu setzen. Andere Zeitungen griffen die Sache auf und der Bürgermeister teilte seinem Stab mit, daß man da wohl mitspielen müsse – die Anti-Lärm-Kampagne mußte über die Bühne gehen. Innerhalb kurzer Zeit waren Kommittees von Geschäftsleuten, Psychiatern und College-Professoren mobilisiert und dann damit beschäftigt, auf breiter Front die Ausschaltung grundloser Lärmquellen voranzutreiben. Wie zur Rechtfertigung der Behörden stellte sich später heraus, daß eine Anti-Lärm-Kampagne auf einer Liste möglicher Aktivitäten für das Tätigkeitsprogramm des Bürgermeisters existierte, von diesem aber als politisch nicht opportun abgesetzt worden war.

Die Angestellten der öffentlichen oder quasi-öffentlichen Verwaltungen und die Lokalzeitungen stehen in ungefähr dem gleichen Verhältnis zueinander wie die Stäbe von Kongreß-Ausschüssen und die große Presse. Viele Mitglieder dieser Stäbe beklagen sich, daß sie als Fachleute ihr Gewissen durch den ständigen Zwang zur Publicity einer Aushöhlung ausgesetzt sehen. Sie behaupten, daß ihre Auftraggeber aus den Ausschüssen selbst nur durch Forschungen zu beeindrucken sind, die Neuigkeitswert haben. Mitglieder der Kongreß-Ausschüsse hinwieder stellen heraus, daß die Ausschüsse, die keine Publicity entfalten können, wahrscheinlich in den toten Winkel geraten und nicht mehr gefördert werden. Die Verwaltungsspitzen bleiben mit einer Stelle oft nur solange in engem Kontakt, wie sie bei den Zeitungen ankommt. Schon so mancher Ghostwriter mußte es erleben, daß sein Auftraggeber in seiner Meinung völlig umschwenkte, nachdem er die bestellte und bei einem Empfang gehaltene Rede, mit Photographie und Bemerkungen der Redaktion versehen, in der Presse wieder las. Dies kommt

sogar vor, wenn das Ganze im eigenen Blatt des Auftraggebers erscheint. Der ständige Bedarf der Reporter an Stoff und die Abhängigkeit der Verwaltungsleute von Publicity bringt die Teilnehmer dieser zwei Spiele zusammen. Wie im Fall der Kongreß-Ausschüsse gibt es eine Tendenz, Erfolg mit Aufsehen gleichzusetzen. Für Leute mit starkem Einfluß auf die öffentlichen oder quasi-öffentlichen Verwaltungen sind diese Schlagzeilen der Zeitungen ein wichtiges Mittel, um auf dem laufenden zu bleiben. Die Symbiose zwischen Journalisten und den Angestellten derartiger Verwaltungsstellen erlaubt, die starke Verbreitung von Frühstücksritualen, Komiteebildungen und Informationsgesprächen zu verstehen. Die Art, wie Zeitungen eine Story behandeln, und das Wirken von wunderlichen Zufällen und sonstigen Mirakeln bestimmt vorgängig die Eigenart dessen, womit sich die Presse befaßt. Es kann nicht überraschen, daß nach und nach auch die Angestellten der unteren Ebenen anfangen, Erfolg mit dem erzielten Aufsehen, ausgedrückt in den Siegesmeldungen der Zeitungen, zu verwechseln, oder daß sie versuchen, ihre Förderer durch Publizität zu beeindrucken, wobei diese Zeitungsmeldungen durch darin mitenthaltene Schmeicheleien diesen Förderern auch noch mundgerecht serviert werden. Trotz der eingebauten Unfähigkeit der Zeitungen, in ihrem Bezugsgebiet eine ernsthafte politische Verantwortung zu übernehmen, sind sie doch oft die einzigen Institutionen mit einem langfristigen, an der ganzen Region orientierten Interesse. Bei Abwesenheit einer regionalen politischen Partei oder anderer Institutionen, die die Verantwortung für die Formulierung eines allgemeinen öffentlichen Aufgabenkatalogs übernehmen könnten, ist das Zeitungsspiel dasjenige, das durch das Interesse seines Publikums und durch seine eigenen Normen zum Teil die Lücke füllt.
Ein letztes Spiel, das in ganz bestimmter Weise alle anderen eines Systems zusammenfaßt, ist das gesellschaftliche Spiel. Erfolg in jedem anderen Spiel kann in wechselndem Ausmaß für soziale Anerkennung benutzt werden. Die Hüter der Symbole hoher sozialer Anerkennung stehen für Ziele, die in gewissem Sinne den Anstrengungen in allen besonderen Spielen zum gemeinsamen Maßstab dienen. Wenn die Inhaber des höchsten Sozialprestiges nicht notwendig auch die höchste politische oder ökonomische Macht in Händen halten, so stehen sie doch für Ziele, die alle anderen binden. Eine der bittersten Kritiken an der Yankee-Aristokratie, die von einem katholischen Bischof geäußert wurde, war, daß mit dem Verlust des Glaubens an die eigenen Werte diese auch das ganze System der einzelnen Spiele untergraben würden. Es wäre ein grausamer Scherz, wenn gerade mit Beginn einer hart erarbeiteten sozialen Mobilität die Nachkommen der Begründer dieser Werte das Interesse daran verlören. Ein Spiel, anerkannt auch durch die davon ausgeschlossenen, schuf eine Orien-

tierung, die zu ihrer Zeit funktional war und jetzt durch eine neue, eine hoffentlich bessere, ersetzt werden muß. Eine wichtige Motivation zur Teilnahme am Spiel der Führungselite ist das gesteigerte Sozialprestige, das dann auch im gesellschaftlichen Spiel zählt.
Weder das Spiel der Führungselite noch das gesellschaftliche Spiel transformieren das ökologische Gleichgewichtssystem eines Gebietes in ein einheitliches politisches System. Sie stellen jedoch bedeutsame Mittel zur Verknüpfung der einzelnen Spiele dar und ermöglichen bezüglich bestimmter Projekte gemeinsames, abgestimmtes Handeln. Das gesellschaftliche Spiel schließlich formt im Sinne von Ruth Benedict die Kultur des ökologischen Systems und vermittelt allen Spielern gemeinsame Erwartungshaltungen und Zielvorstellungen.

Stadtpolitik
Von Edward C. Banfield und James Q. Wilson

Die politische Funktion

Die Zukunft der Stadt und die großen Kräfte, die ihre Entwicklung bestimmen, werden manchmal in Festreden behandelt. Selten aber lenken sie die ganze Aufmerksamkeit von Männern der Praxis auf sich. Die Fragen, denen ihre Aufmerksamkeit gilt, sind gewöhnlich die unmittelbar anstehenden und die begrenzten. Zwar können auch solche Fragen die Gemeinde als Ganzes betreffen, entscheidend aber ist immer ihre Wichtigkeit für partikulare Interessen und dies ist es auch, was sie auf ganz unmittelbare Weise in den Vordergrund treten läßt. Die Fragen, die bezüglich der Stadtpolitik gewöhnlich aufkommen, sind die folgenden: 1. Wer wird in ein Amt gewählt werden? 2. Wo soll eine bestimmte Einrichtung angesiedelt werden. (Gewöhnlich findet der Streit zwischen Nachbarschaften statt, von denen jede eine Ansiedlung zu verhindern trachtet, wenn Grund zu der Annahme besteht, daß Familien umgesiedelt werden müßten, daß »unerwünschte« Personen angezogen werden könnten oder der Wert ortsgebundenen Eigentums gemindert werden könnte.) 3. Wie werden die Steuerlasten verteilt? 4. Welche Agentur oder Stelle wird mit einer besonderen Sache betraut werden? 5. Soll eine politische Richtung oder eine bestimmte Praxis geändert werden? 6. Auf welcher Ebene sollen bestimmte Dienstleistungen angeboten werden und wie groß ist das zur Verfügung stehende Budget? 7. Was sind die Fehler der Polizei bei der Bekämpfung von organisiertem Verbrechen, bei Arbeitskämpfen und Rassenkonflikten?

Steuerung von Konflikten

Ein politisches System hat zwei wichtige Funktionen zu erfüllen. Die eine betrifft die Bereitstellung solcher Güter und Dienstleistungen – etwa Schutz durch Polizei und Müllbeseitigung –, die unter privater Regie nicht (oder bis zu einem gewissen Grade nicht) angeboten werden können. Dies ist die »Dienstleistungsfunktion«. Die andere Funktion – die politische – ist die der Steuerung von Konflikten, sofern sie von öffentlicher Bedeutung sind.
Da diese beiden Funktionen zur gleichen Zeit durch die gleichen Institutionen erfüllt werden müssen, sind sie im konkreten Fall oft nicht unterscheidbar. Ein Bürgermeister, der sich in den Streit über den Standort einer neuen öffentlichen Bibliothek einschaltet, legt zur gleichen Zeit, in der er die Bereitstellungen von Dienstleistungen regelt, auch einen Konflikt bei. Aber gewöhnlich glaubt man, und er selbst glaubt das von sich auch, er würde eine Sache besorgen, »der Verwaltung der Stadt vorstehen«. Die eine Funktion kann zu Zeiten viel stärker dominieren als die andere. In einigen Städten ist die Dienstleistungsfunktion der politischen dezidiert untergeordnet; Entscheidungen richten sich dann immer nach dem Ergebnis des Kampfes von Politikern, Parteien und Interessengruppen. In anderen Städten scheint es überhaupt keine Politik zu geben; dort gibt es keine Konflikte und keine Machtkämpfe. Probleme werden, so scheint es jedenfalls, allein nach Maßstäben technischer Rationalität entschieden.
Die politiklose Stadt wird von einigen Autoren, die Probleme der Stadtverwaltung behandeln, als leuchtendes Beispiel herausgestellt. Viele Leute glauben, daß Politik immer witzlos und schädlich sei, eine krankhafte Störung des sozialen Lebens darstelle.
Diese Haltung mag aus einer allgemeinen Konfliktscheu und aus dem Gefühl erwachsen, daß Dinge immer rational und ohne Streit entschieden werden sollten. Ein Autor äußert zum Beispiel seine Ansichten über die öffentliche Schulverwaltung in den folgenden charakteristischen Wendungen: »Ein Kriterium dafür, wie gut eine Schulbehörde arbeitet, ist der Grad an Übereinstimmung unter ihren Mitarbeitern. Wenn sie sich darüber einig sind, was die Aufgaben der Behörde und die Pflichten der Fachaufsicht sein sollen, dann werden sie, wenn Entscheidungen anstehen, wenig Zeit mit dem Streit über grundlegende Zielvorstellungen und aktuelle Aufgaben verlieren. Sie werden dann ihre Energien dazu verwenden, die anstehenden Probleme zu lösen«.[1]
Ein anderer Grund für die Unbeliebtheit der Politik liegt darin, daß

---

[1] Gross, Neal: Who Runs our Schools? New York, 1958 (John Wiley and Sons). S. 85.

politische Entscheidungen oft auf Überlegungen gegründet sind, die am Wesen einer Sache völlig vorbeigehen. Natürlich nimmt der Politiker für sich in Anspruch, daß seine Entscheidung lediglich auf Effizienzkriterien beruht. Zum Beispiel favorisiert er einen bestimmten Standort der Bibliothek, »weil er der für die Benutzer bequemste sein wird«. Aber der Betrachter muß doch argwöhnen, daß die wahren Gründe der Entscheidung selbstdienliche oder seiner Partei dienliche sind, daß der Politiker die Bibliothek dort haben will, weil ihm das, steht sie erst einmal, Stimmen einbringen wird.
Daraus folgt nicht mit Notwendigkeit, daß der Politiker unausweichlich das allgemeine Interesse verletzt, wenn er seinem eigenen folgt. Noch ist notwendigerweise richtig, daß dem öffentlichen Interesse am besten dadurch gedient wird, daß man die Dienstleistungsfunktion als die wichtigere ansieht. Es ist durchaus möglich, daß unter gewissen Umständen die Regelung von Konflikten eine höhere Einstufung erfährt als die »effizienteste« Verwendung von Ressourcen. Wenn der Politiker durch sein Eigeninteresse dazu geführt wird, die Bücherei an der Stelle anzusiedeln, die auch den widerstreitenden Interessengruppen als annehmbarer Kompromiß erscheint, so kann er dadurch eine nützlichere soziale Funktion ausüben, als wenn er versuchen wollte, den »bequemsten Standort« in interesseloser Rationalität zu bestimmen. Viele Leute sind von Grund auf unpolitisch eingestellt und so kommt es sie hart an sehen zu müssen, wie der Politiker aus Eigeninteresse dem Gemeinwohl dienen oder wie eine Mißachtung der Dienstleistungsfunktion durch Gewinne auf der Seite der politischen Funktion gerechtfertigt werden kann.
Zumal die Verwaltung einer Stadt sollte nach Meinung vieler Leute frei von Politik sein. Sie sollte nur Dienstleistungsfunktionen wahrnehmen und sich insofern von allen anderen Regierungen unterscheiden. Das Reinigen von Straßen, Bereitstellen von Schulen und das Sammeln von Müll sollten nicht kontrovers und deshalb nicht politischer sein als das Verkaufen von Kolonialwaren. Politik kann es in der Stadt (nach dieser Auffassung) nur geben, wenn sie »von außen hereingetragen wird«; um solches zu verhindern, soll die Verwaltung der Stadt von der der Bundesstaaten und der Nation, die hoffnungslos mit Politik versucht sind, isoliert werden. Dies sind die Leitvorstellungen, die hinter der Haltung der »Unparteilichkeit« stehen. In den USA bestimmen sie zu einem großen Teil die Vorstellungen von lokaler Verwaltung.
Letzlich können zwei gute Argumente für diese Auffassung vorgebracht werden. Zum einen müssen wegen der untergeordneten Stellung der Kommunen im föderativen System alle Konflikte von größerer Bedeutung auf höherer Ebene ausgetragen werden. Die großen Fragen des Tages – und eben deswegen oft auch die weniger wichti-

gen – können sinnvoll im Stadtrat nicht behandelt werden. Fragen, die dort nutzbringend diskutiert werden können (etwa die Standortbestimmung für die neue Bibliothek), sollten sachlich, also nach Maßgabe von Effizienzüberlegungen (Dienstleistungsaspekt) entschieden werden.

Das andere Argument, das vorgebracht werden kann, ist, daß es in den Städten gewöhnlich keine inneren Konflikte gibt, oder keine Konflikte, die nicht eher das Resultat als die Ursache der Politik wären. Das ist manchmal tatsächlich der Fall in relativ kleinen, vom Mittelstand bewohnten Städten. Wo sich jedermann auf gemeinsame Grundhaltungen festlegen läßt, kann man sicherlich vieles dafür vorbringen, die Qual der Wahl doch den Technikern zu überlassen. In den größeren Städten jedoch wird es diese Übereinstimmung bezüglich gewisser Grundprinzipien kaum geben. Darüber hinaus können Konflikte auch an solchen Orten, ob groß oder klein, entstehen, wo alles den Technikern überlassen bleibt. Diese Techniker selbst verfolgen verschiedene, mehr oder weniger unvereinbare Zielvorstellungen. Die Fachleute, die sich hauptberuflich zum Beispiel mit Parks, Schulen und Verkehr befassen, können durchaus über die Trassenführung einer bestimmten Straße uneins sein; letztlich muß dann politisch entschieden werden, auch wenn das Kind einen anderen Namen bekommt.

Ob es einem behagt oder nicht, Politik kann ebensowenig abgeschafft werden wie Sex. Sie kann zeitweilig durch bewußte Ablehnung in den Hintergrund gedrängt werden, aber man kann nicht auf sie verzichten, weil es in der Natur des Menschen liegt, uneins zu sein und sich zu streiten. Wir behaupten nicht, daß Politik allein durch die selbstsüchtigen Wünsche einiger bedingt ist, die ihren eigenen Weg gehen wollen. Zweifellos ist das eine ihrer Ursachen. Aber es ist auch eine Tatsache, daß es selbst in einer Gesellschaft von ganz Uneigennützigen oder Engeln Politik geben würde, da einige das Gemeininteresse so und andere es so auffassen würden. Einige würden (unter der Annahme, daß die Ungewißheit in dieser Welt nicht aufgehoben werden kann) beim Handeln diesen Weg für den richtigen halten und andere einen anderen.[2]

Ob es überhaupt wünschenswert ist, den Versuch zur Unterdrückung von Konflikten zu machen, kann ebenfalls bezweifelt werden. Zivilisierte Menschen haben eine Abneigung gegen Konflikte, weil in den gewöhnlichen zwischenmenschlichen Beziehungen Selbstsucht, Betrug sowie heftige und unangenehme Emotionen wie Haß damit verbunden sind. Im weiten Rahmen der Politik ist solches nicht notwendig

---

[2] Simon, Yves R.: The Philosophy of Democratic Government. Chicago, 1951 (University of Chicago Press). Kap. I.

der Fall. Der politische Kampf ist oft ein anständiger und ehrenhafter. Ihn zu unterdrücken bedeutete mehr oder weniger, einige Leute zu entmutigen oder davon abzuhalten, ihren Nöten, Wünschen und Interessen gemäß zu handeln. Man kann sich ein politisches System vorstellen, in dem kein politischer Kampf stattfindet, weil die Leute mit abweichender Meinung wissen, daß ihre Bemühungen um Veränderungen keinen Einfluß auf den Lauf der Dinge haben werden. In solch einem Fall gibt es keine Politik; aber ebensowenig eine Chance für den Fortschritt.

Wo es Konflikte gibt, die die Existenz oder doch den Gleichgewichtszustand der Gesellschaft bedrohen, sollte die politische Funktion der Dienstleistungsfunktion sicherlich vorgeordnet sein. In einigen Städten haben Rassen- und Klassenkonflikte diesen gefährlichen Charakter. New York, Chicago oder Los Angeles nach dem Kanon von reiner Effizienz regieren zu wollen, kann zu einer Stauung von Unruhe und Spannungen führen, die leicht in sinnlose individuelle Gewaltakte, in irrationale Massenbewegungen oder vielleicht auch in die langsame und unmerkliche Auflösung der sozialen Bande einmünden kann. Politik ist ein Weg, die ruhelosen, feindseligen Impulse von Individuen auf Dauer in soziale Produktivität (vielleicht auch in eine Revolution) umzusetzen und diesen Impulsen dabei gleichzeitig eine moralische Berechtigung zu geben.

Dies weist auf einen anderen Grund hin, aus dem die Steuerung von Konflikten eine soziale Funktion von größter Bedeutung darstellt. Der politische Kampf, auch der scheinbar so trivial erscheinende, wie er so oft in unseren Städten stattfindet, ist ein Teil der Kommunikation, mittels derer die Gesellschaft die Art des Gemeinwohls und die Bedeutung der Gerechtigkeit und sonstiger Tugenden diskutiert. Die Standortwahl bei einem Wohnungsbauprojekt mag für sich betrachtet nicht so bedeutsam sein. Sie erhält aber eine große Bedeutung, wenn sie im Verlauf der Auseinandersetzungen in exemplarischer oder ideologischer Weise mit Prinzipien in Verbindung gebracht wird. Dann wird das Wohnungsbauprojekt zum Vehikel der Diskussion etwa über Rassengleichheit und letztlich der Gerechtigkeit selbst. Die Gesellschaft schafft sich ihre Ideale wie Richter sich ihre Gesetze, indem sie besondere Fälle im Lichte allgemeiner Prinzipien entscheidet. Nur dadurch, daß sie mit konkreten Problemen in Beziehung gesetzt werden, können Prinzipien überhaupt etwas bedeuten.

Schließlich ist Politik für die Politiker und andere das Mittel, sich die Macht zu verschaffen, die sie brauchen, um regieren zu können. Im amerikanischen politischen System ist gesetzliche Autorität so breit gestreut, daß einem Wahlbeamten – etwa dem Bürgermeister – gewöhnlich die nötige Autorität fehlt, um ohne weiteres erfolgreich handeln zu können. Durch das »Politik-Spiel« borgt er sich zusätzliche

Autorität und versichert sich auch anderer Mittel, um den nötigen Einfluß aufbringen zu können. Die Gewinnung eines Teils der Macht, ohne die Regieren nicht möglich wäre, ist eine unabdingbare Funktion der Politik.

Politik als Spiel

In Amerika ist Politik vielleicht mehr als anderswo eine Art zu spielen, ein Spiel. »Spiel« ist jede Art von Aktivität, die sich selbst genügt und nicht als ein Mittel zu einem anderen Zweck aufgefaßt wird. Ein »geregeltes Spiel« ist ein Spiel, das nach festen Regeln betrieben wird. Auf einen Teil der üblichen Stadtpolitik treffen diese Bestimmungen zu. Die umstrittenen Ziele bedeuten den Spielern oft nicht »wirklich« etwas, das heißt sie bedeuten nicht viel nach anderen Maßstäben als denen des Spiels. Oder um es anders auszudrücken: die Spieler verfolgen die umstrittenen Ziele, um sich dabei des Spieles erfreuen zu können. Die lokale Ämterjagd etwa kann oft unter keiner anderen Annahme verstanden werden, als daß die Leute ihren Spaß haben wollen.

Die Ursprünge von Tammany Hall, der einst machtvollen Parteiorganisation der Demokraten in New York, illustriert das sehr gut. Am Ende des Revolutionskrieges entledigten sich bestimmte Truppeneinheiten, die unter Washington gekämpft hatten, ihres Schutzheiligen St. Georg und erkoren sich stattdessen »St. Tammany«. Tamanend war ein bekannter Indianerhäuptling gewesen, von dem behauptet wurde, er sei im Alter von 107 Jahren gestorben, nachdem er sich als Staatsmann ausgezeichnet hatte. Die Soldaten veranstalteten eine große Feier, um den Wechsel des Schutzheiligen gebührend herauszustellen. Sie errichteten einen Freiheitspfahl und verkleideten sich als indianische Krieger, angetan mit Federbüschen und Bocksschwänzen. Es folgt die Beschreibung von Matthew Breen: »Aus dem großen Wigwam, das als angemessener Sitz des großen Häuptlings angebetet wurde, trat der Darsteller von St. Tammany heraus, gekleidet nach kunstvollster indianischer Art. Er hielt eine lange Rede an die versammelte Menge, die sich aus Soldaten und Zivilisten zusammensetzte, sprach über das Gebot der Stunde und ließ sich breit aus über die Tugenden der Tapferkeit, Gerechtigkeit und Freiheit; danach tanzten die Krieger und zechten bis spät in die Nacht.«[3]

Feiern dieser Art wiederholten sich in Pennsylvanien und anderswo während einiger Jahre, bis dann 1789 in New York die Tammany-Ge-

---

[3] Breen, Matthew B.: Thirty Years of New York Politics Up-To-Date. Boston, 1899. S. 34.

sellschaft gegründet wurde. Ihre Mitglieder wählten einen Vorsitzenden, den »Großen Sachem«, ebenso zwölf kleine Sachems, nahmen indianische Gebräuche an, teilten das Jahr in »Monde«, und versandten Aufrufe zu Treffen, die deren Beginn auf »eine Stunde nach Sonnenuntergang« festlegten.

Es gab ein ernsthaftes Element in der Tammany-Gesellschaft, aber das soll nicht heißen, daß es meist nicht doch ein großer Spaß gewesen wäre. Spielen ist langweilig, auch für Kinder, wenn es nicht ernsthaft betrieben wird. Jeder, der Mitglied einer Bruderschaft oder Loge ist, weiß, daß es außergewöhnlicher Anstrengungen bedarf, um den Unsinn am Leben zu erhalten.

Die Verteilung von »Spiel« und »Arbeit« bei einer politischen Betätigung kann deshalb nur schwer oder gar nicht fixiert werden. Trotzdem ist diese Unterscheidung für die Analyse wichtig, weil sie Erklärung von Verhalten ermöglicht, das sonst nicht ergründbar wäre. Sie weist ebenso auf eine mögliche Gefahr für die Gesellschaft hin. Es ist sicher richtig, Spiegelfechtereien als real anzusehen, aber umgekehrt kann man doch nicht alles Reale als Spiegelfechterei betrachten. Eine Art von Politik, die als »Spiel von Interessen« zureichend beschrieben ist, kann unter gewissen Umständen total ungeeignet sein, die wichtigste Funktion zu erfüllen, der Politik zu genügen hat, nämlich das Aussteuern von realen Konflikten.

Handlungseinheiten in der Stadt-Politik

Für das amerikanische politische System ist es charakteristisch, daß jedermann das Recht und in gewissem Sinn sogar die moralische Verpflichtung hat, sich am politischen Geschehen zu beteiligen. Als Erben der protestantischen Tradition glauben viele Amerikaner, daß sie es der Gemeinde schuldig sind, an den öffentlichen Angelegenheiten Anteil zu nehmen. Sie erachten dies als eine der Möglichkeiten, ihrer Verpflichtung »Gutes zu tun« nachzukommen. Auch glauben sie, ganz der Tradition der »Frontier«- und »Jackson«-Demokratie* verpflichtet, daß jeder gewöhnliche Bürger fähig sei, jede Angelegenheit von öffentlicher Bedeutung zu entscheiden. Außerdem war, wie wir oben gesehen haben, Politik in Amerika immer schon eine Art von Massenunterhaltung. Aus allen diesen und anderen Gründen sind die öffentlichen Angelegenheiten in einem Ausmaß jedermanns Angelegenheit, das die Demokraten anderer Länder, auch die Engländer, erstaunen würde.

* Andrew Jackson, amerik. Präsident von 1829-1837, dessen Präsidentschaft als Sieg der Grenzer über den etablierten amerikanischen Osten verstanden wurde. (Anm. d. Hrsg.)

Am stärksten am lokalen Geschehen beteiligt sind jedoch nicht Individuen, sondern Gruppen und Organisationen; oder genauer gesagt, Individuen, die Gruppen- oder Organisationsrollen ausfüllen. Das einzelne Individuum tritt am Wahlsonntag als eine »Person« auf, um zwischen einzelnen Kandidaten zu entscheiden oder manchmal »ja« oder »nein« – bezüglich einiger weniger Vorschläge – auf dem Stimmzettel anzukreuzen. Zu den übrigen Zeiten zählen »Personen« nur wenig. Gruppen oder Organisationen sind fast durchgängig die Handlungseinheiten.

Dabei muß jedoch für Dörfer und kleine Städte eine Ausnahme gemacht werden. Hier können formale Organisationen, die sich mit politischen Funktionen befassen, eventuell gar nicht bestehen. Informelle Gruppierungen – Mengen, Cliquen, Zirkel – die sich um führende Persönlichkeiten bilden, nehmen bis zu einem gewissen Grad die Stelle formaler Organisationen ein. Personen spielen in der Politik der Kleinstädte, ob auf sich gestellt oder innerhalb von Cliquen, eine bedeutende Rolle. Anders gesagt liegt dort die kritische Schwelle zur Teilnahme am politischen Leben tiefer.

Arthur Vidich und Joseph Bensman stießen in einem Dorf (sie nennen es Springdale) im oberen Teil des Staates New York auf solche Verhältnisse.[4] Sitzungen des Gemeinderates verlaufen schwerfällig und bleiben meist bedeutungslos. Es gibt kaum je etwas Neues zu tun, Projekte werden selten in Angriff genommen und dementsprechend wenige Entscheidungen gefällt. Die Gemeinderäte tun, was unbedingt sein muß und vermeiden, was immer sie können. Weit davon entfernt, sich Macht verschaffen zu wollen, scheinen sie diese sogar zu meiden. Wenn sie Beschlüsse fassen, geschieht das immer einstimmig. Vor der Abstimmung jedoch ist die »Sachdebatte« langatmig, weitschweifig, ohne präzises Wissen und zusammenhanglos. Niemand will sich festlegen oder anderer Meinung sein als die Kollegen.

Unter der Oberfläche gibt es auch in Springdale viele Dinge, worüber manche Bürger betroffen sind. Die Steuerveranlagung wurde nie überprüft, trotz offensichtlicher Ungerechtigkeiten. Einige Hauseigentümer und Farmer sind über den Mangel an zureichenden Straßen und Straßenbeleuchtung, wegen ungenügender Müllbeseitigung und Schneeräumung sowie wegen gelegentlicher Unterbrechungen der Wasserzufuhr aufgebracht. Andere wünschen, daß die Gemeinde den Versuch machen sollte, Industrie zur Ansiedlung zu bewegen, und wieder andere sind über gewisse Entscheidungen bezüglich der Schule aufgebracht. Doch entwickeln sich diese Vorkommnisse kaum je zu Angelegenheiten von öffentlicher Brisanz. So kommt es auch

---

[4] Vidich, Arthur, und Joseph Bensman: Small Town Politics in Mass Society. Princeton, New York, 1958 (Princeton University Press). Kap. V–VIII.

nicht zu Maßnahmen im Gemeinderat. Die einzige echte Gelegenheit, das System herauszufordern – die jährliche Wahl der Gemeinderäte –, wird sorgfältig unter Kontrolle gehalten, um Machtkämpfe zu verhindern. Gemeindewahlen werden zu anderen Zeiten abgehalten als die der Bundesstaaten und der Nation; dies verhindert eine Orientierung nach außen und hält strittige Fragen fern. Die Wahllokale sind nur für vier Stunden geöffnet; auch dies hält viele von der Wahlbeteiligung ab, besonders Pendler, die tagsüber in den nahegelegenen Städten arbeiten und dem Lokalpatriotismus nicht anhängen. Von über 400 Wahlberechtigten wählen nicht mehr als 35 und gelegentlich gar nur 15. Listen werden nach Befragung aller, die »zählen«, aufgestellt und selten angefochten.

Diese Struktur ist charakteristisch für kleine Orte. Das erklärt sich aus mehreren Gründen. Zum einen steht in der Kleinstadt-Politik nicht viel auf dem Spiel. Große formale Organisationen sind nicht beteiligt und die Bürger und Steuerzahler haben wenig zu gewinnen oder zu verlieren, weil die »Regierenden« nur wenig auszugeben haben. Zum anderen sind die Gemeinderäte auf die Unterstützung durch lockere Personenverbände auf Freunde angewiesen, nicht aber auf Interessengruppen und organisierte Vereinigungen; sie müssen »gute Kumpel« sein. Die wichtigste Überlegung ist jedoch vielleicht die, daß die Intimität des Kleinstadtlebens Harmonie, oder wenigstens den Anschein davon, unumgänglich macht. Wo jeder mit jedem häufig in direkten Kontakt treten muß, ist es ungemein wichtig, gütlich miteinander auszukommen. In solchen Orten haben die Leute gelernt, daß Auseinandersetzungen dann besonders bitter werden, wenn »Personen«, unterschieden von »Vertretern von Organisationen«, darin verwickelt sind. In der Politik kleiner Orte ist den Leuten folglich nichts so wichtig wie die Erhaltung des Friedens, der Harmonie und der Möglichkeit zu problemlosen persönlichen Beziehungen. Der Stil der Politik, die dort betrieben wird, spiegelt das auch wider. Die stillschweigend akzeptierte Regel der einstimmigen Abstimmungen, der weitschweifige Charakter von öffentlichen Diskussionen sind zum Beispiel beide funktional; sie stellen sicher, daß niemand so genau unter die Lupe genommen wird, was unvermeidlich wäre, gäbe es Sondervoten, starke Positionen und klare Argumente. Allgemeiner gesagt ist die Funktion der Politik in kleineren Städten weniger die, Probleme zu lösen, als vielmehr, durch deren Unterdrückung es den Leuten zu ermöglichen, im nun einmal engen sozialen Kontakt miteinander auszukommen. In großen Städten existiert diese Notwendigkeit natürlich nicht.

In einer Gemeinde, die relativ überschaubar und homogen ist, neigt man dazu, die Idee eines Allgemeinwohls fraglos zu teilen. Wenige Bürger identifizieren sich mit Organisationen, die in der Gemeindepolitik partikulare Positionen vertreten. Es gibt kaum einen Zwang zu einem »Interessenausgleich« und dergleichen gilt als falsch, sogar als unmoralisch. Da es nicht um die Selbstbehauptung von Organisationen geht, unterhält man sich lieber darüber, was »das beste für die Gemeinde« ist. Die Ansichten von Leuten, die besonders uneigennützig, gut informiert, aufmerksam und besonders dem Lokalpatriotismus verpflichtet sind, werden besonders beachtet, während diejenigen, die sich für Partialinteressen einsetzen, als unmaßgeblich betrachtet werden; man sollte ihnen besser keine Aufmerksamkeit schenken. Auch in den größten und heterogensten Städten kann es geschehen, daß Probleme nach Maßstäben des »größten Nutzens für die Stadt« entschieden werden. Auch dort enthalten sich manche einzelne (obwohl gewöhnlich nicht viele) einer Identifikation mit Organisationen, um die Reputation des »unparteiischen« nicht missen zu müssen.[5] Von Zeit zu Zeit brechen die Versuche zusammen, das Allgemeinwohl bestimmen zu wollen, indem man gleichzeitig alles unternimmt, um Konflikte am Ausbruch zu hindern. In solchen Fällen besteht die Gefahr, daß die Kleinstadt-Politik bitterer, trennender und explosiver wird als die Politik in großen Städten. Nachdem sie einmal die Mauer sozialer Nichtbeachtung durchbrochen haben, polarisieren diese Probleme die Gemeinde in feindliche Lager. James S. Coleman beschreibt die Gewalt solcher aufbrechenden Probleme wie Bewässerung, Aufhebung der Rassentrennung und Schulkonflikte für verschiedene kleine Gemeinden. Es gibt kaum große, unpersönliche Organisationen – wenn es überhaupt welche gibt –, die dann versuchen, den Konflikt zu mildern, weil er ihren eigenen Bestand gefährdet. Es gibt dann nichts, wodurch der Streit kanalisiert werden könnte. Sobald organisierte Interessen nicht betroffen sind, neigen Problemstellungen dazu, ideologisch zu werden; Versuche zu ihrer Lösung belasten dann das ganze soziale Gefüge.[6] James G. Coke stellt fest, daß »Proteste und der Ruf nach öffentlichem Eingreifen in den großen Städten üblich, in den kleineren aber selten und episodenhaft sind«. Je größer die Stadt, meint er, desto wahrscheinlicher sei dort die Aufmerksamkeit auf soziale Probleme gerichtet und desto wahrscheinlicher würden diese Probleme eher durch die Aufstellung von Regeln als durch je individuelle Behandlung angegangen. Erst die Anwendung der Regel führe dann zum Konflikt.[7]

---

[5] Banfield, Edward C.: Political Influence. New York, 1961 (Free Press of Glencoe), S. 250.
[6] Coleman, James S.: Community Conflict. Glencoe, Ill., 1959 (Free Press), S. 4.
[7] Coke, James G.: The Lesser Metropolitan Areas of Illinois. Illinois Government, Nr. 15, November 1962, veröffentlicht durch das Institute of Government and Public Affairs, University of Illinois, Urbana, Ill.

Wo starke Organisationen existieren, geht die Anteilnahme einzelner an der Politik gewöhnlich zurück. Die Organisationen neigen dazu, Individuen auszuschalten und den Kampfplatz für sich und ihresgleichen zu reservieren. Eine innere Dynamik treibt sie dazu, Probleme in einer Weise zu sondern und zu behandeln, die einzelnen Menschen fremd ist.

Die Organisationen, die am politischen Geschehen der großen Städte teilnehmen, sind generell von zweierlei Art: dauernde oder Ad-hoc-Organisationen. Letzere sind solche, die mit speziellen Problemen entstehen und sich später entweder auflösen oder in dauernde umwandeln.

Die ständigen Organisationen lassen sich in fünf Typen einteilen: 1. die Presse, 2. andere Firmen, besonders Warenhäuser und die Eigner und Verwalter von Grundbesitz, 3. die Angestellten der Stadt, 4. private (oder »Bürger«-)Vereinigungen, 5. Gewerkschaften.

Nur die Presse befaßt sich mit dem ganzen Spektrum öffentlicher Aktivitäten. Die anderen ständigen oder Ad-hoc-Organisationen beschränken sich auf jeweils vergleichsweise wenige Sondergebiete. Wallace Sayre und Herbert Kaufman klassifizieren die von der Regierung unabhängigen Gruppen in New York durch die Häufigkeit der Interventionen und die Größe ihres Interessenausschnittes.[8] Auf ihrer Matrix ist das Quadrat, das für häufige Interventionen und breites Spektrum der Interessen steht, nur schwach besetzt; es enthält nur die Presse, die »Vereinigung der weiblichen Wählerinnen« und die »Union der Bürger«. Das Feld mit großer Häufigkeit und schmalem Bereich der Interventionen ist sehr stark besetzt und die darin vertretenen Organisationen (meist mit Gesundheit, Erziehung und Wohlfahrt befaßt) sind überwiegend dauernde. Das Feld mit breitem Spektrum und geringer Häufigkeit ist fast leer. Das übrig bleibende Quadrat, das für geringe Häufigkeit und begrenztes Spektrum steht, ist sehr stark mit Ad-hoc-Organisationen besetzt – mit Briefkopf-Organisationen, die schnell kommen und schnell wieder verschwinden.

Jede Organisation muß ständig bemüht sein, Anreize zu bieten, um die Aktivitäten hervorzulocken, die sie von ihren Mitgliedern oder anderen »Förderern« (Steuerzahlern, Kunden, Schirmherren) braucht. In großen, ständigen und formalen Organisationen sind diese Anreize meist pekuniär (Gehälter) oder doch materieller Art. Aber die Behauptung von solchen Organisationen beruht doch auch auf ihrer Fähigkeit, gewisse nicht-materielle Anreize zu bieten, wie Prestige, die Bekanntschaft mit angenehmen oder interessanten Leuten und die Gelegenheit »Gutes zu tun«. Soll sie wachsen oder auch nur über-

---

[8] Sayre, Wallace S., und Herbert Kaufman: Governing New York City. New York, 1960 (Russel Sage Foundation), S. 79.

leben, muß jede Organisation eine Mischung solcher Anreize – materieller, immaterieller oder beider Art – anbieten können, und dies in genügender Menge und ohne Unterbrechung.[9]
Private Vereinigungen (wie Wohlfahrtsorganisationen und Bürgerinitiativen) sind in der Hauptsache auf nicht-materielle angewiesen, besonders auf Gelegenheiten, »der Gemeinde zu helfen«, sich unter »bedeutenden Leuten« zu bewegen, sich an interessanten Aktivitäten zu beteiligen. Weil sie für diese Anreize sorgen müssen, schon um zu überleben, sind Organisationen dieser Art ständig auf der Suche nach »Anregungen für ein gutes Programm«, das heißt nach einem Thema oder einem Problem, das die richtigen Leute zusammenbringt und in ihnen die Begeisterung weckt, die der Organisation zugute kommt. Es liegt in der Natur der Sache, daß die Skala der Möglichkeiten dabei begrenzt ist.[10]

Entstehung und Behandlung von Problemen

Die bisherigen Überlegungen helfen nun bei der Erklärung der Entstehung politischer Probleme in der Stadt und ihrer Behandlung, sind sie erst einmal zum Problem geworden. Manchmal wird ein Problem durch einen Politiker im Verlauf seiner Anstrengungen, zu einem Amt zu kommen oder es zu behaupten, als solches geschaffen. Manchmal entstehen Probleme, weil eine private Vereinigung gewisse legale Hebel in Bewegung setzen konnte – etwa dann, wenn eine Bürgerinitiative genügend Unterschriften für eine Petition sammeln konnte –, was die Stadt zwingen kann, etwa ein Referendum über einen neuen Erlaß abzuhalten. Häufiger jedoch entstehen die Probleme in Reaktion auf die Versuche großer Organisationen, sich zu behaupten und ihren Einflußbereich auszudehnen. In der Regel handelt es sich dabei nicht um freiwillige, private Vereinigungen. Typischerweise sind es Organisationen, die eher materielle als immaterielle Anreize bieten (die also eine Lohnliste führen müssen). Der Manager einer solchen Organisation erblickt in der Veränderung des Status quo einen Vorteil. Er leitet diese Veränderung ein. Andere große formale Organisationen fühlen sich dadurch bedroht. Sie widersetzen sich, und der Konflikt, der schließlich auch die politische Einheit berührt, greift um sich.
Einer der Autoren war der Meinung, daß die sechs die ganze Stadt

---

[9] Siehe dazu Barnard, Chester I.: The Function of the Executive. Cambridge, Mass., 1938 (Harvard University Press).
[10] Meyerson, Marin, und Edward C. Banfield: Politics, Planning and the Public Interest. Glencoe, Ill., 1955 (Free Press), S. 144–145.

erfassenden Konflikte, die während zweier Jahre in Chicago ausgefochten wurden, in diesem Sinne analysiert werden könnten.[11] In einem Fall fühlte sich ein großes privates Krankenhaus durch die massiven Forderungen schlecht verdienender Schwarzer nach Behandlung bedroht. Sein Manager schlug vor, daß der Bezirk nebenan ein öffentliches Krankenhaus bauen sollte. Dieser Vorschlag wurde vom bestehenden Bezirkskrankenhaus, einer sehr großen Einrichtung auf der anderen Seite der Stadt, abgelehnt. Die beiden hauptsächlichsten Kontrahenten, beides große Organisationen, die im wesentlichen auf materielle Anreize verwiesen sind, sammelten verschiedene Verbündete um sich. Das Privatkrankenhaus wurde zum Beispiel durch den Welfare Council, eine Vereinigung von Wohlfahrtsorganisationen, durch einen sozial eingestellten Millionär und durch die Zeitungen unterstützt. In anderen Chicagoer Fällen waren die Organisationen, die den Stein des Anstoßes ins Rollen brachten, die Stadt und Wohlfahrtsbehörden des Bezirks, eine Universität, ein Waldschutz-Distrikt, eine Verkehrsbehörde, ein Warenhaus und eine Zeitung.
Manchmal wird eine Streitfrage gewissermaßen vom Zaun gebrochen von einer Organisation, die nach Beweisen ihrer Daseinsberechtigung sucht. Einer der Fälle in Chicago entstand zum Beispiel, als die Chicago Tribune, ängstlich darauf bedacht, ihre Stärke zu demonstrieren und ihren alten Herausgeber und Verleger, den Colonel Robert R. McCormick, wieder in Erinnerung zu bringen, einen langen, harten und erfolgreichen Kampf durchstand, um am Seeufer eine Ausstellungshalle durch die öffentliche Hand gebaut zu sehen. Als der Herausgeber gefragt wurde, warum die Zeitung wegen dieser Halle einen solchen Wirbel gemacht habe, antwortete er: »Warum wir da soviel Zeit hineinsteckten? Weil das gut für die Stadt ist. Aber teilweise auch aus eigensüchtigen Motiven. Wir wollen ein größeres Chicago und eine größere ›Tribune‹ bauen. Wir wollen größeren Umsatz und mehr Anzeigen. Wir wollen weiterhin wachsen und wir wollen, daß die Stadt wächst, damit wir wachsen können. Wir denken doch, daß die Stadt eine Zeitung respektiert, die Dinge wie dies machen kann. Die Leute werden die Halle entlanggehen und sagen, ›seht Euch das an, das hat die ›Tribune‹ ganz alleine geschafft‹. Das ist gut für uns, wenn sie das sagen.
Wenn es nicht dazu gekommen wäre – wenn diese Prozesse schiefgelaufen wären – das wäre nicht gut gewesen. Es ist gut, daß die Leute denken, daß ihre Zeitung mächtig ist. Es ist gut, daß sie mächtig ist.«[12]
Wenn eine große Organisation einen Konflikt eingeleitet hat, spielt

---

[11] Banfield: Political Influence. Siehe besonderes Kapitel IX.
[12] Ebenda, S. 231.

der Vorstand dieser Organisation im Verlauf der Kontroverse eine kritische Rolle. In dem Kampf zwischen dem privaten und dem öffentlichen Krankenhaus in Chicago waren die Hauptstrategen auf beiden Seiten die Chefärzte. Im Fall der Ausstellungshalle waren es der Herausgeber der Tribune und der Besitzer eines privaten Amphitheaters, das durch die Konkurrenz der neuen Halle nur zu verlieren hatte.

Die Vorstände der konfliktauslösenden Organisationen treten dabei gewöhnlich nicht in auffälliger Weise hervor. Sie bevorzugen den Hintergrund. Sie sind es gewohnt, solche Sachen durch Untergebene erledigen zu lassen. Weil sie einen schlechten Eindruck in der Öffentlichkeit fürchten, zögern sie, ihre Organisationen offen in Kontroversen verwickelt zu sehen. Als zum Beispiel die Universität von Chicago sich entschloß, drastische Maßnahmen gegen die Ausbreitung von Slums in ihrer Umgebung zu unternehmen, schob sie die Southeast Commission vor. Diese wurde weitgehend durch die Universität, das heißt durch den Kanzler und seinen Stab, kontrolliert, aber sie hat eigene Direktoren, einen eigenen Briefkopf und konnte schließlich für sich in Anspruch nehmen, »auf einer breiten Basis« zu stehen und für die »ganze Gemeinde« zu sprechen.[13]

Dergleichen geschieht oft. Die in erster Linie betroffene oder aktiv werdende Organisation benutzt eine »Fassaden-Organisation« wie die »Southeast Commission« oder gewinnt private Vereinigungen, die für sie operieren. Die private Vereinigung hat bei einem solchen Zweckbündnis gewöhnlich ganz bestimmte Vorteile; die initiierende Organisation versorgt sie nicht nur mit guten Gelegenheiten, Tätigkeitsbeweise antreten zu können, sondern vielleicht auch mit Geldern.

Örtliche Dienststellen – Verwaltungsreferate und Abteilungen mit speziellen Aufgaben – sind oft die initiierenden Organisationen; deshalb pflegen sie gewöhnlich feste, andauernde Verbindungen zu wenigstens einer privaten Vereinigung, bei der man sich darauf verlassen kann, daß sie im Notfall »vorangeht«. Man glaubt immer, daß sich die pressure groups öffentlicher Stellen bedienen, und sicherlich tun sie das oft. Aber die Beeinflussung verläuft ebensooft in umgekehrter Richtung; die öffentlichen Verwaltungen bedienen sich der pressure groups, und es gibt eine ganze Reihe von Fällen, bei denen diese nur deswegen überhaupt existieren.

Bei Streitfällen von allgemeinem Interesse wird die Diskussion und Agitation in der Öffentlichkeit von kooperierenden privaten Vereinigungen bestimmt. Sie verlesen Resolutionen, treten vor Gericht als

---

[13] Rossi, Peter H., und Robert A. Dentler: The Politics of Urban Renewal. New York, 1961 (Free Press of Glencoe), S. 72–84.

Zeugen auf, verteilen Flugblätter, warten auf den Bürgermeister und veranstalten am Ende des Jahres demonstrative Bankette, um sich selbst als »wichtige Stützen der Gesellschaft« zu beklatschen.
Die gewählten Funktionsträger, die formal natürlich entscheiden müssen, beobachten die Manöver der initiierenden Organisationen und ihrer Handlanger mit kritischer Aufmerksamkeit. Sie wissen ganz gut, was hinter den Kulissen vor sich geht; sie wissen auch annäherungsweise, wieviele – wenn überhaupt welche – Sympathisanten diese Organisationen in Bewegung setzen können. Gewöhnlich warten sie so lange wie irgend möglich, bevor sie eine Entscheidung treffen. Sie wissen, daß sie relativ ungefährdet sind, solange sie nichts unternehmen. Auf jeden Fall wollen sie einige Zeit abwarten, bis sich die öffentliche Meinung herausbildet. Als der Autor eines Magazin-Artikels dem Chicagoer Bürgermeister Richard J. Daley gegenüber die Vermutung äußerte, er habe sich ein Leben lang auf nichts festlegen lassen, bevor es nicht unbedingt sein mußte, lachte der Bürgermeister. »Das ist doch eine gute Art zu leben, glauben Sie nicht? Eine gute Art, seine Geschäfte zu erledigen.«
Aber diese Tendenz, Vorschläge, die die Belange der ganzen Stadt betreffen, durch unabhängige Organisationen (oder auf jeden Fall durch Organisationen, die nicht für die Stadtpolitik insgesamt verantwortlich sind) vorbringen und durchkämpfen zu lassen, ist nicht nur Ausdruck der Gerissenheit der Politiker. In den Vereinigten Staaten vertritt die Öffentlichkeit die Ansicht, daß der gewählte Politiker nicht seine eigene, private Politik zu machen und durchzusetzen versuchen sollte. Stattdessen sollte er lediglich die Rahmenbedingungen eines Kampfes unter privaten und partialen Interessen sichern. Dies erklärt vielleicht, warum der Bürgermeister von Minneapolis, einer Stadt, deren Politik von der Chicagos gänzlich verschieden ist, der gleichen Strategie folgt wie Bürgermeister Daley. Nach Alan Altshuler vertritt der Bürgermeister von Minneapolis aktiv überhaupt nichts. »Er wartet darauf, daß sich private Gruppierungen auf ein Projekt einigen. Wenn er es für richtig hält, stimmt er dem zu. Da er formell keine Möglichkeit hat, den Stadtrat selbst unter Druck zu setzen, ist er der Meinung, daß die privaten Gruppen Verantwortung übernehmen müssen, wollen sie ihre Pläne akzeptiert sehen«.[14]
Manchmal (und heute häufiger als in der Vergangenheit) packen die Bürgermeister selbst ein Problem an. Einige haben zum Beispiel die Initiative zur Stadterneuerung ergriffen. Dies scheint meist die Taktik eines Bürgermeisters zu sein, der sein Amt übernimmt, ohne sich vorher in Fragen von öffentlichem Belang profiliert zu haben, und

---

[14] Altshuler, Alan: Minneapolis City Politics Report. Cambridge, Mass., 1959 (Joint Center for Urban Studies), S. 14–15 (vervielf.).

der auch keinen Rückhalt an einer starken Partei hat, die für die nötigen Stimmen sorgte. Manchmal ist das die Antwort eines ehrgeizigen Mannes auf eine Situation, in der die allgemeine Unzufriedenheit mit der Stadtverwaltung eine Möglichkeit für spektakuläre, sichtbare (und populäre) Veränderungen vorbereitet hat. Aber die Vorteile, sich als starke, durchsetzungsfähige Führerpersönlichkeit geben zu können – wenn diese Möglichkeit objektiv gegeben ist und nicht auf einer Fehleinschätzung beruht –, erweisen sich nur auf kurze Sicht; oft kehrt nach einer Welle von durch den Bürgermeister initiierten Programmen wieder alles ins alte Geleise zurück und der Bürgermeister merkt, daß Zurückhaltung der bessere Teil der Tapferkeit ist.

Es hat weitreichende Konsequenzen für das politische Leben einer Stadt, daß der Ernst, mit dem man Problemen zu begegnen bereit ist, in solchem Ausmaß von Erwägungen über die Behauptung und Machtvergrößerung von Organisationen abhängt. Was geschieht in den Fällen, in denen keine Organisation Vorteile erwarten kann? Was geschieht, sollte für die privaten Vereinigungen und die Presse einmal nichts abfallen, mit dem zu beschäftigen sich lohnte? Solche Fälle treten kaum je ins öffentliche Bewußtsein. Was oft doch als Problem erkannt werden sollte, wird in vielen Fällen nicht so behandelt. Die städtische Gerichtsbarkeit wäre da ein Beispiel. In einigen Städten haben es sich große Organisationen zur Aufgabe gemacht, gewisse Bau- und Nutzungsnormen durchzusetzen oder zu bekämpfen. Die Zeitungen berichten deshalb oft über entsprechende Gerichtsverhandlungen. Aber soweit uns bekannt ist, gibt es in keiner Stadt eine große Organisation, die es sich zur Aufgabe gemacht hätte, der Gerechtigkeit auch dann zum Siege zu verhelfen, wenn es um Landfriedensbruch oder um Landstreicherei geht. In solchen Fällen ist die Qualität der Rechtsprechung nie Gegenstand öffentlicher Auseinandersetzungen.

So zeigte zum Beispiel eine Studie des Gesetzes über Landstreicherei in Philadelphia, daß es in schwerwiegendem Maße ungenügend war und mißbraucht wurde.[15] Zu manchen Jahreszeiten führte die Polizei »Sammelaktionen« durch, um »unerwünschte« Personen aus einigen Bezirken herauszuhalten. An einem ganz normalen Tag wurden vor Gericht 55 Fälle von Landstreicherei in 15 Minuten abgehandelt. Vier Angeklagte wurden verhört, für schuldig befunden und innerhalb von 17 Sekunden verurteilt. »Im jedem der Fälle las der Polizeirichter kaum den Namen des Angeklagten vor, warf einen einzigen Blick auf ihn und sagte: ›drei Monate Besserungsanstalt‹.« Einigen,

---

[15] Foote, Caleb: Vagrancy-Type Law and Its Administration. In: University of Pennsylvania Law Review, Vol CIV (1956), S. 603.

die entlassen wurden, sagte man, daß sie sich in Philadelphia oder in gewissen Bezirken innerhalb davon nicht mehr blicken lassen sollten. Andere wurden gezwungen, während einiger Stunden den Schmutz im Gebäude aufzuwischen, weil Arbeit »gut für die ist«; spendete aber einer der Entlassenen einige Dollars für die vom Polizeirichter bevorzugte Wohltätigkeitsorganisation (in eine herzförmige Kollektenbüchse), ließ man ihn sofort laufen. Diesen »Sammelaktionen« wurde eine Menge von Schlagzeilen gewidmet. Der Philadelphia Inquirer insbesondere veröffentlichte Artikel und Nachrichten unter Überschriften wie: »Treibt die Nichtstuer von den Straßen in die Gefängniszellen.« Als die Zeitungsberichte hohe Wellen schlugen, wiegelten die Polizeirichter ab und versuchten, die ganze Angelegenheit als nicht so ernst zu nehmende abzutun. Das Recht wurde jedoch weiterhin verletzt oder gänzlich beiseite gestoßen. »Wenn man es müde geworden ist, ihre Gesichter zu sehen«, sagte ein Polizeirichter, »schickt man sie in die Besserungsanstalt.«
Der Autor der Studie faßte seine Ergebnisse dahingehend zusammen, daß »der einzige Grund, sich solche Behörden bieten zu lassen« im Falle der Landstreicher darin zu suchen sei, daß die betroffenen Angeklagten »zu arm oder zu schwach sind, um ihre Rechte wahrzunehmen«. Kein Zweifel, dies war der letzte Grund. Ein näherliegender aber ist, daß keine große Organisation – außer der Zeitung, die aber auf der anderen Seite stand – aus Gründen der Selbstbehauptung oder zur Steigerung ihres Einflusses ein Eingreifen nötig fand.

II. Strukturprobleme städtischer Verflechtungsräume

Die politische Organisation in Stadtregionen
Von Vincent Ostrom, Charles M. Tiebout und Robert Warren

Das Problem einer politischen Einheit »Stadtregion« wird oft angesprochen, wenn die Schwierigkeiten diskutiert werden, die man der Tatsache zuschreibt, daß die Stadtregion eine juristische »Unperson« ist. Dabei wird davon ausgegangen, daß den Bewohnern einer Stadtregion kein politischer Apparat zur Verfügung steht, der sich der gemeinsamen Probleme annehmen könnte. Vielmehr regieren innerhalb einer Stadtregion eine Vielzahl von Bundes- und Länderbehörden, Kreisen, Städten und Zweckverbänden.
Die Vertreter dieses Standpunktes halten die Vielfalt von politischen Einheiten in einer Stadtregion für ein grundsätzlich pathologisches Phänomen. In ihrer Diagnose behaupten sie, daß es zu viele einzelne politische Einheiten und zu wenig politische Einheit gäbe. Als Symptome werden »Verdoppelung von Funktionen« und »Überschneidung von Zuständigkeiten« genannt. Autonomen politischen Einheiten, die im eigenen Auftrag arbeiten, wird die Fähigkeit abgesprochen, die vielschichtigen Probleme größerer Stadtregionen lösen zu können. Die politische Topographie von Stadtregionen bezeichnet man als »Flickwerk« (»crazyquilt pattern«) und ihre Organisation als »organisiertes Chaos«. Das Rezept schlägt Reorganisation in größere Einheiten vor, um ein umfassendes Stadtsystem herzustellen, das die verschiedenen Regierungsfunktionen aufnehmen könnte. Als ideales Organisationsmodell für Stadtregionen wird ein politisches System mit nur einem Entscheidungszentrum angesehen. »Gargantua« wäre eine mögliche Bezeichnung dafür.[1]
Die Annahme, daß jede örtliche Selbstverwaltungseinheit unabhängig

---

[1] Der Ausdruck stammt von Robert C. Wood: The New Metropolis: Green Belts, Grass Roots vs. Gargantua. American Political Science Review, Bd. 52 (März 1958), S. 108–122. Wood definiert Gargantua als »die Erfindung einer zentralen Regierung der Stadtregion oder zumindest die Einrichtung einer regionalen Superstruktur, die in diese Richtung weist«. Wir argumentieren hier nicht auf der Ebene von großen gegen kleine Einheiten wie Wood in seiner Erörterung »Grass roots vs. Gargantua«. Wir vertreten hier eher den Standpunkt, daß verschiedene Organisationsdimensionen den jeweiligen öffentlichen Dienstleistungen in einer Stadtregion angemessen sein können.

und ohne Rücksicht auf andere öffentliche Interessen in der Stadtregion handelt, ist nur beschränkt gültig. Die herkömmliche politische Struktur der Stadtregion mit ihrer Vielzahl von Zuständigkeiten kann angemessener konzipiert werden als »polyzentrisches politisches System«[2]. »Polyzentrisch« meint mehrere formal voneinander unabhängige Entscheidungszentren. Die Frage, ob sie wirklich unabhängig voneinander funktionieren oder statt dessen ein zusammenhängendes System von Beziehungen bilden, läßt sich nur empirisch entscheiden. In dem Maße, wie sie sich wechselseitig berücksichtigen, vertragliche Abmachungen eingehen oder auf zentrale Konfliktlösungsmechanismen zurückgreifen, können die verschiedenen politischen Zuständigkeiten im Sinne von konsistenten und vorhersagbaren Verhaltensmustern übereinstimmend funktionieren. In diesem Fall funktionieren sie als »System«.

Bevor man das politische System einer Stadtregion als pathologisch aburteilt, sollte man es zunächst als polyzentrisches politisches System analysieren. Eine zuverlässige Abschätzung seiner Leistungsfähigkeit in bezug auf die verschiedenen Probleme der Stadtregion setzt eine Analyse der Struktur und des Verhaltens des Systems voraus. Eine genauere Analyse der Politik in einer Stadtregion führt umgekehrt zu angemesseneren Maßnahmen der Reorganisation und Reform.[3]

---

[2] Wir benutzen diesen Ausdruck in Ermangelung eines besseren. Ein alternativer Ausdruck könnte »multinucleated political system« sein. Wir gebrauchen hier nicht den Begriff »Pluralismus«, weil er bereits im weiteren Sinne verwendet wurde, in Hinsicht auf die Gesellschaft im allgemeinen und nicht auf ein politisches System im besondern. Polyzentrische politische Systeme sind nicht beschränkt auf die politische Organisation von Stadtregionen. Das Konzept ist gleichermaßen auf die regionale Verwaltung von Wasservorräten, auf die regionale Verwaltung internationaler Angelegenheiten und auf eine Vielzahl anderer Situationen anwendbar.

[3] Die formalen politischen Einheiten in Stadtregionen können analog zur Organisation einzelner Firmen einer Industrie gesehen werden. Einzelne Firmen können die grundlegenden Einheiten einer Industrie bilden, aber ihr Verhalten zueinander kann im Sinne einer besonderen Struktur und eines besonderen Verhaltens als Industrie gesehen werden. Die Zusammenarbeit zwischen einzelnen politischen Einheiten kann derart beschaffen sein, daß sich ihre Aktivitäten wechselseitig unterstützen oder ergänzen, wie im Patentabkommen der Automobilindustrie. Wettbewerb zwischen ihnen kann erstrebenswerte Selbstregulierungstendenzen erzeugen, die der »unsichtbaren Hand« des Marktes vergleichbar sind. Zusammenarbeit und Wettbewerb zwischen politischen Einheiten können natürlich auch nachteilige Effekte zeitigen und nach einer Form zentraler Entscheidung verlangen, um die Interessen des Gebietes als Ganzes zu berücksichtigen. Eine zusammenfassende Übersicht über die Theorie industrieller Organisationen findet sich bei Bain, Joe S.: Industrial Organization (New York, 1959).

Dieser Beitrag versteht sich als erster Versuch, einige Möglichkeiten polyzentrischer politischer Systeme in Stadtregionen zu erforschen. Das »Geschäft« in Stadtregionen verstehen wir als die Bereitstellung von »öffentlichen Gütern und Dienstleistungen«. Im ersten Abschnitt dieses Beitrages werden die besonderen Eigenarten öffentlicher Güter und Dienstleistungen behandelt.

Wir wenden uns dann einer Analyse der Dimensionierungsprobleme bei der Konstitution öffentlicher Organisationen zu. Dieser Punkt scheint für die Analyse jedweder Struktur in Stadtregionen wichtig und läßt sich auf Gargantua genauso wie auf ein polyzentrisches politisches System anwenden. Im folgenden werden die Probleme öffentlicher Organisation in Gargantua angerissen. Schließlich werden unter Berücksichtigung der Erfahrungen in der Stadtregion von Los Angeles Organisationsmuster eines polyzentrischen politischen Systems analysiert.

Besondere Eigenarten öffentlicher Güter und Dienstleistungen

In diesem Abschnitt werden die Bedingungen untersucht, die zu einer eher öffentlichen als privaten Versorgung mit gewissen Gütern führen. Drei Gesichtspunkte lassen sich sinnvoll unterscheiden:
1. Öffentliche Güter entstehen aus dem Versuch, indirekte Folgewirkungen, externe Effekte oder Nebeneffekte zu kontrollieren;
2. öffentliche Güter sind notwendig, weil einige Güter und Dienstleistungen nicht abgrenzbar sind;
3. öffentliche Güter bestehen in der Aufrechterhaltung bevorzugter Niveaus von Gemeinschaftsleistungen.

Die Kontrolle indirekter Folgewirkungen als öffentliches Gut

Das grundlegende Kriterium zur Unterscheidung von öffentlichen und privaten Angelegenheiten wurde vor einigen Jahren von John Dewey formuliert: »... Der Trennungsstrich zwischen privat und öffentlich muß auf der Grundlage von Umfang und Ausmaß derjenigen Folgewirkungen von Handlungen gezogen werden, die so wichtig sind, daß sie, ob nun über Verbote oder durch Förderung, kontrolliert werden müssen.«[4] Indirekte Folgewirkungen einer Handlung, die andere Zustände als die unmittelbar erfaßten beeinflussen, lassen sich als »externe Effekte oder Nebeneffekte« beschreiben. Die indirekt beeinflußten Zustände werden gegenüber der unmittelbaren Hand-

---

[4] Dewey, John: The Public and Its Problem. New York, 1927, S. 15.

lung als extern angesehen. Externe Effekte sind positiv oder negativ.
Positive externe Effekte können häufig durch das Unternehmen, das sie hervorgebracht hat, auch wieder vereinnahmt werden. Der Bauherr eines großen Supermarktes könnte zum Beispiel externe Effekte in Bezug auf die Ansiedlung einer nahegelegenen Gemischtwarenhandlung verursacht haben. Verfügt nun der Bauherr des Supermarktes auch über die umliegenden Grundstücke, so kann er die der Gemischtwarenhandlung zufallenden externen Effekte durch höhere Pachten oder durch den Besitz beider Unternehmen wieder vereinnahmen. Der Bauherr hat die externen Effekte dann »internalisiert«[5].
Können positive externe Effekte nicht von Privateigentümern internalisiert werden und ist die weitere Funktion gefährdet, so werden die Behörden aufgefordert, das Gut oder die Dienstleistung bereitzustellen. Ein privatwirtschaftlich betriebener Park mag sich, auch wenn Eintrittsgelder erhoben werden, nicht kostendeckend bewirtschaften lassen. Könnte man die externen Effekte in Form einer Bewertung der Verbesserungen für die Umgebung in Dollars vereinnahmen, wäre ein derartiger Park vielleicht gewinnbringend.
Bei ungünstigen Nebeneffekten oder negativen externen Effekten verhält es sich anders. Das Management einer Raffinerie, die Abgase ausstößt, wird kaum einen Anreiz haben, eine kostspielige Ausrüstung zur Verminderung der Abgasentwicklung installieren zu lassen. Die Kontrolle oder Internalisierung von negativen externen Effekten fällt gewöhnlich den Behörden zu. Das politische System hat dann die Aufgabe, positive und negative externe Effekte für die Güter zu internalisieren, die die Produzenten und Konsumenten nicht selbst internalisieren können oder wollen; dieser Internalisierungsprozeß wird mit dem »öffentlichen Gut« identifiziert.
Öffentliche Güter haben verschiedene Dimensionen. Die Dimension beinhaltet sowohl den geographischen Bezug als auch Intensität oder Gewicht des externen Effekts. Ein Übungsplatz ruft externe Effekte in der Umgebung hervor, während die staatlichen Verteidigungsbemühungen der ganzen Nation zugute kommen – und sich im Ausland auswirken. Jedem öffentlichen Gut entspricht also eine bestimmte »Öffentlichkeit«. Die Definition von John Dewey versteht unter Öffentlichkeit alle diejenigen, die von den indirekten Folgen von Hand-

---

[5] Krutilla, John V. und Otto Eckstein: Multiple Purpose River Development: Studies in Applied Economic Analysis. Baltimore, 1958, S. 69 ff. (The John Hopkins Press). Krutilla und Eckstein entwickeln den Begriff der »Internalisierung« von externen Effekten als ein Kriterium zur Bestimmung der Größe von Verwaltungseinheiten der Wasserversorgung.

lungen in einem Ausmaß betroffen werden, das systematische Vorsorge angeraten sein läßt.[6] Der Öffentlichkeitsbegriff wird im weiteren Fortgang für die Bestimmung von Dimensionierungskriterien öffentlicher Organisationen wichtig.

Abgrenzbarkeit (Packageability)

Öffentliche Güter und Dienstleistungen und folglich die politischen Funktionen in Stadtregionen lassen sich von privaten Gütern mit Hilfe eines normalerweise von Ökonomen angewandten Kriteriums unterscheiden. Ein privates Gut muß »abgrenzbar« (»packageable«) sein, das heißt, es muß sich als Ware oder Dienstleistung unterscheiden lassen, bevor es überhaupt auf dem freien Markt gehandelt werden kann. In dem Fall ist es möglich, diejenigen, die für das private Gut nicht bezahlen können, von seiner Nutzung auszuschließen. Dieses Konzept bezeichnen die Ökonomen als »Ausschlußprinzip«[7]. Im Unterschied zu Deweys Formulierung der Eigenart öffentlicher Güter wird im Ausschlußprinzip das Hauptgewicht auf die Praktikabilität der Nutzungsverweigerung gelegt. Die nationale Verteidigung zum Beispiel wird nicht von privaten Firmen übernommen, weil neben anderen Gründen der Bürger, der nicht bezahlt hat, ihre Vorteile genießt. Und weiter: übertreiben Bürger ihre Abneigung gegen die Verteidigung (indem etwa der Bau von Luftschutzbunkern versäumt wird), weil sie annehmen, daß andere bezahlen werden, folgt daraus eine ungenügende Verteidigungsvorsorge.

Die meisten öffentlichen Güter einer Stadt, wie Feuer- und Polizeischutz oder die Verminderung der Luftverunreinigung, sind schwierig abgrenzbar: sie lassen sich nicht nur an die Individuen verkaufen, die bereit sind zu zahlen.[8] Für öffentliche Organisationen ergeben sich hier zwei Probleme: erstens sind private Güter infolge ihrer leichten Abgrenzbarkeit einer Messung und Quantifizierung eher zugänglich. Im Gegensatz dazu lassen sich öffentliche Güter nicht leicht messen. Wenn die Polizeikräfte verstärkt werden, wird der Output sich wahrscheinlich erhöhen. Um wieviel er sich erhöhen wird, ist eine Frage ohne Antwort. Wenn die Produktionsfaktoren in meßbaren Outputeinheiten quantifiziert werden können, läßt sich der Produktionsprozeß außerdem genauer kontrollieren. Auch eine rationellere Preispolitik wird in diesem Falle möglich. Mit quantifizierbaren Da-

---

[6] Dewey, John, a. a. O., S. 15–16.
[7] Musgrave, Richard: The Theory of Public Finance. New York, 1959, bes. Kap. 1.
[8] Tiebout, Charles M.: A Pure Theory of Social Expenditures. Aus: Journal of Political Economy, Bd. 64 (Okt. 1956), S. 416–424.

ten über Input und Output kann jeder Produktionsprozeß analysiert und die Effizienz verschiedener Produktionsweisen verglichen werden. Eine rationellere Kontrolle der Produktion und Bereitstellung öffentlicher Güter und Dienstleistungen hängt daher unter anderem von der Entwicklung leistungsfähiger Meßstandards ab; das bezieht sich auf die Allokation von Folgekosten genauso wie auf Folgeerträge.

Ein zweites eng damit zusammenhängendes Problem ergibt sich bei der Bewertung der Kosten, die von Personen verursacht werden, die Nutzen aus einem Gut ziehen, ohne direkt dafür zu zahlen. Nur Behörden mit ihrem Steuerschätzungsapparat werden Interesse daran haben, die Kosten von öffentlichen Gütern auf die verschiedenen Erträge zu verteilen. Das weiter unten angesprochene Kriterium politischer Repräsentation berücksichtigt die Auswirkungen des Unterschiedes zwischen privaten und öffentlichen Gütern auf die Organisation von Behörden.

Öffentliche Güter zur Aufrechterhaltung bevorzugter Niveaus von Gemeinschaftsleistungen

Das Ausschlußprinzip liefert ein Unterscheidungskriterium zwischen öffentlichen und privaten Gütern, aber es klärt oder spezifiziert nicht die Bedingungen, die die Organisationsmuster in der Ökonomie der öffentlichen Dienste determinieren. Indem wir öffentliche Güter als »Aufrechterhaltung bevorzugter Niveaus von Gemeinschaftsleistungen« begreifen, können wir nun einen modifizierten Begriff von Abgrenzung einführen, der einer Messung und Quantifizierung in Grenzen zugänglich ist und der daher bei der Erarbeitung von Kriterien für die Organisation öffentlicher Dienstleistungen in Stadtregionen dienlicher sein kann. Die Modifikation besteht darin, daß das Ausschlußprinzip vom individuellen Konsumenten auf alle Einwohner eines Gebietes erweitert wird.

Das Konzept läßt sich im kleinen an der Wirkungsweise des Heizungssystems in einem Haushalt illustrieren, das normalerweise meßbare Inputeinheiten verwendet. Die Temperatur aber, die es aufrechterhält, stellt sich als Folgenutzen für die Familie dar und eine marginale Änderung der Familiengröße wird keine materiellen Auswirkungen auf die Kosten der Bereitstellung dieses für die Familie öffentlichen Gutes haben. Da nun das so genutzte Familiengut effektiv auf den Haushalt beschränkt ist, sind Außenseiter ausgeschlossen und werden von Nebenwirkungen oder externen Effekten kaum betroffen. Innerhalb der größeren Gemeinde ist das Familiengut kein öffentliches Gut. Die Heizung von Haushalten wird daher in den meisten

Gemeinden als privates Gut behandelt. Ähnlich kann ein öffentliches Gut auf Nachbarschafts- oder Gemeindeebene in bestimmtem Sinne als »abgegrenzt« angesehen werden, so daß außerhalb wohnende Personen von seiner Nutzung ausgeschlossen werden können. In einigen an New York angrenzenden Gemeinden ist zum Beispiel die Benutzung von Parks und Stränden auf die örtlichen Einwohner beschränkt, von deren Steuern die Erholungsanlagen vermutlich auch getragen werden.

Soweit es praktikabel ist, sollte die Analogie des Haushalts als »Abgrenzung« einer Atmosphäre mit kontrollierter Temperatur verallgemeinert werden und Anwendung bei der Sicherung von Zielzuständen innerhalb bestimmter örtlicher politischer Grenzen finden. Es sollte möglich sein, genauso wie die Temperatur und die Kosten der Heizung gemessen werden können, unmittelbare oder annähernde Meßgrößen für den Ist-Bestand von Gemeinschaftsleistungen, die aus der Produktion von vielen öffentlichen Gütern und Dienstleistungen bestehen, und für die Kosten ihrer Bereitstellung zu entwickeln.

Ein Programm, das den Abbau der Luftverunreinigung zum Ziel hat, kann zum Beispiel durch einen Index der Mengen an verschiedenen Verunreinigungen, die sich in Luftproben finden, gemessen werden. Bei gegebenen Kosten können dann einige bevorzugte Toleranzniveaus bestimmt werden.

Ähnlich verhält es sich mit dem »Feuerverlustpotential« einer Gemeinde, das sich definieren läßt als die Verluste, die zu erwarten stünden, wenn keine Vorkehrungen für den Feuerschutz getroffen worden wären. Die Differenz zwischen diesem Potential und den wirklichen Feuerverlusten bezeichnet dann den Output oder das »Produktionsergebnis« des Feuerschutzes und der Nettofeuerverlust läßt sich als »bevorzugtes Leistungsniveau« dieser Gemeinde in Hinsicht auf Brandverluste bezeichnen. Feuerschutz kann natürlich Brandverluste nicht völlig eliminieren, sondern nur reduzieren. Der Versuch einer vollkommenen Eliminierung wäre wahrscheinlich so aufwendig, daß die Kosten die Erträge bei weitem übersteigen würden. Als »bevorzugter« Zustand wird ein Leistungsniveau angestrebt, dessen Erträge die Kosten übersteigen. Die Versorgung einer Gemeinde mit Feuerschutz als öffentlichem Gut kann so als Sicherung eines bevorzugten Leistungsniveaus im Brandschutz gesehen werden, wobei die Erträge sich normalerweise auf die Einwohner beschränken lassen.

Mit dem Polizeischutz verhält es sich ähnlich. Die Verkehrsstreife zum Beispiel versucht, den Verkehrsfluß zu optimieren, indem sie Eigentums- und Gerechtigkeitsverluste der Personen reduziert. Auch wenn sich eine vollkommene Kontrolle erreichen ließe, wären deren Kosten so hoch, daß das angestrebte Leistungsniveau im Polizeischutz insgesamt weniger einbringen würde.

Allerdings muß zugegeben werden, daß im Fall des Polizeischutzes und vieler anderer öffentlicher Dienstleistungen im Gegensatz beispielsweise zur Müllbeseitigung oder zum Kampf gegen die Luftverunreinigung das Leistungsniveau oder der Nettoertrag sehr viel schwieriger meßbar und quantifizierbar sind. Näherungsgrößen, wie die Anzahl von Arrestierungen für verschiedene Arten von Vergehen pro Monat oder pro zehntausend Einwohner und pro Jahr haben nur geringe Bedeutung, wenn sie nicht im Zusammenhang mit den verschiedenen besonderen Bedingungen in der Gemeinde gesehen werden. Die Entscheidungsträger könnten durch den Mangel an besseren Messungen in der Annahme unterstützt werden, daß der erwünschte Zielzustand sich definieren läßt als die Balance zwischen der Nachfrage nach öffentlichen Dienstleistungen und den Klagen der Steuerzahler.

Läßt sich der Output eines öffentlichen Gutes nicht abgrenzen, so gilt dies natürlich noch nicht für seine materiellen Inputs. Der Zielzustand, der durch das Aussprühen von Mückenvertilgungsmitteln eintritt, wird von der ganzen Gemeinde genutzt, wobei Sprühmittel und -ausrüstung leicht abgrenzbar sind. Maßnahmen zum Mückenschutz können von einem privaten Verkäufer ausgehen, der bei einer Behörde unter Vertrag steht.

Das Beispiel illustriert insoweit einen wichtigen Punkt, als die Produktion von Gütern und Dienstleistungen unterschieden werden muß von ihrer Bereitstellung auf öffentliche Kosten. Eine Versorgung durch die öffentliche Hand impliziert nicht notwendig auch öffentliche Produktion, auf irgendeiner Stufe vom Rohmaterial zum Endprodukt ist allerdings jedes öffentliche Gut privaten Ursprungs (das trifft für natürliche Ressourcen nicht zu). Eine Behörde kann also durch vertragliche Vereinbarungen mit privaten Firmen (oder mit anderen Behörden) die Gemeinde mit öffentlichen Dienstleistungen versorgen, ohne die Produktion selbst übernehmen zu müssen.

Läßt sich das gewünschte Leistungsniveau in einem meßbaren Index spezifizieren, so wird damit ein disziplinierendes Element eingeführt, das substantielle Produktionskontrollen bei der Bereitstellung eines öffentlichen Gutes erlaubt, auch wenn die Produktion selbst Aufgabe einer anderen Agentur oder eines anderen Unternehmens ist. Der Produzent muß bestimmte Zusicherungen innerhalb gewisser Toleranzen machen und die für die Bereitstellung der Dienstleistungen verantwortliche Behörde kann sich der Angemessenheit der Leistung versichern. Fortschritte in der Messung und Quantifizierung von Leistungsniveaus in der öffentlichen Wirtschaft erlauben eine weitaus größere Flexibilität der Organisationsmuster der Produktion und Verteilung von öffentlichen Gütern und Dienstleistungen.

Wenn Deweys Definition in der Weise erweitert wird, daß sie »Ereignisse« (events) ganz allgemein einschließt, statt sich nur auf »Handlungen« (acts) und »Transaktionen«(transactions) zwischen Handelnden zu beschränken, stimmt seine Formulierung mit der Konzeption der öffentlichen Güter als Sicherung von bevorzugten Zuständen überein.[9] Die öffentliche Kontrolle versucht, die Ereignisse zu internalisieren, deren Folgewirkungen unmittelbar oder mittelbar gegen verschiedene Elemente der Gemeinde verstoßen: sie hemmt negative Folgewirkungen und unterstützt positive.

In der endgültigen Analyse läßt sich in der Realität menschlicher Erfahrung zwischen privat und öffentlich nicht so scharf unterscheiden wie diese Analyse vielleicht impliziert. Der technische Charakter von bestimmten Gütern beeinflußt zum Teil den Grad der Differenzierung oder Isolierbarkeit, der ihre Verteilung und ihren Gebrauch kennzeichnet. Gemüse kann nicht in der gleichen Weise wie Landschaften gehandelt werden. Viele private Güter haben Nebeneffekte und die Gemeindemitglieder müssen einen Teil der Erträge und Verluste tragen, ganz abgesehen vom Grad der öffentlichen Regulierung. In jeder großen Gemeinde akzeptieren die meisten Leute einigermaßen gelassen einen Teil der Kosten, die die Größe mit sich bringt (Luftverschmutzung, Verkehrsverstopfung, Lärm und eine Fülle von Unannehmlichkeiten), weil sie annehmen, daß es sich um unvermeidbare Begleitumstände des Vorteils handelt, der durch das Leben in einer Großstadt gegeben ist.

Dimensionierungsprobleme in öffentlichen Organisationen

Werden die Grenzen einer lokalen Einheit als der Bereich angesehen, in dem ihre öffentlichen Güter bereitgestellt werden[10], von deren Nutzung die außerhalb der Grenzen Wohnenden ausgeschlossen sind, so läßt sich sagen, daß ein öffentliches Gut dann erfolgreich internalisiert wurde, wenn es innerhalb der entsprechenden Grenzen lokalisiert ist. Wirken sich externe Effekte auf benachbarte Gemeinden aus, so wurde das öffentliche Gut nicht vollständig internalisiert. Bei der Entwicklung der angemessenen »Abgrenzung« der Produktion und Bereitstellung von öffentlichen Gütern sollten einige Kriterien

---

[9] A. a. O., S. 4–5. Deweys Verwendung der Begriffe »acts« und »transactions« meint, daß nur soziales Verhalten in öffentlichen Handlungen berücksichtigt wird. Aber physische Ereignisse, zum Beispiel Fluten, können auch zum Objekt öffentlicher Kontrolle werden.
[10] Vgl. die Diskussion der »District boundaries and the Incidence of Benefits«, in: Smith, Stephen C.: Problems in the Use of the Public District for Ground Water Mangement. Land Economics, Bd. 32 (Aug. 1956), S. 259 bis 269.

berücksichtigt werden. Darunter fallen Kontrolle, Effizienz, politische Repräsentation und Selbstbestimmung. Unnötig zu sagen, daß sie manchmal in Konflikt zueinander stehen.

Das Kontrollkriterium

Ein erster auf die Dimensionierung von öffentlichen Organisationen anwendbarer Standard verlangt, daß im Geltungsbereich[11] (boundary conditions) politischer Zuständigkeiten die Menge wichtiger Ereignisse, die kontrolliert werden sollen, enthalten ist. Ereignisse verteilen sich nicht gleichmäßig im Raum, sondern unterliegen bestimmten Bedingungen, die die Definition ihrer Grenzen mit größerer oder geringerer Genauigkeit ermöglicht. Soziale Interaktionsmuster sind unterschiedlich im Raum verteilt und ihre Grenzen lassen sich im allgemeinen definieren. Alle Phänomene lassen sich also in Relation zu bestimmten Geltungsbereichen beschreiben und das Kontrollkriterium verlangt, diese bei der Dimensionierung einer öffentlichen Organisation zu berücksichtigen. Andernfalls ist die Behörde kaum in der Lage, eine Reihe von Ereignissen zu regulieren, um entsprechende Zielzustände realisieren zu können. Lassen sich die Grenzen nicht vollkommen anpassen, wird die politische Funktion im Endeffekt an eine Einheit übertragen werden, deren Dimensionierung ihr die Erfüllung des Kontrollkriteriums angemessener erlaubt.

Pasadena beispielsweise liegt unter einer schweren Dunstglocke, aber der Zuständigkeitsbereich ist räumlich nicht weitreichend genug, um eine effektive Kontrolle des entsprechenden meteorologischen und sozialen Raumes einschließlich der hauptsächlichen Variablen, die die Dunstglocke von Südkalifornien konstituieren, durchführen zu können. Das Problem ist von einer einzelnen Stadt in Südkalifornien kaum lösbar. Statt dessen wurden in der Stadtregion von Los Angeles Kontrolldistrikte für die Luftverunreinigung organisiert. Da auch diese Distrikte keine effektive Kontrolle erreichten, schaltete sich das kalifornische Parlament zunehmend in die Abgaskontrolle ein.

---

[11] Die Geltungsbereiche einer lokalen politischen Einheit sind nicht beschränkt auf die legal festgelegten physischen Grenzen, sondern sollten sich auch auf außerhalb des Gebietes liegende Zuständigkeiten, gemeinsame Zuständigkeiten usw. beziehen.

Das Effizienzkriterium

Die effizienteste Lösung würde die Modifikation des Geltungsbereichs verlangen, um dem Produzenten von öffentlichen Gütern und Dienstleistungen ökonomisches Wirtschaften (economy of scale) und eine effektive Kontrolle zu sichern. Zwei Flüsse etwa mit unterschiedlichen hydrologischen Eigenschaften lassen sich möglicherweise einzeln effektiv kontrollieren; unterstehen aber beide einer Aufsicht, können die Möglichkeiten des einen durch die des anderen ergänzt werden. Dieser Fall trat bei der einheitlichen Kontrolle des Owens River und des Los Angeles River durch die Stadt Los Angeles ein, in dem der eine Fluß durch das am Gebirge entlangführende, 300 Meilen lange Los Angeles Aquädukt zum Nebenfluß des anderen gemacht wurde. Die zentrale Kontrolle erlaubte einen insgesamt größeren Ertrag an Erholungsmöglichkeiten, Wasser- und Energieproduktion. Auch andere Faktoren, wie technologische Entwicklungen und Qualifikation der Arbeitskraft, lassen sich auf die Effizienz als Kriterium für die Dimensionierung einer Organisation beziehen. Lassen sich die Maschinen, mit denen Mittelstreifen auf die städtischen Straßen aufgetragen werden, nur im großen Ausmaß effizient nutzen, können besondere Vereinbarungen angestrebt werden, die kleine Städte in die Lage versetzen, diese Leistung gemeinsam bereitzustellen. Ähnliches gilt bei der Heranziehung von teuren Experten. Das wird bestätigt durch die Tatsache, daß psychiatrische Anstalten und Gefängnisse eher staatliche als kommunale Unternehmen sind.

Das Repräsentationskriterium

Ein weiteres Kriterium der Dimensionierung öffentlicher Organisationen betrifft die Einbeziehung der entsprechenden politischen Interessen in den Entscheidungsprozeß. Die Teilnehmer an einer Transaktion neigen dazu, nur über ihre eigenen Interessen zu verhandeln, wobei sie es den anderen überlassen, mit indirekten Folgewirkungen und Nebeneffekten fertig zu werden. Dritte Interessen kann man vernachlässigen. Öffentliche Organisationen versuchen nun, die Effekte auf »dritte Interessen« zu berücksichtigen, indem sie die unterschiedlichen Interessen beim öffentlichen Entscheidungsprozeß der Kontrolle der öffentlichen Angelegenheiten internalisieren. Die Spezifikation der Grenz- oder Dimensionierungsbedingungen einer politischen Zuständigkeit ist wichtig für die Bestimmung der Interessen, die internalisiert werden sollen.
Die Untersuchung des politischen Aufbaus einer Organisation muß sich auf drei Dimensionierungselemente beziehen. Die *Dimension*

der formalen Organisation (scale of formal organization) bezieht sich auf die Größe der politischen Einheit, die ein öffentliches Gut bereitstellt. Die *Öffentlichkeit* (public) besteht, wie oben festgestellt wurde, aus denen, die von dieser Bereitstellung betroffen sind. Unter *politischer Gemeinschaft* (political community) versteht man diejenigen, die bei der Entscheidung, ob und wie es bereitgestellt werden soll, berücksichtigt werden. Die von einer solchen Entscheidung Betroffenen müssen nicht mit denen identisch sein, die sie treffen. Ausgehend von Kriterien der Verpflichtung und Verantwortlichkeit, die mit der Demokratietheorie übereinstimmen, würde eine ideale Lösung verlangen, daß diese drei Bereiche zusammenfallen. Weichen die Geltungsbereiche in Wirklichkeit voneinander ab, so ergeben sich Dimensionierungsprobleme.

Wenn sowohl direkte als auch indirekte Erträge einer öffentlichen Transaktion im Zuständigkeitsbereich einer öffentlichen Organisation liegen, sind die Mittel für eine Bewertung der Kosten der öffentlichen Kontrolle gegenüber den Erträgen prinzipiell vorhanden. Mit der Ausnahme, daß man in der öffentlichen Politik eine Einkommensumverteilung anstrebt, läßt sich eine wirksame Allokation der ökonomischen Ressourcen durch die Fähigkeit absichern, die Kosten der Bereitstellung von öffentlichen Gütern und Dienstleistungen durch Beiträge der Begünstigten zu decken.[12]

Die in verschiedene Handlungsfolgen einbezogene Öffentlichkeit ist jeweils verschieden: beschränkt sich die für eine Handlungsfolge relevante Öffentlichkeit auf den größten Teil der Nachbarschaft, so kann für eine andere der größte Teil der Weltbevölkerung relevant sein. Zwischen diesen beiden Extremen liegen eine große Zahl möglicher Dimensionen öffentlicher Organisation. Wenn man gewisse Niveaus der Information, der Technologie, der Kommunikation und bestimmte Identifikationsmuster als gegeben unterstellt, so kann man sich ein Schema vorstellen, das für jedes einzelne öffentliche Gut eine angemessene Organisationsdimension aufweist. Da Bedingungen und Umstände sich ändern, sollte die Dimension der Öffentlichkeit für jede Handlungsfolge entsprechend geändert werden. Wenn das aber nicht passiert, was dann?

Enthält die politische Gemeinde nicht die gesamte Öffentlichkeit, so können einige Interessen unberücksichtigt bleiben. Eine Stadt kann sich zum Beispiel entscheiden, ihre Abwässer außerhalb der Stadtgrenzen zu leiten, die betroffene Öffentlichkeit kann sich aber an die-

---

[12] Dieser Faktor kann unabhängig von dieser Untersuchung als Kriterium einer gleichmäßigen Verteilung der Kosten und Erträge charakterisiert werden, aber wir haben uns entschieden, ihn hier im Rahmen der politischen Repräsentation zu betrachten.

ser Entscheidung nicht beteiligen. In einer politischen Gemeinde, die die gesamte Öffentlichkeit umschließt, haben aber auf der anderen Seite Leute auch ein Stimmrecht, wenn die Transaktion sie gar nicht betrifft und ihre Stimme eigentlich unerwünscht ist. Hieraus resultieren die eigenartigsten Handlungen. Die politische Gemeinde einer Dreimillionen-Stadt in ihrer Gesamtheit ist sicher kein angemessener Entscheidungsmechanismus für die Planung eines Spielplatzes.

Der Standpunkt, eine politische Einheit sei »zu groß (oder zu klein), um sich mit einem Problem zu befassen«, übersieht in vielen Fällen die Möglichkeit, daß die Dimension der Öffentlichkeit und der politischen Gemeinschaft nicht mit den formalen Grenzen einer öffentlichen Organisation zusammenfallen muß. Über informelle Vereinbarungen zwischen öffentlichen Organisationen läßt sich eine ausreichend große politische Gemeinschaft schaffen, die jedes Problem einer besonderen Öffentlichkeit angehen kann. Eine öffentliche Organisation sollte also entsprechend in der Lage sein, innerhalb ihrer Grenzen politische Gemeinschaften zu konstituieren, die sich mit Problemen befassen, die nur einen Teil der Bevölkerung betreffen. Bevor nicht die informellen Mechanismen erforscht sind, die größere oder kleinere politische Gemeinschaften zulassen, wäre es falsch, auf einen unangemessenen Umfang der öffentlichen Organisationen zu schließen.

Der Bereich der formalen öffentlichen Organisationen spezifiziert in Hinsicht auf die politische Gemeinschaft lediglich deren formale Grenzen. Da die erreichbare Anzahl an politischen Einheiten im Vergleich zur Anzahl der bereitzustellenden öffentlichen Güter begrenzt ist, läßt sich eine 1:1-Einteilung der Öffentlichkeit, der politischen Gemeinschaft und der formalen öffentlichen Organisation nicht verwirklichen. Zudem wechseln die im jeweiligen Fall wichtigen Öffentlichkeiten. Auch wenn zu einem Zeitpunkt formale öffentliche Organisation, politische Gemeinschaft und Öffentlichkeit übereinstimmen, würden sie doch mit der Zeit auseinanderfallen. Als Ergebnis läßt sich festhalten: öffentliche Organisationen können 1. sich selbst verändern, 2. freiwillig kooperieren oder (wenn Kooperation nicht möglich ist) 3. auf andere politische Ebenen wechseln, immer auf der Suche nach einer angemessenen Stellung zwischen den Interessen, die von öffentlichen Transaktionen betroffen werden und denen, die sie veranlassen.

Das Kriterium örtlicher Selbstbestimmung

Kriterien der effektiven Kontrolle, der Effizienz und der Einbeziehung entsprechender politischer Interessen lassen sich allgemein theoretisch formulieren, aber ihre Anwendung in einem politischen System ist von den Institutionen abhängig, die die Macht haben, über Dimensionierungsprobleme zu entscheiden. Die Bedingungen lokaler Verwaltungen in den Vereinigten Staaten verlangen normalerweise die Kontrolle dieser Kriterien durch die örtliche Bürgerschaft, das heißt, sie sollen Gesichtspunkten der Selbstbestimmung untergeordnet werden.

Die Verfahrensregeln örtlicher Selbstverwaltung verlangen normalerweise eine Petition der Bürger, um neue Verfahrensweisen zu institutionalisieren, sowie die Zustimmung der örtlichen Wählerschaft. Die Verpflichtung auf Zustimmung und Kontrolle durch die ortsansässigen Bürger bezieht oft auch Gebräuche ein, in denen festgelegt ist, welche Interessen die örtlichen Repräsentanten berücksichtigen müssen, wie die Repräsentation organisiert ist und wie die Repräsentanten für die Erfüllung ihrer öffentlichen Funktionen verantwortlich gemacht werden.

In der lokalen Selbstverwaltung kommunaler Angelegenheiten wird angenommen, daß sich öffentliche Güter mit Erfolg internalisieren lassen. Die rein »kommunalen« Angelegenheiten einer Gebietskörperschaft werden für andere Gemeinden wahrscheinlich keine Probleme aufwerfen. Läßt sich eine Internalisierung nicht durchführen und wird die Kontrolle nicht laufend aufrechterhalten, so verwandelt sich die örtliche Verwaltungseinheit in eine zusätzliche Interessengruppe auf der Suche nach öffentlichen Gütern oder potentiellen öffentlichen Gütern, die als Nebeneffekte anderer Gemeinden auftreten.

Die jedem Selbstverwaltungssystem implizite Wahl öffentlicher Dienstleistungen läßt auch auf eine große Vielfalt in den Mustern der öffentlichen Organisation und der öffentlichen Güter, die von den einzelnen Gemeinden in einer Stadtregion bereitgestellt werden, schließen. Die Muster örtlicher Autonomie und besonderer Gebräuche sind wesentliche Voraussetzungen eines polyzentrischen Systems.

Die öffentliche Organisation in Gargantua

Da nicht alle Organisationsmuster vollständig effizient, verantwortlich oder repräsentativ sind, sollten die Organisationsprobleme unterschiedlicher Typen öffentlicher Dienstleistungen in Gargantua im Unterschied zu den Problemen in einem polyzentrischen politischen System kurz angerissen werden. Die Erörterung wird sich nur auf theoretische Überlegungen in Hinsicht auf die Organisation verschiedener öffentlicher Dienstleistungen im Rahmen des Gesamtsystems beziehen.

Gargantua liefert fraglos angemessene Organisationsdimensionen für viele besonders weitreichende öffentliche Dienstleistungen. Die Versorgung mit Hafen- und Flugplatzanlagen, Massenverkehrsmitteln, Gesundheitsvorkehrungen und importierten Wasservorräten mag in Gargantua ausgezeichnet organisiert sein. Gargantua sollte von der Definition her den Problemen von Stadtregionen bestens gewachsen sein.

Mit seinem dominierenden Entscheidungszentrum neigt Gargantua aber dazu, ein Opfer der Komplexität seiner eigenen hierarchischen und bürokratischen Struktur zu werden. Die komplexen Kommunikationskanäle können seine Administration unempfänglich für viele der mehr ortsbezogenen öffentlichen Interessen machen. Die Kosten der Aufrechterhaltung der Leistungsfunktion in Gargantuas öffentlichem Dienst werden unter Umständen so groß, daß die Produktion öffentlicher Güter und Dienstleistungen weitgehend uneffizient wird. Gargantua wird im Endeffekt unerreichbar und schwerfällig auf die Nachfrage der örtlichen Bürgerschaft nach öffentlichen Gütern, die sie zum täglichen Leben brauchen, reagieren. Es können zum Beispiel zwei bis drei Jahre nötig sein, um Gehsteigverbesserungen zu erreichen, auch wenn die Ortsansässigen die Kosten der Verbesserung tragen. Änderungen in der Verkehrsregelung des Ortsgebietes können eine unverhältnismäßige Zeit beanspruchen. Einige Entscheidungsträger werden ihre Interessen erfolgreicher verfolgen als andere. Der Mangel an effektiver Organisation kann für die anderen weitgehend vorhersagbare Beschränkungen zur Folge haben. Die bürokratische Erstarrung (unresponsiveness) in Gargantua kann bei den Gemeindemitgliedern, die keinen Ansatzpunkt finden, um die örtlichen Probleme zu bewältigen, Frustration und Zynismus hervorrufen. Der Bürger hat keinen Zugang zu ausreichenden Informationen, um bei der Abstimmung ein abgewogenes Urteil abgeben zu können. Der Mangel an effektiver Kommunikation innerhalb der weitgespannten öffentlichen Organisation kann in der Realität zur Ausschaltung der Öffentlichkeit und zum Verfall der politischen Gemeinschaft führen.

Gargantuas Problem ist die Anerkennung der Vielfalt kleinerer Öffentlichkeiten innerhalb seiner Grenzen. Viele Interessen kleinerer Öffentlichkeiten können innerhalb der Grenzen einer kleineren politischen Gemeinde ausgehandelt werden, ohne daß die zentralen Entscheidungsträger des Gesamtsystems einzugreifen brauchen. Die Aufgaben der kleineren Öffentlichkeiten abzugrenzen ist ein Problem der Flächen- oder Gebietsorganisation. Die bürokratische Verfestigung des Gesamtsystems führt die Schwierigkeit einer Lösung vor Augen. Eine einheitliche Organisation der Stadtregion ist bei einer begrenzten Anzahl von öffentlichen Diensten fraglos angemessen, aber sie ist keine angemessene Organisation für die Bereitstellung aller öffentlicher Güter, die in einer Stadtregion nachgefragt werden.

Die öffentliche Organisation in einem polyzentrischen politischen System

Über die Angemessenheit eines polyzentrischen politischen Systems gegenüber einer zentralen Entscheidungseinheit kann a priori kein Urteil gefällt werden. Die Vielfalt der Interessen an verschiedenen öffentlichen Gütern, die von den Bewohnern einer Stadtregion nachgefragt werden, kann nur im Zusammenhang vieler verschiedener Organisationsebenen verarbeitet werden. Das polyzentrische System wird mit dem Problem konfrontiert, die Bedürfnisse der weitergehenden Gemeinschaftsinteressen über die funktionalen oder territorialen Grenzen jeder der formalen Einheiten innerhalb der Stadtregion hinweg zu realisieren. Eine zentrale Zuständigkeit steht dagegen dem Problem der Identifikation und Organisation der vielen untergeordneten Interessen innerhalb des Gesamtsystems gegenüber. Ob die Suboptimierung in Gargantua in irgendeiner Weise leichter erreichbar ist als die Supraoptimierung in einem polyzentrischen politischen System, ist durchaus zweifelhaft.

Die Leistungsfähigkeit eines polyzentrischen politischen Systems läßt sich verstehen und bewerten nur in bezug auf die Kooperations-, Konkurrenz- und Konfliktmuster, die zwischen seinen verschiedenen Einheiten bestehen. Kooperative Vereinbarungen sind für alle beteiligten Parteien dann keine Schwierigkeit, wenn die öffentlichen Interessen unter den Verhandlungspartnern angemessen vertreten sind und wenn die entsprechenden Aktivitäten allen Beteiligten Nutzen bringen. Eine vertragliche Vereinbarung wird dann ausreichen. Die Erörterung des Verhaltens eines polyzentrischen politischen Systems wird sich folglich stärker auf die weitaus schwierigeren Probleme der Konkurrenz sowie des Konflikts und seiner Lösung konzentrieren. Sofern ein polyzentrisches politisches System Konflikte lösen und Konkurrenz innerhalb eines angemessenen Rahmens halten kann, mag es eine brauchbare Regelung der Vielfalt öffentlicher Probleme in einer Stadtregion sein.

Konkurrenz[13]

Kann die Bereitstellung öffentlicher Güter und Dienstleistungen erfolgreich innerhalb einer Zuständigkeit internalisiert werden, erge-

---

[13] Diese Analyse beschränkt sich auf den Wettbewerb *zwischen* politischen Einheiten und gibt keine Hinweise auf konkurrierende Kräfte *innerhalb* einer politischen Einheit. Der Wettbewerb zwischen Lobbies, Fraktionen und politischen Parteien ist ein Wesenszug des demokratischen politischen Prozesses, aber dieser Beitrag beschäftigt sich vornehmlich mit den Problemen polyzentrischer Systeme.

ben sich definitorisch keine wesentlichen Spillover-Effekte. Unter solchen Umständen sind nachteilige Folgen der Konkurrenz in einer kommunalen Dienstleistungswirtschaft unter Umständen vermeidbar. Konkurrenzmuster zwischen den Produzenten öffentlicher Dienstleistungen in einer Stadtregion können wie zwischen Firmen auf dem Markt wesentlichen Nutzen bringen, indem sie Selbstregulierungskräfte induzieren, die die effizienteste Lösung herbeiführen.
Vielfältige Dienstleistungsniveaus zwischen den verschiedenen unabhängigen örtlichen Behörden einer größeren Stadtregion können zu einer Quasi-Marktsituation für die Ortsansässigen führen, da sie die Gemeinde innerhalb der Stadtregion auswählen können, die ihrem gewünschten Dienstleistungsniveau am nächsten kommt. Auf diese Weise können Behörden gezwungen werden, über ihre Dienstleistungsniveaus in Relation zur Höhe der Steuern zu konkurrieren. Eine derartige Wettbewerbssituation wäre jedoch nur bei solchen öffentlichen Gütern möglich, die innerhalb eines bestimmten politischen Zuständigkeitsbereichs angemessen internalisiert sind.
Einer Wettbewerbssituation vergleichbare Bedingungen sind für örtliche politische Einheiten normalerweise dann vorhanden, wenn eine Anzahl von Einheiten dicht nebeneinander angesiedelt sind und wenn Informationen über ihre Leistungen öffentlich verfügbar sind. Informationen können zum Vergleich führen und der Vergleich kann Druck auf das Leistungsniveau ausüben, um sich den Verfahrensweisen der effizienteren Einheiten anzupassen. Wenn mehr als ein Zuständigkeitsträger innerhalb eines Gebietes Dienstleistungen bereitstellt, können sich weitere Konkurrenzsituationen entwickeln. Lange Zeit boten Vereinbarungen zwischen öffentlichen Institutionen über die Bereitstellung bestimmter Dienstleistungen eine konkurrenzfähige Alternative für die einzelnen Verwaltungseinheiten, die diese Dienstleistungen auch selbst hätten produzieren können.
Die Trennung der *Bereitstellung* öffentlicher Güter und Dienstleistungen von ihrer *Produktion* eröffnet weitreichende Möglichkeiten einer neuen Definition wirtschaftlicher Funktionen in der Ökonomie öffentlicher Dienstleistungen. Öffentliche Steuerung kann nach Maßgabe von Leistungskriterien bei der Bereitstellung von Dienstleistungen eingreifen, während unter den Produzenten der Dienstleistungen zunehmend Konkurrenz zugelassen wird.
Los Angeles beispielsweise erweiterte mit der Eingemeindung von Lakewood im Jahre 1954 sein Kontraktsystem für die Herstellung kommunaler Dienstleistungen bis zu einem Punkt, der sich Marktbedingungen annähert. Neu eingemeindete Städte, die nach den Regeln des sogenannten Lakewood-Plans verfahren, schließen mit dem Bezirk oder mit entsprechenden anderen Agenturen Verträge ab, um die ganze Breite der verlangten Dienstleistungen zu produzieren.

Jede Stadt übernimmt kommunale Dienstleistungen für den Gesamtbereich. Über das allgemeine Niveau hinausgehende Leistungen von Verwaltungen in außerhalb liegenden Gebieten müssen weitgehend ausgehandelt werden. Jede Stadt hat die Wahl, ihre kommunalen Dienstleistungen selbst zu produzieren. Auch private Vertragspartner haben Dienstleistungen wie Straßenreinigung, Kanalisierung, Straßeninstandhaltung und -setzung und andere ähnliche Arbeiten geliefert. Auch mit benachbarten Städten wurden Vereinbarungen ausgehandelt. Mit der wachsenden Zahl von Anbietern übt der Konkurrenzkampf Druck in Richtung auf eine Steigerung der Flexibilität und Effektivität aus.

Mit der Trennung von Produktion und Bereitstellung öffentlicher Güter kann man die Produktion differenzieren, vereinheitlichen und messen, gleichzeitig aber undifferenzierte öffentliche Güter für den städtischen Konsumenten bereitstellen. Los Angeles hat in Ausführung des Lakewood-Plans die Produktion polizeilicher Dienstleistungen in Einheiten gegliedert, die jeweils aus einer Dauerstreife mit Wagen und entsprechenden Hilfskräften bestehen. Die Dauerstreife hat einen festen Preis, auf dessen Grundlage eine Stadtverwaltung vertragliche Vereinbarungen treffen kann. Innerhalb der örtlichen Gemeinde werden polizeiliche Dienstleistungen als öffentliches Gut für die Gesamtgemeinde bereitgestellt.

Dimensionierungsprobleme, die aus Konflikten zwischen Kriterien der Produktion und Kriterien politischer Repräsentation herrühren, lassen sich auf diese Weise wirksam lösen. Die Organisationsdimensionen der Produktion verschiedener öffentlicher Güter können von den Maßstäben, die erforderlich sind, um für die Konsumtion von öffentlichen Gütern und Dienstleistungen angemessene Öffentlichkeiten zu finden, vollständig unabhängig sein. Der Wettbewerb zwischen Anbietern erlaubt die Verwendung der effizientesten Organisation der Produktion, während vollständig andere Interessengemeinschaften und auch andere Organisationsdimensionen die Bereitstellung von Dienstleistungen in einer Gemeinde bestimmen.

Aus der Trennung von Produktion und Bereitstellung kann auch die Verwandlung örtlicher Verwaltungen in eine Art Konsumentenvereinigung resultieren. Während Sidney und Beatrice Webb Ortsverwaltungen als Konsumentenvereinigungen verstanden wissen wollen, führte die Dominanz von Kriterien der Produktion in Amerikas kommunaler Verwaltung zur weitgehenden Unterdrückung der Konsumenteninteressen.[14] Städte, die die Einwohnerschaft mit Dienstlei-

---

[14] Webb, Sidney und Beatrice: English Local Government: Statutory Authorities for Special Purposes. London, 1922 (Longmans, Green and Co.), S. 437 ff.

stungen versorgen, die von anderen Agenturen produziert wurden, können die Konsumenteninteressen vermutlich stärker berücksichtigen. Im Rahmen der im Lakewood-Plan ausgewiesenen Städte in Los Angeles wurden zum Beispiel die örtlichen Verwaltungschefs zunehmend zu Sprechern der örtlichen Konsumenteninteressen.

In dieser Rolle ähnelt der Verwaltungschef etwa dem Einkäufer eines großen Unternehmens. Wenn der örtliche Verwaltungschef erkennt, daß mit Zunahme der Zahl von Anbietern öffentlicher Dienstleistungen der Wettbewerb intensiver wird, kann er versuchen, die Zahl seiner potentiellen Versorger zu vergrößern. Mit Zunahme des Wettbewerbs stehen die Anbieter den Konsumentenwünschen aufgeschlossener gegenüber.

Die Produktion öffentlicher Güter nach Maßgabe des Vertragssystems von Los Angeles übte beträchtlichen Druck auf die Verwaltung aus, vor allem in Richtung auf eine größere Aufgeschlossenheit für die Wünsche der Klienten öffentlicher Dienstleistungen in den einzelnen Gemeinden. In der Verwaltung des Polizeischutzes, Feuerschutzes, der Büchereien, der Straßeninstandhaltung, der Bauaufsicht und der Tiefbauleistungen wurden Verfahrensweisen und Organisationsformen wesentlich geändert, um die Effizienz und Verantwortlichkeit zu erhöhen.

Unter diesen Umständen kann ein polyzentrisches politisches System bei der Bereitstellung einer Vielfalt öffentlicher Güter und in der Entwicklung optimaler Vereinbarungen hinsichtlich ihrer Produktion und Konsumtion sehr erfolgreich sein. Mit der Entwicklung von Quasi-Marktbedingungen in der Produktion läßt sich viel von der Flexibilität und Nachfrageorientierung der Marktwirtschaft auch in der Ökonomie öffentlicher Dienstleistungen realisieren.

Einige Schwierigkeiten bei der Regulierung einer öffentlichen Wettbewerbswirtschaft lassen sich vorhersehen. Preisbildung und Kostenallokation hängen von der Entwicklung effektiver Meßverfahren für kommunale Dienstleistungen ab. Da die bevorzugten Leistungsniveaus einer Gemeinde sich nicht, wie die Dollargewinne eines privaten Unternehmens, in eine einzige Bewertungsdimension umsetzen lassen, mag die Aufrechterhaltung wirklicher Konkurrenzbeziehungen in einer öffentlichen Wirtschaft schwieriger sein. Auch bei gleichen Kosten der vertraglichen Leistungen von verschiedenen Anbietern eines öffentlichen Gutes werden objektive Standards für die Bewertung der Erträge benötigt, deren Entwicklung beträchtliche Schwierigkeiten bereitet; andernfalls beschränkt der Ermessensspielraum der Verhandlungspartner die Vitalität des Wettbewerbs und verschiebt die Konkurrenz auf Randnutzen-Kriterien.

Ohne sorgfältige Kontrolle der Kostenallokationen und der Preisvereinbarungen würden zur Unterstützung der wettbewerbsintensiveren

Dienstleistungsbereiche eventuell für Sozialausgaben vorgesehene Mittel herangezogen werden, die nicht dem Wettbewerb unterliegen. In Los Angeles hat die genaue Kontrolle der Kostenberechnungspraxis und der Preispolitik durch den Gerichtshof dazu beigetragen, solche Mittelverschiebungen zu verhindern.

Ein langfristig zuverlässiger Quasi-Marktmechanismus in der Produktion öffentlicher Güter und Dienstleistungen läßt sich zweifellos nicht ohne ein höheres Maß an Prüfung, Kontrolle und Regulierung erreichen, als für die Aufrechterhaltung des Wettbewerbs auf dem privaten Markt erforderlich ist. Die Messung der Kosten und der Outputleistung kann zu einer wesentlichen Funktion des Staates in der Verwaltung der Stadtregionen werden, wenn das Vertrauen längerfristig auf ein polyzentrisches politisches System gesetzt wird.

Auch kann das Ausmaß der örtlichen politischen Kontrolle durch das Vertrauen auf außenstehende Anbieter von öffentlichen Dienstleistungen herabgesetzt werden. Der Verwaltungsmann ist der Kontrolle des Verkäufers unterworfen und nicht direkt der Kontrolle durch die Gemeinde. Im Unterschied zu den unmittelbaren Linien der Verantwortlichkeit und Kommunikation zwischen den örtlichen Verwaltungsbeamten und der Verwaltungsspitze kann der Rückgriff auf privateAnbieter der kommunalen Dienstleistungen auch die Informiertheit der städtischen Entscheidungsträger beschränken. Diese Informationsbeschränkungen könnten das Ausmaß ihrer Kontrolle der örtlichen Angelegenheiten reduzieren.

Diese Erörterungen zeigen nur ansatzweise einige Punkte auf, die in einer Analyse der Wirkungen von Wettbewerbsvereinbarungen hinsichtlich öffentlicher Dienstleistungen berücksichtigt werden müssen. Der Heranziehung von Vertragsagenturen steht solange kein absolutes Hindernis entgegen, als sie den jeweiligen öffentlichen Interessen entsprechen. Unter angemessener öffentlicher Kontrolle können Wettbewerbsverhältnisse erhebliche Flexibilität bei der Nutzung von Größenvorteilen in der Produktion öffentlicher Dienstleistungen für eine Stadtregion erlauben, während gleichzeitig inhaltliche Vielfalt bei ihrer Bereitstellung für einzelne Gemeinden auf der Basis politischer Verantwortlichkeit innerhalb örtlicher Identifikationsmuster ermöglicht wird.

Konflikt und Konfliktlösung

Ein polyzentrisches System steht vor schwerwiegenden Problemen, wenn die Bereitstellung öffentlicher Güter nicht auf die Grenzen der vorhandenen politischen Einheiten beschränkt werden kann. Diese Situation wird infolge ernster Spillover-Effekte Konflikte zwischen

den verschiedenen Einheiten des Systems provozieren. Wenn ein polyzentrisches System seine Probleme lösen soll, müssen Vereinbarungen zur Lösung solcher Konflikte verfügbar sein. Andernfalls werden Konkurrenz und Konflikt möglicherweise sehr scharf.
Für die einzelne Gemeinde besteht kaum ein Anreiz, die vollen Kosten der Kontrolle negativer Folgewirkungen, die sie mit einer größeren Öffentlichkeit gemein hat, auf eigene Initiative zu tragen. Die Wettbewerbsnachteile, die zum Beispiel mit der Unterstützung von Programmen zum Kampf für die Luftreinhaltung gegen Individuen und Firmen innerhalb einer einzelnen Gemeinde gegeben sind, wenn die Konkurrenten in benachbarten Gemeinden solche Kosten nicht aufbringen müssen, bringen die Gemeinden dazu, ihre Handlungsunfähigkeit mit Verweis auf andere Gemeinden in ähnlicher Lage zu entschuldigen. In einem polyzentrischen politischen System ist das besonders schwerwiegend, wenn viele der öffentlichen »Güter« die aufwendige Bekämpfung öffentlicher Mißstände mit sich bringen. Gemeinsame Aktionen politischer Einheiten in einer Stadtregion lassen sich leichter organisieren, wenn Kosten und Erträge einigermaßen gleichmäßig über das Gebiet verteilt sind. Als Beispiel mögen die vertraglichen Übereinkünfte zur gegenseitigen Hilfeleistung stehen, die die Mobilisierung größerer Feuerbekämpfungskapazitäten im Falle ernster Brandkatastrophen sichern. Die Unberechenbarkeit solcher Brände führt dazu, sie als Risiko zu betrachten, das jede Gemeinde in der Stadtregion betrifft.
Ähnliche Überlegungen lassen sich auch auf die Regulierung von Mückenplagen und Luftverunreinigungen anwenden. Städteverbände, Handelskammern und andere Vereinigungen haben häufig Gesetzgebungsvorschläge zur Einrichtung von Mückenbekämpfungsbezirken, Luftreinhaltungskontrollbezirken usw. ausgehandelt.
Die Probleme des politischen Systems stellen sich schwieriger dar, wenn Erträge und Kosten nicht gleichförmig verteilt sind. Gemeinden können sich in Hinsicht auf die Wahrnehmung der Erträge aus der Bereitstellung eines öffentlichen Gutes unterscheiden. Umgekehrt kann eine Gemeinde es ablehnen, ihren Anteil für die Bereitstellung eines Gutes zu bezahlen, nur weil ihre Nachfrage geringer als die der Nachbargemeinden ist. Solche Situationen erfordern wirksame politische Mechanismen, die in der Lage sind, das Problem zu internalisieren. Falls notwendig, müssen Sanktionen zur Unterstützung der Entscheidungen verfügbar sein.
Die konfligierenden Ansprüche kommunaler Wasserversorgungssysteme, die ihr Wasser aus denselben unterirdischen Becken in Südkalifornien pumpen, wurden durch Rückgriff auf Gerichtsprozesse vereinheitlicht. Die Gerichte wurden auf diese Weise zu den Instanzen, die für die Lösung von Konflikten zwischen Wasserversorgungsunterneh-

men zuständig waren. Ihre Entscheidungen wurden zur Grundlage vieler weiterer Entscheidungen in der wasserwirtschaftlichen Verwaltung der Stadtregion von Südkalifornien. Die staatliche Gerichtsbarkeit spielte eine vergleichbare Rolle bei Konflikten zwischen anderen örtlichen Institutionen in so unterschiedlichen Bereichen wie dem Gesundheitswesen, den Eingemeindungsverfahren der Sicherheitsverwaltung und der Stadtplanung.

Das große Vertrauen auf die Gerichte bei der Lösung von Konflikten zwischen örtlichen politischen Einheiten spiegelt fraglos das Bemühen wider, die Risiken externer Kontrolle durch übergeordnete Entscheidungsträger zu minimieren. Gerichtliche Entscheidungen gelten nur für den einzelnen Fall. Die gegnerischen Parteien definieren die Ausgangsbedingungen und beschränken damit konsequent die gerichtlichen Ermessensspielräume. Dieses Verfahren schränkt auch das Ausmaß der Kontrollen ein, die einer gerichtlichen Entscheidung folgen. Besonders kalifornische Gerichtshöfe haben die wichtigsten Grundsätze des Selbstverwaltungsprinzips akzeptiert und sind daher bei der Behandlung kommunaler Angelegenheiten für die Interessen örtlicher politischer Einheiten gut geeignet.

Das Beispiel der kommunalen Verwaltung der Wasserversorgung kann im weiteren zur Illustration anderer Entscheidungsprozesse und deren Konsequenzen, die sich auf Konfliktlösungen in einem polyzentrischen politischen System beziehen, herangezogen werden.[15]

Während Gerichtsverfahren ein geeignetes Mittel sein können, Konflikte über die Verteilung einer gegebenen Wasserreserve zu lösen, haben die Verwalter in der Wasserwirtschaft schon lange erkannt, daß Rechtsstreitigkeiten kein Quentchen zusätzliches Wasser produzieren. Die Organisation des Imports von neuen Wasservorräten wurde als einziges Mittel angesehen, das Problem langfristig zu lösen.

Los Angeles baute seine erste Wasserleitung, um auf eigene Initiative Wasser in sein Gebiet zu importieren. Dieser Wasservorrat wurde benutzt, um umliegende Gebiete zu zwingen, sich der Stadt Los Angeles einzugliedern oder sich mit ihr zu vereinigen, wenn sie Zugang zu dem neuen Vorrat haben wollten. Als Bedingung für die Versorgung mit Wasser wurde den entsprechenden Gebieten die Aufgabe ihrer Identität als eigenständige Gemeinde abverlangt. Um ein öffentliches Gut zu erhalten, waren sie gezwungen, andere öffentliche Güter aufzugeben. Diese Vorgänge provozierten eine starke Opposition, die versuchte, jede nicht auf Konsens und Kooperation beruhende neue Entwicklung abzublocken. Die Mechanismen zur Lösung von Folgekonflikten mußten neue Formen annehmen.

---

[15] Weitere Einzelheiten vgl. bei Ostrom, Vincent: Water and Politics. Los Angeles, 1953 (Haynes Foundation), bes. Kap. 3, 6 u. 7.

Der Import von Wasser des Colorado River wurde zu einem späteren Zeitpunkt durch eine Koalition von Gemeinden in Südkalifornien eingeleitet, die durch die Geschäftsstelle der südlichen Sektion des kalifornischen Städteverbandes formiert worden war. Die Vereinigung stellte ein neutrales Forum für die Aushandlung der gemeinsamen Interessen der Stadt Los Angeles und der anderen Städte in der Stadtregion, die gemeinsame Wasserversorgungsprobleme hatten, zur Verfügung. Nach befriedigenden Vereinbarungen über die Formierung eines neuen stadtregionalen Wasserversorgungsbezirks und über die Unterstützung des Boulder Canyon Projekts wurde eine Boulder Damm-Vereinigung gebildet, um diese Ziele zu realisieren. Im richtigen Augenblick wurde ein regionaler Wasserbezirk von Südkalifornien gegründet und die Colorado-River-Wasserleitung wurde von diesem neuen Bezirk gebaut und in Betrieb genommen.
Erst vor kurzem handelte die »Southern California Coordinating Conference«, die sich unter der Schirmherrschaft der Handelskammer von Los Angeles bildete, die regionalen Interessen an der Entwicklung des kalifornischen Wasserversorgungsprogramms aus. Der Wasserbezirk der Stadtregion konnte keine Gebiete in Südkalifornien repräsentieren, die nicht zu ihm gehörten. Die Entstehung einer Vielfalt besonderer kommunaler Wasserbezirke bewahrte den kalifornischen Städteverband, in dem nur Städte repräsentiert sind, vor einer erneuten Funktion als Unterhändler der Interessen der Stadtregion an der kommunalen Wasserversorgung.
Diese Illustrationen verdeutlichen, daß eine Vielfalt informeller Vereinbarungen für die Aushandlung der Programme zwischen örtlichen Instanzen in einer Stadtregion verfügbar gemacht werden können. Solche Vereinbarungen sind bei der Aushandlung der gemeinsamen Interessen unersetzlich. In einer informell zustande gekommenen Gemeinschaft wird zudem eine weitere Öffentlichkeit berücksichtigt. Solche Vereinbarungen sind nur solange wirksam, wie grundsätzlich Übereinstimmung erzielt werden kann, denn die Durchführung solcher Entscheidungen muß formal von jeder der entsprechenden Instanzen einschließlich der Staatsregierung bestätigt werden, wenn gesetzliche Änderungen notwendig werden.
In die Suche nach der Lösung von Konflikten zwischen örtlichen Verwaltungen in Stadtregionen können auch höhere Regierungsebenen eingeschaltet werden. Wieder wird bei einer umfassenden politischen Einheit Zuflucht gesucht. Unter solchen Umständen tendiert der Konflikt dazu, Entscheidungen und Kontrollmaßnahmen zu zentralisieren. Die Gefahr dabei ist, daß die umfassendere politische Einheit die besonderen öffentlichen Interessen am Ende nicht angemessen berücksichtigt und dazu tendiert, eine Vielzahl anderer Interessen in die örtlichen Kontroversen einzubringen.

Der Rückgriff auf zentrale Stellen läuft Gefahr, einerseits bestimmten Institutionen wie der staatlichen Gesetzgebung größeren Einfluß auf die Angelegenheiten der Stadtpolitik zu geben, andererseits die Fähigkeit lokaler politischer Einheiten einzuschränken, mit ihren Problemen auf lokaler Ebene selbst fertig zu werden. Interesse an der Aufrechterhaltung der örtlichen Zuständigkeiten kann beträchtlichen Druck in Hinsicht auf eine Unterordnung der Differenzen ausüben, so daß die in Konflikt stehenden Parteien nach einer annähernd übereinstimmenden Position suchen. Wesentliche Investitionen in informelle Verhandlungen und Entscheidungsvereinbarungen lassen sich vom Standpunkt der örtlichen Entscheidungsträger dann rechtfertigen, wenn solche Vereinbarungen den Verlust der lokalen Autonomie an höhere Regierungsebenen verhindern können.

Ironischerweise, aber nichtsdestoweniger logisch, tendiert der Versuch, Konflikte zu vermeiden und die folgende Zentralisation der Entscheidungen auch dazu, die lokale Autonomie oder den Unabhängigkeitsgrad der örtlichen Entscheidungsträger zu reduzieren. Der Zwang, einem gemeinsamen Ansatz bei der Lösung einiger Probleme der Stadtregion zuzustimmen, beschränkt die Wahlmöglichkeiten jeder einzelnen örtlichen Einheit. Der Entscheidungsbereich wird aber trotzdem größer sein, als wenn er einer zentralen Stelle zugeordnet wird. Verhandlungen zwischen unabhängigen Stellen erlauben ein Veto gegen jede unakzeptable Position. Übereinkünfte müssen innerhalb der Beschränkungen der verschiedenen Veto-Positionen ausgehandelt werden, wenn die Alternative des Rückgriffs auf übergeordnete politische Ebenen vermieden werden soll.

Um die Kosten von Konflikten für ihre Machtpositionen zu minimieren, tendieren örtliche Verwaltungsbeamte in Stadtregionen dazu, ein weitläufiges Kommunikationssystem zu entwickeln, das sie über die Erfahrungen der anderen informiert und Leistungsstandards aufstellt, die auf verschiedene Typen öffentlicher Dienstleistungen anwendbar sind. Professionelle Verwaltungsstandards können auf diese Weise eingesetzt werden, um die Vielfalt an unterschiedlichen Erfahrungen in örtlichen Behörden sinnvoll zu ordnen. Informationen über Bereiche des Dissenses und des potentiellen Konflikts tendieren unter diesen Bedingungen dazu, unterdrückt zu werden. Die von informellen Stellen geführten Verhandlungen über gemeinsame Probleme lassen sich geheimhalten und für genaue Informationen können sorgfältige Kontrollen entwickelt werden.

Der Zwang, die Kosten von Konflikten zu vermeiden und Einstimmigkeit über die Probleme der Stadtregion zu erzielen, reflektiert die Bedeutung der Lösung öffentlicher Probleme durch Verhandlungen auf lokaler Ebene. Im Maße, wie diese Zwänge wirksam werden, kann die Vielfalt örtlicher Zuständigkeiten in einer Stadtregion nur ver-

standen werden, wenn man die Vielfalt formeller und informeller
Vereinbarungen über gemeinsame Probleme berücksichtigt.
Im Gegensatz zu der weitverbreiteten Ansicht vom Fehlen einer regionalen Struktur, die in der Lage wäre, sich mit den Problemen der
Stadtregion zu befassen, weisen Stadtregionen eine sehr reiche und
komplizierte »Struktur« auf, die Verhandlungen, Rechtsprechung
und Entscheidungen hinsichtlich verschiedener öffentlicher Interessen
zuläßt. Der Untersuchung dieser Struktur sollte weitaus mehr Aufmerksamkeit entgegengebracht werden.

Die Politik der Verflechtungsräume als Problem der Diplomatie*

Von Matthew Holden jr.

Diese Arbeit ist das Ergebnis von Bemühungen, die theoretischen und
forschungspraktischen Konsequenzen aus den Einsichten herauszuarbeiten, die durch den Vergleich von interkommunaler und internationaler Politik gewonnen wurden.[1] Sie stellt sich in diesem Zusammenhang drei spezifische Aufgaben. 1. Zusammenhänge in solchen
Kategorien zu erfassen, die einen analytischen Vergleich dieser beiden
Bereiche der Politik ermöglichen; 2. die Definition einiger vorläufiger
Kategorien zur Datensammlung und 3. einige Elemente der Theorien
internationaler Beziehungen herauszustellen, die vielleicht zutreffendere Schlußfolgerungen bei der Interpretation dieser Daten erlauben,
als sie andernfalls möglich werden; dies vor allem bezüglich des Problems der Konsensbildung durch Konsultationen zwischen den politischen Einheiten.

---

* Eine frühere Fassung dieser Arbeit wurde der American Political Sciences Association im September 1962 in Washington D. C. vorgetragen. Sie ist Teil einer in Vorbereitung befindlichen größeren Arbeit über amerikanische, britische und kanadische Großstädte mit dem Arbeitstitel: Diplomatie, Gemeinde und Großstadt. Frühere Fassungen wurden besonders von Chadwick F. Alger, Robert J. Alperin, Scott A. Greer, Aaron Wildavsky und Robert C. Wood in hilfreicher Weise besprochen.

[1] Siehe dazu William T. R. Fox, zitiert bei Jones, Victor: The Organisation of a Metropolitan Region. University of Pennsylvania Law Review, CV (1958), S. 538–539. Auch Snyder, Richard S., und James A. Robinson: National and International Decision-Making: A Report to the Committee of Research for Peace. New York, 1960 (Institute for International Order), S. 32; und Stagner, Ross: Attitude Change and the Reduction of International Tensions. Vorgetragen an der Universität von Texas, 23. Juni 1961.

Politik der Verflechtungsräume und internationale Politik:
das Konzept diplomatischer Systeme

Unsere Grundthese ist, daß weder die Politik der Verflechtungsräume noch die internationale Politik innerhalb politischer Gemeinwesen, sondern innerhalb diplomatischer Systeme angesiedelt sind.
1. Diplomatische Systeme sind soziale Systeme, die aus rechtlichen Einheiten bestehen, die ihrerseits zu einem »ökologischen System«[2] zusammengefaßt sind. Diese rechtlichen Einheiten sind die wichtigsten Aktoren im System.[3]
Bei der jetzigen Zielsetzung können wir unsere Aufmerksamkeit auf jene diplomatischen Systeme konzentrieren, in denen politische Einheiten die zentralen Aktoren sind.[4] Objektive Zusammenhänge, auf die es im ökologischen System immer ankommt, können weder im Fall der internationalen Beziehungen, noch für die Politik in einem Verflechtungsraum abgestritten werden. Handlungen durch die Einheit A können voraussagbare Auswirkungen auf die Einheiten B, C und D haben. So wurde – um diesen Punkt kurz durch ein Beispiel zu illustrieren – die Entscheidung, den Assuan-Staudamm zu bauen, als eine Angelegenheit lediglich der nationalen ägyptischen Wirtschaftsplanung angesehen. Sie hat aber mannigfache Auswirkungen auf sechs andere Staaten in dem System der großen ostafrikanischen Seen und des Nils: auf die Republik Kongo, Äthiopien, Kenia, Sudan, Tanganjika und Uganda. In nahezu gleicher Weise kann die Sanierung eines innerstädtischen Slumgebietes viele bedeutende Auswirkungen – durch Bevölkerungsverschiebungen – auf eine Vorstadt oder eine Gruppe von meilenweit entfernten Vorstädten haben.
2. Diplomatische Systeme sind insofern keine politischen Gemeinwesen, als ihnen ein genügend umfassendes System von Symbolen, ein angemessener Planungsprozeß zur Erreichung von Systementschei-

---

[2] Zum Konzept des ökologischen Systems siehe Hawley, Amos H.: Human Ecology, A Theory of Community Structures. New York, 1953 (Ronald Press Company).
[3] Andersgeartete Handlungseinheiten – Körperschaften des öffentlichen Rechts, Gewerkschaften, Universitäten, ja sogar Individuen – können eine bedeutende Rolle spielen, gewöhnlich steht aber zu erwarten, daß die politischen Einheiten dominieren; siehe dazu Wolfers, Arnold: The Actors in International Politics. In: Fox, William T. R. (ed.): Theoretical Aspects of International Relations. Notre Dame, Indiana, 1959 (University of Notre Dame Press), S. 83–106.
[4] So ist zum Beispiel der Dachverband der amerikanischen Gewerkschaften, die AFL–CIO, ein anderer Typ von diplomatischem System, in dem sich die rechtlichen Normen nicht auf ein bestimmtes Gebiet, sondern auf die Art der Beschäftigung beziehen.

dungen und ein angemessener Modus des Verwaltungshandelns fehlt, der die effektive Umsetzung der erzielten Entscheidungen sicherstellen könnte.

Im Fall des Verflechtungsraumes versuchen ländliche Bezirke, Schuldistrikte, besondere Behörden, Städte und andere rechtliche Handlungseinheiten ihre eigenen Interessen zu wahren. Zu diesem Zweck setzen sie Ressourcen der verschiedensten Art ein: Finanzmittel, Rechtsanwälte, Revisionsverfahren, Bürgerstolz und Öffentlichkeitsarbeit. Diese Struktur bildet das Problem der Großstädte; es ist die Unfähigkeit, auf rationalem Wege zu Entscheidungen zu gelangen, sofern sie den ganzen Verflechtungsraum betreffen.

3. Der diplomatische Verkehr wird beherrscht von der peinlich genau einzuhaltenden Vorschrift, daß bei der Behandlung von wichtigen Problemen zwischen politischen Einheiten Initiativen von anderer Seite nicht zugelassen sind.

Nach dieser Norm werden Probleme durch die ranghöchsten politischen Repräsentanten der juristischen Einheit oder durch solche spezialisierte Funktionsträger (Botschafter), die Nachrichten zwischen den Einheiten vermitteln und interpretieren, als solche gestellt und formuliert. Sobald die Probleme auf diese Ebene des Organisationshandelns gehoben sind, sind alle nicht zuständigen Aktoren der Gelegenheit beraubt, auszubrechen und die Formen eines gegebenen Disputs zu sprengen. Dies wird auf zwei Arten erreicht.

a) Es gibt ein latent vorhandenes Bewußtsein der Inkompetenz, das von den offiziellen Entscheidungsträgern nach Belieben aktiviert werden kann.[5] So können sich bei einem Streit zwischen den Einheiten A und B die Einwohner, oder auch Mitglieder, die unabhängig Alternativen vorschlagen, beschuldigt sehen, der anderen Seite gegenüber »Ausverkauf« zu betreiben.

b) Da der Norm gemäß die Initiative den offiziellen Entscheidungsträgern überlassen bleibt, werden private Aktoren von den Informationen abgeschnitten, die nötig sind, um auf die Entscheidungsträger mit etwas Aussicht auf Erfolg einwirken zu können. Damit

---

[5] Bezeichnende Beispiele sind der Fall des »Friedensschiffes« von Ford, die Schwierigkeiten des Mr. Henry Wallace in den Jahren 1946–1947 und die von Mr. Cyrus Eaton heute. Die Episode des »Tractors-For-Freedom Committee« zeigt deutlich, daß die Erzeugung eines Schuldbewußtseins über die eigene moralische Unzulänglichkeit allemal eine Möglichkeit ist, die im Belieben der offiziellen Entscheidungsträger steht, mögen sie nun die Freiheit bemühen oder es auch bleiben lassen. Im Fall der letztgenannten Beispiels waren die privaten Handelnden von der Regierung nur zur Tarnung vorgeschoben, weil die Sache zwar verfolgt, nicht aber offiziell betrieben werden sollte. Der Logan-Erlaß ist dann der gesetzliche Niederschlag der damit verbundenen moralischen Zurückhaltung.

sind die Chancen von gleichgesinnten Individuen aus verschiedenen Einheiten – sollten sie mit den offiziellen Stellungnahmen nicht einverstanden sein –, erfolgreich internen Druck auszuüben oder innerhalb der Einheit eine erfolgreiche Koalition gegen die Wünsche der Vertreter ihrer Organisation[6] zu bilden, mit großer Wahrscheinlichkeit gleich null.

Die oben charakterisierten Schwierigkeiten – übertragen auf die Politik der Verflechtungsräume – zeigen, daß das Problem der Großstädte nicht in der Irrationalität der Struktur in einem gegebenen Gemeinwesen zu suchen, sondern daß es ein Chrakteristikum des sozialen Systems ist. Wenn es sich aber so verhält, müssen Voraussagen etwa über die Chancen der Integration auf der Kenntnis besonderer Daten über das System begründet werden. Ferner müssen die Theorien bekannt sein, die genauere Auskunft darüber geben (nach Maßgabe dieser Daten), ob und wie das System sich ändern kann.

Vier beschreibende Kategorien

Wenn die Annahme der Vergleichbarkeit von Aktionsverläufen auf großstädtischer und internationaler Ebene akzeptiert wird, welches sind dann die Aspekte von konkreten Handlungen, die wir zu beobachten wünschen? Vier Themenbereiche empfehlen sich dabei der Aufmerksamkeit: a) worauf bezieht sich die Interaktion? b) Macht der Interagierenden, c) Ständigkeit oder vorübergehende Natur der Beziehungen, und d) Art des Vorgehens bei der Interaktion.

---

[6] Es sollte dabei betont werden, daß die Gleichgesinntheit dissidenter Privatleute, die noch dazu von der Notwendigkeit, unmittelbar Entscheidungen fällen zu müssen, befreit sind, eventuell nur sehr wenig zu bedeuten braucht. »1933 verabschiedeten die Studenten der ›Oxford Union‹ unter dem Einfluß eines Mr. Joad die sie auf ewig beschämende Resolution, daß ›diese Versammlung sich weigert, für Heimat und König zu kämpfen ...‹. Die dummen Jungen, die diese Resolution verabschiedeten, ließen es sich dabei nicht träumen, daß sie sehr bald dazu bestimmt waren, in dem nachfolgenden Krieg zu siegen oder ruhmvoll zu sterben und sich als die fabelhafteste Generation herauszustellen, die Groß-Britannien je geboren hat. Für die etwas Älteren kann wenig Entschuldigendes gesagt werden, hatten sie doch keine Gelegenheit, sich durch die Tat zu entsühnen.« Churchill, Winston S.: The Gathering Storm. Boston, 1948 (Houghton Mifflin Co.)

Gegenstandsbereiche der Interaktur

Die wahrscheinlichen Gegenstandsbereiche der Interaktion können durch eine Art Bedarfsanalyse (requisites approach) vorausbestimmt werden.[7] Was müssen Gemeinden in Stadt-Regionen unternehmen? Was sind unter den Dingen, die sie unternehmen müssen, diejenigen, die sie am wahrscheinlichsten in offiziellen Kontakt mit anderen Gemeinden bringen? Was sind unter den Dingen, die sie in offiziellen Kontakt miteinander bringen, diejenigen, die sie am wahrscheinlichsten in Konflikte verwickeln? Wie dem auch immer sei, eine Reihe von Antworten ergibt sich aus der Notwendigkeit der Kontrolle der physischen Umwelt durch die Gemeinden. Viele Aktivitäten haben direkte Auswirkungen auf die physische Umgebung: die Kontrolle der Luftverschmutzung, Wasserversorgung, Kanalisation, Brandverhütung, Flächennutzungsplanung. Nicht alle diese Aktivitäten führen jedoch zu nennenswerter Zusammenarbeit zwischen den Gemeinden, wenigstens nicht auf kurze Sicht. Während die Sanierung eines innerstädtischen Slumgebietes Folgen hat, die ein Demograph oder ein Regionalwirtschaftsplaner durchaus voraussagen kann, befreit die Indirektheit jener Folgen den Entscheidungsträger von allem Zwang, sie in seine Überlegungen miteinzubeziehen oder oft auch, sie überhaupt nur wahrzunehmen. Wenn jedoch eine Handlung durch die Einheit A Konsequenzen nach sich zieht, die a) unmittelbar einsichtig (vom Standpunkt der Einheiten B, C, D) sind, sowie b) wahrscheinlich anhaltend sein werden, dann wird auch ein Kontakt zwischen den politischen Einheiten höchstwahrscheinlich sein. Darüber hinaus wird der Kontakt wahrscheinlich die Form eines Konflikts annehmen, wenn Ressourcen betroffen sind, die als kritisch anzusehen sind und im Ernstfall kaum kontrolliert werden können (nach der Meinung der Entscheidungsträger).

So betrachtet ist das Transport-System[8] sicherlich *die* grundlegende Tatsache, und Straßen sind das materielle Substrat des Transport-Systems.[9] Während die Entscheidungsträger Dinge, die nach objek-

---

[7] Siehe Levy Jr., Marion J.: The Structure of Society. Princeton, 1952 (Princeton University Press).
[8] Siehe dazu Greer, Scott A.: Traffic, Transportation and the Problem of the Metropolis. In: Merton, Robert K. und Robert A. Nisbet (ed.): Contemporary Social Problems. New York, 1961 (Harcourt, Brace and World, Inc.), S. 605–650. Auch Wilcox, Delos F.: The American City: A Problem in Democracy. New York, 1904 (Macmillian), S. 28–29.
[9] Dazu siehe auch die Argumente, die Robert C. Wood für den Schnellverkehr vorbringt: A Devision of Power in Metropolitan Areas. In: Maass, Arthur (ed.): Area and Power: A Theory of Local Government. Glencoe, 1959 (The Free Press), S. 67–69.

tiven Kriterien wichtige überörtliche Aspekte aufweisen, lange nicht zur Kentnnis zu nehmen brauchen, erfüllt das Verkehrs-System Funktionen, deren extern verursachte Beeinträchtigung sofort spürbar ist.[10] Deshalb ist die Planung der großen Verkehrsadern in Verflechtungsräumen eines der meistdiskutierten Probleme. Dabei treten Umstände auf – die Bereitstellung der nötigen Flächen – unter denen es leicht einsehbar und auch offiziell anerkannt ist, daß Vorteile für die einen wahrscheinlich mit Nachteilen für die anderen verbunden sind.

Der relative Status der beteiligten Aktoren

Wenn es gelungen ist, einige Bereiche herauszuschälen, in denen Konflikte keimhaft enthalten sind, so ist die nächste Frage: wie ist die Machtverteilung und welche Konsequenzen hat eine ungleiche Verteilung dieser Macht? Daß eine Antwort darauf nicht so schnell und einfach gegeben werden kann, soll durch drei Beispiele verdeutlicht werden, in denen die Kernstadt dominant ist; dominant bezüglich einer kritischen Ressource, die von den Umlandgemeinden benötigt wird, nämlich Wasser. Die drei Beispiele beziehen sich auf Cleveland, Columbus in Ohio und Milwaukee.

Cleveland hat ein Versorgungsmonopol. Über 95 % des gesamten Wasserverbrauchs der Stadtregion fließen durch das städtische Netz. Die Verantwortlichen der Umlandgemeinden haben kaum eine echte Alternative zu der Versorgung durch Cleveland, da sie bezeichnenderweise durch die hohen Kosten von der Errichtung eigener Anlagen abgeschreckt werden. Trotzdem versuchte die Kernstadt nicht, die Kontrolle über das Wasser in ein Machtinstrument zu verwandeln.[11] Ganz im Gegenteil haben sich die Umlandgemeinden durch

---

[10] Siehe dazu McDougal, Myres S., und William T. Burke: Crisis in the Law of the Sea: Community Perspectives versus National Egoism. Aus: Yale Law Journal, LXVII (1958), S. 539–589.

[11] Jüngste Anzeichen einer wachsenden politischen Macht der Schwarzen haben in den Suburbs die Befürchtungen entstehen lassen, daß eine von Schwarzen kontrollierte Verwaltung versuchen könnte, im Gegenzug für die Wasserversorgung ganz offen eine Eingemeindung zu verlangen. Diese Aussichten wurden auch von einigen schwarzen Politikern ernst genommen und tauchten bereits bei der Kampagne zur Gebietsreform im Großraum von 1959 im Hintergrund auf. Siehe dazu Holden Jr., Matthew: Decision-Making on a Metropolitan Government Proposition. Cuyahoga County, Ohio, 1958–1959 (Unpublished Ph. D. Dissertation, Political Science, Northwestern University, 1961), S. 156.

besonders günstige Bezugsbedingungen gegen unliebsame Forderungen abgesichert.[12] Völlig anders lag der Fall Columbus. Die Stadt betrieb zwischen 1953 und 1959 eine höchst aggressive Politik und benutzte ihre Position als Hauptlieferant dazu, um weite Teile des Umlandes in die Kernstadt einzugemeinden.

Eine Hypothese, mit der man beginnen könnte, wäre die Erklärung dieser Unterschiede durch die unendlich größere Freiheit Clevelands, das Wasserversorgungssystem auszubauen – bedingt durch den Zugang zum Erie-See –, während Columbus, obwohl nicht in einer trockenen Gegend liegend, allein auf den kleinen Scioto-Fluß angewiesen ist, weswegen die Ansprüche der Umlandgemeinden eine besonders schwere Belastung darstellen. Das Beispiel Milwaukee könnte diesen Erklärungsversuch jedoch widerlegen. Wie Cleveland liegt auch Milwaukee an den Großen Seen, hat also Wasser im Überfluß. Nichtsdestoweniger hielt die Stadt lange daran fest, daß die Eingemeindung der Preis sei, den die Umlandgemeinden zahlen müßten, wenn sie Versorgungsleistungen der Kernstadt in Anspruch nehmen wollten. In diesem Zusammenhang hatte die Stadt mit ihrer Eingemeindungsbehörde eine Art Außenministerium aufgebaut und versuchte, die Kontrolle über das Wasser als Hebel zu benutzen, um die Verantwortlichen der Umlandgemeinden in der Sache zu kooperativem Verhalten zu zwingen.[13]

Diese drei Fälle sind eine Zufallsauswahl. Was würde man herausfinden, wenn man statt dessen ein systematisch ausgesuchtes Sample erforschte? Was sind die äußersten Grenzen, jenseits derer die mächtigeren Einheiten nicht einmal mehr versuchen werden, auf schwächere Gemeinden Druck auszuüben (wie Cleveland es überhaupt nur sehr selten versuchte)? Welche Handlungsweise ist charakteristisch für die kleineren Einheiten? Macht es einen Unterschied, ob die Macht an Rechtspositionen, Geld, Kontrolle von natürlichen Ressourcen, Lage oder Prestige gebunden ist? Macht es einen Unterschied, wenn es zwei oder mehrere mächtige Einheiten in dem gleichen räumlich abgegrenzten System gibt, wie zum Beispiel im Fall von Minneapolis und St. Paul?

---

[12] Als Gegenleistung für die Erlaubnis zur Anlage von Rieselfeldern, die aus topographischen Gründen in den Cuyahoga-Höhen angelegt werden mußten, erhielt die Gemeinde Cuyahoga Heights 1917 das Recht auf ständigen kostenlosen Bezug von Wasser.
[13] Eine kurze Darstellung eines solchen Streitfalles in der Region von Milwaukee gibt David D. Gladfelter: Water for Wauwatosa. In: Frost, Richard T. (ed.): Cases in State and Local Government. Englewood Cliffs, New Jersey, 1961 (Prentice-Hall, Inc.), S. 282–291.

Anhaltender und vorübergehender Konflikt

Die dritte Reihe nötiger Daten bezieht sich auf die relative Dauer von Konflikten oder Kooperation. Hinterläßt ein Konflikt ein Erbe an Mißtrauen noch lange nachdem der offene Konflikt beigelegt ist? Gibt es eine Tendenz zu langanhaltenden Konflikten in dem Sinne, wie man von Rußland und der Türkei als Erbfeinden spricht? Es erweist sich, daß es eine Tendenz zu langanhaltendem Mißtrauen gibt, das durch Konflikte in der Vergangenheit entstand und noch heute die Politik belastet. Ich nenne dies das »Phänomen der historischen Konstanz«. In der Kampagne zu der Gebietsreform im Großraum Cleveland und in den Studien, die dieser Kampagne vorausgingen, gaben die Vertreter der Umlandgemeinden oft ihrer Sorge Ausdruck, daß die Idee einer politischen Einheit für den Großraum ein hinterlistiger Plan sei, um sie unter die Herrschaft der Kernstadt zu bringen.[14] So wie die Dinge lagen, schienen diese Befürchtungen unbegründet zu sein. Erst als man sich ernsthaft in die Geschichte dieser Problematik einarbeitete, sah man, daß solche Befürchtungen sich auf eine Kernstadt-Politik bezogen, die seit einem Vierteljahrhundert nicht mehr ernsthaft verfolgt worden war.

Vorgehensweise bei der Interaktion

Die grundlegende Struktur eines gegebenen Verflechtungsraumes kann als Ergebnis der oben eingeführten Faktoren betrachtet werden: Gegenstandsbereiche der Interaktion, relativer Status oder Macht der Aktoren und die relative Dauer oder Nachwirkung einmal gemachter Erfahrungen. Zu jedem Zeitpunkt werden diese Faktoren die äußeren Grenzen festlegen, jenseits derer Handlungsmöglichkeiten nicht mehr bestehen. Innerhalb der Grenzen jedoch sind diese ein Ergebnis der Vorgehensweise bei der Interaktion, der Methoden, die Probleme bewußt anzupacken. Dazu scheinen uns drei nachgeordnete Aspekte erforschbar zu sein: 1. Häufigkeit und Mittel der Interaktion, 2. Dimension der Interaktion und 3. die Formen sich schließlich ergebender Konflikte.

---

[14] Über Faktoren der »Erfahrungen in der Vergangenheit« und die Bedeutung der Lerntheorie siehe Guetzkow, Harold: Isolation and Collaboration: A Partial Theory of Inter-Nation Relations. Aus: Journal of Conflict Resolution, I (1957), S. 51–52.

1. Häufigkeit und Mittel

Wie oft haben Gemeinden miteinander zu tun und welche Kommunikationskanäle benutzen sie? Wieviele Bürgermeister kennen einander seit der Grundschule? Wieviele haben ihre privaten Telefonnummern ausgetauscht? Wieviele haben nie miteinander gesprochen? Die Antworten auf diese Fragen werden ein Hinweis auf den Grad der Institutionalisierung persönlicher Kontakte sein.

Man kann vermuten, daß das Kontaktnetz zwischen Wahlbeamten der höchsten Ebene dünn und lückenhaft ist. Wenn dem so ist, werden die Entscheidungsträger tatsächlich von dem abhängig, was man die Botschafter-Struktur nennen könnte; von dem Schwarm von Beratern und Kontaktleuten, denen die Entscheidungsträger trauen können (oder auch nicht).[15] Obwohl wir es nur zum Teil wissen, zum anderen Teil nur prophezeihen können, scheint es doch sehr wahrscheinlich zu sein, daß die Botschafter-Struktur dann folgerichtig aus drei Elementen besteht: den Repräsentanten der kritischen Öffentlichkeit, den städtischen Verwaltungsbeamten und den städtischen Anwälten.

Vertreter der kritischen Öffentlichkeit (civic entrepreneurs) sind definiert als die Aktoren, die darauf spezialisiert sind, Probleme in der Redeweise vom »Allgemeininteresse« zu formulieren.[16] Die wichtigen städtischen Verwaltungsbeamten sind die mehr oder weniger festangestellten Leiter von Verwaltungsabteilungen. Eine erste, die augenscheinlichsten Eindrücke verallgemeinernde Einschätzung ergäbe, daß die meisten Kontakte zwischen Gemeinden auf dieser Ebene angesiedelt sind (Kämmerer–Kämmerer; Direktor des Gesundheitswesens–Direktor des Gesundheitswesens). Das dritte Element bildet der Schwarm von Rechtsberatern. Aus zwei Gründen kann man erwarten, daß die Anwälte eine besonders bedeutende Rolle spielen. Zunächst geben sie mehr als nur juristischen Rat; sie sind an den Diskussionen über Programm-Inhalte, Verfahrensfragen, Öffentlichkeitsarbeit, personelle und politische Angelegenheiten beteiligt. Zum anderen geben ihnen ihre besonderen beruflichen Bindungen eine ungleich größere Gelegenheit, mit den Kollegen von der Gegenseite in einen sozial gebilligten Kontakt zu treten.

---

[15] George H. Deming prophezeit: »Es wird die Zeit kommen, in der jede Stadtverwaltung von Bedeutung jemanden beschäftigen wird, der nur für die Probleme der interkommunalen Kommunikation zuständig ist.« Siehe dazu seinen Aufsatz: Metro and the Little Places. Aus: National Civic Review, L (1961), S. 305.

[16] Für den Fall Cleveland wird die Struktur dieser »kritischen Öffentlichkeit« ausführlicher diskutiert von Holden: Decision-Making, S. 57–66.

Wenn keiner der Kanäle für die Kontaktaufnahme ausreicht, werden die Entscheidungsträger zu einem Blindflug mit deutlich gestiegenen Aussichten auf eine Bruchlandung gezwungen.

2. Dimension

Die Dimension bezieht sich auf das Ausmaß, in dem politische Einheiten im Verflechtungsraum in irgendwelche besonderen Beziehungen verwickelt werden können. Im Jahre 1958 erhöhte die Stadt Cleveland für die Umlandgemeinden die Gebühren für die Abwässeraufbereitung. Wegen dieses einzelnen Streitpunktes formierte sich eine Koalition (aus zwölf Gemeinden und dem Landkreis), die durch gerichtliche Schritte die Stadt von dieser Preiserhöhung abhalten wollte. Es war dies eine zweitseitige Konfrontation um einen Punkt, obwohl es von Seiten Clevelands Ansätze zu dem Versuch gab, den Konfliktbereich auszuweiten. So sagte einige Monate später ein Beamter Clevelands zu seinem Gegenspieler aus dem Kreis der Umlandgemeinden: »Sie hätten den Prozeß besser bleiben lassen sollen, wenn Sie wünschten, daß der (Regional-)Vertrag durchkommen soll.« Es gab jedoch keinen Hinweis, daß er für die ganze Administration sprach, und die Angelegenheit wurde später durch gerichtliche Schritte beigelegt.

Gibt es besondere Konflikte (oder Konflikttypen), die dazu führen, daß die meisten politischen Einheiten einer Region, oder auch wiederum nur sehr wenige, mitverwickelt werden? Geht es dabei typischerweise um einzelne Probleme oder viele, irgendwie miteinander verzahnte Problembereiche und gibt es etwas, das einer Eskalation vergleichbar wäre? Können die Konflikte leichter beigelegt werden, wenn die Zahl der Betroffenen (oder der Probleme) klein ist; hat dies überhaupt etwas zu bedeuten?

3. Die Besonderheit »unausweichlicher Konflikte«

Auf welche Aktivitäten genau bezieht man sich, wenn man sagt, daß die Gemeinde einen »Kampf« aufnimmt, und welche Form haben schließlich diese Konflikte? Zugestanden, daß Konflikte durch die Regierungen der nächsten Stufe, die ab einer gewissen Schwelle eingreifen können, begrenzt sind; zugestanden auch, daß die Befriedigung nur weniger städtischer Bedürfnisse von äußeren Beziehungen abhängig ist und man auch an allgemeinen kulturellen Standards teilhat. Trotzdem gibt es Punkte, an denen funktionale Analogien zum Kriegsgeschehen sich aufdrängen. Eine derartige Analogie ist

mit dem Brauch gegeben, Ziele durch Prozesse erreichen zu wollen, anstatt durch Verhandlungen eine Beilegung des Konflikts zu versuchen[17]; eine Vorgehensweise, die funktionale Analogien zum Kriegführen aufweist.*
Die Rolle, die das Prozessieren spielt, wird vielleicht etwas erhellt, wenn wir zwei Beobachtungen des gesunden Menschenverstandes über die Zuflucht zum Gesetz, wie sie in unserer Sprache fixiert sind, überdenken[18]. Der Ausdruck »Herrschaft des Gesetzes« (rule of law) hat eine urbane Klangfarbe, das heißt er basiert auf der weit verbreiteten Anerkennung des Gesetzes als eines Mittels, sozialen Frieden und gemeinhin geteilte Werte zu schützen, während der Terminus »strittig« (litigious) die Vorstellung bösartiger Gerichtshändel von Querulanten heraufbeschwört.
Es ist diese Bedeutung von Streitsüchtigkeit, die darauf hinweist, in welchem Sinne Prozesse zwischen politischen Einheiten als funktionale Äquivalente für den Krieg dienen.[19] Politische Einheiten bekämpfen sich manchmal mehr als sie miteinander verhandeln und das Gesetz ist dabei ihre Waffe.[20]
Die zweite Analogie läßt sich über die Komplicenschaft herstellen,

---

[17] Ich folge hier der nützlichen Unterscheidung von Edward C. Banfield, der als Kampf den Zustand bezeichnet, in dem jeder Kontrahent (oder jede Koalition) versucht, genügend Machtmittel in die Hand zu bekommen, um seine Bedingungen diktieren zu können; dies im Gegensatz zu der Situation, in der Verhandlungsführer damit rechnen, etwas aufgeben zu müssen, um anderes dafür zu bekommen. Siehe dazu seinen Beitrag: Note on Conceptual Scheme. In: Meyerson, Martin, und Edward C. Banfield: Politics, Planning, and the Public Interest: The Case of Public Housing in Chicago. Glencoe, 1955 (The Free Press), S. 307.
[18] Ich diskutiere den ganzen Problembereich: a) Motiv der Prozessierenden, b) Gefühle der Prozeßgegner in direkter Konfrontation und c) die Einschätzungen der Prozeßführenden bezüglich der moralischen Legitimation des Gerichts in einer Arbeit: Litigation and the Political Order. Western Political Quarterly, Vol. 16 (Dezember 1963), Nr. 4, S. 771–781.
[19] Siehe dazu Frank, Jerome: Courts on Trial: Myth and Reality in American Justice. Princeton, 1950 (Princeton University Press), S. 5–13; 80 bis 107.
[20] Siehe dazu Gladfeller, a. a. O. Gerichtsverhandlungen und Gewalt haben beide ihren Platz in der Geschichte des Wasserversorgungssystems von Los Angeles; dies bemerkt auch Ostrom, Vincent: Water and Politics: A Study of Water Policies and Administration in the Development of Los Angeles. Los Angeles, 1953 (Haynes Foundation).
* Auch wenn eine gütliche Einigung auf dem Verhandlungswege nicht erreichbar ist. Man denke etwa an die Verwaltungsklagen der örtlichen Schutzgemeinschaften gegen die staatlichen Planungen für einen Großflughafen im Verflechtungsraum München. (Anm. d. Hrsg.)

mit der öffentliche Stellen privater Gewaltausübung manchmal einen quasi-offiziellen Anstrich verleihen. Es ist dies ein seltenes Phänomen, obwohl es in einzelnen Städten entlang den Straßen, die die Grenze zwischen von verschiedenen Rassen bewohnten Vierteln bilden, Realität erhält.[21] Man braucht sich nur vorzustellen, was passierte, wenn die gleichen Viertel durch eine Rechtsgrenze zu selbständigen Gemeinden gemacht würden.[22]
Wer wohl wollte voraussagen, daß die Spannungen sich vermindern und die Verwüstungen beendet würden, nur weil die real vorhandenen Grenzen nun auch noch zu gesetzlichen würden? Würden Spannungen und Konflikte weiter bestehen, wer wollte dann wohl vorhersagen, daß sich die städtischen Behörden eifrig darum bemühten, Recht und Gesetz hochzuhalten? Offensichtlich ist das Ausmaß an sozialer Integration in das Gesamtsystem variabel, begrenzt ist aber auch das Ausmaß, in dem städtische Beamte sich gewisse Maßnahmen leisten können, obwohl es dazu viele Möglichkeiten gibt.[23] Rassendiskriminierung[24] ist schließlich auch auf gar keinen Fall die einzige Form derartiger Ungerechtigkeiten.[25]

---

[21] Über Rassenkrawalle siehe Grimshaw, Allen D.: Lawlessness and Violence in America and Their Special Manifestations in Changing Negro-White Relationships. XLIV (1959), S. 52–72.
[22] Genau das stand zur Verhandlung in dem Prozeß Gomillion gegen Lightfoot, 364 U. S. 339 (1960). Ein Fall von Landabtretung in Inkster, Michigan (einem Vorort von Detroit) im Zuge der Bildung einer neuen Gemeinde (Dearborn Heights) wurde kürzlich am Staats-Gerichtshof verhandelt. Dabei ging es um genau dieses Problem, was allerdings durch eine Gruppe von Prozeß-Beteiligten bestritten wurde (Inkster versus Supervisors, 363 Mich. 165, 1961; Thomasina Taylor et al. versus Township of Dearborn, Circuit Court, Wayne County, No. 612 284, July 31, 1962; Dearborn Township Plan to Annex Ruled OK, Detroit Free Press, 6. August 1962, S. 8C.
[23] Die unbewiesene Behauptung gesetzeswidrigen Verhaltens der Friedensrichter einiger Vorstädte von Philadelphia spielte in der öffentlichen Propaganda aus Anlaß der Zusammenlegung zur Metropole im Jahre 1854 eine große Rolle. Siehe dazu Kirk Price, Eli: The History of the Consolidation of the City of Philadelphia. Philadelphia, 1873 (J. B. Lippincott and Co.), S. 14, 53, 61, 110–120, 135.
[24] Auch ist dies nicht nur ein amerikanisches Phänomen. In den meisten der sich entwickelnden Nationen bedeutet Urbanisierung die Schaffung multi-ethnischer Großstädte, in denen sich dann im wesentlichen das gleiche abspielt.
[25] Man stelle sich vor, daß Amerika eben einen nuklearen Krieg überstanden hat und daß sich keine Militärdiktatur dabei bildete (oder sich mit dem Gegenstand unseres Interesses nicht abgeben kann). Wenn ein Ort, nennen wir ihn Luxuriant Heights, durch eine gemeindeeigene Versorgungseinrichtung die Ernährung der Einwohner sicherstellen kann, ein anderer Ort,

**Die Theorie internationaler Beziehungen
und das Problem der Konsensbildung**

Der kritische Test des oben skizzierten Ansatzes will feststellen, ob er uns dazu verhilft im praktischen Fall mehr zu wissen als sonst. Eine Möglichkeit eines solchen Tests wäre die Umsetzung eines jeweiligen Problems in Kategorien von Integrationsstrategien und dann die Frage, ob die Theorie internationaler Beziehungen eine Einsicht in die Brauchbarkeit solcher Kategorien vermittelt. Die jüngste Ernüchterung nach Versuchen, in Stadtregionen für alle Bereiche zuständige politische Einheiten zu bilden, gaben der Strategie der Konsensbildung durch die Vermittlung von zwischen den einzelnen Gemeinden angesiedelten Institutionen, wie des Supervisors Inter-County Committee (Detroit) oder des New York Metropolitan Regional Council, neue Überzeugungskraft. Letztlich schreibt diese Strategie vor, Vereinbarungen über die Art des Vorgehens zu treffen, was dann in substantielle Übereinkommen zu übersetzen wäre.[26] Samuel Humes bezeichnet diese Konsultativorgane als »neue und vielversprechende Mittel, den Problemen zu begegnen, die sich aus der Zersplitterung der Stadtregionen ergeben«, sowie als *»Vorläufer von Einrichtungen, die zu den bemerkenswertesten Ergänzungen der öffentlichen Verwaltungen in der zweiten Hälfte des 20. Jahrhunderts werden könnten«*[27]. (Hervorhebung durch den Verf.)
Für den Sozialwissenschaftler ist die der Sachlage angemessene Frage, ob diese prozessuralen Vereinbarungen tatsächlich erzielt werden können; werden sie, wenn dem so sein sollte, eine politische Währung darstellen, die auch in sachbezogene Politik konvertierbar ist? Man nehme an, ein Politikwissenschaftler würde dazu berufen, diesbezügliche Empfehlungen auszuarbeiten. Welches berufliche Wissen bräuchte er, um seine Ratschläge durch mehr als nur gesunden

---

Deprivation Valley, dessen Einwohner vor der Sintflut zu arm oder aber aus Mangel an sozialem Zusammenhalt nicht daran interessiert waren, eine Vorratsstelle anzulegen, deshalb ohne Nahrungsmittel ist, a) was würden die Einwohner von Deprivarion Valley wahrscheinlich tun und b) welcher Empfang würde ihnen in Luxuriant Heights wohl bereitet werden?
[26] Eine hervorragende Zusammenfassung über diese Entwicklung gibt Samuel Humes: Comparison of Voluntary Metropolitan Regional Organisation. Paper prepared for 1961 American Municipal Congress Workshop on »Voluntary Metropolitan Regional Organisations«. 24. August 1961.
[27] Meiner Meinung nach ist dies eine Übertreibung ihrer Originalität, unbeschadet ihrer praktischen Vorteile. Als Vorläufer siehe Studenski, Paul: The Government of Metropolitan Areas in the United States. New York, 1930 (National Municipal League), S. 43–54.

Menschenverstand zu begründen?[28] Kann er die Voraussage, daß eine Wiederholung der düstersten Geschichte droht oder daß ein glorreicher Durchbruch zu neuen Ufern zu erwarten ist, anders rechtfertigen als durch sein »Gefühl in den Knochen«? Drei Ansätze zu einer Theorie internationaler Beziehungen scheinen für unsere Zwecke brauchbare Vorschläge zu liefern, die auch auf die Probleme der Verflechtungsräume anwendbar sind. Sie finden sich in den Werken von B. Haas, Morton A. Kaplan und K. W. Deutsch.[29]
In einer kurzen Studie über den Europarat gibt Haas eine substantielle Definition von Konsens: »... Übereinkommen über ein klar umrissenes Aktionsprogramm, gutgeheißen durch eine ebenso klare Mehrheit der Mitglieder«[30]. In der Erkenntnis, daß diesem substantiellen Konsens Hindernisse im Wege liegen können, extrapoliert Haas die inzwischen erfolgte Entwicklung einer Einigung über prozedurale Fragen. Bezüglich ihrer Rechte und Vorrechte würden die Mitglieder des Rats sehr schnell sehr empfindlich werden. Ausgehend von einer Betrachtung der Rolle der Parteien in der Geschichte des Föderalismus, versucht er deren Bedeutung für die Konsensbildung im Rat abzuschätzen; er glaubt dabei, auf einen großen Zusammenhalt unter den föderativ eingestellten – und erst in der Reaktion darauf auch unter den oppositionellen – Parteien rechnen zu können. Zwei Beobachtungen scheinen für die Verflechtungsräume bedeutsam zu sein.
Vor allem wurde die Konsensbildung durch den Versuch, Einstimmigkeit zu erzielen, verhindert.
Die Konflikte wurden – im parteipolitischen Sinne – verwischt durch die Suche nach Einstimmigkeit in dem Bereich, in dem jedermanns Werte ohnehin übereinstimmen. Kurz, die Möglichkeiten für eine Einigung sind durchaus vorhanden, aber sie passen sich der Praxis höflichen diplomatischen Verkehrs zwischen Regierungen an, die über die zur Beratung anstehenden Probleme selbst keine ernsthaf-

---

[28] Vielleicht sollte ich sagen, daß ich nichts gegen gesunden Menschenverstand habe. Auch ich versuche, mich seiner zu bedienen. Aber wir können nicht für uns beanspruchen, daß unser gesunder Menschenverstand besser ist als der anderer Leute. Wir behaupten nicht einmal, daß unser Fachwissen besser ist. Aber wir glauben doch, daß es dabei hilft, den gesunden Menschenverstand vom gesunden Unverstand zu unterscheiden.
[29] Die Behandlung dieser drei wichtigen Beiträge kann hier natürlich nur kursorisch erfolgen. Vielleicht erbringt diese Arbeit aber einige Hinweise darauf, unter welchen Gesichtspunkten die Literatur über internationale Beziehungen wichtig ist.
[30] Siehe dazu Haas, Ernst B.: Consensus Formation in the Council of Europe. Berkeley, 1960 (University of California Press), S. 3.

ten Meinungsverschiedenheiten haben. Sie beziehen sich darauf, wie etwas getan wird und nicht darauf, was getan wird.[31]
Die Arbeitsergebnisse des Europa-Rates sollen bemerkenswert gegen die der alten Europäischen Behörde für Kohle und Stahl und ihrer Nachfolgeorganisation, des Europa-Parlaments abfallen; letztere dagegen bezeugen entschiedene Fortschritte in der Herausbildung internationaler Parteifraktionen auf Kosten der Geschlossenheit der einzelnen nationalen Vertretungen.[32] Ein bedeutsamer Faktor dabei ist, wie Haas meint, die Aufgabenstellung. Die EBKS und das Europa-Parlament haben laut Gründungsvertrag spezifische Aufgaben zu erfüllen, was wiederum in solchen Fällen, in denen übernationale Regelungen notwendig wurden, auch zu klar definierten Aktionsprogrammen führte. Dem Europa-Rat dagegen, ohne definiertes Wirkungsfeld und ohne Mittel der Realisierung, überließ man es, für sich selbst nach einer Beschäftigung zu suchen. Solche Schlußfolgerungen entsprechen nicht den Erwartungen Etzionis:
»Während die Argumentation von Haas an dieser Stelle stringent und überzeugend ist, sollte doch auch klar sein, daß jemand das Recht auf seiner Seite hätte, kehrte er die Schlußfolgerungen um. Man sollte vermuten, daß es leichter ist, sich über vage Absichten zu einigen, als über konkrete Maßnahmen, deren Durchführung Interessen unmittelbar tangiert – Maßnahmen, die von der Kontrolle einer übernationalen Behörde begleitet sind.«[33]
Etzionis Vorbehalt, der sich inhaltlich mit dem derjenigen deckt, die glauben, daß mit der Aufnahme von Konsultationen der gesuchte Konsens selbst fast schon gesichert sei, kann dahingehend zugespitzt werden, daß Konsensbildung verlangt, jede Auseinandersetzung zu vermeiden.[34] Die Schlußfolgerungen werden auch nicht in ihr Gegenteil verkehrt; in Verbindung mit den – wie die Vergangenheit zeigte – relativ trivialen Ergebnissen[35] von konfliktvermeidenden Strategien bei den Versuchen der Formulierung von Aktionsprogrammen für die Großstadtgebiete kann deshalb eine Hypothese aufgestellt werden, die auf den ersten Blick paradox zu sein scheint, nämlich: Konsensbildung ist auf eine genügende Anzahl von Aus-

---

[31] Ebenda, S. 70.
[32] Ebenda, S. 59.
[33] Siehe die Besprechung durch Etzioni in: American Journal of Sociology, Vol. 66 (März 1961), Nr. 3, S. 534.
[34] Walter Kaufman beschreibt das als »Theorie der Reibungslosigkeit, die gleichwohl mit Streichhölzern Feuer machen will« (The frictionless theory of making fire with sticks). (Persönliches Gespräch.)
[35] Studenski, a. a. O.

einandersetzungen über echte Probleme angewiesen; erst dabei wird die Vielzahl der konfligierenden Gruppen gezwungen, zwischen einer Politik »A« und einer Politik »Nicht-A« zu wählen. Wenn die Institution Aufgaben zu erfüllen hat, die die Mehrzahl ihrer Mitglieder materiell berühren, und wenn innerhalb dieses Rahmens ganz verschiedene Teilnehmer gute Gründe haben, nach einer neuen Formel zu suchen, die innerhalb der Institution durchgesetzt werden kann, andere, ebenfalls ganz verschiedene Teilnehmer in Reaktion darauf eine Opposition bilden, so wird dies die Entscheidungs-Kapazität der Institution selbst erhöhen.

Die zweite Feststellung, die für den Bereich der Stadt wichtig wird, ist, daß Doppelmitgliedschaften in verschiedenen europäischen Institutionen nur sehr geringe Spillover-Effekte zur Folge haben. Viele Personen zum Beispiel waren Mitglieder des Europa-Rates und der Behörde für Kohle und Stahl; sie verhielten sich dabei jeweils ganz verschieden. Wenn das verallgemeinert werden kann, wird die Vermutung, daß Kooperation in einem Bereich – etwa in der Regionalplanung – auf eine generelle Bereitschaft zu weiterem gemeinsamen Handeln schließen ließe, stark erschüttert. Dies gilt auch für die Elite derer, die persönlich in den Konsultativorganen der Region vertreten sind.

Der Versuch Morton A. Kaplans, die Trennung von System- und Prozeßanalyse aufzuheben,[36] ist der zweite Ansatz zum Thema internationale Beziehungen, der hier betrachtet werden soll. Organisationen, die darauf spezialisiert sind, Entscheidungen zu fällen, sind nach Kaplan auch die Stellen manifester Äußerungen von integrierenden und trennenden Prozessen, die mit der Verklammerung von Rollenfunktionen (Jobs) und Persönlichkeitssystemen (Individuen) entstehen. Obwohl etwas gespreizt und verworren formuliert, erkennt Kaplan mit diesem Ansatz klar, daß Menschen (in der Tat, Personen!) die Träger der politischen Kultur sind. Im Endergebnis lautet seine Frage: »Durch welche Mechanismen machen sich die Personen, die politisch aktiv sind, neue Werte zu eigen und setzen diese Werte dann in praktische Politik um?«[37] Diese Betrachtung des Zusammenhangs zwischen Persönlichkeits- und Rollenverhalten, zwischen Vorstellungen über Politik und tatsächlichem Verhalten in der politischen Kultur setzt die grundlegenden Annahmen der Konsens-durch-Konsultation-Strategie in eine operablere Fragestellung um.

[36] Kaplan, Morton A.: System and Process in International Politics. New York, 1957 (John Wiley and Sons, Inc.).
[37] Für einige wichtige Betrachtungen über diese Vorgänge siehe ebenda, S. 128; dazu auch Mowat, Robert B.: The Concept of Europe. London, 1930 (Macmillan and Company, Ltd.), S. 315.

Wir wollen nun zwei Hypothesen samt den möglichen Folgerungen für die Großstadtpolitik betrachten, die zur Analyse dieser Strategie der Konsensbildung etwas beitragen können.
Hypothese A:[38] Mehrdimensionale Rollen werden durch das Persönlichkeitssystem in der Weise getragen, daß dieses die Werte und Ziele immer schon in ihrer Verklammerung durch die aus eben diesen mehrdimensionalen Rollensystemen zusammengesetzte Entscheidungseinheit begreift und so von vornherein zwischen diesen Rollen eine größere Übereinstimmung feststellt, als wenn es nur je eindimensionale Rollen übernehmen würde.
Diese Hypothese betrachtet die Rollen als Variablen einer Stufenfunktion[39], die den Integrationsprozeß in Abhängigkeit von der Veränderung der charakteristischen Einstellungen der individuellen Entscheidungsträger beschreibt. So wird der Wahlbeamte, der durch die Anforderungen seines Amtes gezwungen ist, in zwei Gremien mitzuarbeiten, zwischen diesen Gremien mehr Gemeinsamkeiten feststellen als derjenige, der nur an einem dieser Gremien mitarbeiten muß. Zwei Sub-Hypothesen führen dies weiter aus:
1. In dem Maße, wie eine der Entscheidungseinheiten auf kommunikative Entscheidungsfindungs-Prozesse angelegt ist, werden die Persönlichkeitssysteme, die mit dieser Einheit durch die Ausfüllung einer Entscheidungsrolle verbunden sind, dazu neigen, die Werte und Ziele der Entscheidungseinheiten miteinander zu vermitteln.
2. In dem Maße, wie eine der Entscheidungseinheiten Glied einer Befehlshierarchie ist, werden die Persönlichkeitssysteme, die eine in der Befehlshierarchie verankerte Funktion wahrnehmen, dazu neigen, die Werte beider Entscheidungseinheiten den Werten der Einheit unterzuordnen, in der sie befehlsorientierte Funktionen wahrnehmen.[40]
Nach diesen Sub-Hypothesen wären also Ratsmitglieder eher dazu bereit, die Gesichtspunkte der Konsultativorgane aufzunehmen, als etwa die Bürgermeister. Danach könnte man für die Errichtung eines solchen Konsultativorgans die Empfehlung formulieren, so viele Sitze wie irgend möglich für Ratsmitglieder freizuhalten.
Hypothese B (leicht verändert): Isolation verhindert solche Prozesse der Anpassung und Angleichung, die für die Integration einer Entscheidungseinheit notwendig sind.

---

[38] Die ganze Reihe (der neun Hypothesen) mit nützlichen Begründungen findet sich in Kaplans Buch, S. 104–112. Diese Thesen können natürlich auch auf andere Typen von Organisationen angewandt werden.
[39] Eine Stufenfunktion »... ändert das charakteristische Verhalten eines Systems«. Ebenda, S. 5.
[40] Kaplan, a. a. O., S. 106.

Eine Strategie der Konsensbildung versucht, die Konsultativorgane selbst in Entscheidungseinheiten zu überführen. Unter der Annahme der Geltung der Hypothese B wäre Isolation eine Barriere, zu deren Überwindung eine Strategie entworfen werden müßte. Kaplan formuliert sechs Sub-Hypothesen, die einige Möglichkeiten der Entstehung einer solchen Isolation explizieren. Drei davon könnten für die praktische Politik im Verflechtungsraum unmittelbare Bedeutung haben.

Sub-Hypothese 1: Übergeordnete Leitungsfunktionen isolieren den Entscheidungsträger im Rahmen einer Befehlshierarchie a) von den Meinungen der nur beratenden, aber nicht entscheidenden Kollegen und b) von seinen Funktionen in beratenden Einheiten, die die Einheit, in deren Befehlshierarchie er eine Funktion einnimmt, enthalten.

Ein gewählter »starker Bürgermeister«* ist Entscheidungsträger im Rahmen einer Befehlshierarchie, nämlich seines eigenen Apparats. Nach der Sub-Hypothese würde ein solcher Bürgermeister relativ wenig Gewicht auf seine Mitgliedschaft in Konsultativorganen legen und sicherlich ließe er sich in den Sitzungen von angestellten Beratern – Rechtsexperten, Straßenbauingenieuren oder dem Stadtkämmerer – vertreten. Doch wären die Bindungen, die sich aus dieser Vertretung notwendig ergäben, problematisch. Wenn es um kritische Probleme geht, würde seine exponierte Stellung den Bürgermeister einmal mehr wieder zu einem allein Entscheidenden machen.

Unterstellen wir einmal, das Konsultativorgan sei der Meinung – nach Maßstäben des Nutzens für die gesamte Stadtregion –, daß die beste Streckenführung für eine neue Durchgangsstraße die sei, die durch den Wahlkreis eines für den Bürgermeister höchst wichtigen Ratsmitglieds führt. Sein Ratgeber mag sich die Kriterien des Konsultativorgans noch so sehr zu eigen gemacht haben und versuchen, sie dem Bürgermeister nahezubringen; dieser wird immer die Tendenz haben, diese Kriterien in Zweifel zu ziehen, ja sie schließlich zurückzuweisen.[41]

Sub-Hypothese 2: Delegierende und Vorteile gewährende Entscheidungseinheiten isolieren sich gegenüber nicht-delegierenden und keine Vorteile gewährenden Einheiten.

---

* Strong Mayor: Amerikanische Bezeichnung für den kommunalen Verfassungstyp, in dem der Bürgermeister nicht nur Ratsvorsitzender, sondern zugleich Verwaltungschef ist. (Anm. d. Hrsg.)

[41] Dies entspricht dem Dilemma des Präsidenten: soll eine Entscheidung über die auswärtige Politik hauptsächlich gegründet sein auf a) seine persönlichen Ansichten, b) sein Parteiinteresse, c) Interessen der anglo-amerikanischen Allianz, d) Rücksicht auf die Vereinigten Nationen, oder worauf sonst?

Wenn das städtische politische System die primäre Quelle von Vorteilen ist, dann könnte die zur Zeit übliche Betonung des rein beratenden Aspekts der Organe des Verflechtungsraums die Integration tatsächlich verhindern. Die begehrtesten Vorteile sind damit verbunden, die Rolle des Bürgermeisters, Stadtrats oder Leiters der Rechtsabteilung spielen zu können. Folglich würden die Verbindungsfunktionen für die Region zu nachgeordneten Posten von etwa der gleichen Bedeutung werden wie die zusätzlichen Aufgaben, die man dem zweiten Leutnant überträgt, oder wie ein Ehrenamt, das einem Mann angetragen wird, den man nicht völlig übergehen kann, der aber auch keinen Anspruch auf einen bedeutenderen Posten geltend machen kann.[42] Die Mitwirkung an einer regionalen Institution mit der Verpflichtung, diese und ihre Stellung zu verteidigen, wäre nur dann attraktiv, wenn sie gleiche oder bessere Vorteile als die Städte selbst anbieten könnte, was bei einem nur beratenden Organ jedoch per se nicht sein kann.

Sub-Hypothese 3: Häufiger Wechsel der Entscheidungsträger in vieldimensionalen Entscheidungsrollen hat isolierende Auswirkungen auf die Persönlichkeitssysteme der Rolleninhaber.[43]

Daß »Zugvögel« wahrscheinlich weniger bereit sind, starke Bindungen zu entwickeln, dazu wohl auch weniger Gelegenheit haben, erscheint ganz unzweifelhaft. Betrachtet man die gehetzte Existenz der Berufspolitiker, sollte man erwarten, daß dies in den Konsultativorganen der Stadtregion zu einer starken Fluktuation führt. Aber die Bildung von Konsens – besonders bezüglich der Art des Vorgehens – verlangt, daß viele unabhängig voneinander vorgenommene Maßnahmen sich in eine Tradition einfügen. Dazu wiederum bedarf es einer Anzahl von Personen, die einander und diese Tradition verstehen.[44] Fluktuation wäre also ein Hemmnis für die Durchsetzungsfähigkeit der Konsultativorgane.

---

[42] Siehe Haas: Consensus Formation, S. 67–68, wo er berichtet, daß die Europa-Parlamentarier ihre Tätigkeit in diesem Konsultativorgan als wenig förderlich für ihre Karriere ansehen. Bezieht man das auf Untersuchungen über internationale Organisationen, wäre eine Analyse der Umstände bei der Entsendung von Vertretern für die UN aufschlußreich. Unter diesem Aspekt sind die Versuche der UN-Gesandten Lodge und Stevenson, ihren Einfluß auf die Entscheidungen der amerikanischen Außenpolitik zu erhöhen, von mehr als nur speziellem Interesse. Wären Leute aus dem Foreign Service, die vorher keine größere selbständige Rolle gespielt haben, ebenso hartnäckig gewesen? Oder: für wieviele asiatische Delegierte ist ihre Tätigkeit bei der UN eine Art politisches Exil?
[43] Siehe dazu oben die Hypothese A und ihre Diskussion.
[44] Dies ist eine bedeutsame Komponente in den Gepflogenheiten älterer Systeme – ob im Kongreß oder einem Fachbereich für Politikwissenschaft.

Von den drei hier vorgestellten Quellen kann der umfassendste Ansatz zur Klärung der spezifischen Probleme der Großstadtpolitik aus Arbeiten von K. W. Deutsch und seinen Mitarbeitern über Integrations- und Auflösungsprozesse im nordatlantischen Raum gewonnen werden.[45] Die allgemeine Problemstellung ist, wie Sicherheitsgemeinschaften – Gebiete, in denen der Krieg geächtet ist – errichtet werden können.[46] Die Hauptgesichtspunkte dieses Werkes, die möglicherweise für die Entwicklung einer Strategie der Konsensbildung in Verflechtungsräumen fruchtbar gemacht werden können, ergeben sich aus Deutschs Diskussion der drei »Hintergrundbedingungen« für pluralistische Sicherheitsgemeinschaften.[47]

1. Die hauptsächlichsten, politisch bedeutsamen Werte der beteiligten Einheiten müssen miteinander vereinbar sein.

Jeder wird vermutlich mit einem solchen Vorschlag einverstanden sein; die Schwierigkeit liegt aber darin, daß diese Werte nicht nur ungefähre Allgemeinplätze, sondern praktische Kriterien für Entscheidun-

---

[45] Siehe Deutsch et al.: Political Community and the North Atlantic Area: International Organisation in the Light of Historical Experience. Princeton, 1957 (Princeton University Press). Dieses Buch schildert zusammenfassend acht historische Fälle: 1. Bildung der Vereinigten Staaten 1789, das Auseinanderbrechen von 1861 und die Wiedervereinigung nach dem Bürgerkrieg, 2. die Union von England und Schottland, 3. den britisch-irischen Bruch von 1921, 4. die Einigung Deutschlands, 5. die Einigung Italiens, 6. die Entwicklung und Entartung der österreichisch-ungarischen Donaumonarchie, 7. die norwegisch-schwedische Union (1814) und Trennung (1905) und 8. das Zusammenwachsen der Schweiz. Die theoretische Analyse stammt hauptsächlich von Deutsch, während die historischen Forschungen durch mehrere seiner Schüler vorgenommen wurden.

[46] Die vier Schlüsselbegriffe sind:
Sicherheitsgemeinschaft (security community): »Eine Gruppe von Menschen, die sich zusammengeschlossen haben.«
Zusammenschluß (integration): »Innerhalb eines Gebietes die Ausbildung eines Gemeinsinnes sowie von Institutionen und Sitten, die stark und verbreitet genug sind, um über lange Zeit unter der Bevölkerung zuverlässig die Erwartung friedlichen Wandels zu garantieren.«
Gemeinsinn (sense of community): »Glauben der Individuen einer Gruppe, daß sie zumindest über diesen einen Punkt Einigkeit erreicht haben – daß allgemeine soziale Probleme durch Prozesse friedlichen Wandels gelöst werden müssen und auch gelöst werden können.«
Friedlicher Wandel (peaceful change): »Lösung von sozialen Problemen durch normalerweise institutionalisierte Vorgehensweise, ohne dabei zu nennenswerter physischer Gewalt Zuflucht zu nehmen.« Ebenda, S. 5.

[47] »Pluralistische« Sicherheitsgemeinschaften sind solche, deren Zusammenhalt nicht über eine allgemeine politische Zentralinstanz vermittelt ist. »Gemischte« (amalgamate) Sicherheitsgemeinschaften haben eine Regierung. Ebenda, S. 6–7.

gen abgeben müssen. Auch wenn die am regionalen Geschehen Beteiligten die Marktwirtschaft, das Recht jedes Mannes, sein eigenes Leben zu leben oder die Gleichheit der Menschen als Werte anerkennen, so haben sie doch bezüglich ihrer konkreten Handlungen solange nichts zu bedeuten, als sie nicht konkretisiert wurden. Die richtigen Fragen wären etwa: ist es legitim, mittels des Bauinspektors einem Makler, der »an Schwarze verkauft«, das Leben sauer zu machen (wenn man unter anderem Einfluß auf die Nutzung der Flächen ausüben will)? Oder ist es legitim, seinem Komplizen Aufträge zuzuschanzen (wenn man über Investitionen bestimmen kann)?
2. Beteiligte Einheiten müssen die Fähigkeit besitzen, praktisch aufeinander eingehen zu können.
»Entscheidungsträger müssen fähig sein, Nachrichten von anderen politischen Einheiten aufzunehmen, sie bei den eigenen Entscheidungen angemessen zu berücksichtigen, die Bedürfnisse der Völker und Eliten dieser anderen politischen Einheiten zu begreifen und schnell und mit geeigneten Mitteln, auf politischem oder auf wirtschaftlichem Wege zu antworten.[48]
Fähigkeit meint in anderen Worten Macht zu handeln (in dem einfachen Sinn von ökonomischer Potenz, administrativer Effizienz usw.) und Möglichkeit zu kommunizieren. Es kann bezweifelt werden, daß lokale politische Einheiten über die Mittel verfügen, um Ansprüchen ihrer potentiellen Partner genügen zu können.
Wichtiger aber ist, daß das Kommunikationssystem so primitiv ist, daß gegenseitige Mißachtung – von Bedürfnissen, Wünschen sowie Gelegenheiten zu Verhandlungen – häufig vorkommt. So waren zum Beispiel der Bürgermeister von Cleveland und die der Umlandgemeinden bei den Beratungen über die Verwaltungsreform des Großraums im Jahre 1959 ganz offensichtlich und ausdrücklich an einem Ergebnis interessiert.[49] Aber jede Seite neigte dazu, ihre Interessen in einer Weise vorzuformulieren, die eine gütliche Einigung erschwerte. Diese Formulierungen wurden weder bei persönlichen Gesprächen der Gegner gebraucht, noch durch autorisierte Unterhändler vorgebracht, sondern wurden durch simple Äußerungen in der Öffentlichkeit bekannt.
Als ein außenstehender Beobachter gegenüber einem der Bürgermeister der Umlandgemeinden die Meinung vertrat, daß der Spielraum

---

[48] Ebenda, S. 40.
[49] Die Vertreter der Umlandgemeinden wurden durch ein Komitee von Bürgermeistern und Stadtdirektoren »repräsentiert«. Die meisten Mitglieder des Komitees konnten nicht dazu überredet werden, mit dem Bürgermeister von Cleveland zu telefonieren. Das einzige Mitglied, bei dem das gelang, war für die Entscheidungen des Komitees fast bedeutungslos.

zu einer ernsten privaten Unterredung durchaus noch vorhanden sei, stimmte dieser zu, fragte aber: »Wie läßt sich das arrangieren?« Und dann, etwas unsicher: »Vielleicht sollte ich ihn anrufen?« Schließlich kam es dabei nicht mehr zu einem offiziellen Kontakt mit dem Bürgermeister von Cleveland. Die Unfähigkeit der Amtsinhaber aus den Umlandgemeinden, eine Kommunikation herzustellen, scheint gleichzeitig zu bedeuten, daß die Botschafter-Struktur zu brüchig war, um eine Wiederannäherung vermitteln zu können[50]; entweder weil den Beratern und Botschaftern von ihren Chefs kein Vertrauen entgegengebracht worden war, oder weil sie nicht aufrichtig miteinander umgehen konnten.[51] Die Tatsache, daß man nicht einmal zu einem – dann unvermeidlichen – vertraulichen Gespräch zueinanderfand, war der Grund für die Unfähigkeit, der Sachlage gemäß zu reagieren.[52]
3. Die potentiellen Partner müssen dazu in der Lage sein, in einer Atmosphäre des Vertrauens das gegenseitige Verhalten einzuschätzen.
Die Frage des Vertrauens stellt das Problem der anhaltenden oder der vorübergehenden Art der Auswirkungen früherer Beziehungen mit anderen Einheiten der Region. Falls nicht eine gütliche Beilegung stattgefunden hat, würde man normalerweise erwarten, daß die Vertreter von Einheiten, die Konflikte durchstehen mußten, mißtrauisch seien, während die Vertreter von Einheiten, die früher schon kooperierten, Überzeugungsversuchen gegenüber aufgeschlossen sein müßten.[53] Natürlich kann es Fälle geben, in denen es sich nicht so

[50] Siehe Kaplan, a. a. O., S. 128.
[51] Siehe Moseley, Philip E.: The Kremlin and World Politics: Studies in Soviet Policy and Action. New York, 1960 (Vintage Books), S. 4–8.
[52] Das soll nicht heißen, daß die Fähigkeit zum Gespräch etwa ausreichend wäre. Sie ist natürlich wichtig. Sind die Positionen aber erst einmal gegenseitig klargestellt, kann es auch nötig sein zu sagen: »Ich verstehe, aber ich kann nichts für Sie tun. Es kostet zuviel.« Oder: »Das wird mich Stimmen kosten«, oder: »Da bin ich aber anderer Meinung«.
[53] In diesem Zusammenhang stellt man sich die Frage, warum Deutsch die Bedeutung der »Ankunft einer neuen Politikergeneration« nicht einsehen will. Bei meinen Studien über die Verhältnisse in Cleveland erwies sich, daß der Aufstieg einer neuen Generation von ganz entscheidender Bedeutung war. Wichtige Entscheidungsrollen – in potentiell konkurrierenden Einheiten und Parteien – wurden durch Leute besetzt, die für die ganz spezifische Art, manche Probleme zu sehen, nicht mehr so empfänglich waren; sie waren fähig, grundsätzliche Überzeugungen, die ihre Vorgänger wie Glaubensartikel hochgehalten hatten, im Lichte von neuen Tatsachen auf ihre Aktualität hin zu überprüfen. Das soll nicht heißen, daß sie begründeter handelten; aber die Gegenstände ihrer Auseinandersetzungen waren niemals so starr und unbeweglich. Holden: Decision-Making, S. 276 bis 277.

verhält. Ist man jedoch dieser Meinung, wird man gleichwohl erwarten, daß die neuen Konsultativorgane während einiger Zeit große Schwierigkeiten haben werden, bevor das nötige Vertrauensklima geschaffen ist.

Zusammenfassung und Schlußfolgerungen

Folgende Hauptlinien der Argumentation wurden verfolgt:
* Der Grundgedanke dieses Beitrages ist, daß sowohl die Politik der Verflechtungsräume wie die internationale Politik innerhalb eines gemeinsamen theoretischen Bezugsrahmens ihren spezifischen Eigentümlichkeiten gemäß untersucht werden können. Beide werden vorwiegend in diplomatischen Systemen betrieben. Diplomatische Systeme weden nach ihren drei Hauptmerkmalen charakterisiert:
1. sie konstituieren ein ökologisches System, insgesamt betrachtet aber nicht ein politisches Gemeinwesen;
2. die Haupt-Aktoren sind die politischen Einheiten;
3. die Kommunikationsstruktur wird von der »mythologischen« Annahme beherrscht, daß politische Einheiten die einzigen rechtmäßigen Aktoren sind. Andere Aktivitäten sind damit ausgeschaltet.

* Der zweite Hauptgedanke des Beitrages ist der, daß die Politik der Verflechtungsräume, wenn in diesen Kategorien gefaßt, mit Gewinn auf folgende vier Faktoren hin untersucht werden kann: 1. Gegenstandsbereiche der Interaktionen, 2. Macht der handelnden politischen Einheiten, 3. anhaltende oder vorübergehende Wirkung von stattgehabten Beziehungen zwischen politischen Einheiten und 4. Vorgehensweise bei der Knüpfung von Beziehungen unter den Aktoren, besonders:
a) die Dimensionierung einer besonderen Organisation oder eines besonderen Konflikts,
b) die Häufigkeit der Kontakte und die dabei eingesetzten Mittel,
c) die Art der »unausweichlichen Konflikte«; es wird behauptet, daß diese in der Politik der Verflechtungsräume eine der zwei folgenden Formen (oder eine Kombination davon) annehmen, nämlich
1. Prozeßführung,
2. öffentliche Komplizenschaft bei privater Gewaltausübung.

* Zum Dritten versucht dieser Beitrag zu verfolgen, wie die Brauchbarkeit des Ansatzes durch die Übertragung der Theorie internationaler Beziehungen auf die Bewertung von Strategien der Konsenserzeugung in der Stadtregion getestet werden kann. Dabei wurden drei Quellen dieser Theorien herangezogen: die Arbeiten von

Ernst B. Haas, Morton A. Kaplan und K. W. Deutsch. Die Nachzeichnung der Feinstruktur dieser Theorien oder eine bessere Datenverarbeitung mögen zu substantiellen Korrekturen führen. Unter Beanspruchung von Ceteris-paribus-Klauseln sei die folgende Einschätzung jedoch gegeben:

1. Die Besonderheit des Modells von Haas ist seine Aufgabenorientierung. Will man dafür sorgen, daß regionale Konsultativorgane schnell Fuß fassen, empfiehlt es sich, praktische Aufgaben von einer solchen Bedeutung zu stellen, daß sich auch große Einheiten von den Ergebnissen etwas versprechen.

2. Durch die Betonung der Inputs »Rolle« und »Persönlichkeit« beschäftigt sich das Modell Kaplans mehr mit den Einstellungen und Erwartungen individueller Entscheidungsträger, die Rollen wahrnehmen. Ebenso ist dieses Modell eher mit der Internalisierung von Werten durch Individuen befaßt als pragmatisch mit der Veränderung von Gruppenverhalten. Das läuft jedoch letzten Endes auf eines hinaus, weil – in Kaplans Worten – die Zuweisung trivialer Ziele an die Einheit dazu führt, den individuellen Entscheidungsträger von ihr zu isolieren. (Dieses Modell hat auch Konsequenzen für Methoden der Wahl und die Dauer der Organisationszugehörigkeit einzelner Teilnehmer.)

3. Das Modell von Deutsch befaßt sich mit Hintergrundbedingungen des Konsultations-Ansatzes. Ob überhaupt keine oder ob alle Bedingungen in einem besonderen Fall zutreffen, kann dadurch überprüft werden, daß die benötigten Daten unter den in Abschnitt II entwickelten groben Klassifizierungen gesammelt werden. Ist ein Konsultativorgan vorhanden, hängt der dynamische Prozeß seiner Entwicklung letztlich ab von Bedingungen, die in den beiden anderen Modellen untersucht wurden. Das gilt besonders für das gegenseitige Vertrauen. Soll Vertrauen zunehmen, muß es in aktuellen Situationen bestätigt werden. Das bedeutet, a) daß die Organisation lange genug arbeiten muß, damit die Funktionsträger gegenseitiges Vertrauen in den Willen des anderen, die Spielregeln zu akzeptieren, setzen können, und b) daß die Organisation erwünschte Resultate erbringt, dies in Hinsicht auf die letzten Ziele wenigstens einiger Teilnehmer.

Die bislang existierenden Konsultativorgane befolgen augenscheinlich die Strategie, nichts zu riskieren. Aber alle Kriterien, die wir aus diesen Modellen abgeleitet haben, bestätigen die Volksweisheit, daß nichts riskieren nichts gewinnen heißt. In diesem Sinne stimmen diese Organe völlig mit der grundlegenden Tradition der Politischen Theorie überein, daß Politik immer eine Form des Wählens ist – aber gut zu wählen impliziert, daß man sich der Gefahr aussetzen muß, schlecht zu wählen.

III. Institutionelle Politik in der Großstadt

Der politische Willensbildungsprozeß in der Großstadt
Von Rolf-Richard Grauhan

Wer sich heute praktisch oder theoretisch mit der kommunalen Politik beschäftigt, steht vor einem zugleich harten und undankbaren Geschäft. Von der stolzen Tradition kommunaler Autonomie, von der in Festreden und Gemeindeordnungen immer wieder gern beschworenen Gemeinde als der Grundlage des demokratischen Staates«, die »durch ihre von der Bürgerschaft gewählten Organe das Wohl ihrer Einwohner in freier Selbstverwaltung« fördert[1], scheint nicht viel übriggeblieben zu sein. Wachsende Schuldenberge und schrumpfende Handlungsspielräume kennzeichnen die Lage. Was den Städten durch die Finanzreform an Finanzvolumen zugewachsen war, ist durch die Steigerung der Personalausgaben schon wieder mehr als aufgezehrt. Und die Personalausgaben steigen für die Gemeinden zwangsläufig mit der Überwälzung immer neuer Auftragsangelegenheiten. Schon seit langem[2] ist deshalb eine fortschreitende Aushöhlung der kommunalen Autonomie auf Grund nicht nur des schrumpfenden Investitionspotentials, sondern auch des Abwanderns immer weiterer Entscheidungsbereiche von den Kommunen zu den Zentralanstalten des politischen Systems diagnostiziert worden.
Wer den Schaden hat, braucht für den Spott nicht zu sorgen. In Umkehrung des stolzen Bildes von der Gemeinde als der Grundlage der Demokratie hat so zum Beispiel schon die bedeutsame Studie von *Bertram* die Frage nach dem Verhältnis von »Staats«- und »Kommunalpolitik« auf die Frage reduziert, »wie eine moderne, leistungsfähige Verwaltung zu schaffen sei, die einerseits die Stellen bundesstaatlicher Entscheidung mit den allgemeinen Bedürfnissen entsprechenden Lenkungsbefugnissen ausstattet, andererseits aber ein orts- und bürgernahes individuelles Verwaltungshandeln gewährleistet«[3]. Die Gemeinde steht danach am letzten Ende des gesamten

---
[1] Vgl. die §§ 1 der Hessischen, Niedersächsischen und Nordrhein-Westfälischen Gemeindeordnung.
[2] Vgl. etwa Köttgen, Arnold: Der Bundesgesetzgeber und die Gemeinden. Stuttgart, 1957.
[3] Bertram, Jürgen: Staatspolitik und Kommunalpolitik. Stuttgart, 1967, S. 192.

demokratischen Willensbildungsprozesses und füllt die etwa noch nicht vorentschiedenen Lücken durch »individuelles Verwaltungshandeln« aus. Ist dafür aber der ganze Aufwand eines besonderen politischen Willensbildungsprozesses mit eigenen, »von der Bürgerschaft gewählten Organen« erforderlich? Diese skeptische Frage hat *Frieder Naschold* auf folgende allgemeine Formel gebracht: »Für das Demokratisierungspotential komplexer Organisationen in ausdifferenzierten Gesellschaften ergibt sich somit ein fundamentales Dilemma: Tendenziell gesehen ist die Mitgliederbeteiligung in großen Organisationseinheiten minimal, in kleinen Einheiten, wo große Mitgliederbeteiligung möglich ist, jedoch trivial«.[4]
Im folgenden sollen nun diese drei Problembereiche kurz analysiert werden: die Einbindung der Kommunalpolitik in den Zusammenhang des politischen Gesamtsystems, die Rückwirkungen, die sich daraus für den internen Willensbildungsprozeß in der Gemeinde ergeben, während abschließend noch einmal die Frage nach der Trivialität dessen, was in den Kommunen heute zur Verhandlung steht, aufgenommen werden soll.

Verstädterung bedeutet Kommunalisierung der Staatsaufgaben

Die Gewährleistung kommunaler Autonomie geht in Deutschland auf eine Zeit zurück, in der eine Stadt mit mehr als 10 000 Einwohnern noch als »Großstadt« galt.[5] Zu dieser Zeit bedeutete die Steinsche Städteordnung de facto die Abwälzung schwerer finanzieller Lasten von der im Kriege arm gewordenen preußischen Staatsbürokratie auf das sich in den Städten herausbildende Bürgertum, was die historische Tatsache erklärt, daß sich die Städte anfangs gegen die ihnen zudiktierte Autonomie mit Händen und Füßen wehrten. Ihr Inhalt blieb an die wirtschaftliche Entwicklung der Städte geknüpft. »Die Selbstverwaltung von 1808 hat eine Aufgabe erst erhalten«, schreibt der Historiker *Eckart Kehr*, »als sie in der zweiten Jahrhunderthälfte die kapitalistische Entwicklung der Städte als Inseln aus der Einheitsverwaltung der halbfeudalen Militärmonarchie heraushob«.[6]
An diese besondere Übergangssituation war auch die inhaltliche Unterscheidung von »Staats«-, das heißt Militär-, Außen- und Sicher-

---

[4] Naschold, Frieder: Organisation und Demokratie. Stuttgart, 1969, S. 57.
[5] Vgl. die Preußische Städteordnung von 1808, neu hrsg. von August Krebsbach, Stuttgart, 1957.
[6] Kehr, Eckart: Zur Genesis der preußischen Bürokratie und des Rechtsstaats. In: ders.: Der Primat der Innenpolitik. Berlin, 1965, S. 36 f.

heitspolitik und »Kommunal«-, das heißt Wirtschafts- und Sozialpolitik gebunden. In dem Maße, in dem die Ausbreitung und Intensivierung der kapitalistischen Wirtschaftsweise mit der ihr einhergehenden rapiden Verstädterung das gesellschaftliche Gesamtsystem ergriff, wurde diese inhaltliche Unterscheidung hinfällig. Die Umbrüche, die das 20. Jahrhundert für die Staatsstruktur mit sich gebracht hat, lassen sich in dieser Perspektive als die inhaltliche Umorientierung der Staatspolitik von der vorindustriellen Phase auf die Bedürfnisse und Folgeprobleme einer gesamtgesellschaftlich sich organisierenden kapitalistischen Wirtschaft interpretieren. »Wirtschaftsförderung« konnte sich nun nicht mehr punktuell auf die Bedürfnisse »inselartiger« städtischer Gemeinwesen beziehen, sondern verlangte den Einsatz zentraler Wirtschafts- und Finanzpolitik für die Globalsteuerung und Konjunkturpflege eines insgesamt industrialisierten und verstädterten Gesellschaftssystems. Zugleich brachte es der Verstädterungsprozeß mit sich, daß die Erbringung von sozialen Leistungen, die bei städtischer Siedlungsstruktur nur institutionell-öffentlich möglich ist, nun nicht mehr allein kommunal organisierbar ist wie zu der Zeit, als die Städte noch vereinzelte »Inseln« innerhalb einer agrarisch-feudalen Gesamtgesellschaft waren, sondern angesichts ihrer gesamtgesellschaftlichen Dimensionen nun auch der Einschaltung der Ressourcen des Gesamtsystems bedarf.

Hieraus ergibt sich, daß die einst »klassischen« kommunalen Gestaltungsaufgaben, wie die Versorgung mit Einrichtungen der Aus- und Fortbildung, der Jugend- und Alterspflege, der Gesundheits- und Erholungsvorsorge, der Versorgung mit Wohnraum und Verkehrseinrichtungen, der Umweltreinhaltung (zur »klassischen« kommunalen Aufgabe der Straßenreinigung traten die Aufgaben der Luft- und Wasserreinhaltung hinzu) und der Energie- und Wasserversorgung mit den dazugehörigen Entsorgungssystemen, Aufgaben also, wie sie jeder großstädtische Aufgabengliederungsplan wiedergibt, zugleich Angelegenheiten der zentralen Bildungs-, Sozial-, Wohnungsbau-, Verkehrs- und – *faute de mieux* – »Infrastrukturpolitik« geworden sind.

Eine ähnliche Verflechtung zeigt sich auf dem Gebiet der räumlichen Planung. Auch hier war die Entwicklung ursprünglich von den städtischen Gemeinwesen ausgegangen mit ihren Fluchtlinien- und Bebauungsplanungen, die zur Bauleitplanung und Stadtentwicklungsplanung fortschritten.[7] In dem Maße, in dem die Verstädterung das Gesamtterritorium ergriff, wurden Landesplanung und Raumordnung zu staatlichen Aufgaben. Kommunale Entwicklungsplanung

---

[7] Vgl. dazu Albers, Gerd: Vom Fluchtlinienplan zum Stadtentwicklungsplan. In: Archiv für Kommunalwissenschaften, 1967.

findet sich so heute – freilich weithin mehr prinzipiell als de facto – eingebunden in überörtliche Planungen. Daß auch dieses Verhältnis mehr mit dem Begriff der Verflechtung als mit dem einer klaren hierarchischen Über- und Unterordnung zu erfassen ist, zeigt das berühmte »Gegenstromprinzip« des § 4 Abs. 5 des Bundes-Raumordnungsgesetzes, wonach die örtlichen und die überörtlichen Planungsvorhaben wechselseitig untereinander abgestimmt werden sollen.

Politik oder Verwaltung?

Der vielfach festgestellte Verlust an kommunaler Autonomie (gemessen an der Stadtpolitik des 19. Jahrhunderts) läßt sich also damit erklären, daß im Zuge der industriellen Entwicklung der Verstädterungsprozeß die Gesamtgesellschaft ergriff und sich damit die Staatspolitik – in den Begriffen des 19. Jahrhunderts – in zunehmendem Maße inhaltlich »kommunalisierte«. Die Frage freilich bleibt, welcher Schluß daraus zu ziehen ist. Muß man nicht zugestehen, daß den Kommunen im Gesamtsystem statt einer eigenständigen »Politik« nur noch »Verwaltung« übrigbleibt, so daß die formalen Vorkehrungen für einen »politischen« Willensbildungsprozeß in der Gemeinde leerlaufen müssen?
Um in dieser Frage zu Klarheit zu gelangen und die empirischen Befunde zur kommunalen Willensbildung richtig beurteilen zu können, muß zunächst geklärt werden, was die Begriffe »Politik« und »Verwaltung« in unserem Zusammenhang bedeuten können. Der Begriff »Kommunalpolitik« hat ja stets in einem nie ganz geklärten Spannungsverhältnis zum Begriff der kommunalen Selbst-»Verwaltung« gestanden, der zu fordern schien, daß »Politik« in der Gemeinde keinen Platz habe.
Wird die Gemeinde prinzipiell als »unpolitisch« angesehen, so liegt dem zumeist ein *Politikbegriff* zugrunde, der im Sinne der »klassischen« europäischen Staatstradition auf die »Existenzsicherung (des Staates) nach innen und außen«[8] abstellt. Diese Tradition wird weitergeführt von den modernen Systemtheoretikern, die das Politische definieren als die »Erhaltung eines spezifischen gesellschaftlichen Systems nach innen und außen«[9]. Bei dieser Fassung des Politikbegriffs,

---

[8] Bülck, Hartwig: Abhängigkeit und Selbständigkeit der Verwaltung. In: Verwaltung, eine einführende Darstellung, hrsg. von Fritz Morstein Marx. Berlin, 1965, S. 60.
[9] Z. B. Krippendorff, Ekkehart: Ist Außenpolitik *Außen*politik? In: Politische Vierteljahresschrift 1963, S. 243 ff.

die das Problem der *Bestandserhaltung eines Herrschaftssystems* in den Mittelpunkt stellt, erscheinen die kommunalen Probleme der »Daseinsvorsorge« prinzipiell als Angelegenheiten unpolitischer Verwaltung.
Einen Schritt weiter geht jene Auffassung, die erkennt, daß Verwaltung der »Führung« bedarf und deshalb Politik definiert als »politische Führung«[10]. Diese Definition löst den Politikbegriff vom Bestandsproblem und stellt das *Entscheidungsproblem* in den Mittelpunkt, der Führungsaspekt läßt sie jedoch das Politische vorwiegend an der Spitze von Herrschaftsapparaten suchen in der Entscheidung der »allgemeinen« und »grundsätzlichen« Fragen. Je weniger die Kommunen »Allgemeines« und »Grundsätzliches« entscheiden, um so unpolitischer sind sie nach dieser Auffassung auch. Konsequenterweise müßte man daraus folgern: um so weniger bedürfen sie auch eines eigenen politischen Willensbildungsprozesses.
Gemeinsam ist diesen Varianten, daß sie der Frage nach dem Politischen von der Seite der Herrschaft aus näher zu kommen trachten. Eine Nebenfolge ist, daß mit ihrer Hilfe das Faktum von Herrschaft auch nicht kritisch in den Griff zu bekommen ist, da sie Politik und Herrschaft bereits begrifflich miteinander verquicken. Ihnen haben sich deshalb jene Auffassungen von Politik entgegengestellt, die den Politikbegriff nicht vom Herrschaftsbegriff, sondern vom Selbstbestimmungsbegriff her definieren, nämlich als das *Wählen unter alternativen Handlungsmöglichkeiten*[11]. Danach »herrscht«, wer für andere Handlungsmöglichkeiten auswählt, während nach der diesem Politikbegriff zugrunde liegenden Normvorstellung die Betroffenen die sie betreffenden Handlungsmöglichkeiten selbst wählen sollen. Dieser Politikbegriff eignet sich deshalb dazu, bestehende Herrschaftssysteme »von unten« her kritisch in Frage zu stellen. Und zwar nicht nur, weil er das »Politische« primär dort aufsucht, wo die vom politischen Entscheidungsprozeß Betroffenen am unmittelbarsten betroffen werden, das heißt also zum Beispiel gerade im Bereich der inhaltlich kommunalen »Daseinsvorsorge«, sondern er erlaubt es auch, von den »kleinen« Handlungsspielräumen, in denen er das »politische« Moment des offenen Wählens aufdeckt, nach der Berechtigung der »großen« politischen Entscheidungen, die die Handlungsmöglichkeiten etwa auf der Kommunalebene begrenzen, zurückzufragen.

---

[10] Ausführlicher dazu: Grauhan, Rolf-Richard: Modelle politischer Verwaltungsführung. Konstanz, 1969, S. 13–18.
[11] Knapp, aber differenziert dazu: Narr, Wolf-Dieter: Logik der Politikwissenschaft. In: Politikwissenschaft, eine Einführung in ihre Probleme, hrsg. von Dieter Senghaas und Gisela Kress. Frankfurt, 1969, S. 22 ff.

Gehen wir also statt von einem herrschaftlichen, an einer Führungselite orientierten Politikbegriff von einem analytischen, an der Demokratienorm orientierten Politikbegriff aus, so wird der Gegensatz zwischen Politik und Verwaltung hinfällig. Wir können dem Bereich des Politischen nur noch einen Bereich der »Administration« gegenüberstellen, in dem Aufgabenbereiche, über die Konsens unter den Betroffenen besteht, lückenlos durchprogrammiert, das heißt *automatisierbar*[12] sind. Dagegen tritt an Verwaltungsbereichen, in denen unter verschiedenen Handlungsmöglichkeiten gewählt werden kann und muß, das Politische deutlich hervor. Dann aber tritt auch der politische Willensbildungsprozeß in sein Recht ein, denn alternative Handlungsmöglichkeiten bedürfen der offenen Auseinandersetzung, um in ihren Vor- und Nachteilen für die Betroffenen geklärt zu werden.

Um kommunale Politik zu begründen, bedarf es also nicht einer historisch überkommenen »Autonomie«, sondern kommunaler Handlungsspielräume. Auf der Basis dessen, was oben über die Verflechtung der Politikbereiche gesagt worden ist, sind diese nicht nur im Bereich der kommunalen »Innenpolitik«, sondern auch in dem immer bedeutsamer werdenden Bereich der kommunalen »Außenpolitik« zu suchen. Damit ist nicht nur das weite Feld der interkommunalen Zusammenarbeit gemeint, das zum Beispiel in Fragen der Energieversorgung bereits über mehrere Verflechtungsräume hinweggeht, sondern auch die Gemeinde-Land-Bund-Beziehungen, bei denen es für die Gemeinden meist darum geht, Land und/oder Bund als Verbündete für die Lösung von Stadtentwicklungsproblemen zu gewinnen.

Der unpolitische Gemeinderat

Die Erhebungen, auf die sich die nachstehend wiedergegebenen Befunde stützen, sind in Großstädten mit mehr als 100 000 Einwohnern durchgeführt worden.[13] Sie lassen sich gewiß nicht für alle Gemeinden verallgemeinern. Insbesondere fehlen uns, von vereinzelten Impressionen abgesehen, verläßliche Informationen über den tatsächlichen Willensbildungsprozeß in kleinen Gemeinden. Dennoch dürfte die Vermutung stimmen, daß dort das Einmalige, Individuelle,

---

[12] Vgl. Grauhan, Rolf-Richard: Politikwissenschaftliche Forschung zur Verwaltung. In: DÖV 1970, S. 588.
[13] Insgesamt zum folgenden Abschnitt: Grauhan, Rolf-Richard: Politische Verwaltung – Auswahl und Stellung der Oberbürgermeister als Verwaltungschefs deutscher Großstädte. Freiburg, 1970.

von einzelnen Personen und spezifischen Problemstellungen Abhängige stärker hervortritt, während sich die allgemeinen Züge besser in größeren Gemeinden studieren lassen. Auch hängt, wie zu Steins Zeiten, das Typische der Kommunalpolitik entscheidend vom Verstädterungsgrad ab. Das bedeutet freilich nicht, daß man sich bei der Betrachtung von Kommunalpolitik getrost auf die Großstädte beschränken kann, hebt aber doch die Kommunalpolitik der für unsere Gesellschaft so charakteristischen Verflechtungs- oder Verdichtungsräume gegenüber den noch vorwiegend ländlich strukturierten Gebieten hervor.

In allen Gemeindeordnungen der Bundesrepublik ist die von den Bürgern gewählte Vertretungskörperschaft (Gemeinderat, Stadtverordnetenversammlung) zum »Obersten Organ« oder »Hauptorgan« der Gemeinde erklärt worden, das »die Grundsätze für die Verwaltung der Gemeinde fest(legt)«[14]. Auch wenn daneben der Bürgermeister – oder der Magistrat – als »Leiter« der Gemeindeverwaltung bestellt ist, so ist doch, von der rechtlichen Kompetenzregelung her gesehen, ihr Verhältnis grundsätzlich anders, als wir es von Bund und Ländern her kennen. Eine Vorschrift wie: der Kanzler – oder der Ministerpräsident – »bestimmt die Richtlinien der Politik«, findet sich in keiner Gemeindeordnung. Im Verhältnis zwischen Gemeinderat und Bürgermeister soll (!) der Gemeinderat die Richtlinien der Kommunalpolitik bestimmen. Legt man den »Führungs«-Begriff von Politik zugrunde, der bei institutioneller Betrachtungsweise ja gerade von der Richtlinienkompetenz her entwickelt worden ist[15], so ist nach der Absicht der Gemeindeordnungen die Vertretungskörperschaft eindeutig das »politischste« Organ der Gemeinde.

Sie ist das aber auch, wenn man einen Politikbegriff zugrunde legt, der auf den Vorgang des Wählens unter einander ausschließenden Handlungsalternativen abstellt, wie es zum Beispiel der Fall ist, wenn »an sich« sowohl eine Schule als auch ein Altersheim gebaut werden kann und soll, die knappen Investitionsmittel aber nur für eins reichen. Dann liegt das Politische in dem Wahlvorgang eben darin, daß mit der Wahl der einen Alternative die andere (zumindest zunächst) geopfert werden muß, und für diesen Wahlakt muß von den Wählenden gegenüber der Bürgerschaft »politische« Verantwortung übernommen werden.

Das institutionelle Kennzeichen der Vertretungskörperschaften ist nun, daß sie von ihren Organisationsprinzipien her gerade auf die Funktion hin angelegt sind, derartige politische Auswahlen vorzu-

---

[14] Vgl. § 24 Abs. 1 S. 2, Baden-Württembergische Gemeindeordnung.
[15] So vor allem Hennis, Wilhelm: Richtlinienkompetenz und Regierungstechnik. Tübingen, 1964.

nehmen: sie sind zunächst als *Gremien* organisiert – und Gremien sind Organisationsformen, die auf Diskussion und Auseinandersetzung hin angelegt sind. Um eine solche Auseinandersetzung über Alternativen zu unterstützen und schließlich zu einer Auswahl zu gelangen, treten drei weitere Organisationsprinzipien hinzu: der Minderheitenschutz, das Widerspruchsrecht und das Mehrheitsprinzip. Das Prinzip des *Minderheitenschutzes* – oder das Recht zur Fraktionsbildung – soll (von der Organisationsform her) dazu dienen, daß die in der politischen Auswahlsituation enthaltenen Alternativen innerhalb des Gremiums ihre Fürsprecher finden und dadurch profiliert werden. Das Prinzip des *Widerspruchsrechts* gegenüber allen innerhalb des Gremiums fallenden Äußerungen soll dazu dienen, daß die anstehenden Alternativen in ihren Gegensätzen zur Auseinandersetzung gebracht werden, das heißt daß ihre Kosten und Gewinne geklärt und sie in ihrem Für und Wider ausdiskutiert werden. Das *Mehrheitsprinzip* als Organisationsform ist schließlich darauf angelegt, daß als Ergebnis des Auseinandersetzungsprozesses die die meisten überzeugende Lösung ausgewählt wird.[16]

Der Übernahme dieser *politischen* Funktion, auf die die Vertretungskörperschaften nach dem Willen der Gemeindeordnungen und nach ihren organisatorischen Strukturprinzipien hin angelegt sind, stehen in praxi jedoch einige erhebliche Hindernisse entgegen. Die Gemeinderäte neigen dazu, ihre Aufgabe als »unpolitische« anzusehen. Dabei berufen sie und andere sich zum Beispiel auf die Vorschrift des § 23 Abs. 1 der baden-württembergischen Gemeindeordnung, wonach der Gemeinderat ausdrücklich als »Verwaltungsorgan« bezeichnet wird. Im Hintergrund steht dabei die Auffassung, daß »Verwaltung« eben im Gegensatz zur Politik das schlechthin »Unpolitische« sei, eine Auffassung, die – wie im ersten Abschnitt dieses Aufsatzes entwickelt wurde – nicht richtig ist. Auch Verwaltung ist, soweit sie offen unter Alternativen wählen und dabei bestimmte Handlungsmöglichkeiten ausschließen muß, »politisch«.

Das »Gesetz der Großen Koalition«

Die Auffassung der Aufgabe des Gemeinderats als »unpolitisch« führt so vielfach dazu, daß die Gemeinderäte ihrer eigentlichen Aufgabe nicht gerecht werden. Das äußert sich einmal in der weitverbreiteten Unterschätzung der Notwendigkeit von Auseinandersetzung – und das heißt Konflikt – in der Vertretungskörperschaft. Zwar teilen sich

---

[16] Grundlegend dazu Deutsch, Karl W.: Politische Kybernetik. Freiburg, 1969, S. 337 f. und passim.

die Gemeinderäte größerer Gemeinden regelmäßig in Fraktionen, wobei eine Tendenz zur Dreierbildung festzustellen ist: SPD, CDU und »Dritte Fraktion«. Bei dieser dritten Fraktion kann es sich um die FDP handeln oder eine örtliche Wählergemeinschaft oder um eine Fraktionsgemeinschaft mehrerer kleinerer Gruppen. Auch kommt es vor, daß sich hinter den »Wählergemeinschaften«, die sich formell gerne als im Gegensatz zu den Parteien »unpolitisch« – was bedeuten soll: »rein sachlich« – geben, in Wahrheit Parteienkoalitionen verbergen, insbesondere dort, wo sich für die Volkswahl des Bürgermeisters eine solche Koalition zusammengefunden hat. Dann kann etwa die CDU auch ihre Stadtratskandidaten unter dem Namen einer »Wählergemeinschaft« aufstellen, aber auch, gegenüber einer starken CDU, die SPD. Die Wertschätzung, die solche »Wählergemeinschaften« genießen, zeigt schon etwas von der kommunalen Abneigung gegen Auseinandersetzung, die den Parteifraktionen noch am ehesten zugetraut wird. Aber auch diese passen sich meist dem Verhaltensdruck in Richtung auf die Vermeidung von Konflikten an. An bestimmten neuralgischen Punkten, der Frage nach der Höhe der Gewerbesteuerhebesätze, dem Volumen der Kreditaufnahmen oder der Frage von Stellenschaffungen, -hebungen und -besetzungen brechen zwar immer wieder Kontroversen auf, doch gilt im allgemeinen das Gesetz der Großen Koalition. Dieses kommt vor allem auch darin zum Ausdruck, daß die Beigeordnetenposten regelmäßig nach dem Proporz verteilt werden, damit möglichst alle Fraktionen »auf Dezernentenebene« vertreten sind. Was meist fehlt, ist die Erkenntnis, daß es zum täglichen Geschäft der Gemeindevertreter gehören müßte, die möglichen Alternativen, die sich dem Verwaltungshandeln stellen, zur »politischen« Auseinandersetzung zu bringen, zumindest dort, wo die zur Entscheidung – und das heißt eben: zur Auswahl – stehenden Fragen nicht eindeutig an den Verwaltungsapparat delegiert sind (wobei auch die Kriterien der Delegation einmal einer kritischen Überprüfung zu unterziehen wären). Hier zeigt sich im Konkreten, wie Politikbegriffe, die auf das »Grundsätzliche«, gar das »Weltanschauliche« oder die »Existenzsicherung nach innen und außen« abstellen, dazu beitragen, den politischen Willensbildungsprozeß der Gemeinde zu denaturieren, weil sie zu der Annahme verführen, alles übrige sei eben »unpolitisch« oder »rein sachlich« entscheidbar. Die Frage Schule oder Altersheim oder nicht doch etwas mehr Straßenausbau aber ist »rein sachlich« nicht entscheidbar, weil gerade die verschiedenen Sachargumente miteinander im Konflikt liegen, so daß eine »politische« Auswahl getroffen werden muß, für die den Betroffenen gegenüber Verantwortung zu übernehmen ist. Derartige Fragen stellen sich auch nicht nur im Falle von Budgetentscheidungen angesichts knapper Mittel, sondern im Verwaltungsgeschäft täglich: beispielsweise kann eine Abwasserkanalführung von abwassertechnischen »Sachgesichtspunkten« her sinnvoll sein, was Geländeneigung, Fließzeiten und Vorflutverhältnisse betrifft. Aus »Sachgesichtspunkten« der Grünplanung dagegen kann sie wegen der Gefahr der – baurechtlich erfahrungsgemäß nie wirksam zu verhindernden – weiteren Siedlungstätigkeit nicht sinnvoll sein. Auch hier stoßen also die Sachargumente aufeinander, und die politische Entscheidung muß sie gewichten. Im konkreten Fall – denn dies ist kein ausgedachtes Beispiel – fiel die Entscheidung zugunsten der Grünplanung, aber eben nicht, weil sie als politische nicht erkannt worden war, im Gemeinderat, wo sie hingehört hätte, sondern innerhalb des Verwaltungsapparats.

Auf diese Verschiebung der Gewichte zwischen Vertretungskörperschaft und Verwaltungsapparat wird unter dem Gesichtspunkt der Vorbereitung der Beschlüsse durch die Verwaltung zurückzukommen sein. Hier ist noch darauf hinzuweisen, daß die Gemeinderäte ihre Rolle als »Verwaltungsorgan« in der Weise auffassen, daß sie es als ihre Hauptaufgabe ansehen, die Vorlagen der Verwaltung zu ratifizieren. Zwar leiden alle politischen Gremien, auch die staatlichen Parlamente, unter der Überflutung durch Verwaltungsvorlagen. Ein Grund dafür ist, daß auf Grund schematischer Zuständigkeitsverteilungen zu viele unkontroverse Angelegenheiten, die keiner Auseinandersetzung bedürfen, die Tagesordnungen belasten und deshalb mit zum Bild der Kolonnen einstimmiger Beschlüsse beitragen. Im Vergleich zur Zahl der Verwaltungsvorlagen sind deshalb die aus der Vertretungskörperschaft selbst hervorgehenden Anträge in der verschwindenden Minderzahl, wobei es sich auch häufig noch um »zugespielte« Anträge handelt, die im Verwaltungsapparat entstanden sind, aus Gründen der Wahloptik aber von der Fraktion des Bürgermeisters (des Dezernenten) eingebracht werden. Was in unserem Zusammenhang hier interessiert, ist, daß Gemeinderäte unter dem Druck der Geschäfte das Zeitargument eher gegen die Anträge aus den eigenen Reihen als gegen die Verwaltungsvorlagen kehren und darum noch stärker in die Abhängigkeit gegenüber der vorbereitenden Verwaltung geraten.[17]

Soll der Bürgermeister führen?

Dem Bürgermeister kommt im Willensbildungsprozeß der Gemeinde eine Schlüsselstellung zu. Auch wenn er rechtlich, wie oben dargelegt, eine dem staatlichen Regierungschef entsprechende »Richtlinien-

---

[17] Vgl. das Beispiel in: Politische Verwaltung, a. a. O., S. 244 f.

kompetenz« nicht besitzt, wird ihm doch regelmäßig gerade von den Gemeinderäten die Erwartung entgegengebracht, er solle »führen«, oder es wird an ihm Kritik geübt, weil er »nicht führt«. Das ist insbesondere dort der Fall, wo, wie in Baden-Württemberg, der (Ober-)Bürgermeister zugleich Vorsitzender des Gemeinderats ist. Wir müssen etwas näher analysieren, was es damit auf sich hat. Zunächst ist die Führungsfunktion des Bürgermeisters abhängig von den Mehrheitsverhältnissen im Gemeinderat und von seiner Stellung zu den Fraktionen. Klagen, daß der OB »nicht führe«, haben sich insbesondere dort gefunden, wo im Gemeinderat keine klaren Mehrheitsverhältnisse bestehen und da OB sich bemüht, eine »ausgleichende« Stellung »über« den Fraktionen einzunehmen. Dem OB wird es erleichtert, faktisch die Richtlinienbestimmung zu übernehmen, wenn die Partei, die ihn zur Wahl nominiert hat, auch im Gemeinderat die Mehrheitsfraktion stellt. Doch auch hier sind weitere Voraussetzungen erforderlich: vor allem, daß es dem OB gelingt, sich über eine starke Stellung in der Parteiorganisation einen festen Einfluß auf die Fraktion zu sichern. Häufig wird nämlich in dieser Lage die Aufforderung an den OB »zu führen« mehr von den Minderheitenfraktionen als von den »starken Männern« der Mehrheitsfraktion geäußert. Hier spielt auch eine Besonderheit der Volkswahl des Bürgermeisters hinein: wird von der Mehrheitspartei für die Volkswahl ein »Mann des Ausgleichs« nominiert, um »breite Wählerschichten« anzusprechen, so erhöht das seine Wahlchance. Sucht der Gewählte dann aber auch in seiner Amtsführung sich dadurch als Mann des Ausgleichs zu profilieren, daß er sich der Mehrheitsfraktion gegenüber distanziert verhält, so bringt ihm das die Klagen ein, er »führe nicht«. Das ist freilich wiederum in erster Linie dort der Fall, wo eine Wählerfluktuation möglich ist, die Mehrheiten im Gemeinderat also gefährdet sind. Letztlich spielen in dieser Beziehung sozialstrukturelle Faktoren eine ausschlaggebende Rolle: handelt es sich um Gemeinden mit strukturell bedingten Mehrheiten (in Industrie- und Arbeitergemeinden der SPD, in Mittelstandsgemeinden oder in konfessionell stark profilierten Gemeinden der CDU), so tendiert auch die Führungsfunktion des von der Mehrheit gestellten Bürgermeisters dazu, stärker ausgeprägt zu sein. In Mischgemeinden dagegen tendiert die Führungsstruktur zu einer stärkeren Fragmentierung. Hierbei handelt es sich jedoch nur um Tendenzen, da auch noch andere Faktoren für die Stellung des OB von Bedeutung sind.

Im Verhältnis zum Gemeinderat wird die Stellung des OB bei der durch den Verstädterungsprozeß bewirkten zunehmenden Verflechtung dadurch zunehmend gestärkt, daß der OB es ist, der nach den Gemeindeordnungen die Gemeinde »nach außen« vertritt, das heißt also die Verhandlungen mit Nachbargemeinden, Land und Bund oder investitionswilligen Unternehmen führt. Hier zeigt sich in der Gemeinde in zunehmendem Maße die am Verhältnis von staatlicher Außen- und Innenpolitik vielfach aufgezeigte Tendenz, daß Verhandlungen, die mit auswärtigen Verhandlungspartnern geführt wurden, die Willensbildung im Innern präjudizieren, so daß zwar letztlich der Gemeinderat formell zu beschließen hat, in Wahrheit aber nur noch ein bereits ausgehandeltes Ergebnis ratifizieren kann. Das läßt sich zum Beispiel im Problembereich des Nahverkehrs zeigen, zu dessen Lösung in den Verflechtungsräumen stets die Mitwirkung der Bundesbahn erforderlich ist, die hinsichtlich Linienführung, Herstellungszeiten, aber auch Tarifgestaltung den Gemeinden ihre Bedingungen stellen kann, wobei noch die Vorstellungen der Zuschußbeteiligten (meist Land und Bund) mit zu berücksichtigen sind. Doch wirkt auch dieses Verhältnis bis in den Verwaltungsalltag hinein, wie sich am Beispiel eines Neubaus für eine Bundesbehörde zeigen läßt, in dem die fraglichen Grundstücke teilweise dem Land gehörten. In Verhandlungen zwischen dem OB, Bund und Land war eine Lösung ausgehandelt worden, die die Verlegung der städtischen Markthalle vom Zentrum an die Peripherie der Stadt vorsah. Vom rein kommunalen Standpunkt war, wie die abschließende Debatte im Gemeinderat zeigte, das Interesse an der Erhaltung der Markthalle groß. Da aber die Frage nun mit auswärtigen Beziehungen verquickt war, überörtliche Institutionen sich bereits auf das Verhandlungsergebnis eingestellt hatten, gerieten die Verfechter der Markthalle in den Verdacht der »Kirchturmpolitik« und fügten sich dem »Vorschlag« des OB.

Abkehr von der Verwaltungshierarchie

Schließlich zeigt sich in der kommunalen Praxis deutlich, was es bedeutet, wenn in der Gemeindeordnung steht, »der Bürgermeister bereitet die Sitzungen des Gemeinderats und der Ausschüsse vor«[18]. Diese Vorschrift läßt sich in einem ganz formellen Sinne interpretieren, zum Beispiel als Aufstellung der Tagesordnung usw., und ist dann mit einer relativ passiven (zum Beispiel im wesentlichen an Repräsentationsaufgaben orientierten) Haltung des OB verträglich. Hinter dieser anspruchslosen Formulierung steckt aber der Kern dessen, was als »Führungsfunktion« vom OB erwartet wird, und die gesamte Planungsfunktion des vom Bürgermeister geleiteten Verwaltungsapparats. Beides ist in engem Zusammenhang miteinander zu

---

[18] § 43 Abs. 1, Baden-Württembergische Gemeindeordnung.

sehen. Zwar liegt die Beschlußkompetenz – auch hinsichtlich der »Richtlinien« – beim Rat, doch sind, ehe Beschlüsse gefaßt werden können, Initiativen erforderlich. Und um Initiative ergreifen zu können, sind Informationen erforderlich, Informationen nicht nur über Handlungsnotwendigkeiten, sondern vor allem auch über Handlungsmöglichkeiten. Und über diese Informationen verfügt bei voranschreitender Komplexität der Verwaltungsprobleme in zunehmendem Maße der hauptamtlich mit ihnen beschäftigte Verwaltungsapparat. Die Fraktionen des Gemeinderats sind deshalb in gleichfalls steigendem Maße darauf angewiesen, daß ihnen diese Möglichkeiten vorgetragen und Lösungsvorschläge gemacht werden. Diese Führung ist es, die vom OB erwartet wird.

Damit ist aber nur gewissermaßen die Kuppe der vom gesamten Verwaltungsapparat geleisteten Vorbereitungstätigkeit angesprochen. Der OB kann Initiativen auch in den Verwaltungsapparat hinein zur Vorbereitung von Verwaltungsplanungen geben. Ausgearbeitet müssen sie von den Spezialisten der Ressorts werden, und zwar derart, daß für die Gemeinderäte die Handlungsspielräume klargelegt und die Handlungsalternativen aufgezeigt werden, damit sie die von ihnen geforderte politische Auswahl treffen können. Diese Aufgabe wird auch von führenden Verwaltungsleitern in zunehmendem Maße erkannt. So ist es nach einem Wort des Hannoveraner Oberstadtdirektors *Neuffer* Aufgabe der planenden Verwaltung, »durch eine gute und sorgfältige Vorbereitung von Entscheidungsalternativen den Politiker in sein eigentliches Recht einzusetzen«[19]. Zur Erarbeitung von Alternativen aber ist auch innerhalb der Verwaltung das Arbeiten in Gremien *(Teams)*, Konflikt, Widerspruch und Legitimation von Minderheitsvoten erforderlich. Und daran fehlt es noch weithin. Die klassische Organisationsform der Bürokratie, die Hierarchie mit Weisungsrecht, Gehorsamspflicht und Amtsverschwiegenheit ist auf die Ausführung, den Vollzug bereits entschiedener Programme hin angelegt, also für einen Informationsfluß von oben nach unten. Für eine effiziente Erfüllung der Planungsfunktion, die zu politischen Entscheidungen erst führen soll, ist nicht nur eine Reorganisation der Verwaltungsapparate, sondern auch ein unmittelbarer Zugang der planenden Verwaltung zur Öffentlichkeit erforderlich.[20]

---

[19] In: Der Sachverständige in der Politik. Loccumer Protokolle 21/1967, S. 27.
[20] Ausführlicher dazu: Grauhan, Rolf-Richard: Zur Struktur der planenden Verwaltung. In: Stadtbauwelt, 22. Juni 1969, S. 132–137.

Wirtschaftliche Interessen und ausgeschlossene Öffentlichkeit

Wenn man sich mit der Rolle der »gesellschaftlichen Gruppen« im kommunalpolitischen Willensbildungsprozeß beschäftigt, so hat man von vornherein eine grundlegende Unterscheidung zu machen: nämlich die Unterscheidung zwischen jenen Gruppen, die nach unserer Rechts- und Wirtschaftsordnung so mächtig sind, daß die Gemeinde mit ihnen »ins Geschäft kommen« muß, wenn sie überhaupt kommunalpolitisch tätig werden will – und jenen Gruppen, die nur über das Medium der Öffentlichkeit Einfluß auf die Kommunalpolitik gewinnen können.

Gemeinden brauchen zur Hebung ihrer Steuerkraft Gewerbebetriebe, wirtschaftliche Standort- und Investitionsentscheidungen aber unterliegen keiner öffentlichen Kontrolle, vielmehr sind sie politisch nur dadurch zu beeinflussen, daß die Politik ihnen entgegenkommt. Was sich im großen an der »Globalsteuerung« des Bundeswirtschaftsministeriums zeigt, nämlich der Zwang zum Entgegenkommen gegenüber den wirtschaftlichen Interessen, zeigt sich »im kleinen« an der Industrieansiedlungs- und -erhaltungspolitik der Gemeinden. Ebenso brauchen die Gemeinden zur Verwirklichung ihrer Planungen Grundstücke. Auch Grundstücksverfügungen unterliegen keiner politischen Verantwortlichkeit. Somit besteht auch hier für die Gemeindepolitik der Zwang zum Entgegenkommen.

Der Einfluß dieser Interessengruppen, in Anlehnung an den englischen Ausdruck der *vested interests* könnte man sie die »wohlerworbenen Interessen« nennen, ist gerade in den nichtöffentlichen Phasen des kommunalpolitischen Willensbildungsprozesses groß; sie setzen schon im Verhandlungsstadium an der verwaltungsmäßig-nicht-öffentlichen Vorbereitung der kommunalpolitischen Entscheidungen an und über ihre Angelegenheiten wird auch zumeist vom politischen Gremium in nichtöffentlichen Sitzungen entschieden. So kommt es, daß entscheidende Einflüsse auf die kommunalpolitischen Entscheidungen, die sich praktisch als Einschränkungen des öffentlich-politisch zu verantwortenden Handlungsspielraums auswirken, der allgemeinen Öffentlichkeit gar nicht bekannt werden: beispielsweise, daß Gemeinden für Gewerbeansiedlungen Grundstücke teuer aufkaufen und billig an den Interessenten wieder abgeben müssen, oder daß sie Bebauungspläne nicht nach ihren eigenen Planungsvorstellungen anlegen, sondern die fertigen Pläne von den Wohnbauinteressenten, denen es um eine möglichst profitable Bodenausnutzung geht, einfach übernehmen. Die Forderungen nach einer stärkeren Transparenz und Veröffentlichung des Planungsprozesses zielen gerade darauf derartige Restriktionen politischen Handelns überhaupt sichtbar zu machen. Demgegenüber wird in der politischen

Diskussion meist das Argument vertreten, kommunale Planungen, gerade was die Erschließung neuen Baulandes betrifft, müßten möglichst geheim gehalten werden, um die Spekulation auszuschließen. Dieses Argument verkennt, daß die Spekulation gerade unter den gegenwärtigen Bedingungen einer im Vorbereitungsstadium weithin nichtöffentlichen Planung kräftig gedeiht. Geheimhaltungsmaßnahmen treffen in der Regel gerade nicht die Grundstücksinteressen, die ihre Verhandlungs- und Kontaktkanäle zur planenden Verwaltung bereits besitzen und auf jede vorbereitende Handlung der Kommune (etwa Grundstücksaufkäufe in einem bestimmten, zur Planung vorgesehenen Gebiet) mit unerhört feinem Sensorium reagieren, sondern Schubladenpläne schließen die allgemeine Öffentlichkeit von der Diskussion aus, die zur Klärung und Gewichtung der Planungsalternativen gerade erforderlich wäre. Ein demokratischer Willensbildungsprozeß aber verlangt, daß gerade seine Restriktionen politisch diskutiert werden.

Geht die Ära des »schlafenden Bürgers« zu Ende?

Erst in zweiter Linie bedeutsam ist der Einfluß jener Gruppen, an die meist bei dem Wort »Interessengruppen« gedacht wird, das heißt der institutionalisierten Verbände, wie Industrie- und Handelskammern, Gewerkschaften und Einzelhandelsverbände, weil er bereits stärker der Kontrolle der Öffentlichkeit unterliegt. Vertreter dieser Gruppen werden schon häufig von den Parteien bei der Kandidatenaufstellung für den Gemeinderat bevorzugt, weil man ihnen eher zutraut, »breite Wählerschichten anzusprechen«. So finden sich in den Gemeinderäten größerer Kommunen regelmäßig Verbandsvertreter, außerdem besteht weithin die Übung regelmäßiger Kontaktgespräche zwischen OB und den wichtigsten Verbänden. Eine weitere Problematik ergibt sich für die Heranziehung sogenannter »sachkundiger Bürger« durch die Vertretungskörperschaften, weil die »Sachkundigen« eben zumeist auch die »Interessierten« sind[21]. Diesem Dilemma sucht die Praxis mit strengen Paritätsregeln zu begegnen: wird zum Beispiel ein Vertreter der IHK zugezogen, so auch ein Vertreter des DGB, tritt ein Vertreter des Einzelhandelsverbandes hinzu, so auch ein Vertreter der DAG usw.[21]

In jüngster Zeit hat sich das Interesse der Beobachter kommunaler Politik besonders der Frage zugewandt, wie die »allgemeine Öffentlichkeit« als Akteur im politischen Willensbildungsprozeß zu mobilisieren sei. Hierbei ist vor allem an jene Gruppen gedacht, die nicht

---

[21] Vgl. das Beispiel in: Politische Verwaltung, a. a. O., S. 306 f.

schon, um es einmal neutral auszudrücken, »von Berufs wegen« einen eigenen Zugang zu den Entscheidungsstellen besitzen. Auch in diesem Bereich gibt es seit längerem institutionelle Vorkehrungen, wie die Einrichtung der »Bürger«- oder »Stadtteilsvereine«, die es sich zur Aufgabe gemacht haben, die von der Kommunalpolitik Betroffenen zu konkreten Entscheidungen artikulationsfähig zu machen.[22] Neue Bedeutung hat dieser Problemkreis unter dem Aspekt der Beteiligung der Betroffenen an kommunalen Planungsprozessen erlangt, vor allem im Bereich der »Stadtsanierungen« und der »Umplanungen« von Stadtteilen.[23]

Was hier für die Thematik des politischen Willensbildungsprozesses interessiert, ist, daß viele Anzeichen dafür sprechen, daß die Ära des »schlafenden Bürgers«, der die politische Willensbildung wenigen Aktiven in den Parteien überließ und seine eigene Mitwirkung auf den Gang zur Wahlurne beschränkte (und auch das in der Kommune noch in wesentlich geringerem Umfange als etwa bei Bundestagswahlen), ihrem Ende entgegenzugehen scheint. Nicht nur die Parteimitgliedschaft, besonders in ihren Jugendorganisationen, wird aktiver und beginnt, die bisherige politische Praxis grundlegend kritisch in Frage zu stellen, wie in der Kontroverse zwischen OB Vogel und seiner Parteiorganisation im Februar 1971 schlagartig und mit bundesweitem Aufsehen deutlich wurde[24], sondern es bilden sich auch ad hoc Aktionsgruppen aus der Bürgerschaft, die zu bestimmten kommunalpolitischen Entscheidungen und Problemen kritisch Stellung beziehen. Das unaufhörliche Steigen der Bodenpreise in den städtischen Kerngebieten etwa, die Verdrängung der weniger profitablen durch die gewinnkräftigsten Nutzungen, also von Altbauwohnhäusern und Einzelhandelsgeschäften durch Kaufhäuser, Firmenzentralen, Banken und Versicherungen, bringt die Altstadtbewohner dazu, sich politisches Gehör zu verschaffen, auch ohne daß ihre Beteiligung erst mühsam von den kommunalen Instanzen in die Wege geleitet werden müßte. Die Multiplikatorfunktion der lokalen Presse, mit ihrer seit je schon intensiven kommunalpolitischen Berichterstattung und Meinungsbildung[25], verschafft diesen Aktionen eine Resonanz in der allgemeinen Öffentlichkeit, die geeignet ist, sie zu einem nicht zu unterschätzenden Faktor im kommunalpolitischen Willensbildungsprozeß zu machen.

---

[22] Hierzu näher: Politische Verwaltung, a. a. O., S. 313 ff.
[23] Vgl. dazu Dienel, Peter C.: Wie können die Bürger an Planungsprozessen beteiligt werden? In: Der Bürger im Staat 1971, S. 151 ff.
[24] Vgl. u. a. die Titelgeschichte des Spiegel vom 1. März 1971, Nr. 10.
[25] Politische Verwaltung, a. a. O., S. 300 ff. und Rink, Jürgen: Zeitung und Gemeinde. Düsseldorf, 1961, insb. S. 102–115.

Kommunalpolitische Aktivität und innere Reformen

Erinnern wir uns daran, was eingangs über die Verflechtung der Politikbereiche in der modernen Gesellschaft gesagt worden ist. Der fortschreitende gesamtgesellschaftliche Verstädterungsprozeß macht es unmöglich, die Kommune und damit auch den kommunalpolitischen Willensbildungsprozeß als etwas in der Gesamtgesellschaft Isoliertes zu begreifen und zu beurteilen. In den Kommunen insbesondere der Verdichtungsgebiete werden die ungelösten gesamtgesellschaftlichen Probleme, die Folgeprobleme der Industrialisierung für die Lebensverhältnisse der Bürger in ihrer unmittelbaren Lebensumwelt, konkret anschaulich und damit auch unmittelbarer Artikulation politischen Willens zugänglich. Die Probleme einer prinzipiell profitorientierten Bodenwirtschaft werden am Beispiel der Altstadtmieter konkret, die Probleme der politisch nicht verantworteten wirtschaftlichen Standort- und Investitionsentscheidungen an den Vorleistungen, die die Kommunen in ihrem Konkurrenzkampf um die »Ansiedlung von Arbeitskräften« aus ihrem ohnehin schon unzulänglichen Investitionspotential leisten müssen, der strukturell niedrige Rang der Investitionen für Aufgaben, die die Lebensqualität der Menschen bestimmen, an der Verkehrsmisere in den Verflechtungsräumen, unter der praktisch alle zu leiden haben.

Hierbei handelt es sich um Probleme, die zwar in den Kommunen konkret werden, die hier den Bürger betreffen und ihn dazu veranlassen, sich über die politischen Zusammenhänge Gedanken zu machen, die aber im kommunalpolitischen Willensbildungsprozeß unter den gegenwärtigen gesellschaftlichen Bedingungen allein nicht gelöst werden können. Vielmehr ist zu ihrer Lösung auch das politische Handeln der Zentralanstalten des politischen Systems erforderlich. Dieser Zusammenhang hatte der gegenwärtigen Bundesregierung anfangs einen so breiten, über ihre eigene Parteianhängerschaft weit hinausgehenden Konsens unter den Bürgern der Bundesrepublik verschafft, als sie verkündete, eine »Regierung der inneren Reformen« sein zu wollen. Hierunter war verstanden worden, daß die Bundespolitik sich wirksamer als bisher, insbesondere durch verstärkte Investitionen, der Problematik der inhaltlich »kommunalen« Aufgabenbereiche annehmen wollte: den Problemen der Aus- und Fortbildung, der Sozialpolitik, der Gesundheitspolitik, der Verkehrspolitik, der Städtebaupolitik und der Umweltreinhaltung. Dennoch hat sich auch diese Bundesregierung den spezifischen Handlungszwängen der politischen Zentralanstalten nicht entziehen können, nämlich der vorrangigen Orientierung an den Stabilitätsproblemen des Gesamtsystems, insbesondere der innerwirtschaftlichen Stabilität und der außenwirtschaftlichen Absicherung.[26] Um der abstrakten Preisstabilität willen hat sie deshalb das Programm der »inneren Reformen« stornieren müssen.

Aus dieser Situation heraus kommt der lebendiger werdenden kommunalpolitischen Willensbildung nicht nur eine rein kommunale Bedeutung zu – gewissermaßen eine Bedeutung um ihrer selbst willen. Vielmehr kommt ihr auch eine Bedeutung für das politische Gesamtsystem zu: angesichts der Tendenz der Zentralpolitik, auf eine Politik der Stabilisierung des Bestehenden zurückzufallen, kommt ihr die Aufgabe zu, gewissermaßen im politischen »Gegenstromverfahren« die ungelösten Probleme der Innenpolitik, von denen die Qualität der Lebensbedingungen in einer verstädterten Gesellschaft abhängt, zu artikulieren, zu aktivieren und auf der politischen Tagesordnung zu halten.

Politische Willensbildung und Führung in Großstädten mit Oberstadtdirektor-Verfassung
Von Gerhard Banner

I. Institutionen und Willensbildung

Die Verwaltung einer Großstadt läßt sich als Unternehmensverwaltung auffassen. Kennzeichen des Unternehmens ist seine bei aller Umweltabhängigkeit weitgehende Handlungsautonomie. Autonom in diesem eingeschränkten Sinn ist die Großstadtverwaltung wegen ihrer prinzipiell umfassenden lokalen Dienstleistungsfunktion, ihren bedeutenden Möglichkeiten eigener Willensbildung und ihrer Nichteingliederung in den durch Über- und Unterordnung charakterisierten staatlichen Behördenaufbau.

Die Sicht der Großstadtverwaltung als Unternehmensverwaltung ist nicht die herrschende. Dazu mag neben anderen Faktoren die in den zwanziger Jahren entwickelte Theorie beigetragen haben, die kommunale Selbstverwaltung sei mittelbare Staatsverwaltung. Jedenfalls dürfen die häufigen öffentlichen Erklärungen städtischer Verantwortungsträger, ihre Verwaltung werde demnächst »wie ein Unternehmen« mit modernen Führungsmethoden nach den Grundsätzen der Wirtschaftlichkeit und Effektivität geführt werden, nicht

---

[26] Vgl. Offe, Claus: Politische Herrschaft und Klassenstrukturen. In: Politikwissenschaft, a. a. O., S. 180 f.

darüber hinwegtäuschen, daß die Mehrzahl der Hauptakteure die Kommunalverwaltung nicht von ihrem Dienstleistungszweck her definiert. Sie sieht den Sinn der Verwaltungstätigkeit primär in der Verwirklichung von Werten einer anderen Ebene, etwa der Rechtsstaatlichkeit und der Aufrechterhaltung der Ordnung. Das hat zur Folge, daß ihr Handeln nicht unternehmerisch, sondern verwaltend ist. So systemgerecht diese Grundhaltung früher gewesen sein mag – im Zeitalter der Existenzsicherung durch öffentliche Leistungen gefährdet sie den Bestand der kommunalen Selbstverwaltung.

Auf diesem Hintergrund soll – aus der Sicht eines leitenden Gemeindebeamten – zunächst der Frage nachgegangen werden, wie sich politische Willensbildung und Führung in Großstädten mit »Oberstadtdirektor-Verfassung« (Nordrhein-Westfalen, Niedersachsen) derzeit vollziehen (Abschnitte I und II). Die Analyse muß sich auf wenige, zentrale Strukturelemente des politischen Prozesses beschränken; deren Auswahl und Beleuchtung sind von der persönlichen Erfahrung des Verfassers geprägt, so daß der Leser selbst entscheiden muß, welche Einzelaussagen allgemeingültig sein könnten. Nach Herausarbeitung der schwachen Punkte im derzeitigen System wird in Abschnitt III vorgeschlagen, wie über effektivere Führung schrittweise eine Rationalisierung des politischen Prozesses erreicht werden kann in der Absicht, das kommunale Dienstleistungsunternehmen leistungsfähiger und zielorientierter zu machen.

Rolf-Richard Grauhan hat den politischen Willensbildungsprozeß in Großstädten, in denen der Oberbürgermeister Verwaltungschef ist, aus dessen Sicht eingehend beschrieben.[1] Zahlreiche Einzelergebnisse seiner Studie lassen sich auf die Großstädte mit Oberstadtdirektorverfassung übertragen. Wo dies nicht möglich ist, liegt fast immer der einschneidende Unterschied der Führungs- und damit der Willensbildungsstruktur zu den von Grauhan untersuchten Gemeindeverfassungen zugrunde: in Nordrhein-Westfalen und Niedersachsen werden die Funktionen des Ratsvorsitzenden (Oberbürgermeister) und des Verwaltungschefs (Oberstadtdirektor) von zwei verschiedenen Personen wahrgenommen. Dieser Dualismus an der Spitze hat gravierende Folgen, die zunächst als Thesen formuliert und kurz begründet werden sollen.

Der Rat ist autonomer als in den Städten, in denen Ratsvorsitzender und Verwaltungschef personengleich sind. Er hat in der Person des Oberbürgermeisters einen politischen Kopf, der, weil nicht in der Verwaltung verwurzelt, in seinen politischen Positionen keine

---

[1] Grauhan, Rolf-Richard: Politische Verwaltung – Auswahl und Stellung der Oberbürgermeister als Verwaltungschefs deutscher Großstädte. Freiburg, 1970.

übertriebene Rücksicht auf »Verwaltungsbelange« zu nehmen braucht. Dieses Führungsmuster setzt sich in den Ratsausschüssen fort. Ihre Sitzungen werden nicht vom dezernatsmäßig zuständigen Beigeordneten, sondern von einem zum Vorsitzenden gewählten Ausschußmitglied geleitet. Der durch die Sitzungsleitung vermittelte Einfluß auf Gegenstände und Richtung der politischen Diskussion wird dadurch komplettiert, daß der Oberbürgermeister und die Ausschußvorsitzenden selbständig die Tagesordnungen aufstellen. Die bedeutsame Entscheidung, ob eine Sache genügend vorbereitet ist, um in den politischen Gremien verhandelt zu werden, trifft also im Streitfall nicht der Verwaltungschef. Dessen Vorhaben können vom Rat wirkungsvoll beschleunigt, verzögert und sogar – durch Nichtaufnahme in die Tagesordnung – inhibiert werden.

Die führenden Ratsmitglieder haben größeren politischen Einfluß. Es handelt sich um den Oberbürgermeister, die Ausschußvorsitzenden und die Fraktionsvorsitzenden (letztere führen meistens auch den Vorsitz in wichtigen Ausschüssen). Ihr Einfluß folgt einmal aus der Sitzungsleitung und der Herrschaft über die Tagesordnung. Weitere Anerkennung wächst diesen Akteuren zu, wenn sie die in ihren Wahlämtern liegende enorme Chance politischer Profilierung durch Selbstdarstellung in der Öffentlichkeit nutzen. Der so gewonnene Status wirkt auf die Ratskollegen und auf die Verwaltung zurück und wird als Einfluß honoriert. Die in Vorsitzendenfunktionen liegenden Möglichkeiten können für das Mitglied der Vertretungskörperschaft ein Anstoß sein, sich mit der politischen Aufgabe zu identifizieren und von der zeremoniellen Repräsentation durch Präsenz zur effektiven Repräsentation durch politische Aktion vorzustoßen.

Der Rat ist in höherem Maße Teil der Verwaltung. Zwar ist der Rat in allen Gemeindeordnungen – wenn auch mit unterschiedlicher Akzentuierung – das oberste Verwaltungsorgan der Gemeinde. Wenn die nordrhein-westfälische Gemeindeordnung gleich an zwei Stellen (§§ 7 und 27) formuliert: »Die *Verwaltung* der Gemeinde wird ausschließlich durch den Willen der Bürgerschaft bestimmt. Die Bürgerschaft wird durch den Rat *vertreten*«, so ist das keineswegs nur realitätsferne Programmatik. Die Handlungsautonomie des Rates, seine Befugnisse nach der Gemeindeordnung und der Einfluß seiner maßgebenden Mitglieder erlauben das Urteil, daß die Städte tatsächlich auf weite Strecken nach dem Willen der Vertretung verwaltet werden. Auch nach seinem Selbstverständnis ist der Rat nicht nur Parlament, das dem Verwaltungsapparat kontrollierend, kritisierend und häufig frustriert gegenübersteht, sondern auch Verwaltungsorgan mit Entscheidungsmacht. Es kommt hinzu, daß der Verwaltungsapparat der Oberstadtdirektor-Verfassung dem Ratseinfluß viel weiter geöffnet ist als meistens angenommen wird. In den planenden Teilen der Verwaltung wird dieser Einfluß häufig auf allen Ebenen der Hierarchie wirksam. Das Interesse an dieser Verzahnung ist dabei gegenseitig: Der politisch einflußreiche Ratsvertreter braucht Information und findet sie in der Verwaltung. Der Verwaltungsmanager andererseits sucht den Kontakt, um seine Vorhaben rechtzeitig politisch abzusichern.

Die Struktur der politischen Willensbildung ist fragmentierter.[2] Ein volksgewählter Oberbürgermeister der süddeutschen Ratsverfassung kann sich unter günstigen Voraussetzungen vorübergehend eine Art Alleinherrschaft über Rat und Verwaltung aneignen. Dagegen ist die Monopolisierung der politischen Willensbildung durch einen Oberstadtdirektor undenkbar. Einmal gibt es auch in monokratisch geführten Verwaltungen Verantwortliche, die neben dem Chef – und manchmal gegen ihn – politisch relevante Vorentscheidungen treffen und damit unmittelbar am politischen Prozeß teilnehmen. Der Oberstadtdirektor, der solche Erscheinungen gänzlich unterbinden wollte, würde am Umfang und an der Komplexität der Großstadtverwaltung scheitern. Andererseits ist der Rat stärker strukturiert und in sich spannungsreicher als etwa unter der süddeutschen Ratsverfassung. Der Oberbürgermeister und die Ausschußvorsitzenden heben sich ja aus der Masse der Stadtvertreter heraus. Sie sind die Sprecher im Rat und gegenüber der Verwaltung, nicht nur kraft ihrer Persönlichkeit, sondern dank der mit ihren Ämtern verbundenen politischen Einflußchancen. Diese Chancen müssen von Fall zu Fall realisiert werden. Darin besteht die eigentliche, oft mühevolle politische Aufgabe der Sprecher. Um ihre Vorhaben durchzusetzen, brauchen sie im Zweifel die Abstimmungsmehrheit, die sich nicht befehlen, sondern nur durch Überzeugung gewinnen läßt. Oft muß sich der Sprecher zunächst gegen Rivalen aus der eigenen Fraktion und gegen die Argumente des politischen Gegners durchsetzen. Was liegt näher, als daß er versucht, Interessengleichheit mit einem zuständigen Machthaber der Verwaltung herzustellen, der seine politischen Argumente fachlich abstützt? Diese in der Praxis häufig Symbiose zwischen politischen und fachlichen Promotern verstärkt wiederum die im Verwaltungsapparat ohnehin vorhandene Tendenz zum Polyzentrismus. Sowohl der Oberstadtdirektor wie die Einflußträger im Rat sehen sich mithin einem verwirrenden Geflecht von Kraftlinien und Machtzentren gegenüber. Während der Verwaltungschef seinen Willen im Prinzip durch Befehl zur Geltung bringen kann, sind die Ratssprecher ausschließlich auf ihr politisches Können angewiesen.

---

[2] Grundlegend aus amerikanischer Sicht zur Frage fragmentierter und zentralisierter Einflußmodelle in der Kommunalverwaltung: Dahl, Robert A.: Who governs? New Haven, 1961, S. 190 ff.

Aus alledem ergibt sich, daß der politische Willensbildungsprozeß unter der Oberstadtdirektorverfassung *die Chance für ein hohes Maß an Diskussion und Öffentlichkeit* in sich birgt.

II. Wer entscheidet?

1. Die Vorentscheider

Der Schwerpunkt des herkömmlichen Wissens über Kommunalpolitik liegt in den Institutionen, nicht in den Interaktionen. Die Gemeindeordnung sagt, wer was formal entscheidet, nicht, wie der politische Prozeß über Initiative und planende Vorbereitung bis zur formellen Entscheidung tatsächlich abläuft und wie groß das anteilige Gewicht der verschiedenen Entscheider am Endergebnis ist. Dies soll jetzt näher beleuchtet werden. Unter »Entscheidung« wird dabei nicht die inhaltlich programm- (etwa gesetzes-) determinierte Vollzugsentscheidung verstanden, mag sie auch formell dem Rat vorbehalten sein, sondern die *politische* Entscheidung, die sich prinzipiell als *Auswahl*entscheidung unter einander ausschließenden Handlungszielen darstellt.[3] Politische Vorlagen von einiger Tragweite werden im allgemeinen nicht unvermittelt von der Verwaltung in das formalorganisatorische Entscheidungssystem (Fachausschüsse, Rat) eingeleitet. In der Praxis ist unübersehbar, daß kleinere Personengruppen über den Inhalt solcher Vorlagen zumindest in den Grundzügen vorentscheiden. Zu diesen Vorentscheidern gehören auf Ratsseite die full-time-Politiker und die Spezialisten für bestimmte Fragen (Oberbürgermeister, Ausschußvorsitzende, Fraktionsvorsitzende, sonstige Einflußträger, wie etwa Gewerkschafts- und Verbandsfunktionäre, Freiberufler in Interessentenfunktion). In Städten mit langjähriger, absoluter Ratsmehrheit einer Partei werden unter den Vorentscheidern die Angehörigen der Mehrheitsfraktion überwiegen. Außer in dem (seltenen) Fall der totalen Opposition der Minderheit werden der Steuerungsgruppe der Vorentscheider jedoch immer auch Mitglieder der Minderheitsfraktionen zuzurechnen sein, da nur so interfraktionelle Absprachen, die dem politischen Sicherheitsbedürfnis der Beteiligten dienen, möglich werden.

Zu den Vorentscheidern aus dem Verwaltungsapparat gehören der Oberstadtdirektor als Zentralfigur, die Beigeordneten, die Leiter der mit politischer Entscheidungsvorbereitung befaßten Ämter, manchmal auch einflußreiche Abteilungsleiter. Als gemeinsames Kennzeichen verbindet diese Manager, daß sie politisch denken und argumen-

---

[3] Dazu eingehend Grauhan, Rolf-Richard: Modelle politischer Verwaltungsführung. In: Politische Vierteljahresschrift, Jg. 10 (1969), S. 277.

tieren können und somit als Gesprächspartner für die Vorentscheider aus dem Ratsbereich in Betracht kommen.
Die Vorentscheider, bei denen im Einzelfall die Initiative oder der Schwerpunkt der Initiative liegt (überwiegend diejenigen aus dem Verwaltungsbereich), suchen frühzeitig den Kontakt zu den Partnern des anderen Bereichs, um die Entscheidungsalternativen unter dem Gesichtspunkt des politisch Gewollten und möglich Erscheinenden gemeinsam zu erörtern. Die Umstände, unter denen dieser Austausch stattfindet, variieren dabei ebenso wie der beteiligte Personenkreis. Manchmal erschöpft er sich in dem Telefongespräch zwischen einem Ratsherrn und einem Beigeordneten oder Amtsleiter. Die formellste Art der Kontaktnahme sind wohl die Fraktionsvorstandssitzungen und die Arbeitskreissitzungen, in denen die einem Fachausschuß angehörenden Mitglieder einer Ratsfraktion sich mit Verwaltungsangehörigen ihrer Partei zusammenfinden. Besuche von Ratsmitgliedern bei Dezernenten und Ämtern sind an der Tagesordnung, Zusammenkünfte kleiner Gruppen in der Wohnung eines Beteiligten keineswegs selten. Nicht zu unterschätzen ist die Bedeutung mehr zufälliger Kontakte bei Veranstaltungen aller Art, die manchmal erst in den frühen Morgenstunden an einer Wirtshaustheke enden. Zweck dieser Fühlungnahmen ist es, durch Kombination von Fachwissen und politischem Verstand politische Entscheidungen zu ermöglichen. Die Lieblingsidee älterer Administratoren, wonach jeglicher Kontakt zwischen Rat und Bürokratie über die Verwaltungsführung (Verwaltungschef und Beigeordnete) zu laufen habe, wird in der Oberstadtdirektor-Verfassung durch die permanente, vielgestaltige Osmose zwischen den beiden Hauptelementen des kommunalen Willensbildungssystems täglich widerlegt. Die Masse der Informationen, die im Interesse der Funktionsfähigkeit des Systems ständig ausgetauscht werden müssen, ist zu erdrückend, als daß sie durch den Flaschenhals der Verwaltungsführung gezwängt werden könnte.
Die Gruppe der Vorentscheider bildet somit den Transmissionsriemen zwischen der bürokratischen Vorbereitungsmaschinerie und dem politischen Entscheidungsorgan. Sie weist zweifellos Züge einer Oligarchie auf. Ihre Angehörigen bilden eine Art Planungsschicht, die den subalternen Verwaltungsmitarbeiter ebenso wie den Hinterbänkler im Rat von größerem politischem Einfluß ausschließt. Aus zwei Gründen ist diese Planungsschicht jedoch für das System lebensnotwendig. Erstens kann der zeitliche Aufwand für die Vorbereitung politischer Einzelentscheidungen nur so auf ein erträgliches Maß reduziert werden, und zweitens ist nur die Kleingruppe imstande, die Vorbereitungsarbeit so lange abzuschirmen, bis die Lösung den notwendigen politischen Reifegrad erreicht hat, um den Fährnissen der öffentlichen Diskussion gewachsen zu sein.

Wenn die politische Absicht durch die Vorentscheider ihre erste Formulierung gefunden hat, tritt sie mit der Beratung in den Fraktionen in das unterste Stadium der Öffentlichkeit ein. In diesem Stadium ist sie jedenfalls nicht mehr mit Sicherheit geheimzuhalten, da der beteiligte Personenkreis zu groß wird. Stimmt die Mehrheitsfraktion dem Vorschlag ihrer spezialisierten Vorentscheider zu, hat die Entscheidung in der Regel die Form gefunden, in der sie den Rat passieren wird. Das Durchlaufen des formalorganisatorischen Systems der Fachausschüsse, des Hauptausschusses und des Ratsplenums hat dann nur noch die Bedeutung einer Ratifikationsdebatte mit der Chance für die politischen Kontrahenten, ihre Standpunkte in der Öffentlichkeit darzustellen. Anders liegen die Dinge, wenn keine Fraktion über die Mehrheit im Rat verfügt und eine interfraktionelle Absprache im Vorentscheidungsstadium nicht erfolgt ist. In diesem Fall kann die politische Unsicherheit über den Ausgang erst in der öffentlichen Entscheidungsphase ausgeräumt werden.

2. Information und Alternativen

Nach der Grundintention der Gemeindeordnung formuliert der Rat die politischen Ziele. Der Oberstadtdirektor ist anschließend verpflichtet, den Ratswillen zu vollziehen. Die Frage ist nun, in welcher Phase des politischen Prozesses – Initiative, planende Vorbereitung, formelle Entscheidung – die Zielformulierungsfunktion der Gemeindevertretung einsetzen kann. Es scheint weitgehend Einigkeit zu bestehen, daß der Rat das Vorfeld der Initiativphase, dazu weite Teile der Vorbereitungsphase notgedrungen der Verwaltung zu überlassen habe; seine große Chance komme erst im Stadium der formellen Entscheidung. Hier habe er die Aufgabe, einander ausschließende Handlungsalternativen zur politischen Auseinandersetzung zu bringen und mit Mehrheit zu entscheiden. In der Ausübung dieser Funktion werde er jedoch durch die Neigung des Verwaltungsapparats behindert, ihm jeweils nur eine Lösung als die allein mögliche zu präsentieren.[4] Zweifellos liegt auch in der Oberstadtdirektor-Verfassung das Schwergewicht der Initiative bei der Verwaltung, wenngleich der Einfluß der Vorentscheider aus dem Rat auch in diesem Stadium nicht unterschätzt werden sollte. In der Phase der planenden Vorbereitung hat der Rat über seine Vorentscheider dann jedoch die Chance, seinen Aktionsspielraum voll auszuschöpfen. Dabei lernen die Vorentscheider – in jedem Fall die der Mehrheitsfraktion – die wesentlichen Verwaltungsalternativen kennen. Aus Gründen der politischen Ab-

---

[4] So Grauhan, Rolf-Richard: Modelle, a. a. O., S. 280.

sicherung ist die Apparatur gar nicht daran interessiert, plausible Alternativen geheimzuhalten. Bei der Permeabilität der Verwaltung bestünde sonst immer die Gefahr, daß Nichtvorentscheider in der formellen Entscheidungsphase gerade nach diesen unterdrückten Alternativen fragen und damit der Verwaltung und/oder der Mehrheit Ungelegenheiten bereiten.

In den wichtigen politischen Fragen wird also die Alternativen-Elimination in der Regel durch die Vorentscheider aus Rat und Verwaltung im nichtöffentlichen Stadium der planenden Vorbereitung geleistet. Bei der starken Neigung der Gemeindevertretungen, die formelle Entscheidungsprozedur in den Ausschüssen und im Rat dann nur noch zur geräuschlosen Ratifikation der Vorentscheidungen oder allenfalls zur öffentlichen Darstellung der im politischen Prozeß eingenommenen Positionen zu benutzen, hat das von den Vorentscheidern gefundene Ergebnis gute Chancen, vom Ratsplenum sanktioniert zu werden.

Jedoch kann es in folgenden Hauptfällen noch im formellen Entscheidungsstadium zur Diskussion über Alternativen kommen:

a) Der Vorentscheidungsmechanismus hat nicht funktioniert, sei es, weil die Sache in ihrer politischen Bedeutung unterschätzt und daher nicht für abspracheb edürftig gehalten wurde, sei es, weil auf Rats- oder Verwaltungsseite keine politisch befähigten Vorentscheider zur Verfügung standen.

b) Die Vorentscheidungsprozedur hat zwar stattgefunden, aber nicht zu einer interfraktionellen Absprache geführt; in der öffentlichen Debatte schaltet die Minderheit auf Opposition.

c) Die Verwaltungsvorlage enthält Alternativen.

Im Fall a) ist die öffentliche Alternativendiskussion sozusagen auf ein Versäumnis zurückzuführen, im Fall b) wird sie von einem Teil des Rates gewollt und im Fall c) von der Verwaltung angestrebt. Der Fall a) kann parteipolitisch neutral sein, im Fall b) ist immer Parteipolitik im Spiel, während in dem seltenen Fall c) die Verwaltung den Rat zwingen will, entweder eine klare Entscheidung zu treffen oder das Problem als derzeit unlösbar von der politischen Tagesordnung zu streichen.

In den Fällen a) und b) (alternativenlose Vorlagen) will der Rat für seine Entscheidung zusätzliche Information haben. Die Reaktion der Verwaltung geht in diesem fortgeschrittenen Stadium meist dahin, die Vorlage »retten« zu wollen. Will der Rat der Verwaltung Alternativinformation entreißen, muß er danach fragen. Das ist in der öffentlichen Entscheidungsphase nicht ohne Risiko. Erfolgsvoraussetzung ist die Fähigkeit, der Verwaltung die *richtigen* Fragen zu stellen. Dazu gehören Fachkenntnisse, sonst besteht die Gefahr, daß der Fragesteller »abgewimmelt« wird. Immerhin hat der kommunale

Verwaltungsapparat im Gegensatz zum Regierungsapparat keinerlei Möglichkeit, vorhandene Information, nach der ausdrücklich gefragt wird, zu verweigern.
Begehrt die Minderheit in oppositioneller Absicht Alternativinformation, riskiert sie die Solidarisierung der Mehrheit mit »ihrer« Verwaltungsführung. Ihr Antrag, der Verwaltung die Ausarbeitung einer Alternative aufzugeben, wird abgelehnt und der Minderheit bleibt der – ebenfalls risikoreiche – Appell an die allgemeine Öffentlichkeit. Für die Mehrheit ist das improvisierte Fragen nach zusätzlicher Information ebenfalls nicht ohne Gefahr. Sie riskiert einen öffentlichen Ansehensverlust, wenn die Verwaltung ihr Sachzwänge entgegenhält (offenbare Unmöglichkeit einer Alternative, unvertretbarer Zeitverlust, zu hohe Kosten).
Erfahrene Politiker wissen auch, daß aus einer zusätzlichen Information meist mehr als nur eine Schlußfolgerung gezogen werden kann. In Großstädten mit fortgeschrittener Datenverarbeitung ist es beispielsweise möglich, auf Anforderung dem Rat oder dem Finanzausschuß innerhalb von Minuten den neuesten Stand der Steuer-Isteingänge auf den Tisch zu legen. Liegen diese höher als erwartet, ist die Versuchung groß, daß die Fraktion A daraus ableitet, man könne also doch das Schulzentrum X bauen, während die Fraktion B erklärt, jetzt sei endlich der Weg frei für die Errichtung der Mehrzweckhalle Y. Weder die eine noch die andere Proklamation ist beweisbar, dafür sind beide möglicherweise recht öffentlichkeitswirksam. Den Fraktionsführungen sind Situationen, die die Interessenvertreter aus den eigenen Reihen in öffentlicher Sitzung auf den Plan rufen, unangenehm. Da man nie weiß, was der politische Gegner aus derartigen Informationen macht, scheint einiges dafür zu sprechen, der Verwaltung ihren Informationsvorsprung zu belassen. Die Ratsmehrheit kann sich dabei der beruhigenden Hoffnung hingeben, »ihre« Verwaltungsvertreter würden hinter dem Schleier ihres partiellen Informationsmonopols schon im Interesse der Mehrheitspolitik agieren.
Ein weiterer informationsverengender Faktor liegt in dem beschränkten Aufmerksamkeitspotential der Entscheider. Es kommt hinzu, daß die überlasteten Verwaltungsapparate und Vertretungen oft erst bereit sind, sich einem Problem zuzuwenden, wenn die Entscheidung unter Zeitdruck steht. In dieser geradezu klassisch zu nennenden Entscheidungssituation bleibt ohnehin kein Raum für die Beschaffung zusätzlicher Information für Alternativlösungen.
Realistischerweise gehen die Verwaltungsführungen also davon aus, daß die Ratsversammlung nicht primär über Alternativen diskutieren, sondern *bestimmte* politische Entscheidungen treffen oder – bei Vorabsprache – ratifizieren will. Alternativen tragen Unsicherheit in die öffentliche Diskussion. Ihre Erörterung kann das gewollte Er-

gebnis und die Führungsposition der Vorentscheider gefährden. Damit treffen sich die Interessen der Politiker im Grundsatz mit denen der Verwaltung, und dies erklärt, weshalb Alternativen in Ratsvorlagen so selten sind, mögen sie von einer Minderheit radikaldemokratisch orientierter Rats- und Verwaltungsvertreter auch immer wieder gefordert werden.

Der oben genannte Fall c) fällt aus dem Rahmen, weil er sich von dem im Vorbereitungsstadium üblichen Kooperationsschema Rat – Verwaltung entfernt. Meist sind alle in derartigen Vorlagen zur Auswahl gestellte Lösungen für den Rat politisch schwer zu verkraften.[5] Der Rat gerät zwangsläufig in eine Entscheidungsneurose, aus der oft nur der Weg in die Vertagung bleibt, verbunden mit dem Vorwurf an den Oberstadtdirektor, er sei nicht in der Lage, seiner »gesetzlichen Verpflichtung« zur Herbeiführung einer einheitlichen Verwaltungsmeinung nachzukommen.

So wenig erstrebenswert in der Regel den Hauptakteuren auf der kommunalen Szene die *öffentliche Alternativendiskussion* erscheint, so wichtig ist es für sie, die wesentlichen Alternativen zu *kennen*. Der Oberstadtdirektor ist an einer »optimalen« Entscheidung interessiert, deren Kernstück ihre politische Tragfähigkeit ist. Findet die Alternativenelimination im Verwaltungsapparat unkontrolliert unterhalb der Spitze statt, begibt sich der Oberstadtdirektor eines Teils des notwendigen Machtwissens, geht geschwächt in die Vorentscheidungsphase und riskiert politische Überraschungen und suboptimale Entscheidungsqualität. Die Vorentscheider aus dem Ratsbereich, die wesentliche Alternativen nicht kennen, laufen Gefahr, einer nie mit Sicherheit auszuschließenden öffentlichen Alternativendiskussion unvorbereitet gegenüberzustehen und vom Gegner politisch ausmanövriert zu werden.

3. Willensbildung und Öffentlichkeit

Der Rat ist Verwaltungsorgan und Parlament zugleich. Als Verwaltungsorgan besteht seine Funktion darin, den enormen, nie aufhörenden Entscheidungshunger des kommunalen Unternehmens zu stillen. Dieser permanente Produktionsprozeß bedarf der Rationalisierung. Das erklärt die Grundtendenz der Gemeindevertretungen, Repräsentation über Partizipation zu stellen, ihre Skepsis gegenüber

---

[5] Man muß einmal erlebt haben, wie schwer sich Gemeindevertretungen bei der Festlegung der Standorte für Obdachlosenunterkünfte tun, wenn sich die Vertreter eines Stadtteils nach dem anderen über die Parteien hinweg gegen derartige Einrichtungen zur Wehr setzen.

konstituierten Nebenzentren der Willensbildung, zum Beispiel Bezirks- oder Bürgerausschüssen, und ihr Bestreben, Beschlüsse möglichst ohne ungesteuerte Diskussion durch das formelle Entscheidungsverfahren zu bringen.[6] Wenn der formellen Entscheidung in vielen Fällen die Vorentscheidung einer Steuerungsgruppe aus politischen Generalisten und spezialisierten Sprechern für Fachfragen vorgeschaltet wird, so entspricht dies einer organisatorischen Notwendigkeit. Ein effektiver Entscheidungsprozeß fordert eine gewisse Distanz zur Öffentlichkeit, bis die Lösung aus dem kritischen Stadium herausgetreten ist. Das Dilemma des Politikers liegt also darin, daß er in seiner Entscheiderrolle an minimaler, in seiner Parlamentarierrolle dagegen an maximaler Öffentlichkeit interessiert ist.
Kennzeichen des Parlamentariers ist seine Verwurzelung in der Öffentlichkeit, das heißt seine Fähigkeit, möglichst viele Außeninformationen in den Entscheidungsprozeß einzubringen und die getroffenen Entscheidungen anschließend gegenüber einer möglichst breiten Öffentlichkeit zu repräsentieren.[7] Das Kriterium, ob ein Ratsmitglied als Parlamentarier erfolgreich war, ist seine Wiederaufstellung und Wiederwahl. Die Notwendigkeit, am Ende der Wahlperiode Leistungen in Form politisch tragfähiger Problemlösungen nachweisen und den Grad seiner Zielerreichung an dem von ihm mitgetragenen politischen Programm messen lassen zu müssen, zwingt den Ratsvertreter, ständig alle Rückkopplungschancen zur Öffentlichkeit zu nutzen. Gelegentlich gibt es dabei Pannen. Zu den bekanntesten gehören die Aktionen gegen Fahrpreiserhöhungen oder gegen die Standortfestsetzung umweltgefährdender Betriebe. Die Gefahr, daß *bei versäumter Rückkopplung die öffentliche Diskussion nachträglich erzwungen wird*, ist erfahrenen Politikern bei ihren Entscheidungen immer bewußt. In der Regel scheuen sich die gewählten Repräsentanten in solchen Fällen auch nicht, dem von der Öffentlichkeit ausgehenden »partizipatorischen« Zwang zu weichen und die Sache neu zu verhandeln. Auf diese Weise wirkt die Notwendigkeit des ständigen feedback zur Öffentlichkeit der gleichzeitigen permanenten Versuchung, Entscheidungen vor der Öffentlichkeit abzuschirmen, entgegen, und

---

[6] Möglicherweise wird in Großstädten ohne absolute Mehrheit einer Fraktion in Rats- und Ausschußsitzungen mehr und offener diskutiert. Die Frage, ob die Dinge »vorwärtsgehen«, das heißt die notwendigen Entscheidungen rechtzeitig fallen, hat mit dem Mehrheitsmuster wahrscheinlich wenig zu tun. Absprachen zwischen den Fraktionen geben hier wie dort die Chance, daß das der Fall ist.
[7] Zur Funktion der Mitglieder kommunaler Vertretungskörperschaften vgl. Laux, Eberhard: Kommunale Selbstverwaltung im Staat der siebziger Jahre. In: Archiv für Kommunalwissenschaften, Jahrgang 9 (1970), S. 228.

es erscheint in unserem System ausgeschlossen, daß der Rat seine Rolle als Entscheidungsorgan absolut setzen und sich von der Öffentlichkeit unabhängig machen könnte.

III. Die Planungslücke

1. Willensbildung und Unternehmensziel

Der Willensbildungsprozeß in Großstädten mit Oberstadtdirektor-Verfassung ist extrem fragmentiert und gleichzeitig von großer politischer Vitalität. Die Rückkopplung zwischen Rat und Öffentlichkeit erweist sich als stark genug, um politisch tragfähige Entscheidungen zu erzeugen. Das Vorentscheidungsmodell mit seinen sprachregelnden Abmachungen vor Eintritt in die formelle Entscheidungsphase befähigt das System, die benötigten Entscheidungen im allgemeinen rechtzeitig bereitzustellen. Man muß sich jedoch darüber klar sein, daß Schwerpunkt und Stärke des »traditionellen« politischen Prozesses in der Formulierung *wenig komplexer* politischer Grundsatzbeschlüsse liegen. (Beispiele: städtische Grundstücke werden grundsätzlich nicht mehr verkauft, sondern in Erbpacht vergeben; das nächste Hallenbad erhält der Stadtteil X) und vollziehbarer *Einzel*entscheidungen (Beispiele: Vergabe des Grundstücks B an die Firma Y zur Errichtung einer Produktionsstätte; Zustimmung zur Vorentwurfsplanung des Hallenbades A und Vergabe des Planungsauftrags an den Architekten N) Zur Erarbeitung der für ein *Unternehmen* konstitutiven, aus obersten Zielen abgeleiteten koordinierten *Gesamtplanung* ist das Willensbildungssystem der Oberstadtdirektorverfassung so, wie es heute gehandhabt wird, wenig geeignet. Da es nicht in der Lage ist, seine Ziele mit der erforderlichen Präzision zu formulieren, muß es zwangsläufig das Optimum verfehlen. Es mangelt nicht an Ideen und politischer Initiative, wohl aber an rationaler Zieldiskussion und programmierter Arbeit.

Diese grundlegende Schwäche läßt sich am Beispiel der Etataufstellung veranschaulichen. Das Beispiel ist allgemein aussagefähig, weil die Gesamtaktivitäten des Unternehmens durch die Ressourcenallokation im jährlichen Haushaltsplan entscheidend gesteuert werden.

Die einzelnen Dienststellen teilen ihren »Bedarf« der Stadtkämmerei mit. Da die Summe der Anforderungen die zur Verfügung stehenden Mittel regelmäßig übersteigt, nimmt das Finanzdezernat Kürzungen vor. Für das »wo« und »wieviel« gibt es allenfalls schematische Faustregeln. Verbleibt ein Fehlbedarf, stellt der Oberstadtdirektor den Ausgleich in der Dezernentenkonferenz durch weitere Kürzungen und/oder Einnahmeerhöhungen her. Dabei kommt es vorwiegend im or-

dentlichen Haushaltsplan zu Konflikten, obwohl hier angesichts der Festlegung auf einen bestimmten Aufgabenbestand kaum Variationen möglich sind. Den außerordentlichen Haushalt muß der Stadtkämmerer bei dem geringen Spielraum für die Aufnahme neuer Darlehen häufig auf die Etatisierung bereits begonnener Vorhaben beschränken.
Jetzt bringt der Oberstadtdirektor den Etatentwurf im Rat ein, der ihn zur Beratung an die zuständigen Ausschüsse verweist. Dort treten die Interessenten und Sprecher auf den Plan, wobei sich im allgemeinen zwei Interessenströmungen unterscheiden lassen: sektorale (Schulen, Kultur, Sport, Soziales, Verkehr usw.) und lokale (Stadtmitte versus übrige Stadtteile). Zwar haben die Fraktionsführungen zuvor die Parole ausgegeben, angesichts der Finanzmisere mit Ausgabenanträgen zurückhaltend zu sein. Das überfordert den wirklichen Interessenten. Außerdem ist es nicht immer möglich, populären Anträgen des politischen Gegners zu widersprechen. Aus den Ausschußberatungen geht der ordentliche Haushalt in der Regel praktisch unverändert, der außerordentliche Haushalt dagegen beträchtlich aufgebläht hervor. Häufig werden Investitionsvorhaben etatisiert, obwohl mit dem Baubeginn im kommenden Haushaltsjahr nicht gerechnet werden kann, weil die Planung noch nicht abgeschlossen ist. Dieses Verhalten hat zwei Gründe: einmal soll der Öffentlichkeit durch die Sichtbarmachung mit Etat signalisiert werden, daß etwas geschieht, zum anderen soll die Veranschlagung die Verwaltung mahnen, das spezielle Projekt nicht unter der Masse weiterer, ebenso dringlicher, aber noch nicht etatisierter Vorhaben in Vergessenheit geraten zu lassen. Solche Anträge werden in der Regel zuvor zwischen den zuständigen Vorentscheidern aus Rat und Verwaltung abgesprochen. Ohne explizit eine von der Etatvorlage des Oberstadtdirektors abweichende Haltung einzunehmen, lassen sich die leitenden Beamten in der Ausschußsitzung »bekehren«.
Bevor die Ausschüsse endgültig beschließen, legen die Fraktionen das Abstimmungsverhalten ihrer Mitglieder in den umstrittenen Positionen fest. Dabei kommt es bei der Mehrheitsfraktion, die an einem realistischen Etat um eine Nuance stärker interessiert ist als die Ratsminderheit, zu einem heftigen bargaining, wobei sich die Etats der einflußreichen Vorentscheider allgemein als die anziehungskräftigsten erweisen. Am Ende beschließt der Rat einen Haushaltsplan, dessen Vollzug von vornherein gefährdet ist. Sobald nach geschlagener Schlacht die allgemeine Aufmerksamkeit sich anderen politischen Themen zuwendet, verfügt der Stadtkämmerer verwaltungsintern eine Art »Haushaltssicherungsgesetz« in Form prozentualer oder gezielter Sperrungen von Ausgabemitteln und anderer Maßnahmen. Dieses Verfahren verfälscht den Ratswillen und kann im allgemeinen

Wertigkeiten nicht berücksichtigen, hat aber den Vorzug, einem drohenden Defizit rechtzeitig entgegenzuwirken.
Wer hat den maßgebenden Einfluß auf die Etatgestaltung? Die *Verwaltung* beschränkt sich bei der Aufstellung des ordentlichen Haushalts mehr oder weniger darauf, die einzelnen Ansätze um die Preissteigerungsrate zu erhöhen. Schwerpunktveränderungen – etwa durch den Abbau von Aufgaben, denen keine erste Priorität zukommt[8] – werden politisch für zu schwierig gehalten, als daß sich eine Diskussion darüber lohnte; denn im Rat hat ja jede kommunale Dienstleistung ihre Fürsprecher. Welche Aufgaben wahrgenommen werden, bestimmt also vorwiegend die Tradition. Das Feld des außerordentlichen Haushalts pflegt die Verwaltung dem Rat für seine unvermeidlichen Scheingefechte zu überlassen.

Es nützt den *Politikern* nichts, in den Ausschußberatungen gegen die so geschaffenen »Sachzwänge« anzurennen. Da dem Rat die großen Optionen nie offengelegt worden sind, kann nicht erwartet werden, daß er seine Arbeit auf die politischen Grundintentionen der Verwaltungsvorlage konzentriert. Die Beratungen verlieren sich zwangsläufig im Detail, wobei Ressort- und Stadtteilegoismus, politischer Tagesopportunismus und isoliertes »Anschaffungsdenken« kaum Schranken finden. Indem der Rat bei der Wählerschaft konkrete Hoffnungen weckt, die sich nur mit Verzögerung erfüllen lassen, setzt er sich selbst unter permanenten politischen Druck, den er – ohne daß dies etwas ändern könnte – an die Verwaltung weiterleitet. Das führt zu einem enormen Kräfteverschleiß.

Es drängt sich der Eindruck auf, daß Tradition und Zufall die dominierenden Faktoren bei der Gestaltung der jährlichen Haushaltsplanung sind. Da der Jahresetat keine kommunalpolitischen Ziele formuliert, sondern Einzelmaßnahmen addiert, begünstigt er den auf die Einzelentscheidung fixierten, traditionellen politischen Prozeß. Die Vorentscheider als Hauptakteure in diesem Prozeß sind keine policy-makers, sondern bleiben decision-makers.

In dieser Situation wächst die Einsicht, daß der Zweck des kommunalen Unternehmens – die Sicherstellung der optimalen Versorgung der Einwohner mit öffentlichen Leistungen – in Zukunft nur erreicht werden kann, wenn die Verwaltungstätigkeit durch längerfristige, kohärente, aus einem kommunalen Zielsystem entwickelte Programme gesteuert wird.

---

[8] Selbst die Auflösung von Einrichtungen, die inzwischen von der sozialen Realität überholt sind – etwa kommunalen Pfandleihanstalten – ist politisch oft erst nach mehreren Anläufen durchzusetzen.

2. Der Beitrag der Verwaltungsführung

Das Zauberwort heißt Stadtentwicklungsplanung. Das Stadtentwicklungsprogramm soll die langfristigen kommunalpolitischen Ziele und den Weg zu ihrer Verwirklichung in einem realistischen Handlungskonzept festlegen.[9] Inzwischen hat nahezu jede Großstadt versucht, Stadtentwicklungsplanung zu organisieren. In den meisten Fällen wurde eine besondere, dem Oberstadtdirektor unmittelbar nachgeordnete Dienststelle gebildet und mit Fachleuten verschiedener Disziplinen besetzt. In einigen Fällen haben die Gemeindevertretungen einen Ausschuß für Fragen der Stadtentwicklung eingesetzt, der die einschlägigen Vorlagen berät. Meist gehen die Erkenntnisse der Stadtentwicklungsplanung jedoch über die Fachdienststellen in die Vorlagen ein, die den bestehenden Ratsausschüssen gemacht werden.[10]

Bis heute kann man nicht sagen, daß die Stadtentwicklungsplanung ihre Bewährungsprobe bestanden hätte. Ist sie in einigen Städten von vornherein ineffektiv geblieben, so sind anderswo ihre Bemühungen häufig an Konflikten mit »traditionellen« Teilen der Verwaltung gescheitert. Dies besonders dann, wenn sich in der Verwaltung der Eindruck verbreitete, die neue Dienststelle könne ein »Überamt« werden. Die Fachdienststellen verweigerten dann mehr oder weniger offen Kooperation und Information, was zur Folge hatte, daß die Entwicklungsplaner, statt Planungsimpulse zu geben und Planung zu organisieren und zu koordinieren, selbst anfingen, fachliche Einzelplanung zu betreiben. Das Ergebnis war in diesen Fällen, daß eine in ihrem Planungsverhalten unveränderte Verwaltung um ein Amt reicher, viele gutwillige Mitarbeiter und Ratsvertreter dagegen um eine Illusion ärmer waren. Der relative Mißerfolg nahezu aller Ansätze zur Stadtentwicklungsplanung hat seine Ursache in der Verkennung wesentlicher *organisatorischer* und *politischer* Realitäten.

Die Oberstadtdirektoren, die in den letzten Jahren – meist gegen den Widerstand von Teilen der politischen Vertretung und der Dezernentenkonferenz – Stellen und Personal für die Stadtentwicklungsplanung durchsetzten, erhofften primär Hilfe bei der Bewältigung ihres Grundproblems: dem kommunalen System mit seiner Einflußfragmentierung und seinen starken zentrifrugalen Kräften durch koor-

---

[9] Zur Stadtentwicklungsplanung vgl. Hesse, Joachim Jens: Zielvorstellungen und Zielfindungsprozesse im Bereich der Stadtentwicklung. In: Archiv für Kommunalwissenschaften 1971, S. 26 ff.
[10] Vgl. hierzu die Organisationsmodelle der Projektgruppe »Nürnberg-Beratung« des Kommunalwissenschaftlichen Forschungszentrums Berlin in: Der Städtetag 6/1971, S. 310 ff.

dinierende Steuerung (Führung) ein Minimum an Stetigkeit und Stabilität zu vermitteln. Dieses Ziel läßt sich derzeit nur über eine Vielzahl einzelner Koordinationsentscheidungen erreichen. Zu diesem Zweck muß der Verwaltungschef unablässig die Vorentscheider aus Rat und Verwaltung in politischen Einzelfragen beeinflussen. Diese Kontakte verlangen – bei der großen Zahl der Probleme und der Vorentscheider – den vollen persönlichen Einsatz und sind sehr zeitaufwendig. In der Annahme, die Entwicklungsplanung könne den Verwaltungschef von seiner Tagesarbeit entlasten, liegt natürlich ein Mißverständnis. Eine Dienststelle, die langfristig planen soll, kann bestenfalls dazu beitragen, daß die Tagesprobleme in Zukunft in besser zu bewältigender Form auf den Tisch kommen. Wenn der Verwaltungschef – was in der Praxis häufig geschieht – seinen Stab für Entwicklungsplanung mit Tagesfragen auslastet, darf er keine Planung erwarten.

Ein weiteres folgenschweres Mißverständnis lag in der verbreiteten Erwartung, mit Hilfe einer Dienststelle für Stadtentwicklungsplanung könnten die planenden Teile der Verwaltung konsolidiert und der Steuerung durch hierarchische Weisung und Kontrolle zugänglich gemacht werden – nach dem Muster der reinen gesetzesvollziehenden Verwaltung, die in dieser Hinsicht kaum Probleme aufwirft. Diese Einstellung verkennt den grundlegenden Unterschied zwischen dem Aufgabenvollzug nach *vorgegebenen* Programmen und Problemlösungsstrategien durch planende Erarbeitung *neuer* Programme. Während die Weisungshierarchie die rationellste Form der Steuerung des Verwaltungsvollzugs ist, können neue Programme nicht durch Befehl erzeugt, sondern nur im Wege der Kooperation und Teamdiskussion über die hierarchischen Ebenen hinweg entwickelt werden. Stadtentwicklungsplanung muß scheitern, wenn sie von der Annahme ausgeht, es gebe Planer und Beplante. Sie hat nur dann eine Chance, wenn es gelingt, die vorhandenen planerischen Ansätze durch ein planungsadäquates Führungsverhalten der betroffenen Hierarchiechefs zu ermutigen und so die gesamte Verwaltung schrittweise zu einer planenden Verwaltung umzubauen.[11]

Die verbreitete Neigung, dem vorhandenen Verwaltungsapparat einen chefattachierten Planungsstab aufzustülpen, verkennt demgegenüber die realen Machtverhältnisse in der Organisation und öffnet

---

[11] Zu den organisatorischen Problemen einer planenden Verwaltung eingehend: Laux, Eberhard: Führungsorganisation und Führungsstil in der Kommunalverwaltung. In: Archiv für Kommunalwissenschaften, Jg. 7 (1968), S. 233 ff. Zum selben Problemkreis aus systemtheoretischer Sicht: Herold, Kurt: Kooperative Verwaltungsführung durch Zielsetzung. In: Öffentliche Verwaltung und Datenverarbeitung, 2/1971, S. 47 ff.

den Weg zur administrativen Isolierung und politischen Diskreditierung der Stadtentwicklungsplanung. Die Praxis, Stadtentwicklungsplanung darüber hinaus am Rat – dem politischen Zielsetzungsorgan – »vorbeizuorganisieren«, enthüllt die technokratische Vorstellungswelt, aus der das gängige Organisationsdenken lebt. § 47 der Gemeindeordnung[12] wird so interpretiert, als mache er die Verwaltung zum alleinigen Träger aller Aktivitäten, die vor der förmlichen Ratsentscheidung liegen. Nach dieser Lesart ist die *gesamte Planungsphase Vorbereitung der Zielsetzungsentscheidung des obersten Organs*. Grundsätzlich wird also dem Rat das Endergebnis der Planung vorgelegt.

Nun gibt es in dem komplexen Feld der kommunalen Gesamtplanung kaum vorgezeichnete, »sachzwanghafte« Handlungsziele. Außerdem sind die Ziele interdependent. Typisch ist, daß die volle Erreichung des Zieles A nur um den Preis des Verzichts auf volle Erreichung des Zieles B möglich ist. Das Gewicht der Einzelziele im Zielsystem kann nur in einem argumentativen Prozeß festgelegt werden. Ebensowenig ist die Eignung von Lösungswegen zur Zielerreichung ex ante determiniert. Auch hier beherrscht die Alternative das Terrain. Wird der komplizierte Prozeß der »Vorbereitung« des Stadtentwicklungsprogramms mit seinen vielfältigen Alternativen-Eliminationen unter Ausschluß des Rates organisiert, so bedeutet das, daß die professionellen Planer die obersten Entwicklungsziele selbst setzen und der Rat diese praktisch nur in toto akzeptieren oder verwerfen kann.

Wir haben gesehen, daß selbst die in der Regel viel weniger komplexen Einzelentscheidungen des traditionellen politischen Prozesses nur durch den Vorentscheidungsmechanismus politisch tragfähig werden. Ausgerechnet im Bereich der Stadtentwicklungsplanung auf politische Rückkopplung verzichten zu wollen, ist eine ziemlich verwegene Vorstellung. Selbst im günstigsten Fall – die Verwaltung kann sich bei der Erarbeitung eines Stadtentwicklungsprogramms auf einen Ratsauftrag berufen, der Rat stimmt den Zielen und Lösungswegen allgemein zu – wird der Rat bei jeder nachfolgenden Einzelentscheidung (zum Beispiel über eine Investition) aus dem beschlossenen Rahmen ausbrechen, wenn ihm das politisch zweckmäßig erscheint. Wenn das oberste Organ nicht an allen Phasen der Vorbereitung von Stadtentwicklungsprogrammen beteiligt wird, ist zu befürchten, daß diese das Papier nicht wert sein werden, auf dem sie stehen.

Es ist nicht leicht, diese Beteiligung zu erhalten. Im Zentrum des Ratsinteresses steht die politische Einzelentscheidung. Aus diesem Grunde funktioniert hier der Vorentscheidungsprozeß spontan. Da-

---

[12] Satz 1 lautet: Der Gemeindedirektor bereitet die Beschlüsse des Rates und der Ausschüsse vor.

gegen gibt es kaum gesellschaftliche Anstöße zur Aufstellung politischer Gesamtplanungen. Was Öffentlichkeit und Rat artikulieren, ist auf den ersten Blick widersprüchlich: 1. die Stadtverwaltung ist zu teuer; 2. die Stadtverwaltung erbringt zu wenig an (zu schlechte) Leistungen. Wenn die Verwaltungsführung folgert, diesen beiden – im Kern berechtigten – Klagen könne nur durch äußerste Rationalisierung der Zielwahl und des Mitteleinsatzes im Wege einer Planung der städtischen Gesamtentwicklung abgeholfen werden, so ist dies zunächst eine rein administrative Interpretation. Es fehlt der Anreiz für die Vorentscheider aus dem Rat, Initiative und planende Vorbereitung mit der Verwaltung zu teilen und sich auf dem Abstraktionsniveau einer Gesamtplanung für die im eigentlichen Sinn als politisch empfundenen Einzelentscheidungen festlegen zu lassen.

Da der Vorentscheidungsprozeß nicht spontan aufgrund informeller Kontakte abläuft, muß die formalisierende Organisation einspringen, wenn das Unternehmen nicht auf tragfähige Grundsatzentscheidungen verzichten soll. Organisiert man die Beteiligung auf der Ebene der Ratsausschüsse, kommt sie zu spät. Durch einen besonderen Ausschuß für Stadtentwicklung würden sich die Vorentscheider (besonders die Vorsitzenden der einflußreichen Fachausschüsse) auch dann nicht festlegen lassen, wenn sie ihm sämtlich angehörten. Er wäre dem Rats- und Ausschußsystem in analoger Weise übergestülpt wie der Stab für Entwicklungsplanung der Verwaltungsapparatur und riskierte, ähnlich ineffektiv zu bleiben. Die Münchener Institutionen des *ehrenamtlichen Verwaltungsbeirates und der Stadtplanungskommission* gehen weiter und verdienten, in anderen Städten getestet zu werden.[13] Eine noch stärkere Beteiligung der Vorentscheider an der Programmentwicklung ließe sich erreichen, wenn der zuständige Verwaltungsbeirat an denjenigen verwaltungsinternen Arbeitskreis- oder Projektgruppensitzungen teilnähme, in denen ein Amtsleiter oder Beigeordneter den Vorsitz führt. Letztere Einschränkung wird man machen müssen, weil nur solche Sitzungen einen Arbeitsstand gewährleisten, der erste politische Vorentscheidungen (Alternativen-Eliminationen) ermöglicht.

[13] Jedem Dezernat und jedem Amt von einiger Bedeutung ist durch Ratsbeschluß ein Ratsmitglied als »ehrenamtlicher Verwaltungsbeirat« beigeordnet, das vom Dezernenten oder Amtsleiter über alle wesentlichen Entwicklungen zu unterrichten ist. In der »Stadtplanungskommission«, einer regelmäßigen Verwaltungsbesprechung, wird die Tagesordnung der Sitzungen des Stadtplanungsausschusses vorher behandelt. Mitglieder sind die Bürgermeister, die mit Fragen der Stadtplanung befaßten Dezernenten und Amtsleiter, die ehrenamtlichen Verwaltungsbeiräte und die Mitglieder des Ältestenrats, also etwa ebensoviele Ratsmitglieder wie Beamte (vgl. Vogel, Hans-Jochen: Städte im Wandel. Stuttgart, 1971, S. 69 f.).

Der vorgeschlagene, bewußte Einbau des Vorentscheidungsprozesses in die Vorbereitungsarbeit der Verwaltung mit seiner Formalisierung von Vorgängen, die als informelle bislang von den Verwaltungsführungen mehr geduldet als bejaht wurden, löst natürlich eine Flut von Einwänden aus. Verwaltungschefs werden eine weitere Einbuße an hierarchischem Einfluß, Ratsmitglieder das »Ende der Kommunalpolitik« befürchten. Den ersteren wird man sagen müssen, daß der traditionelle Entscheidungsprozeß im Bereich der planenden Verwaltung ohnehin nie funktioniert hat und das großstädtische Unternehmen sich insoweit in einem überholten Führungszustand befindet. Die soziale Realität verlangt hier ein empfindliches Rückkopplungssystem, das imstande ist, große Informationsmengen immer schneller zwischen allen an der Entscheidung Beteiligten – auch der Öffentlichkeit – auszutauschen. Nur die Formalisierung des bestehenden Spontansystems schafft den Grad an Kontrollierbarkeit und Koordinierbarkeit, auf den der Verwaltungschef Wert legen muß, wenn er seiner Führungsaufgabe gerecht werden will.[14] Die letzteren sollten im Auge behalten, daß erst die weitere Reduzierung der ohnehin beschränkten Dispositionsfreiheit bei Einzelentscheidungen dem Rat den umfassenden politischen Einfluß auf die künftige Entwicklung der Gesamtstadt gibt, der ihm als oberstem Zielsetzungs- und Entscheidungsorgan zukommt.

---

[14] Diese Vorschläge kommen dem von Grauhan entwickelten »korrelativen Führungsmodell« nahe: Grauhan, Rolf-Richard: Modelle, a. a. O., S. 279 ff.

IV. Politische Dimensionen der Stadtplanung

Stadtplanung und Politik

Vergleichende Beobachtungen zum Stellenwert der Planung in der Verwaltung einer amerikanischen und einer deutschen Großstadt

Von Rolf-Richard Grauhan

I

Daß Städte nach einem bestimmten Plan gebaut werden sollten, ist, wie wir von frühen Beispielen aus der Antike wissen, keine moderne Idee. Doch seit die Kolonistenstädte des römischen Reiches und des deutschen Mittelalters nach dem Schachbrettmuster angelegt wurden und die baufreudigen Fürsten des 17. und 18. Jahrhunderts auch andere Formen in Mode brachten, wie zum Beispiel den Karlsruher Fächer[1], war die Stadtplanung mit dem Problemkreis: Neuanlage einer Stadt verknüpft. Dieser Zusammenhang bestimmt bis auf den heutigen Tag weitgehend ihren Charakter: Er ordnet die Stadtplanung in erster Linie dem Bauwesen zu und macht die ästhetische Form des Stadtbildes zu einer ihrer Hauptsorgen. Infolgedessen findet sich die Disziplin der Stadtplanung in Deutschland und den USA an den technischen Universitäten[2] oder, wie zum Beispiel in Harvard, an einer Graduate School of Design.

Den stürmischen Aufschwung der letzten rund 80 Jahre verdankt die Idee der Stadtplanung jedoch – von Ausnahmen, wie Brasilia, abgesehen – nicht der *Neugründung* von Städten, sondern dem sprunghaften und planlosen Größenwachstum *bestehender* Gemeinwesen im Zuge der industriellen Revolution. Ausgangs des 19. Jahrhunderts wuchsen deutsche und amerikanische Industriestädte in annähernd gleichem Ausmaß, wobei die Wachstumsziffern der deutschen die entsprechender amerikanischer Städte vielfach noch überstiegen.[3]

---

[1] 1715 gründete Markgraf Karl Wilhelm von Baden-Durlach die Stadt Karlsruhe in Form eines Fächers mit dem Schloß im Scheitelpunkt.
[2] An der Münchener TH etwa in den Abteilungen Architektur und Bauingenieur- und Vermessungswesen der Fakultät für Bauwesen. Am Massachusetts Institute of Technology in Cambridge existiert ein eigenes Department of City Planning.
[3] Vgl. Munro, William B.: The Government of European Cities. New York, 1909, S. 110 ff.

Dieser noch immer anhaltende Zug der Stadt zu anscheinend wuchernder Entwicklung ist es, der seitdem die Stadtplanung herausfordert. Doch ergaben sich aus dieser Wendung der Stadtplanung von der Stadtgründungs-Planung zur Stadtentwicklungsplanung einige politisch folgenreiche Paradoxien:

1. Die Stadtplanung blieb zwar nach Methode und Selbstverständnis eine rational technische Disziplin, sie begann aber aus der Problematik der Stadtentwicklung heraus eine Fülle von Verantwortlichkeiten zu requirieren. So wurde zum Beispiel die Aufgabe eines »Master Plan« in dem amerikanischen »Standard City Planning Enabling Act« schon in den zwanziger Jahren wie folgt umrissen:

»... *guiding and accomplishing a co-ordinated, adjusted, and harmonious development of the municipality and its environs which will, in accordance with present and future needs, best promote health, safety, morals, order, convenience, prosperity, and general welfare, as well as efficiency and economy in the process of development; including, among other things, adequate provision for traffic, the promotion of safety from fire and other dangers, adequate provision for light and air, the promotion of good civic design and arrangement, wise and efficient expenditure of public funds, and the adequate provision of public utilities and other public requirements.*«[4]

Einen ähnlichen Wunschzettel stellt auch das deutsche Bundesbaugesetz für die »vorbereitende Bauleitplanung«, den sogenannten »Flächennutzungsplan« auf.[5]

2. Obwohl die Stadtplanung als *Entwicklungs*planung mit einer ganzen Fülle von bekannten und unbekannten, gegenwärtigen und zukünftigen, beeinflußbaren und unbeeinflußbaren Determinanten zu

---

[4] Zitiert nach Banfield, Edward C., and James Q. Wilson: City Politics. Cambridge/Mass., 1963, S. 189.

[5] »Die Bauleitpläne haben sich nach den sozialen und kulturellen Bedürfnissen der Bevölkerung, ihrer Sicherheit und Gesundheit zu richten. Dabei sind die öffentlichen und privaten Belange gegeneinander und untereinander gerecht abzuwägen. Die Bauleitpläne sollen den Wohnbedürfnissen der Bevölkerung dienen und die Eigentumsbildung im Wohnungswesen fördern.

Die Bauleitpläne haben die von den Kirchen und Religionsgesellschaften des öffentlichen Rechts festgestellten Erfordernisse für Gottesdienst und Seelsorge zu berücksichtigen, die Bedürfnisse der Wirtschaft, der Landwirtschaft, der Jugendförderung, des Verkehrs und der Verteidigung zu beachten sowie den Belangen des Natur- und Landschaftsschutzes und der Gestaltung des Orts- und Landschaftsbildes zu dienen. Landwirtschaftlich genutzte Flächen sollen nur in dem notwendigen Umfang für andere Nutzungsarten vorgesehen und in Anspruch genommen werden.« So § 1 Absatz 4 und 5 des Bundesbaugesetzes (BBauG) v. 23. 6. 1960 (BGBl I, S. 341).

rechnen gezwungen ist, blieb sie als *technische* Disziplin im Prinzip bei der Methode der Aufrißplanung für einen Zustand, in dem die Stadt gewissermaßen »fertig« oder »geordnet« sein würde: »Der Stadtentwicklungsplan stellt die städtebauliche und verkehrsmäßige Ordnung der Stadt und ihres Umlandes dar, deren Verwirklichung bis zum Jahre 1990 angestrebt werden soll.« Zu diesem Zwecke »... entwirft er die Gesamtform der zukünftigen Stadt, die Gliederung ihrer Masse und ihres Raumes sowie die Grundzüge ihrer städtebaulichen und verkehrsmäßigen Einrichtungen...«[6]

3. Die dritte, wichtige Veränderung bestand darin, daß der Planer seine Stadt nicht mehr dort planen konnte, wo er außer Urwald oder Flußwiesen nichts vorfand, sondern daß gerade die unerwünschte Entwicklung der je schon bestehenden Stadt die Probleme für die Planung aufwarf. Obwohl die Stadtplanung, vor allem auf dem Gebiet der Verkehrsplanung, ihrem traditionellen Tabula-rasa-Ansatz weitgehend treu blieb, fand sie nun je schon das Bestehende vor. Mit Recht hat Max Imboden daher davon gesprochen, die herkömmliche Stadtplanung gehe gedanklich gewissermaßen von einer »entschädigungslosen Globalenteignung« aus, auch dann, wenn eine tatsächliche Enteignung nur in Ausnahmefällen stattfinden könne.[7]

Die alte Idee der Stadtplanung erhielt, vor die neue Aufgabe der Stadtentwicklungsplanung gestellt, einen polemischen Zug gegen das Bestehende – und war dennoch gezwungen, sich in das Bestehende einzufügen, wenn sie überhaupt wirksam werden wollte.

Aus diesem Zusammenhang haben wir es hier mit einem wichtigen Ausschnitt zu tun: Die rationale Idee der Stadtplanung, vertreten von technisch-ästhetisch gebildeten und interessierten Stadtplanern und City Planners, sucht sich in den Prozeß einzuschalten, in dem bisher die grundlegenden Entscheidungen über die Geschicke der Stadt getroffen wurden – und erleidet dabei in einer amerikanischen Großstadt ein anderes Schicksal als in einer deutschen.

Zum Zwecke der Gegenüberstellung läßt sich der Unterschied vergröbernd zu folgender, schlagwortartiger Formel zusammenfassen: Bis heute siegt im ersten Durchgang in einer amerikanischen Großstadt eher die Politik über die Planung – in einer deutschen Großstadt eher die Planung über die Politik. Hierfür sind vor allem drei Gründe zu nennen, die im einzelnen dann kurz zu erläutern sein werden:

---

[6] So die Inhaltsangabe des Münchener Stadtentwicklungsplans von 1963, vgl. Landeshauptstadt München, Stadtentwicklungsplan mit Gesamtverkehrsplan, gekürzte Fassung, München o. J. (1963), S. 1.
[7] Schlußwort des Berichterstatters zum Beratungsgegenstand: »Der Plan als verwaltungsrechtliches Institut« In: Veröffentlichungen der Vereinigung deutscher Staatsrechtslehrer, Heft 18, Berlin, 1960, S. 215.

1. In der zersplitterten Verwaltungsorganisation einer amerikanischen Großstadt ist es schwer, institutionell einen der Idee des »Comprehensive Planning« entsprechenden Platz zu finden. Im zentralisierten Verwaltungsapparat einer deutschen Großstadt ist es dagegen relativ einfach, eine Stadtplanung, die Entwicklungsplanung für das ganze Stadtgebiet sein soll, unter der unmittelbaren Verantwortung des Verwaltungschefs in der Verwaltungsspitze anzusiedeln.
2. Die soziale Einheit »Großstadt«, die die Probleme für die Entwicklungsplanung aufwirft, erstreckt sich in den USA schon seit Jahrzehnten über die Grenzen einer Vielzahl von politischen Gemeinden, während sie in Deutschland noch sehr viel stärker und häufiger in den Grenzen *einer* politischen Großgemeinde verbleibt. Das heißt, auch das Planungsgebiet ist in den USA fragmentiert, in der Bundesrepublik noch vergleichsweise konsolidiert, obgleich auch hier die Großstädte schon seit einiger Zeit begonnen haben, über ihre Gemarkungsgrenzen hinaus- und teilweise auch zusammenzuwachsen.
3. Die politischen Verhaltensmuster für den Prozeß, in dem grundlegende Entscheidungen zustande kommen, sind in den amerikanischen Städten eher ein Hindernis für die Stadtplanung, in den deutschen Städten kommen sie ihr entgegen.

Zu diesen Thesen sollen im folgenden einige vergleichende Bemerkungen vorgetragen werden, deren Beispiele vor allem aus Boston und München stammen.

II

1. Wenn im amerikanischen City Government eine neue Aufgabe anfällt, dann wird dafür regelmäßig eine neue, selbständige Behörde mit einem Vorstand von ehrenamtlich tätigen Bürgern geschaffen. Die Vorstandsmitglieder mögen zwar von Mayor und Council berufen werden, doch die Behörde hat eigene Rechtspersönlichkeit. Wenn in der deutschen Kommunalverwaltung eine neue Aufgabe anfällt, dann wird sie einem schon im Verwaltungsapparat bestehenden Amt zugeschlagen oder es wird allenfalls ein neues Amt innerhalb des Verwaltungsapparats geschaffen und einem bestehenden Ressort unterstellt.

Als Mayor John F. Collins 1960 sein Amt in Boston antrat und die Stadtplanung fördern wollte, wirkte er darauf hin, daß der alte, selbständige »City Planning Board« aufgelöst und seine Kompetenzen der »Boston Redevelopment Authority«, die 1957 als Stadtsanierungsbehörde geschaffen worden war, übertragen wurden. Das war ein spektakulärer Akt, für den ein Landesgesetz erforderlich war.[8] Der lau-

---

[8] Vgl. City of Boston, Municipal Register for 1964, S. 127.

fende Verwaltungsaufwand dieser Authority wird zwar von der City of Boston getragen, doch ist sie rechtlich von ihr unabhängig und ist befugt, die Förderungsmittel für den Städtebau unmittelbar vom Bund zu beziehen.
Als Oberbürgermeister Hans-Jochen Vogel 1960 sein Amt in München antrat und die Stadtplanung fördern wollte, ließ er das Stadtplanungsamt aus dem Hochbaureferat herauslösen und sich unmittelbar unterstellen. Das war mit einem Stadtratsbeschluß getan.
Wenn die »Boston Redevelopment Authority« Planungen vorlegt, dann sind das Planungen der »Boston Redevelopment Authority« und nicht etwa eo ipso Planungen der City of Boston. Als das Münchener Stadtplanungsamt 1963 einen Stadtentwicklungsplan erarbeitet hatte, wurde er vom Oberbürgermeister dem Stadtrat zum Beschluß vorgelegt. Damit war der Plan schon nicht mehr ein Plan des Stadtplanungsamtes, sondern ein Plan der ganzen Stadtverwaltung. Mit der Annahme durch das Stadtratsplenum wurde er zum »Plan der Landeshauptstadt München«.

2. Die einheitliche Bebauung, deren Mittelpunkt die City of Boston ist, erstreckt sich über mehr als 15 selbständige Gemeinden, darunter Städte mit über 100 000 Einwohnern, wie Cambridge und Somerville, deren Bevölkerungsdichte die vom eigentlichen Boston sogar noch übersteigt.[9] In München hat die zusammenhängende Bebauung die Gemarkungsgrenzen bisher vereinzelt überschritten. Der Unterschied spiegelt sich in folgenden Zahlen:
Das Stadtgebiet von Boston umfaßt mit rund 110 qkm nur ein Drittel des Stadtgebiets von München (310 qkm), dagegen ist die Boston Area mit rund 2500 qkm doppelt so groß wie die München-Region (1350 qkm).[10] Im Stadtgebiet von München leben 1,2 Millionen Menschen, in der dazugehörigen Region nur rund 0,4 Millionen. In Boston ist das Verhältnis auch insoweit umgekehrt: 0,7 Millionen Menschen wohnen in Boston selbst, aber 1,9 Millionen in der Boston Area, die 76 selbständige Gemeinden umfaßt.[11]
Die entscheidenden städtischen Planungsprobleme, wie Individual-

---

[9] Dazu: The Boston Regional Survey, prepared by Melvin R. Levin et al., for the Mass Transportation Commission of the Commonwealth of Massachusetts. April 1963, S. 16.
[10] Zahlenangaben nach: Boston Regional Survey, a. a. O., S. 18 und: Akademie für Raumforschung und Landesplanung, Forschungs- und Sitzungsberichte, Bd. 22: Die Entwicklung der Bevölkerung in den Stadtregionen. Hannover, 1963, S. 188. Die in Deutschland verwendete Methode zur Bestimmung der »Stadtregion« entspricht der amerikanischen Methode zur Bestimmung der »Metropolitan Area«.
[11] The Boston Regional Survey, a. a. O., S. 9 und 11.

und Massenverkehr, Wohnraum- und Industrieansiedlung, Kanalisation und Müllbeseitigung sind in München noch in erster Linie Probleme der Zentralstadt, in Boston schon seit Jahrzehnten Probleme der Area. Der Grund dafür ist einfach: die letzte Eingemeindung nach Boston datiert aus dem Jahre 1911[12], während München seine jetzige Stadtgröße Eingemeindungen verdankt, die später stattfanden. Mehr als ein Drittel seines Gebiets erhielt München zwischen 1938 und 1942[13], ist also, wie andere deutsche Großstädte, Nutznießer der exzessiven Eingemeindungspraxis des Dritten Reiches.

Was danach in München noch Stadtentwicklungsplanung sein kann, müßte in Boston auf dem Wege des »Metropolitan Planning« erreicht werden.

3. Aus der Erkenntnis, daß »Comprehensive Planning« in den amerikanischen Großstadtgebieten nur »Metropolitan Planning« sein könnte, leitete sich die jahrzehntealte Forderung nach einem »Metropolitan Government« ab[14], die aber trotz eines enormen Propagandaaufwandes und trotz wiederholter Anläufe immer wieder an dem Selbsterhaltungstrieb der bestehenden politischen Einheiten gescheitert ist. Insoweit ist die Boston Area für die amerikanischen Großstadtgebiete repräsentativ.

a) Tatsächlich folgt der Zersplitterung der Verwaltungskompetenzen in sachlicher und territorialer Hinsicht die Zersplitterung der Planung nach – und zwar in dreierlei Hinsicht:

α) Die »Boston Redevelopment Authority« (BRA) plant nur im Stadtgebiet von Boston – wie andere ähnliche Authorities in den anderen selbständigen Gemeinden der Area auch – und auch dort praktisch nur für ganz bestimmte, örtlich eng umgrenzte Entwicklungsprojekte, die meist nach dem Tabula-rasa-Prinzip ganz abgerissen, ganz neu geplant und wiederaufgebaut werden, vorwiegend unter finanzieller Beteiligung des Bundes als sogenannte »Urban-Renewal«-Projekte. Zwar gehört zu den Planungsaufgaben der BRA »the ma-

---

[12] Vgl. City of Boston, Municipal Register for 1964, S. 5.
[13] Vgl. Landeshauptstadt München, Stadtentwicklungsplan, a. a. O., S. 4.
[14] Eine systematische Zusammenfassung der verschiedenen Lösungsvorschläge findet sich schon bei Victor Jones: Metropolitan Government, Chicago 1942, S. 121 ff. Jones nennt auch den Grund für das oft leidenschaftliche Interesse, das die amerikanische Politikwissenschaft während und kurz nach dem II. Weltkrieg den Organisations- und Planungsproblemen der Metropolitan Areas entgegenbrachte: »In these days, when democracy is being attacked from all directions, the organization and aministration of government to establish, extend, and preserve democracy is the crucial issue before us. If we cannot achieve efficient and effective democracy in local areas there is no hope for the nation.« (Ebd., S. 342)

king of plans and programs for the development of the city as a whole«[15], im Municipal Register für 1964 aber wird über eine Planung für die Stadt als Ganzes kein Wort verloren, vielmehr werden neun einzelne Planungsprojekte aufgezählt, mit denen die BRA »in various stages of planning and execution« befaßt sei.[16]

β) Für bestimmte technisch-wirtschaftliche Aufgaben von regionalem Zuschnitt, zum Beispiel die Wasserversorgung, die Kanalisation, die Sicherstellung von Erholungsflächen, aber auch den Straßenbau, werden je ad hoc selbständige Spezialbehörden geschaffen, die zwar für ihr spezielles Aufgabengebiet überörtlich planen, durch ihr Nebeneinander aber im Effekt die Zersplitterung der Planung noch weitertreiben. In diesem Bereich findet sich in Boston, das wie München Landeshauptstadt ist, eine für andere amerikanische Großstadtgebiete nicht ganz typische Beteiligung des Staates.[17]

γ) Die eigentliche Aufgabe des »Comprehensive Planning« bleibt in dieser Lage sogenannten »Planning Councils« überlassen, auf die sich die selbständigen Gemeinden des Planungsgebietes relativ häufig einigen, weil sie strikt auf beratende Funktionen beschränkt bleiben. Planung bleibt dann im wesentlichen Grundlagenforschung, ohne die Planung der einzelnen Gemeinden wirksam zu koordinieren.
Auch die Boston Area besitzt seit 1963 einen »Metropolitan Area Planning Council«[18], dessen Aktivitäten sich jedoch vorerst auf Informa-

[15] So die Kompetenzangabe im Haushaltsplan von Boston 1965: Annual Budget Recommendations as submitted to the Boston City Council by John F. Collins, Mayor, for the fiscal year 1965, S. 116.
[16] Diese Projekte werden nach der Lage bezeichnet, zum Beispiel »New York Streets Project«, »Washington Park Project«, »Government Center Project«. Vgl. Municipal Register for 1964, S. 127–129.
[17] Unter der Leitung einer »Metropolitan District Commission«, von deren fünf Mitgliedern vier vom Gouverneur von Massachusetts, einer vom Mayor of Boston ernannt werden, steht ein »Metropolitan Water District«, ein »Metropolitan Sewage District« und ein »Metropolitan Parks District«, deren Gebiete nicht übereinstimmen. Die »Metropolitan Transit Authority«, die unter anderem die U-Bahn in Boston betreibt, ist vom Staat Massachusetts als Körperschaft mit eigener Rechtspersönlichkeit geschaffen worden. Sie steht unter der Leitung von drei »Trustees«, die vom Gouverneur ernannt werden, doch müssen die 14 Gemeinden, die von der MTA bedient werden – und die den inneren Kern der Boston Area ausmachen –, für das Defizit der MTA aufkommen. Eine selbständige Straßenbau-Behörde ist die »Massachusetts Turnpike Authority«, die sich auch im Stadtgebiet von Boston betätigt.
[18] Dieser Council geht zwar politisch auf die Bereitschaft der beteiligten Gemeinden zu einem derartigen Zusammenschluß zurück, ist rechtlich aber durch einen Gesetzgebungsakt des Parlaments von Massachusetts zustande gekommen.

tionstagungen für die Kommunalpolitiker der Area beschränken. An den Vorträgen sind vorwiegend Wissenschaftler der Universitäten aus dem Bereich der Boston Area beteiligt, die damit eine alte Tradition fortsetzen: wichtige Schrittmacherdienste für die Konfrontierung des öffentlichen Bewußtseins mit den Planungsproblemen der Metropolitan Areas haben in den USA schon vor Jahren Studien geleistet, die auf Initiative privater Institutionen – häufig der »Chambers of Commerce« – oft von hervorragenden Gelehrten unternommen worden sind, wie zum Beispiel ein im Rahmen einer Preisausschreibung der Boston University 1945 von Carl J. Friedrich, Talcott Parsons und anderen erstellter Planungsvorschlag für Metropolitan Boston.[19]

b) Angesichts der Offenheit dieser Planungsverhältnisse vermittelt das Bild der Stadtplanung in der deutschen Großstadt einen ungewöhnlich geschlossenen Eindruck. Der Schlüsselbegriff für das deutsche Planungsverfahren ist der Begriff der »Planungssicherheit«[20]. Dieser Ausgangspunkt begünstigt den generellen und umfassenden Plan. »Das Planungsgeschehen geht bei uns«, nach einer Formel von Ernst Forsthoff, »deduktiv vor sich«[21]. Nachdem das Münchener Stadtplanungsamt direkt dem OB unterstellt worden war, wurde zunächst von einer speziellen Arbeitsgruppe ein das ganze Stadtgebiet umfassender »Stadtentwicklungsplan« für einen Zeitraum von 30 Jahren entworfen. Für diese Aufgabe wurden Professoren technischer Hochschulen als Berater herangezogen sowie ein Sozial- und ein Wirtschaftsforschungsinstitut mit besonderen Untersuchungen beauftragt.[22] Der fertige Entwurf wurde 1962 an etwa 60 Münchener Verbände und Institutionen zur Stellungnahme übersandt und am 10. 7. 1963 vom Stadtratsplenum nahezu einmütig gebilligt.[23] »Leitge-

---

[19] The Boston Contest, Prize Winning Program. Boston, 1945.
[20] Nach § 33 BBauG ist zum Beispiel in einem Gebiet, für das die Gemeinde beschlossen hat, einen Bebauungsplan aufzustellen, ein Vorhaben nur dann zulässig, »wenn nach dem Stand der Planungsarbeiten anzunehmen ist, daß das Vorhaben den künftigen Festsetzungen des Bebauungsplanes nicht entgegenstehen wird«. Diese Vorschrift ist von größter praktischer Bedeutung.
[21] Diskussionsbeitrag zu: »Der Plan als verwaltungsrechtliches Institut«. Veröffentlichungen der Vereinigung deutscher Staatsrechtslehrer, a. a. O., S. 183.
[22] Institut für angewandte Sozialwissenschaft, Bad Godesberg (Ifas): Der Zuzug nach München. Untersuchung über die soziologischen und psychologischen Faktoren; und: Wirtschaftliche Struktur und Entwicklung der Münchner Innenstadt; Prognos, europäische Arbeitsgruppe für angewandte Wirtschaftsforschung, Basel, Wirtschaftliche und demographische Wachstumskräfte in der München-Region.
[23] Bei fünf Gegenstimmen: 1 FDP, 2 GDP, 2 von freien Wählergruppen.

danke dieser Planung ist«, nach den eigenen Worten des Stadtentwicklungsplaners, »die auf ein hochentwickeltes Zentrum hin orientierte, entlang den Strecken des Massenverkehrsmittels sternförmig in eine Vielzahl von Stadtteilen mit eigenen Nebenzentren gegliederte und mit ihrem natürlichen Umland organisch verbundene Metropole mit Weltstadtcharakter«[24].
Der Text des Beschlusses über die Annahme des »Stadtentwicklungsplanes einschließlich des Gesamtverkehrsplanes« bezeichnete freilich den entscheidenden Punkt des Planwerks, in dem »Planungssicherheit« geschaffen werden sollte und mußte: den Bau der U-Bahn. Nach der Festlegung der Bindungswirkung des Stadtentwicklungsplanes für »alle Maßnahmen, die sich auf die städtebauliche und gesamtverkehrliche Entwicklung der Stadt auswirken oder auswirken können«, lautet der erste beschreibende Satz dieses Beschlusses: »Mit der Billigung des Stadtentwicklungsplanes entscheidet sich die Landeshauptstadt München unter Aufhebung früherer Beschlüsse für das Massenverkehrsprojekt C.« Doch wurde der Stadtentwicklungsplan als Entwurf einer »Gesamtform der künftigen Stadt« durchaus ernst genommen. In deduktiv fortschreitender Konkretisierung seiner Ordnungsvorstellungen wurde vom Stadtplanungsamt aus dem Stadtentwicklungsplan ein Flächennutzungsplan als »vorbereitender Bauleitplan« im Sinne des Bundesbaugesetzes mit einer Laufzeit von 10 Jahren entwickelt, aus dem wiederum nach der Vorschrift des BBauG die einzelnen Bebauungspläne als die »verbindlichen Bauleitpläne« zu entwickeln sind, § 8 Abs. 2 BBauG. Für die Maßnahmen, die die Stadt selbst zur Verwirklichung ihrer städtebaulichen Ordnung zu ergreifen hätte, wurde ein 5-Jahres-Investitionsprogramm nach den Richtlinien des Oberbürgermeisters – zunächst in einem Arbeitskreis unter Beteiligung der wichtigsten Ressorts (Kämmerei, Grundstücks-, Bau-, Werkreferat und Stadtplanung), später unter entscheidender Beteiligung des Leitungsstabes des OB – aufgestellt. Das Investitionsprogramm wurde am 24. 3. 1965, der Flächennutzungsplan am 15. 12. 1965 vom Stadtratsplenum gebilligt. Das Stadtplanungsamt war schon nach der Verabschiedung des Stadtentwicklungsplanes im Zuge einer Neuorganisation des Baureferats im Sommer 1964 wieder zum Bauressort zurückgegliedert worden.
So geschlossen dieses Planungssystem auch erscheinen mag, es kündigen sich doch auch in der deutschen Großstadt jene Entwicklungen an, die in der amerikanischen zur vollen Ausprägung gelangt sind. Das deduktive Planungsverfahren ist davon abhängig, daß eine Planungsinstanz das ganze Planungsgebiet umfaßt – und gerade diese

[24] Vgl. gekürzte Fassung, S. 9.

Voraussetzung beginnt in der deutschen Großstadt langsam aber unaufhaltsam zu schwinden.

Der Münchener Stadtentwicklungsplan bezieht zwar schon die Region in seine Überlegungen mit ein, er projiziert das Leitbild der sternförmigen Stadtentwicklung in die Region hinaus, vermeidet es aber bewußt, für das Gebet außerhalb der Gemarkungsgrenzen eigene Planungsvorstellungen zu entwickeln. In dieser Hinsicht ist der Münchener Stadtentwicklungsplan von 1963 mit dem Verkehrsplan des »*Boston City Planning Board*« des Jahres 1930, dem sogenannten »*Whitten-Report*«[25], vergleichbar.

Für eine technisch-wirtschaftliche Aufgabe regionalen Zuschnitts wurde bereits zwischen der Stadt München, dem Bezirk Oberbayern und den München umgebenden Landkreisen ein »Eingetragener Verein zur Sicherstellung von überörtlichen Erholungsgebieten in den Landkreisen um München« gegründet. Die städtischen Wasser-, Elektrizitäts- und Gaswerke planen in ihrem Bereich schon seit langem überörtlich. Zur beratenden Koordination der gemeindlichen Planung im Bereich der München-Region und zur Aufstellung von Bauleitplänen auf Antrag der Mitgliedsgemeinden des Münchener Umlands besteht ein »Planungsverband Äußerer Wirtschaftsraum München« als Zweckverband, der auf eine Gründung des Jahres 1950 zurückgeht.

Auch das Stadtgebiet der Zentralstadt selbst beginnt im Zuge der fortschreitenden Verflechtung ihrer Entwicklungsprobleme mit denen der Region seine frühere Undurchdringlichkeit zu verlieren: am 7. April 1966 wurde die Gründung eines Zweckverbandes bekanntgegeben, der Gelände für eine zukünftige Entlastungssiedlung auf dem Gebiet der Stadt München erwerben und für eine Bebauung zu späterem Zeitpunkt sicherstellen soll. An diesem Zweckverband sind neben dem Bayerischen Staat unter anderem eine Reihe von Wohnungsbauunternehmen, Banken und Versicherungen beteiligt.[26]

4. Gerade wenn wir davon auszugehen haben, daß sich die Planungsprobleme der deutschen Großstadt denjenigen der amerikanischen insofern annähern werden, als die Großstadt im soziologischen Sinne die Grenzen der Großstadt im rechtlichen Sinne unaufhaltsam überschreitet und deshalb auch die Regionsprobleme auf die Kernstadt zurückwirken, haben wir den Unterschieden in den politischen Verhaltensmustern Aufmerksamkeit zu schenken, die von diesen Wandlungen nicht unmittelbar betroffen werden. Derartige Unterschiede finden sich sowohl im Verhalten *gegenüber* dem Element »Stadt« wie gegenüber dem Element »Planung«.

---

[25] Dazu: The Boston Regional Survey, S. 87 ff.
[26] Amtsblatt der Regierung von Oberbayern, Ausgabe A, S. 45.

a) Stadtplanung im Sinne der Aufstellung und Durchführung eines umfassenden »*Master Plan*« für die ganze Stadt ist – wovon wir ausgingen – eine *rational-technische* Idee, von *Fachkunde* und *Spezialistentum* geprägt. Die Wertschätzung der Planungsidee folgt darum zunächst der Wertschätzung, die der »Fachmann« als Urheber grundlegender Programme für das Gemeinwesen bei der Bevölkerung im allgemeinen und ihren Repräsentanten im besonderen genießt. Ebenso, wie die geschlossene Verwaltungsorganisation einer deutschen Großstadt auch auf das Vertrauen in den »Fachmann« als Verwaltungschef zurückgeht, folgt die Zersplitterung der Verwaltungskompetenzen in einer amerikanischen Großstadt aus dem Prinzip, die einzelnen Verwaltungsgeschäfte möglichst von einem *committee* und möglichst von ehrenamtlich tätigen Laien erledigen zu lassen. Dieses Prinzip ist unter dem Gesichtspunkt einer unmittelbaren Beteiligung der Bürgerschaft an der Verwaltungsführung erheblich wertbesetzt.
Während sich nun mit der Entstehung industrieller Großstädte in dem amerikanischen System die starken lokalen Parteiorganisationen (*machines*) einrichteten, deren Selbstbewußtsein auf ihrer »*ability to control votes*«[27] beruhte und für eine ausgeprägte Wertschätzung fachlichen Sachverstands nicht viel Raum ließ, nahm gleichzeitig in den neuen industriellen Großstädten Deutschlands »der Fachbeamte das Heft in die Hand«[28]. Zwar brachte das 20. Jahrhundert hier wie dort eine gegenläufige Entwicklung: Im Zuge der Reformbewegung[29] hat in den amerikanischen Großstädten das Fachbeamtentum mühsam Fuß gefaßt, während in Deutschland mit der Demokratisierung des kommunalen Wahlrechts die Parteien Einfluß auf die etablierte Beamtenverwaltung gewannen. Die Verhaltensmuster aber sind bis heute weitgehend von denen geprägt worden, die das Feld zuerst beherrscht hatten: während die deutschen Kommunalpolitiker die Wertschätzung des »Fachmannes« – freilich mehr oder weniger, aber im Vergleich zu ihren amerikanischen Kollegen doch »mehr« – übernahmen und auf die Stadtplaner ausdehnten, blieb das Mißtrauen der amerikanischen committee- und boardmembers gegenüber den Fachleuten auch angesichts der Stadtplanung wach.
Demgegenüber spielen parteipolitische Unterschiede eine geringe

---

[27] Banfield und Wilson, a. a. O., S. 116. Dort findet sich ein vorzüglicher, zusammenfassender Rückblick auf die Bedeutung der »machines« für die Politik amerikanischer Großstädte, S. 115–127.
[28] So Ziebill, Otto: Politische Parteien und kommunale Selbstverwaltung. Stuttgart, 1964, S. 11.
[29] Vgl. dazu Morstein Marx, Fritz: Amerikanische Verwaltung, Hauptgesichtspunkte und Probleme. Berlin, 1963, S. 67 ff.

Rolle. Weder in den USA noch in der Bundesrepublik ist die Stadtplanungsidee unmittelbar unter den Parteien streitig. Dennoch sind gewisse Akzentverlagerungen nicht zu übersehen: während »Planung« in Deutschland prima facie immer noch eher als eine »linke« Idee gilt, steht die Idee des »Comprehensive Planning« aus ihrer Verbindung mit dem »Reform Movement« in den USA eher im Geruch, eine Sache der Konservativen und der Grundstücksinteressenten zu sein.[30] Diese Vor-Urteile mögen unterschwellig den in den deutschen Großstadtvertretungen dominierenden Sozialdemokraten das Vertrauen in die Stadtplanung erleichtern, es manchen Demokraten in den amerikanischen Großstädten dagegen eher erschweren – eine ausschlaggebende Rolle spielen sie nicht.[31]

Dagegen ist von nicht zu unterschätzendem Einfluß, daß die Idee der Stadtplanung nicht nur einen »Fachmann-Appeal« besitzt, sondern auch dem administrativen Verhalten entgegenkommt: sie verspricht jene »Planungssicherheit«, die die Verwaltung braucht, um nach ihren eigenen Gesetzen arbeiten zu können. Die Verwaltung ist an der Erledigung bestimmter Aufgaben orientiert und muß dabei voraussetzen, daß über die Aufgabe selbst keine grundsätzliche Auseinandersetzung mehr stattfindet. Sie drängt deshalb danach, die grundsätzliche Unsicherheit über die Verwaltungsaufgaben zu beseitigen. Ist diese Tendenz stark, weil administrative Verhaltensmuster verbreitet und zu einem gewissen Grade auch als Norm akzeptiert werden, so kann die Verheißung von Planungssicherheit für einen Zeitraum von 30 Jahren eine ungeheure Verlockung darstellen, die viele Widerstände überwinden läßt. Doch ist dabei im Auge zu behalten, daß unter diesem Aspekt der Planungsvorgang in Konkurrenz zum politischen Prozeß tritt, dessen Aufgabe es ebenfalls ist, die Unsicherheit über Verwaltungsaufgaben zu beseitigen – nur durch einen Vorgang, in dem die gegensätzlichen Positionen fortgesetzt zur Auseinandersetzung kommen. In der deutschen Großstadt wird ein Übergewicht des Planungsvorganges gegenüber dem politischen Prozeß offensichtlich besser aufgenommen als in der amerikanischen.

[30] Banfield und Wilson, a. a. O., S. 191 f.
[31] Tatsächlich wurde die Bundesgesetzgebung, die in den USA die Städte verpflichtete, als Voraussetzung für die Gewährung von Bundesmitteln für den Städtebau so bald wie möglich einen »comprehensive (master) plan« aufzustellen, 1954 unter der Ära Eisenhower erlassen, dazu: Banfield und Wilson, ebd. Das deutsche Bundesbaugesetz, das den Gemeinden die Bauleitplanung zur Pflicht machte, kam 1960 während der absoluten Mehrheit der CDU/CSU zustande. Bemerkenswert ist, daß hier wie dort der Bund, der weder in den USA noch in der Bundesrepublik kommunalrechtliche Kompetenzen besitzt, als Förderer der Stadtplanung hervorgetreten ist.

b) Neben diesem Verhaltens-Unterschied, der sich auf das Element »Planung« bezieht, ist auch eine wesentliche Differenz in der Einstellung zum Element »Stadt« zu vermerken. Dabei treffen wir auf einen breiten sozial- und geistesgeschichtlichen Hintergrund, der hier nur angedeutet werden kann. Man muß sich daran erinnern, daß jahrhundertelang die Einwanderer nicht nach Amerika gezogen sind, um dort Stadt, sondern um dort Land zu finden. Nicht Stadtluft machte in Amerika frei, sondern Landluft machte frei. Wenn es in Deutschland eine Tradition demokratischen Verhaltens gibt, dann ist sie vor allem städtischen Ursprungs und deshalb auch an der Wurzel mit städtischen Ordnungsvorstellungen verknüpft.[32] Der »common man« der Jeffersonian Democracy dagegen steht dem »freien Bauern auf freier Scholle« näher, dessen Bild in Deutschland wieder von einem politischen Denken anderer Art verdunkelt worden ist.[33] Die Großstadt selbst steht in einem offenen Spannungsverhältnis zur Vorstellung vom »*american way of life*«, während die deutschen Animositäten gegen die Großstadt durch ihre Nachbarschaft zu »Blut und Boden«, »Brauchtum und Sitte« kompromittiert worden sind. Hinter dem Wachstum der amerikanischen Suburbs wird weniger als bei uns das Wachsen der Großstadt selbst gesehen; vielmehr gelten sie sehr viel stärker als Ausdruck einer bewußten Abkehr von der Großstadt[34]: Es gilt als schicklicher, die Großstadt zu meiden oder zu ignorieren, statt sie zu entwickeln oder in ihrer Entwicklung zu allem Überfluß auch noch zu planen! Der hartnäckige Widerstand der selbständigen Vorstädte gegen einen Planungsverbund mit der Kernstadt geht auch auf Motive dieser Art zurück. Dabei ist zu berücksichtigen, daß die Großstädte der Ostküste die Sammelbecken der – zunächst natürlich noch »unamerikanischen« – Einwandererströme mit ihren enormen Anpassungsschwierigkeiten gewesen sind, und heute, wie andere Großstädte, die Zuwanderung der zu einem hohen Prozentsatz arbeitslosen Farbigen aus den Südstaaten aufnehmen. Diese ethnischen und sozialen Gegensätze befrachten alle Entscheidungen zur städtischen Entwicklung mit einem Konfliktstoff, dem in einer deutschen Großstadt nichts Vergleichbares gegenübersteht. Die Chancen einer technisch-rationalen Stadtplanung, die

[32] Grundlegend hierzu immer noch Preuß, Hugo: Die Entwicklung des deutschen Städtewesens. Leipzig, 1906, Einleitung S. 5 ff. und passim.
[33] Zum stadtfeindlichen Zug im amerikanischen Denken: White, Morton and Lucia: The Intellectual versus the City. New York, 1964 (Mentor Book); zu Jefferson vgl. S. 24 ff. Die Arbeit ist am »Joint Center for Urban Studies of M. I. T. and Harvard University« entstanden und in der Publikationsreihe des Center erstmals veröffentlicht.
[34] Dazu Wood, Robert C.: Suburbia. Boston, 1958, S. 218 ff.

diese Faktoren als »irrational« grundsätzlich unbeachtet läßt, werden dadurch in einem System freier Auseinandersetzung noch weiter verschlechtert.[35] Der deutsche Griff nach der »Planungssicherheit« erscheint den Beteiligten angesichts der vorhandenen Spannungen vielleicht nicht einmal möglich. Im Vordergrund jedenfalls steht das »managing conflict in matters of public importance«, als die »politische Funktion«[36].

III

Das Schicksal, das die in Deutschland und den USA so ähnliche Idee des Comprehensive Planning in der deutschen und in der amerikanischen Großstadt erleidet, ist in der Tat verschieden: für die soziale Einheit Großstadt kommt ein Master Plan nicht zustande, für die politische Einheit Großstadt gibt es zwar fast überall einen Master Plan, der jedoch regelmäßig nur aufgestellt wurde, um die Voraussetzungen für den Empfang von Bundesgeldern für den Städtebau zu erfüllen[37], ohne die Funktion zu erlangen, die er nach der Planungsidee haben sollte.

In der deutschen Großstadt, die regelmäßig noch weitgehend Großstadt im soziologischen und rechtlichen Sinne zugleich ist, entsteht ein großartiges Planwerk aus Grundsatz-, Ausführungs- und Detailplänen, das als Richtschnur für die Verwaltungstätigkeit gedacht ist und an das große Hoffnungen für einen sicheren, rationalen und wirtschaftlichen Verwaltungsvollzug geknüpft werden.

Doch schärfen die Auseinandersetzungen um die Planungsidee selbst, denen sie in den USA seit langem ausgesetzt ist, auch den Blick für ihre immanenten Schwächen. In der Tat hat das »Comprehensive Planning« seine eigenen Kosten, die auch der deutschen Großstadtverwaltung nicht erspart bleiben.

Das deduktive Planungsverfahren bringt es mit sich, daß eine gründliche öffentliche Auseinandersetzung über die Planungsgedanken, so erwünscht sie auch an sich der Verwaltung sein mag, keinen rechten Ansatzpunkt findet. Die »Ordnungsvorstellungen und übergeordneten Planziele« des Stadtentwicklungsplanes, zum Beispiel eine Formulierung wie: »Innerhalb der bebauten Flächen ist dem Spannungsverhältnis zwischen Arbeitsstätte und Wohnung durch gegenseitige Zuordnung Rechnung zu tragen«[38], fordern in ihrer erhabenen All-

---

[35] Dieser Zusammenhang ist diskutiert bei Banfield, Edward C.: Political Influence. Glencoe, 1962, S. 330 ff.
[36] So die bezeichnende Definition von Banfield und Wilson: City Politics, a. a. O., S. 18.
[37] Banfield und Wilson, a. a. O., S. 192.
[38] Vgl. Landeshauptstadt München, Stadtentwicklungsplan, a. a. O., S. 9.

gemeinheit die Diskussion nicht sehr heraus. Formulierungen wie diese gewinnen ihren diskutierbaren Inhalt erst mit der konkreten Verwirklichung, die dann aber auf Grund des deduktiven Verfahrens schon als »Vollzug« des Grundsatzes – und damit als der grundsätzlichen Diskussion entzogen gilt. Dieses Dilemma stellt sich schon für den aus dem Stadtentwicklungsplan entwickelten Flächennutzungsplan, der zudem deshalb leicht einer Auseinandersetzung in der Öffentlichkeit entgeht, weil er nach deutschem Planungsrecht noch keine unmittelbaren Rechtswirkungen nach außen schafft, sondern nur die Gemeinde selbst bindet. Erst die unzähligen einzelnen Bebauungspläne treffen auf die volle Wucht des Widerstandes entgegenstehender Interessen. Doch nun geht die Auseinandersetzung nicht mehr um die Konzeption, sondern um das Detail und findet prinzipiell nicht mehr in der Öffentlichkeit und unter dem Aspekt des öffentlichen Interesses, sondern zwischen Behörde und Betroffenen und unter dem Aspekt des privaten Interesses statt. Wieder thesenartig komprimiert ließe sich formulieren: das deduktive Planungsverfahren tendiert dazu, den politischen Prozeß auszutrocknen und treibt dafür die Zahl der Rechtsstreitigkeiten zwischen Verwaltung und Bürger in die Höhe. Das geschieht vor allem in zwei Richtungen: Die trügerische Konfliktlosigkeit im Stadium der Grundsatzplanung führt die deutsche Stadtplanung leicht zu der Annahme, auch Stadt*entwicklungs*planung noch nach dem tabula-rasa-Prinzip treiben zu können – unter der von Imboden gerügten stillschweigenden Voraussetzung einer entschädigungslosen Globalenteignung. Im Verlauf der deduktiv unausweichlich fortschreitenden Konkretisierung treibt sie dann jedoch unsanft auf die Riffe der harten Verkaufs- oder Ersatzforderungen aller Planungsgeschädigten. Vor dem Hintergrund der chronischen kommunalen Finanzmisere bröckelt dann von den großzügigen Planungen nachträglich wieder ein Teil ab oder landet auf der langen Bank.

Zeigt sich diese Schwierigkeit besonders bei der Planung der Flächen, die von der Bebauung freizuhalten sind, das heißt vor allem der Verkehrs- und Grünflächen, so hat es die Planung für das Bauland schon schwer, gegenüber den unablässig sprudelnden Baugesuchen überhaupt die Vorhand zu gewinnen. Die Bautätigkeit im Gebiet einer Großstadt läßt dem deduktiven Planungsverfahren keine Atempause. Praktisch sind es die Baugesuche von teilweise größter Tragweite, die die Aufstellung eines Bebauungsplanes erzwingen, der nun mit dem Flächennutzungsplan verträglich gemacht werden muß. Hier taucht schon von Anbeginn – gewissermaßen schon vor dem Plan – das Problem der Planrevision auf: einerseits besteht Einvernehmen darüber, daß der Flächennutzungsplan ein Entwurf in die Zukunft ist, der der Anpassung an die tatsächliche Entwicklung bedarf, andererseits aber verlangt die Planungssicherheit, die mit dem Plan erreicht werden sollte, daß seine Festsetzungen nicht vom einzelnen Bauvorhaben durchbrochen werden dürfen. Jede Unverträglichkeit von Bauvorhaben und Flächennutzungsplan aber kann zunächst ebenso beweisen, daß das Vorhaben der erwünschten Stadtentwicklung widerspricht, wie daß der Plan einer Revision bedarf. Dieses Problem ist für das deduktive Planungsverfahren vorläufig noch völlig ungelöst. Ihm fehlen ebenso die Voraussetzungen wie die Mittel, eine Planrevision aus aktuellem Anlaß rasch und in ihrem Allzusammenhang durchspielen zu können, ehe entschieden wird, ob der Plan tatsächlich geändert wird oder nicht. Praktisch öffnet sich an diesem Punkt eine reichhaltige Quelle für Rechtsstreitigkeiten zwischen Behörde und Betroffenem: aus Anlaß des konkreten Baugesuchs oder aus Anlaß des verbindlichen Bebauungsplans im Wege der Normenkontrolle.

Das deduktive Planungsverfahren birgt noch eine zweite, wesentliche Gefahr: die relativ einfache Sanktionierbarkeit einer allgemeinen und grundsätzlichen Ordnungsvorstellung bringt es mit sich, daß dem Planwerk leicht eine Planungsidee zugrunde gelegt wird, die von den Produzenten städtebaulicher Leitbilder schon nach wenigen Jahren wieder als überholt bezeichnet wird. Diesem Schicksal verfiel beispielsweise die »Nachbarschaft« als Siedlungseinheit, darauf das »Schulquartier«, sodann im Glanz des neuen Leitsterns »Urbanität« das Prinzip der »aufgelockerten Stadt« und der sogenannte »gliedernde Grünzug«. Der rasche Umsatz von Planungsideen, die heute von hoher Warte als übergeordnete Planungsvorstellungen verkündet, morgen aber schon zum alten Eisen geworfen werden können, steht im auffälligen Kontrast zu den langen Zeiträumen, für die Grundsatzplanung entwickelt wird. Das deduktive Planungsverfahren verlangt praktisch Planungsgedanken, die den Inbegriff der Zukunft in 10 oder 30 Jahren vorwegnehmen. Nach dem bisherigen Stand der Planungswissenschaft aber haben oft gerade die allgemeinsten Planungsziele ihre Zukunft am schnellsten hinter sich.

Die dritte Schwierigkeit ist gewissermaßen eine Konsequenz der ersten beiden: die Planungsideen folgen nicht nur zeitlich rasch aufeinander, sie sind gegenwärtig auch untereinander zu einem hohen Maße kontrovers. Da die Gesamtplanung aber nicht in einem Prozeß der Auseinandersetzung unter verschiedenen Planungsträgern zustande kommt, kann es geschehen, daß die immanenten Gegensätze der Grundlagenplanung nicht zum Vorschein, zumindest aber nicht zur Auseinandersetzung gelangen, so daß im Ergebnis miteinander unvereinbare Planungsziele in das Planwerk hineingelangen. Die Planung schafft dann insoweit die erhoffte Planungssicherheit mitnichten, sondern konserviert die Gegensätze, bis sie im Zuge der Verwirklichung ad hoc – dann aber jeweils verquickt mit anderen Planungen, die schon auf sie (und ihre Vereinbarkeit) Bezug nehmen, aufeinanderstoßen.

IV

Die politische Frage nach der Zukunft des deutschen Stadtplanungsverfahrens bleibt danach gestellt. Sie stellt sich um so dringlicher, je stärker die Probleme der Regionsplanung in den Vordergrund drängen und die der Stadtplanung zu ihrem Unterfall machen.
Es kann sein, daß die vielfältigen Faktoren, die in Deutschland zugunsten des deduktiven Planungsverfahrens wirksam sind, seine Kosten in Kauf nehmen lassen und auch für die Stadtregionen eine diesem Planungsverfahren entsprechende, umfassende territoriale Einheit erzwingen werden.
Es kann aber auch sein, daß die dezentralisierte politische Organisation der Regionen und die Uneinheitlichkeit und Vielschichtigkeit ihrer Planungsprobleme ein neues Planungsverfahren erzwingen werden.
Diese Frage ist in Deutschland noch unentschieden, die amerikanische Entwicklung drängt in die Richtung der zweiten Alternative. Die amerikanische Planungswissenschaft hat auch schon seit einiger Zeit begonnen, sich auf die Herausforderung dieser Lage einzustellen. Die wachsenden Hindernisse, die sich vor dem *einen* Master Plan für die ganze Area auftürmen, drängen sie zu einem Begriff der Planung, der weniger auf den »systematischen Entwurf einer rationalen Ordnung auf der Grundlage alles verfügbaren einschlägigen Wissens«[39] abzielt, als auf die Vorauskalkulation der Auswirkungen möglicher, wechselnder Handlungsabläufe unter Einbeziehung der bisher als irrational ausgeschiedenen Komponenten. Metropolitan Planning wird dann, nach den Worten von Victor Fischer, dem Chef der Abteilung Regions-Entwicklung in der US-Wohnungsbaubehörde[40], verstanden »as a mechanism not for eliminating conflict and competition, but for channeling, controlling and guiding it«[41]. In diesem Verständnis gibt die Planung freilich den Anspruch auf, für Jahrzehnte inhaltlich umfassende Planungssicher-

---

[39] Diese Definition stammt von Joseph H. Kaiser aus dem Vorwort zu dem von ihm herausgegebenen Band: Planung I, Recht und Politik der Planung in Wirtschaft und Gesellschaft. Baden-Baden, 1965, S. 7.
[40] Jetzt: Department of Housing and Urban Development.
[41] Victor Fischer in einem Vortrag über »The Future of Metropolitan Planning« vor dem Boston Metropolitan Area Planning Council am 18. Juni 1965. Hektogr. Manuskript, S. 4.

heit schaffen zu können. Sie löst sich aus der Verbindung zur »res judicata« und nähert sich einem permanenten Planspiel, dessen Ehrgeiz es ist, prinzipiell alle bestimmenden Faktoren als Bekannte oder als Unbekannte in das Kalkül einzubeziehen. Die einzige Konstante ist danach das Planungsverfahren selbst, das es erlaubt, Planungsziele, -Mittel und -Bedingungen entsprechend den sich verändernden Problemstellungen als konstant oder als variabel zu setzen, um somit zu einer Reihe von Wahlmöglichkeiten für die politisch entscheidenden Instanzen zu gelangen. Die Anstrengung des planungswissenschaftlichen Begriffs gilt dann der Entwicklung theoretischer Modelle, die es erlauben, den Planungsprozeß stets mit neuen Fragestellungen und veränderten Planungsbedingungen zu füttern.[42]

Die widrigen amerikanischen Umstände können sich danach auf lange Sicht für den Fortschritt der Stadtplanungsidee als fruchtbarer erweisen als die auf den ersten Blick so günstigen deutschen. Indem die amerikanische Planungstheorie bewußt von der starren, auf ein Leitbild fixierten Zustandsplanung zur dynamischen Alternativenplanung übergeht, befreit sie die Stadtentwicklungsplanung von den Rückständen der Stadtgründungsplanung und hält damit die Tür zur Zukunft – und zur politischen Auseinandersetzung – offen.

Sachzwang und Entscheidungsspielraum
Von Claus Offe

Es geht um die Frage nach der Möglichkeit, die Bedingungen unseres gegenwärtigen und unseres künftigen Lebens mit unseren Wünschen und Bedürfnissen in Übereinstimmung zu bringen. Wie groß sind die Spielräume, das zu tun? Welche »Sachzwänge« behindern uns bei dieser Aufgabe? Und wie verhalten sich die sogenannten Sachzwänge zu anderen zwingenden Hindernissen der Bedürfnisbefriedigung, nämlich zu Herrschafts- oder Unterdrückungsverhältnissen?

Diese Fragen werden heute in allen jenen Tätigkeitsfeldern zum Problem, die außerhalb eines eng umschriebenen Bereichs der Erzeugung und Verwertung wirtschaftlichen Reichtums einerseits und der Erhaltung und Vermehrung politischer und militärischer Macht andererseits liegen. Denn in gerade diesen Bereichen fallen die Handlungsziele der Institutionen (nämlich der Wirtschaftsunternehmen, der politischen Parteien und der Regierungs- und Militärapparate)

---

[42] Fischer, Victor, ebd., S. 5 und 12.

genau mit den »Sachzwängen« zusammen. Wie die Preise der Kostengüter und die Absatzchancen für den Unternehmer, so sind die politischen Einstellungen der Bevölkerung für bürokratische Parteiapparate und die Rüstungssysteme des militärischen Gegners für Militärapparate diejenigen vorgegebenen Sachzwänge, an die sich die Entscheidungsträger dieser drei institutionellen Sektoren anzupassen haben und die sie mit der größtmöglichen Präzision studieren und befolgen müssen. Hier taucht ein Konflikt zwischen Sachzwang und Entscheidungsspielraum nicht auf, weil die Funktionsweise der drei genannten institutionellen Bereiche darauf angelegt ist, die Umweltdaten und nichts als die Umweltdaten in solche Handlungsstrategien umzusetzen, die ihren Bestand am wirksamsten garantieren.

Der Konflikt aktualisiert sich nur an jenen Punkten des gesellschaftlichen Lebens, die in *relativer Distanz* zu den Zentralbereichen von privater Wirtschaft, Politik und Militär stehen.

Das Bestreben, etwas anderes, den Bedürfnissen Angemesseneres zu tun, als es die »Sachen« vorschreiben oder doch vorzuschreiben scheinen, taucht also nicht beim industriellen Management, sondern beim Personal der Schulen und anderen Bildungseinrichtungen, nicht bei den Spitzen der Partei- und Regierungsbürokratien, sondern bei denjenigen auf, die sich um Struktur und Funktion des Gesundheitswesens Gedanken und Sorgen machen, nicht in den militärischen Führungsstäben, sondern bei den Architekten, Städtebauern und Regionalplanern. Während jene – nicht unbedingt aus mangelnder Einsicht, so doch auf Grund der Struktur ihrer Aufgabenstellung, die ihnen nichts als »Sachlichkeit« vorschreibt – sich abfinden mit den Sachen und Sachzwängen, neigen diese, und vorerst wohl nur diese Gruppen, dazu, einen Konflikt zwischen Sachzwang und bedürfnisorientiertem Entscheidungsspielraum zu bemerken und zu versuchen, diesen Konflikt zu lösen. Mit dieser Gegenüberstellung haben wir einen groben Hinweis gewonnen, wo wir das Problembewußtsein, aus dem die eingangs gestellte Frage resultiert, lokalisieren müssen: Es taucht bei jenen Berufs- und Tätigkeitsgruppen auf, die sich außerhalb oder am Rande der großen Apparate von Wirtschaft, Politik und Militär befinden.

Wir können nun fragen, unter welchen historischen Bedingungen ein solches Problembewußtsein auftaucht. Hier zeigt sich ein oft beschriebenes, aber schwer auflösbares Paradox, das sich auf die folgende Formel bringen läßt: Wir fühlen uns in einer historischen Epoche vom Sachzwang gegebener Umstände beengt und in unseren Handlungsmöglichkeiten eingeschränkt, in der die Möglichkeiten zur Beherrschung unserer physischen und gesellschaftlichen Umwelt zweifellos größer sind als jemals zuvor. In einer historischen Phase, in der jedenfalls ein Drittel der Menschheit Hungersnöte nicht mehr hinnehmen muß, sondern ihnen durch die Errungenschaften einer verwissenschaftlichten Landwirtschaftsproduktion vorbeugen kann; in der räumliche Distanzen nur mehr relative Schranken für Verkehr und Kommunikation bilden; in denen wir der Willkür despotischer Machtgruppen die Ideen und Institutionen demokratischer Kontrolle entgegensetzen können – in der wir also die Möglichkeit haben, der Schicksalshaftigkeit unserer natürlichen und gesellschaftlichen Lebensumstände mit sehr viel größerer Souveränität entgegenzutreten als jemals zuvor, scheint die Rede vom Zwang der Sachen, für dessen Behebung ja nun prinzipiell die Mittel zur Verfügung stehen, schlicht widersinnig.

1. Wenden wir uns deshalb den Versuchen zu, dieses Paradox aufzulösen. Solche Versuche haben insbesondere in Deutschland, das die Herrschaft eines selbstbewußten Bürgertums eigentlich nie erlebt hat, eine lange Tradition. Freilich ist die hier gemeinte konservative Zivilisations- und Technikkritik durch eine Haltung gekennzeichnet, die sich beharrlich weigert, die ganze Schärfe des Widerspruchs, die in diesem Paradox liegt, zur Kenntnis zu nehmen, es dagegen als ihr Geschäft ansieht, den Widerspruch als solchen zu leugnen. So finden wir bei den Protagonisten der konservativen Zivilisationskritik in immer neuen Variationen eine historische Gesetzmäßigkeit postuliert (Spengler, Ortega, F. G. Jünger, Freyer, Gehlen, Schelsky), die man als den »Mythos vom Zivilisationskäfig« bezeichnen kann: je mehr wir uns durch die Anstrengung unserer rational-instrumentellen Fähigkeiten von den vorgegebenen Sachverhalten unserer natürlichen und gesellschaftlichen Lebensbedingungen emanzipieren, desto mehr verstricken wir uns in die Sklaverei der neuen Apparatur; je mehr Freiheit, desto mehr Unfreiheit, weil die Natur des Menschen der selbsterzeugten zweiten Natur nicht gewachsen ist; oder, wie Schelsky sagt: »Der Mensch löst sich vom Naturzwang ab, um sich seinem eigenen Produktionszwang wiederum zu unterwerfen«[1].

Diese Formel ergibt auch das Grundmuster von Büchern wie Freyers »Theorie des gegenwärtigen Zeitalters«[2] und Gehlens »Die Seele im technischen Zeitalter«[3]. Neu ist an der Nachkriegsrenaissance des Themas lediglich die Einsicht, daß der frontale Angriff der früheren Zivilisationskritik angesichts der entwickelten technischen Lebensbe-

---

[1] Schelsky, H.: Der Mensch in der wissenschaftlichen Zivilisation. Köln und Opladen, 1961.
[2] Freyer, H.: Theorie des gegenwärtigen Zeitalters. Stuttgart, 1956.
[3] Gehlen, A.: Die Seele im technischen Zeitalter. Reinbek, 1959 (rde).

dingungen nicht mehr besonders überzeugend ist; man sieht ein, daß sich der verselbständigte Zivilisationsprozeß nicht mehr in die Regie einer rückwärtsgewandten zivilisationsfeindlichen Politik nehmen läßt. Man beschränkt sich deshalb auf den Versuch, die Idee einer bedürfnisorientierten politischen Steuerung als naiv zu denunzieren, der pathetischen Drohgebärde eines Spengler oder Ortega ist die Resignation gewichen, die sich auf den Rückzug in jene privaten Lebensbezirke begibt, denen der nur noch dämonisierte, nicht mehr bekämpfte Zivilisationsprozeß vermeintlich nichts mehr anhaben kann. Von dort aus nimmt sich in der Tat die »Technostruktur« moderner Industriestaaten wie ein System übermächtiger Sachgesetzlichkeiten aus.

Damit ist über Wahrheit und Falschheit der sogenannten *Technokratie-Theorie*, die in Deutschland vor allem von Schelsky entwickelt worden ist, nur so viel gesagt, daß sie unverkennbar an eine bestimmte zivilisationskritische Perspektive gebunden ist, die sich ihrerseits auf eine unhistorische und pessimistische Anthropologie, also an eine axiomatische Vorentscheidung über Wesen und Grenzen der menschlichen Natur, stützt. Der Erkenntniswert von theoretischen Resultaten, die diese Perspektive hervorbringt, ist damit nicht unbedingt bestritten; denn es könnte ja sein, daß diese Perspektive sich jedem informierten Beobachter aufdrängt und so eine konkurrenzlose Plausibilität gewinnt. In der Tat hat Schelskys Technokratie-These eine gewisse Faszination auch auf Teile der kritischen Intelligenz ausgeübt, so daß es sich lohnt, ihre einzelnen Aussagen, in deren Zusammenhang der Begriff der Sachgesetzlichkeit erst sein volles Gewicht erhält, kurz zu resümieren:

• Mit der Technokratie-These wird das Herannahen eines gesamtgesellschaftlichen Zustandes behauptet, in dem nicht die Techniker, sondern »die Technik« zum tendenziell einzigen Steuerungszentrum wird. Es ist wichtig, diesen Unterschied festzuhalten: während in utopischen Gesellschaftsmodellen, die von früheren Sozialisten wie dem französischen Soziologen Saint-Simon und auch später noch, zum Beispiel von der amerikanischen Ingenieur-Bewegung der »Technokraten« in den dreißiger Jahren[4] ins Auge gefaßt waren, alle Entscheidungsbefugnis auf eine Elite von technischen Experten übergehen und so die »Herrschaft über Menschen« durch eine »Verwaltung von Sachen« abgelöst werden sollte, hat die neuere Technokratiethese nichts mehr mit jener politischen Forderung zu tun, dem interessenneutralen Sachverstand ein Entscheidungsprivileg einzuräumen. Schelsky: »Die Techniker herrschen gar nicht, sondern sie führen nur aus, aber nicht das, was die alten Herrscher entschieden (so war es in

---

[4] Vgl. dazu Elsner, H.: The Technocrats. New York, 1967.

den genannten utopischen Gesellschaftsmodellen konzipiert), sondern das, was im Wechselspiel von Apparaturgesetzlichkeit und jeweiliger Lage sich als Sachnotwendigkeit ergibt. Die alten herrschenden Klassen werden nicht durch neue ersetzt, sondern sie werden funktionslos.«

• Der Ziele setzende, steuernde, auswählrende Wille einer *herrschenden Instanz* wird also funktionslos; es gibt keine praktisch politischen Ziele mehr, an denen auch nur Teilprozesse des gesellschaftlichen Lebens ausgerichtet werden könnten. Diese provokative Ansicht begründet Schelsky durch die Annahme, daß die jeweils zur Verfügung stehenden technischen Mittel ihre Anwendung erzwingen; er konstatiert gleichsam einen Anwendungssog, der die Frage nach den gesellschaftlichen Folgen und Nebenfolgen der Anwendung irrelevant macht. Sobald neue technische Möglichkeiten entdeckt oder entwickelt sind, dringen sie, ob sie erwünscht sind oder nicht, ins gesellschaftliche Leben ein. Die Annahme einer solchen gespenstischen, interessen- und bedürfnisneutralen Durchsetzungskraft der technischen Mittel mag zunächst abwegig erscheinen. Sie wird plausibler, wenn man sie als Effekt etwa der weltumspannenden Rüstungs- und Raumfahrtskonkurrenz interpretiert, in deren Vollzug jeder beteiligte Militärblock gezwungen ist, in vorbeugender Kompensation entsprechender Aktionen des Gegners zu tun, was er kann (das heißt wozu er technisch in der Lage ist) und nicht das, was er will, das heißt: was seinen Interessen und Entwicklungszielen entspricht. Man kann diese allgemeine Annahme auch an den rapiden Innovationsprozessen auf organisierten Märkten verdeutlichen, auf denen die Preiskonkurrenz durch die Innovationskonkurrenz (neue Produkte) einerseits, durch die Rationalisierungskonkurrenz (Senkung der Kosten) andererseits abgelöst worden ist; auch hier ist jedes Unternehmen gezwungen, sich ohne Rücksicht auf Folgen und Nebenfolgen den aus der technischen Entwicklung resultierenden Imperativen zu fügen. Die Kehrseite solcher Sachzwänge besteht, so Schelsky, in dem Umstand, daß es sinnlos wird, Wünsche und Interessen zu artikulieren, für deren Befriedigung die technischen Mittel nicht zur Verfügung stehen; die technische und die durch sie determinierte gesellschaftliche Entwicklung folgen einer sachgesetzlichen Eigendynamik, an der gesellschaftliche Bedürfnisse folgenlos abprallen müssen. Statt dessen wird der Stand der gesellschaftlichen Bedürfnisbefriedigung durch einen sich selbst regulierenden Apparat gelenkt und bestimmt, der den wissenschaftlich kalkulierten »one best way« des politischen Handelns mit einer konkurrenzlosen Präzision festlegt.

• Unter diesen – gleichgültig ob nur vorgestellten oder bereits realisierten – Bedingungen wird es, wiederum Schelsky zufolge, sinnlos, von Demokratie, demokratischer Kontrolle oder demokratischer Herrschaft zu sprechen: ebenso wie alle herrschenden Gruppen werden auch die demokratisch gewählten funktionslos; sie erliegen der leistungsfähigeren Konkurrenz des bürokratisierten Sachverstandes, der sich in den ehemals politisch gesteuerten administrativen Apparaten breitmacht. Gegen ihn ist aller Widerstand sinnlos. Freiheit und Autonomie sind daher keine sinnvollen *politischen* Kategorien mehr; sie wandern ab in *private* Lebensbereiche, in denen dem Individuum die abgelöste Reflexion und Verarbeitung des technisch-bürokratischen Geschehens allein noch übrig bleibt. An solchen Schlußfolgerungen provoziert ihr offensichtlicher Wahrheitsgehalt ihre nicht leicht bestreitbare deskriptive Richtigkeit.

Doch sind sie auch, wie übrigens alle sozialwissenschaftlichen Aussagen, durch ihren perspektivischen Charakter gekennzeichnet, nämlich durch die Perspektive dessen, der sich mit dem Status des resignierten Beobachters zufrieden gibt.

2. Gegen den partiellen Richtigkeitsgehalt der Technokratiethese lassen sich in der reichhaltigen Literatur, die auf Schelskys Provokation reagiert hat, zwei Gruppen von Argumenten unterscheiden:
• Die erste Position beharrt darauf, daß gesellschaftliche Interessen nach wie vor, allerdings in einer durch bloß scheinbare Sachzwänge verschleierten Weise, die Bewegung der technisch-wissenschaftlichen Zivilisation steuern; so wird versucht, den angeblich verselbständigten Prozeß des technischen Fortschritts auf die herrschenden Interessen der Kapitalverwertung und der politischen Machterhaltung zu reduzieren und so die übergeordneten Herrschaftsinstanzen aufzudecken, deren Funktionsverlust Schelsky gerade behauptet. Dieses Argument hat, etwa im Hinblick auf die Probleme des Städtebaus, Hans Paul Bahrdt[5] in einigen Aufsätzen entwickelt.
• Die andere Position akzeptiert die Technokratiethese als zutreffend antizipierten Fluchtpunkt einer Entwicklung, die freilich durch die Neuorganisation des politischen Entscheidungsprozesses durchaus noch aufgehalten, in eine andere Richtung gelenkt werden könnte. Als Modell für eine solche Neukonstruktion kann etwa das von H. Krauch[6] entwickelte angesehen werden, in dem die künstliche Erzeugung von Konflikten im bürokratisierten Entscheidungsprozeß der Experten vorgesehen ist. Das hätte zur Folge, daß diese Experten in ihrem Selbstbewußtsein, lediglich Sachgesetzlichkeiten (die »Sprache der Sachen«, Gehlen) zur Geltung zu bringen und auszuführen, er-

---

[5] Bahrdt, H. P.: Helmut Schelskys technischer Staat. In: atomzeitalter, 1961, H. 9.
[6] Krauch, H.: Wider den technischen Staat. In: atomzeitalter, 1961, H. 9.

schüttert würden und sich nun wieder gezwungen sähen, bewußt zwischen den künstlich erzeugten Konflikt-Alternativen zu entscheiden; doch auch dieser Vorschlag ist, als eine Verfeinerung, nicht unbedingt als Politisierung der Entscheidungssituation durchaus in das technokratische Modell integrierbar. Weiter geht ein Vorschlag von Habermas[7], der dem technokratischen Entscheidungsmodell ein pragmatisches gegenüberstellt, dem zufolge die rigide Rollenteilung zwischen Wissenschaftler und Politiker in einem Dialog aufgelöst werden soll; Funktion eines solchen Dialogs ist, daß neue Techniken und Strategien aus einem explizit gemachten Horizont von Bedürfnissen entwickelt werden, andererseits die Bedürfnisse durch Prüfung an den zur Verfügung stehenden Mitteln zu ihrer Befriedigung kontrolliert werden. Problematisch bleibt bei diesem Vorschlag der Weg, auf dem er realisiert werden soll: wie kann die mit Expertenwissen ausgerüstete Bürokratie zum Dialog mit jenen Instanzen institutionell gezwungen werden, welche die Artikulation gesellschaftlicher Bedürfnisse leisten sollen, also mit den »Politikern«, wenn sie es selbst ist, die die Existenz der »politischen« Instanzen tendenziell überflüssig macht? Diese Frage ist ungelöst. Sie wird vermutlich durch die Personalunion von analytisch-technischen Funktionen und denen der Wahrnehmung von Bedürfnissen und Interessen nicht lösbar sein, die Davidoff[8] im Modell eines pluralistischen »advocacy planning« konzipiert hat. Ich werde auf dieses Modell noch kurz zurückkommen.

Die beiden skizzierten Gruppen von Einwänden gegen die Konzeption eines universellen Sachzwanges haben den Nachteil, daß sie sich nicht unterstützen, sondern gegenseitig aufheben: man kann nicht gleichzeitig am Vorhandensein der sogenannten Sachzwänge oder Sachgesetzlichkeiten zweifeln und Vorschläge für ihre institutionelle Überwindung unterbreiten. Dennoch ist die ambivalente Haltung, die sich anschickt, beides zugleich zu tun, meines Erachtens kennzeichnend für die Art und Weise, wie der von Schelsky hingeworfene Brocken hin und her gewälzt, aber nicht aus dem Wege geräumt wird. Einerseits vermeint man, hinter dem Sachzwang, der den Entscheidungsspielraum einengt, nur ein Kartell mächtiger herrschender Interessen zu erkennen; andererseits schickt man sich an, die Wirklichkeit und Bedrohlichkeit von Sachzwängen durchaus ernst zu nehmen, indem man neue Entscheidungsstrukturen konstruiert, um sie zu überwinden, wobei freilich der Kampf gegen die herrschenden In-

---

[7] Habermas, J.: Verwissenschaftlichte Politik in demokratischer Gesellschaft. In: Krauch, H., et al. (Hrsg.): Forschungsplanung. München, 1966.
[8] Davidoff, P.: Advocacy and Pluralism in Planning. In: Journal of the American Institute of Planners, 31 (1965), Nr. 4.

teressen in Vergessenheit gerät, die die »Sachzwänge« hervorrufen.

3. Ich möchte deshalb einen weiteren Einwand kurz andeuten und fragen, ob es eigentlich plausibel ist anzunehmen, daß ein nur auf Sachzwängen beruhender Entscheidungs- und Planungsprozeß *technisch* befriedigende Folgen hat – von den Konsequenzen für die Bedürfnisbefriedigung einmal ganz abgesehen. Ist das Technokratiemodell eigentlich technisch funktionsfähig? Ich möchte das mit der Überlegung in Zweifel ziehen, daß eine ganze Reihe der Probleme der Infrastruktur-Bereiche nicht einfach administrativ, in Befolgung wissenschaftlich konstatierter Sachzwänge reguliert werden können, sondern daß es zu ihrer Lösung der aufgeklärten und verständigen Kooperationsbereitschaft der Bevölkerung bedarf, die von den neuen Verfahrensweisen betroffen ist; das würde bedeuten, daß Reformen nur dort möglich sind, wo sie dem explizierten Interesse derjenigen entgegenkommen, die von ihnen betroffen sind – wo sie also nicht nur auf abstrakte Sachzwänge antworten. Wo auf administrativem Wege neue Tatbestände geschaffen werden, bedarf es komplementärer Verhaltenssteuerung bei den Adressaten dieser neuen Lebensbedingungen. Die traditionellen Mittel, mit denen komplementäres Verhalten erzeugt wird, sind materielle Anreize und Bestrafungen. Das sind wirksame Mittel in Bereichen wie Wirtschafts- und Konjunkturpolitik. Aber in Bereichen wie Arbeitsmarkt-, Verkehrs-, Bildungs-, Gesundheits- und Wohnungsbaupolitik reichen diese Mittel nicht aus: jedenfalls auf einem relativ hohen Niveau der ökonomischen Prosperität und im Rahmen gesicherter Grundrechte läßt sich mit den Mitteln von Anreiz und Bestrafung keine expansive Bildungspolitik treiben, lassen sich keine regionalen Mobilitätsprozesse einleiten und läßt sich kein strukturpolitischer Wandel der Landwirtschaft herbeiführen. Alle Lösungsversuche für solche Strukturprobleme stehen und fallen damit, ob es gelingt, ein Minimum an vernünftiger, politisch organisierter Einsicht bei der Bevölkerung zu erzeugen. Denn diese Bevölkerung muß, wenn die verfestigten Strukturen des Gewohnten und traditionalistisch Fixierten überhaupt aufgelöst werden sollen, in einem sehr spezifischen Sinne diejenigen Strukturreformen *mitmachen«*, über die sie dennoch – im Rahmen technokratischer Anpassungsstrategien – nicht *mitbestimmen* darf. Solche aufgeklärte Kooperationsbereitschaft, mit deren Entstehung überkommene Verhaltensmuster und Gesellschaftsbilder jedenfalls zum Teil verflüssigt werden, gedeiht aber prinzipiell nur unter Bedingungen, die den Bürgern die freie Artikulation ihrer Bedürfnisse und die entsprechenden politischen Handlungsspielräume zur Verfügung stellen. Das apathische Bewußtsein entpolitisierter Verwaltungsobjekte, das von technokratischen Entscheidungsstrukturen produziert wird, ist zugleich deren

gravierendes Funktionshindernis. Andererseits können die funktionsnotwendigen Spielräume politischer Willensbildung und politischer Aktion nicht umstandslos zugestanden werden, weil damit Fundamente der bestehenden politischen und ökonomischen Strukturen in Frage gestellt würden; denn mit erfreulicher Folgerichtigkeit tendiert die Nutzung – zugestandener oder erkämpfter – politischer Handlungsspielräume an der Basis dahin, die beiden Systemprämissen – politische Repräsentation und privatwirtschaftliche Investitionsentscheidung – zu stören und zu zerstören. Die »subjektiven« Voraussetzungen einer Strukturreform zu schaffen ist einer technokratischen, einer nur am Sachzwang orientierten Reformpolitik unmöglich, und sie schafft, weil sie keine kollektiven Aufklärungsprozesse, in denen neue Bedürfnisse artikuliert werden könnten, zuläßt, die Bedingungen ihrer eigenen Sabotage. Nur auf wenigen Gebieten lassen sich heute noch die Verhältnisse mittels autoritärer Administration und Manipulation steuern, und deshalb erscheint mir eine nur am Sachzwang orientierte Reformpolitik selbst als Modell kurzschlüssig und widersprüchlich.

4. Wenn ich recht sehe, gibt es in der Regionalplanung wie in allen übrigen Bereichen einer rational gesteuerten Reformpolitik *drei Gruppen* von Phänomenen, die man als Sachzwänge interpretieren kann.
• *Institutionelle Sachzwänge:* in diesemFallet treffen die bedürfnisorientierten Planungsentscheidungen auf meist gesetzlich gesicherte Grenzen. Zu denken wäre an die vorgegebenen Bedingungen der Verwaltungsstruktur, der Finanzierungsmöglichkeiten, der Eigentumsordnung oder auch an das Fehlen von zentralen Institutionen, die als Träger der Planung und der Ausführung von Plänen in Frage kämen. Alle diese Phänomene lassen sich zurückführen auf das Fehlen jener öffentlichen Institutionen, die in der Lage wären, die Voraussetzungen dafür zu schaffen, daß die Lebensumstände effektiv verbessert werden können.
• Eine zweite Gruppe von Sachzwängen liegt in der *Zeitdimension:* Probleme sind so drängend geworden, daß ad-hoc-Lösungen, notdürftige und kurzfristig konzipierte Reparaturen erforderlich werden, die dann häufig nicht den Charakter einer qualitativen Verbesserung der Lebensumstände, sondern nur den einer Kompensierung aktueller Mißstände haben. Der überall spürbare kurzfristige Reaktionszwang, unter den sich administrative Instanzen gesetzt sehen, verhindert Lösungen, die durch langfristige und nicht nur auf einen einzelnen Mißstand zugeschnittene Planung erreichbar wären. – Auch dieser Typus von Sachzwängen läßt sich sehr wohl auf Defekte unseres Institutionensystems zurückführen; es fehlen diejenigen Instanzen, die durch langfristige Prognosen gefährliche Entwicklungen prognosti-

zieren und rechtzeitig Vorkehrungen entwerfen können, die solche Krisenzustände gar nicht erst auftauchen lassen; wo es solche Instanzen gibt, fehlt ihnen die Macht, den erarbeiteten Ergebnissen Gehör und Beachtung zu verschaffen. Der dauernde Zeitdruck, unter dem unsere politischen und administrativen Organe stehen, die Tatsache, daß eigentlich alles, was getan und entschieden wird, erst fünf Minuten vor zwölf geschieht, ist keineswegs in der vielbeschworenen Komplexität und Unübersichtlichkeit der modernen Lebensumstände begründet, sondern in der Abwesenheit von Institutionen der Öffentlichkeit, die etwas anderes bereits – sagen wir: schon um acht – planen und entscheiden könnten. Der »one best way«, der sich um fünf vor zwölf als einzig verbleibende Abhilfe aufdrängt, zu dem es dann keine Alternative mehr gibt, ist durchaus der schlechteste.

• Schließlich gibt es einen Typus des aSchzwangs, der die Dimension der *Knappheit materieller Mittel* hat: vorliegende Projekte sind zu teuer und deshalb undurchführbar, Teillösungen werden realisiert statt besserer Gesamtlösungen, oder aktuelle Notstände bleiben mangels finanzieller Mittel bestehen. Solche Restriktionen lassen sich natürlich zum Teil auf die beiden gerade angeführten Bedingungen zurückführen, insofern die Kosten- und Haushaltsstruktur durch das bestehende Eigentums- und Steuerrecht sowie durch das Fehlen langfristiger Planungsinstanzen bedingt ist. Ein anderer Grund für das Ausmaß, in dem Knappheitssituationen den Entscheidungshorizont limitieren, liegt im Mangel an Forschungs- und Entwicklungsarbeiten, die auf vielen Gebieten beträchtliche Kostenreduktionen erbringen könnten. Solche Forschungsarbeiten, die ja im privatwirtschaftlichen und militärischen Sektor im Zuge der dort vorrangigen Risikoabwehr zu einer permanenten Erhöhung der Produktivität und Effektivität geführt haben und noch führen, könnten auch im Bereich der Infrastruktur-Planung ähnliche Rationalisierungseffekte haben – wenn nicht der Prozeß des technisch-wissenschaftlichen Fortschritts auf kapitalistische und militärische Verwertungsinteressen hin zentriert wäre und deshalb solche Forschungsprojekte, die diesen Verwertungsinteressen nicht oder nicht unmittelbar zugute kommen, strukturell vernachlässigt würden. Ein Teil der aktuellen Knappheitsproblematik läßt sich also gewiß durch die Abwesenheit von Steuerungsmechanismen erklären, die den Schwerpunkt der Forschungsaktivität auf die Bereiche vordringlichen öffentlichen Interesses lenken und dort die gleichen Produktivitäts- und Effektivitätsfortschritte erzeugen könnten, die wir im industriellen und militärischen Sektor beobachten.

5. Die kurze Analyse aller drei Kategorien von sogenannten Sachzwängen bestätigt also das Fehlen von Institutionen der Öffentlich-

keit, von solchen Institutionen also, in denen das Bewußtsein allgemeiner Interessen sich mit dem Willen und der Macht verbindet, ihnen Geltung zu verschaffen. Diese These stimmt überein mit einer Reihe von soziologischen und politikwissenschaftlichen Analysen, die diese Institutionen (politische Parteien, Parlamente, Massenkommunikationsmittel, Verbände) zum Gegenstand haben[9] und feststellen, daß sich diese Institutionen des politischen Systems durch Tendenzen zur autoritären Bürokratisierung und Machtkonzentration zunehmend gegen die Möglichkeit abgedichtet haben, daß sie zum Instrument der öffentlichen Artikulation von Interessen gemacht werden können. In diesem Sinne können wir sagen, daß Sachzwang und Sachgesetzlichkeit überall dort auftauchen, wo es kein organisiertes Subjekt bedürfnisorientierter Reformpolitik gibt. Sachzwang ist deshalb nicht ein »neues« Strukturelement entwickelter Industriegesellschaften, sondern die Folge eines institutionellen Defekts: Sachzwang herrscht dort, wo die Institutionen der Öffentlichkeit vertrocknet sind, beziehungsweise wo es nicht gelungen ist, sie durch neue politische Institutionen zu ersetzen. Ich habe den Eindruck, daß ein großer Teil der Diskussionen, die sich in verstärktem Maße in den Berufsgruppen der Architekten, der Stadt- und Regionalplaner ergeben, als Versuch betrachtet werden kann, Kompensationen für diesen Defekt unseres politischen Systems zu finden und Wege zu erschließen, auf denen die erodierte Öffentlichkeit, die bloßen Sachzwang zurückläßt, durch ein neues Selbstverständnis und neue Formen der beruflichen Orientierung substituiert werden kann.

Ich möchte deshalb zum Schluß einen Klassifikationsversuch für jene Vorschläge und Konzeptionen entwickeln, die meines Wissen in diesem Sinne bereits unternommen worden sind.

• Bei einem großen Teil der Planung ist die Trennung der Funktionen zwischen Planer und Bauherrn fragwürdig geworden, und es gibt Versuche, die Bauherren-Rolle in das Selbstverständnis des Planers hineinzunehmen. Demzufolge beschränkt sich die Aufgabe der Planung nicht mehr darauf, den optimalen Realisierungsweg eines vorgegebenen Planungszieles technisch exakt zu bestimmen; und sie beschränkt sich auch nicht darauf, hochflexible Strukturen zu schaffen, die für später auftauchende Bedürfnisse und Ziele noch anpassungsfähig sind; sondern die Planungsinstanz erkennt, daß die vorgegebenen Planungsziele den Charakter von Leerformeln haben, also von ausfüllungs- und interpretationsbedürftigen Hinweisen, die durchaus an Hand eigener Zielvorstellungen und Werte konkretisiert werden müssen.

---

[9] Vgl. hierzu die Beiträge in Kress, G., D. Senghaas (Hrsg.): Politikwissenschaft – eine Einführung in ihre Probleme. Frankfurt, 1969.

- Auf einer zweiten Stufe werden weitere Konsequenzen aus dieser Einsicht gezogen. Die Planungsinstanz wird sich bewußt, daß sie in so etwas wie eine Stellvertreter-Rolle für die funktionsfähig gewordenen Institutionen der Öffentlichkeit gedrängt worden ist; wenn sie sich nicht beschränken will auf die Applikationen ihrer vielleicht ganz unrepräsentativen und verzerrten eigenen Wertvorstellungen, muß sie sich darum bemühen, ein zutreffendes Bild von den Bedürfnissen und Interessen der Menschen zu gewinnen, denen die Ergebnisse der Planung letzten Endes zugute kommen sollen. Daraus ergibt sich nun das wachsende Interesse am Kontakt zwischen Planungswissenschaft und Soziologie. Zunächst wurde die Funktion, die die Soziologie in dieser Kooperationsbeziehung legitimerweise übernehmen wollte, dahingehend mißverstanden, als sei sie eine Wertwissenschaft, die Auskünfte über »wahre Werte« oder »richtiges Handeln« zu geben in der Lage wäre; das ist sie nicht, und dieses Mißverhältnis kann nicht nachdrücklich genug aus dem Wege geräumt werden. Aber das ist weitgehend geschehen. Das neue Interesse richtete sich nun auf die empirischen Verfahrensweisen der Soziologie, es wurden Meinungsumfragen, Untersuchungen über Wohnzufriedenheit, regionale Mobilität, über die Familienstruktur in bestimmten Siedlungsformen und anderes mehr angestellt. Die Folge war, daß zahlreiche Konflikte und Folgeprobleme angegeben werden konnten, die mit bestimmten Planungsentscheidungen verbunden waren, ohne daß allerdings den empirischen Ergebnissen entnommen werden konnte, in welcher Weise diese neuentdeckten Probleme nun wieder behoben werden könnten. Statt handlungsorientierender Antworten wurden neue Fragen produziert. Außerdem zeigte sich, daß Techniken wie Interview-Umfragen ungeeignet sind, im voraus die Bedürfnisse der Bevölkerung zu bezeichnen, weil diese den Befragten oft selbst nicht bewußt sind. Denn es gehört zum Merkmal gesellschaftlicher Bedürfnisse und Interessen, daß sie nicht vom isolierten Individuum, das isoliert von konkreten Lebenssituationen befragt wird, angegeben werden können, sondern daß sie nur in einer kollektiven Kommunikation, und zwar in unmittelbarer Nähe zu den Situationen, über die diskutiert wird, aufzudecken sind. Der Normalfall ist, daß ich als isolierter Befragter nur sehr grob und ungenau etwas über meine Bedürfnisse aussagen kann, während ich einzig in einer konkreten Auseinandersetzung die Chance habe, mich über meine eigenen Interessen aufzuklären.
- Diese Schwierigkeiten, die sich aus dem Zusammenspiel zwischen Planung und Sozialwissenschaften ergeben, werden nun wiederum auf einer dritten Stufe berücksichtigt. Exemplarisch kann hierfür die Position von Davidoff[10] stehen, der in dem schon erwähnten Aufsatz

[10] Davidoff, a. a. O., S. 333.

die Konzeption des »advocacy planning«, des Planungsanwalts also, entwickelt. »Der Planungsanwalt tut mehr als Information bereitstellen, Trends analysieren, zukünftige Zustände simulieren und technische Vorschläge präzisieren. Er macht sich zum Vorkämpfer für bestimmte inhaltliche Lösungen.« Für Lösungen allerdings, deren Grundlinien er weder seinem eigenen Wertsystem noch den interpretierten sozialwissenschaftlichen Daten entnimmt, sondern die er von bestimmten Interessengruppen bezieht, die ihre Auffassung und Wünsche der Planungsbehörde gegenüber durchzusetzen wünschen. Wie sich im Gerichtsverfahren Staatsanwalt und Verteidiger gegenüberstehen, so sollen sich im Planungsverfahren die technisch sachkundigen, aber an die Interessen ihrer Klienten gebundenen Planungsanwälte gegenüberstehen. Durch diesen Vorschlag wird zweifellos das notwendige politische Element in den Planungsprozeß hineingebracht: Der Planungsanwalt ist seiner Mandantengruppe bei der politischen Artikulation ihrer eigenen Interessen behilflich und sorgt dafür, daß diese Interessen in den entscheidenden Instanzen sachverständig vertreten werden. Aber dieser Vorschlag enthält auch offensichtliche Naivitäten, die sich möglicherweise aus den amerikanischen Bedingungen, denen er entstammt, erklären. Denn es kann weder vornherein angenommen werden, daß sich die Planungsbehörde in der Rolle eines neutralen Richters befindet, der ohne Eigeninteresse die kontroversen Vorschläge abwägt und eine Lösung findet, noch ist es wahrscheinlich, daß alle beteiligten Interessengruppen über jenen Grad an Organisiertheit verfügen, der es ihnen erlaubt, die Gemeinsamkeit ihrer Bedürfnisse und deren Inhalt auch nur in Umrissen zu erkennen. Die Situation einer solchen »organisationsunfähigen« Interessengruppe ist aussichtsloser als die eines rechtsunkundigen und wenig sprachgewandten Angeklagten vor Gericht: sie ist möglicherweise gar nicht einmal in der Lage zu bemerken, daß ihre Sache verhandelt wird. Zweifellos bereichert der »Pluralismus« weniger konsolidierter Interessengruppen, die sich eines Planungsanwaltes bedienen, die Dynamik des Planungsprozesses: daß nach wie vor viele keine Chance der Teilhabe genießen, ist freilich nicht zu übersehen.

• Aus diesen Beschränkungen zieht das letzte Modell, das ich vorstellen möchte, eine radikale Konsequenz. Wenn das Mitspracherecht bei einem pluralistischen Planungsprozeß auf wenige konsolidierte Interessenorganisationen beschränkt ist; wenn demzufolge zahlreiche potentielle Interessengruppen vom Mitspracherecht ausgeschlossen sind und deshalb keine Chancen haben, sich als Träger kollektiver Bedürfnisse zu etablieren, und deshalb in der schicksalshörigen Apathie derer verharren, die allenfalls Schlimmeres zu erwarten haben; wenn außerdem die Unparteilichkeit derjenigen Entscheidungsinstanz, die im pluralistischen Kräftespiel schließlich den Richtspruch fällt, durchaus in Zweifel gezogen werden muß; dann ist es nur konsequent, wenn die Planungsinstanzen ihre Orientierungen von planungsbezogenen politischen Basisorganisationen beziehen, die sie freilich selbst erst ins Leben zu rufen hätten. – Derartige Organisationsformen kollektiver Willensbildung außerhalb des etablierten Interessenspektrums sind aus den amerikanischen Großstädten bekannt.[11] Ein deutscher Versuch in dieser Richtung wird vom Büro für Stadtsanierung und soziale Arbeit[12] in Berlin-Kreuzberg unternommen; dort wurde kürzlich ein offizielles Stadtplanungsprojekt unter unmittelbarer Mitwirkung der betroffenen Bevölkerung öffentlich diskutiert und kritisiert und ein Modell dafür geschaffen, wie »Sachzwänge« von seiten einer aufgeklärten und politisch organisierten Öffentlichkeit durchaus wieder zur Disposition gestellt werden können.

6. Die vier skizzierten Modelle scheinen mir den Charakter einer Stufenfolge zu haben, in der jeweils die eine die Probleme und Schwierigkeiten der vorangegangenen überwindet. Offen ist, ob diese Folge von Stufen nun auch praktisch beschritten wird. Zwei Schlußfolgerungen aus diesen Überlegungen möchte ich allerdings deutlich machen:
• Der Entscheidungsspielraum, der in dieser Stufenfolge sukzessiv erreicht wird, ist nicht der Entscheidungsspielraum eines individuellen Planers oder der Berufsgruppe von Planern insgesamt. Es ist der Entscheidungsspielraum, den ein unmittelbar und mittelbar politisch organisiertes Gemeinwesen wiedererlangt in einer Situation, in der sich Sachzwänge nur dort etablieren konnten, wo die öffentlichen Institutionen der Bedürfnisartikulation ihre Funktionen verloren oder pervertiert haben. Der Entscheidungsspielraum, der dem System der Sachzwänge entgegenzusetzen wäre, ist nur als kollektiver und politischer zu behaupten.
• Die Grenze an der in einer gegebenen Situation der Entscheidungsspielraum durch Sachgesetzlichkeit limitiert ist, kann niemals theoretisch abgeschätzt werden, sondern sie kann nur durch die politisch organisierte Anstrengung praktisch immer wieder hinausgeschoben werden; diese Grenze bildet eine Barriere, die prinzipiell auflösbar, nur jeweils noch nicht aufgelöst ist.

[11] Vgl. zum Beispiel die Formen der Selbstorganisation, die im Rahmen des Community Action Program (CAP) der Johnson-Aministration zunächst zugestanden, dann aber liquidiert wurden, nachdem sie in der oben beschriebenen Weise folgerichtig mit kapitalistischen und administrativen Interessen kollidiert waren. Näheres in Silberstein, Gettleman (Hrsg.): The Great Society Reader, The Failure of American Liberalism. New York, 1968.
[12] Dessen Programme und Aktionen sind dokumentiert in dem Informationsdienst »Wohn-Info«. Berlin, Jan. 1969.

Nahverkehrsplanung und städtische Lebensbedingungen
Von Wolf Linder

Überblick

Der Verkehr, als eine der Grundvoraussetzungen städtischer Produktion und Entwicklung, steht in einer Krise. Damit ist er aktuelles Thema geworden, und zwar nicht nur in einer wachsenden wissenschaftlichen Literatur, die über technologische Aspekte langsam zu den wirtschaftlichen Zusammenhängen und sozialen Bezugsfeldern verstößt. Vielmehr gilt dem Stadtverkehr ein zunehmendes Interesse und Engagement auf der Agenda des politischen Systems auf allen Ebenen. Nahverkehrsplanung hat heute, trotz eines Überhangs an verbalen Proklamationen und Programmen, praktische Schritte vorzuweisen.
Wirtschaftliche Interessen, aber auch Eigenziele politisch-administrativer Organisationen und nicht zuletzt Basisartikulationen gegen die unerträglichen Verkehrsverhältnisse in den Großstädten lassen heute eine »Sanierungspolitik« betreiben, die sich vor allem eine Förderung öffentlicher Massenverkehrssysteme als Alternative zum Automobilverkehr zum Ziel gesetzt hat.
Der erste Teil dieser Arbeit befaßt sich mit der Frage, wie weit diese Nahverkehrspolitik tatsächlich »saniert«, das heißt bessere Lebensbedingungen in und um den offenbar vernachlässigten Bereich des Verkehrs bringt.
Im zweiten Abschnitt soll gezeigt werden, daß die Bedeutung heute erbauter Schienenverkehrswege weniger in der qualitativen Verbesserung eines zurückgebliebenen Lebensbereiches liegt, denn in einer Entwicklungs- und Wachstumsstrategie wirtschaftlicher Konzentration in Ballungsräumen. Massenverkehrssysteme in ihrer heutigen Form fördern in großem Maße konzentrische Standortgunst und tragen entscheidend zu monofunktionaler Verdichtung, zum Auseinanderfallen von Wohnen, Arbeiten und Erholen bei.
Die Folgen solcher Stadtentwicklung gelten im Städtebau als problematisch und beginnen, Gegenstand politischer Artikulation zu werden. Dies veranlaßt, in einem dritten Abschnitt auf mögliche Alternativen hinzuweisen.

I. Stadtverkehr als Krisensymptom und Gegenstand einer Sanierungspolitik

1. Zur Situation des Großstadtverkehrs

Einer Zunahme des städtischen Verkehrsvolumens als (zum Teil wechselseitige) Folge beschleunigter räumlicher Wirtschaftskonzentration steht eine nur langsam wachsende Infrastruktur gegenüber. Unter dem zusätzlichen Prozeß der Vollmotorisierung steht der Kreislauf des innerstädtischen Verkehrs vor dem Kollaps:
• Verkehrsstauungen durch den raumintensiven Individualverkehr drohen, besonders während der täglichen Flutstunden des Berufsverkehrs, die städtischen Kernbereiche in all ihren Funktionen lahmzulegen;
• die Diskrepanz zwischen verfügbarem und nachgefragtem Parkraum für den ruhenden Verkehr wird ständig größer;
• mit dem zunehmenden Motorisierungsgrad wechseln Verkehrsteilnehmer von den öffentlichen Verkehrsmitteln auf die Benutzung des Kraftfahrzeugs. Die Tendenz zur relativen Zunahme des Individualverkehrs am Gesamtvolumen wird verstärkt durch zunehmende Behinderung des öffentlichen Verkehrs auf der Straße.

2. Zu den gängigen Erkenntnissen

Während langer Zeit hatte man geglaubt, das Automobil sei ein geeignetes Verkehrsmittel auch in großen Verdichtungsräumen. Versuche, die Straßennetze von Großstädten den Bedürfnissen des Individualverkehrs anzupassen, sind jedoch fehlgeschlagen: vor der »autogerechten Stadt« haben auch die Straßenbauer von Los Angeles kapituliert, um das gängigste Erfahrungsbeispiel zu zitieren. Als Gründe dafür sind zu nennen:
• das Automobil besitzt zwar größte Vorteile für den Transport von Personen und Gütern; als einziges Verkehrsmittel gewährleistet es örtliche und zeitliche Unabhängigkeit. Es benötigt aber große Fahrflächen, die teuer und nicht beliebig zu vergrößern sind. Zunehmende Motorisierung und das Wachstum der städtischen Verkehrsbeziehungen können infrastrukturell nicht eingeholt werden[1];

---

[1] Dies belegt etwa die Verkehrsentwicklung Münchens: dort wurden von 1960 bis 1970, in einer Periode forcierten Straßenbaus, die Straßenverkehrsflächen unter einem Kostenaufwand von einer Milliarde DM um 16 % vergrößert (vgl. Süddeutsche Zeitung vom 28. 5. 1971). In der gleichen Zeitspanne verdoppelte sich jedoch die Zahl der zugelassenen Personenkraftwagen auf rund 400 000.

- warum das »ideale Fahrzeug« Automobil, als »Stehzeug« für 23 Tagesstunden mit dem Attribut des »flächenfressenden Ungeheuers« bedacht wird, ist leicht einzusehen: wollte jedermann mit dem Auto zum Arbeitsplatz in der City fahren, so wären, nach Berechnungen von Verkehrsfachleuten, in den meisten Städten große Teile der Kernzonen abzubrechen, um den Bedarf an Parkplätzen decken zu können;
- neben verkehrspraktischen Unmöglichkeiten werden in zunehmendem Maß die hohen sozialen Kosten des Autoverkehrs bewußt. Durch Straßenverkehrsunfälle innerhalb von Ortschaften der BRD werden zur Zeit jährlich rund 8000 Personen getötet und 300 000 Personen verletzt. Berechnungen in der Stadt Düsseldorf 1965, wonach von 80 Prozent des Straßennetzes eine gesundheitsgefährdende Dauerlärmwirkung ausging[2], dürften heute in manchen anderen Städten übertroffen sein. Der Anteil der Luftverschmutzung in Städten durch das Automobil (Kohlenoxid, Kohlenwasserstoff, Schwefelwasserstoff, hochgiftige Bleiverbindungen) ist bedeutend: Schätzungen variieren von 30 bis 70 Prozent.

Die Einsicht, daß das Auto das Problem städtischer Verkehrsbeziehungen nicht zu lösen vermag, ist heute zum Allgemeingut geworden. Ebenso gängig ist die Ansicht, daß Massenverkehrssysteme, in Großstädten vornehmlich schienengebunden und in unterirdischer Führung aus dem Individualverkehr herausgelöst, eine brauchbare Alternative darstellen. Solche Verkehrsmittel sind platzsparend, sicher, besitzen erhebliche Kapazitäten[3] und versprechen gegenüber dem Auto den Vorzug geringerer sozialer Kosten.

Weiter ist anzuführen, daß im gesamtwirtschaftlichen Kostenvergleich jede Art von Kollektivverkehr erheblich billiger ist als der Individualverkehr.[4]

---

[2] Als Schwellenwert wurde ein energie-äquivalenter Dauerschallpegel von mehr als 60 dB(A) zugrundegelegt. Beispiel aus Stehl, K., G. Gurdes: Umweltplanung in der Industriegesellschaft. Reinbek/Hamburg, 1970, S. 82 (rororo tele).
[3] Zum Vergleich: eine einzige U-Bahn- oder S-Bahn-Linie vermag bis zu 50 000 Pers./h in einer Richtung zu befördern. Dazu wären zwei Spuren einer U-Strab, vier Busspuren oder 30 Spuren für den Individualverkehr mit einer Gesamtbreite von rund 200 m anzulegen. Für die näheren Annahmen dieser Berechnung vgl.: Grundlagen moderner Nahverkehrsanlagen. In: die moderne eisenbahn, 2/69, S. 8.
[4] Vgl. dazu u. a. Peter Faller in: Möglichkeiten von Fahrtkostenvergleichen zwischen individuellem und öffentlichem Personennahverkehr aus der Sicht der Verkehrsteilnehmer und der öffentlichen Haushalte. Verv. Manuskript. Mannheim, 1968.

3. Praxis der Politik städtischer Verkehrssanierung

Die Erkenntnis der Vorzüge des öffentlichen Verkehrs in Großstädten ist unter Schienenfachleuten, wohl auch als Interessenstandpunkt, nichts Neues.[5] Mit der zunehmenden Misere des Verkehrs in den (Geschäfts-)Zentren der Großstädte erwuchsen dem öffentlichen Verkehr potente Befürworter.[6] Die Bundesbahn antizipierte das Entstehen regionaler Großräume bereits in den fünfziger Jahren und sieht darin die Chance, mit der Umrüstung der alten Vorortnetze zu leistungsfähigen S-Bahnen an einem neuen Verkehrsmarkt teilzuhaben.[7] Die Gemeinden folgen, aufgrund unmittelbarer Sicht des Problems aus den Rathausfenstern, auf dem Fuße.

Indessen betreibt der Bund eine unbeirrbare Verkehrspolitik der Vollmotorisierung und des Straßenbaus – auch für die Städte. Zwar zeigt der »Bericht der Sachverständigenkommission zur Untersuchung der Maßnahmen für eine Verbesserung der Verkehrsverhältnisse in den Gemeinden«[8] von 1964 in die andere Richtung, doch folgt die praktische Auswirkung erst 1967 mit der Regelung, aus dem Mineralölsteuer-Mehraufkommen 40 Prozent für den Bau von Massenverkehrswegen in den Gemeinden aufzuwenden.[9] Seither sind den Gemeinden jährliche Bundesbeiträge von 400–600 Mio. DM für den Ausbau des öffentlichen Verkehrs zugeflossen. Die Tendenzen laufen auf noch höhere Bundesbeiträge und auf Zuschüsse im Nahverkehrsbetrieb der Bundesbahn.

Unter diesen finanziellen Voraussetzungen, bei denen Bund und Länder bis zu 80 Prozent der Baukosten übernehmen, ist der Ausbau von Massenverkehrswegen zum festen Bestandteil großkommunaler Politik geworden: zumindest zwölf Städte in der BRD planen, errichten oder erweitern Schienenverkehrswege getrennt von der Ebene des Individualverkehrs, zumeist in Zusammenarbeit mit der DB, welche die weitere Regionsbedienung übernimmt. U-Strab und U-Bahn im enge-

---

[5] Z. B. Platzmann: Entwicklung und Zukunft der Stadtschnellbahnen. Int. Archiv für Verkehrswesen, 1949, Nr. 8, S. 174 ff., und Lehner, F.: Probleme des öffentlichen Massenverkehrs. In: Int. Archiv für Verkehrswesen, 1959, Nr. 12, S. 389 ff.
[6] Die Veröffentlichung des Deutschen Industrie- und Handelstages: Der innerstädtische Verkehr – Ein Problem der Wirtschaft, DIHT Schriftenreihe, 1963, Heft 84, hält als Ergebnis fest: »die ›autogerechte‹ Stadt ist gescheitert«.
[7] So betreibt sie ab 1955 die Errichtung einer S-Bahn im Münchner Raum – lange Zeit gegen den Willen der Stadt und auch des Bundes.
[8] BT Drucksache IV/2661 vom 29 10. 1964.
[9] Hier waren es die Länder, die einen höheren Anteil von 45 % (Antrag der Bundesregierung) für den Massenverkehr verhinderten und 60 % für den Straßenbau durchsetzten.

ren Stadtbereich, zusammen mit der regionalen S-Bahn bilden nach Intention der meisten Planungen ein einheitliches Hauptverkehrssystem, dessen linienhafte Bedienung durch Zubringerlinien (Bus, Tram) flächenhaft ergänzt werden soll. In der bisherigen Politik des »sowohl-als-auch« für indivuellen und öffentlichen Verkehr in den Gemeinden ist neuerdings eine größere Abkehr vom Straßenbau herauszuhören: »Mit jeder Milliarde, die wir für den Straßenbau ausgeben, führen wir die Stadt ihrem Tod näher«, begründete unter anderem OB Vogel in München den Entschluß des Stadtrates, ab 1972 die Ausgaben für den kommunalen Straßenbau um 60 Prozent herabzusetzen.

Andere Bereiche der Verkehrspolitik, vornehmlich des Bundes, sind jedoch keineswegs auf die Förderung des öffentlichen Verkehrsmittels gerichtet. So hat sich, als Ausfluß liberalistischen Wirtschaftsdenkens, bis heute die Auffassung gehalten, der Verkehr sei ein Wirtschaftszweig, der nach marktwirtschaftlichen Grundsätzen zu regeln sei. Eine solche Konzeption der Verkehrsfreiwirtschaft ist unter anderem durch das EWG-Recht angestrebt worden[10] und beinhaltet die »Gleichbehandlung« der Verkehrszweige, der finanziellen Eigenständigkeit und der Handlungsfähigkeit der Verkehrsbetriebe und die freie Wahl des Verkehrsbenutzers. Von diesen Grundsätzen, zugeschnitten auf scharfen »Wettbewerb« zwischen den Verkehrszweigen, hat Karl Oettle geschrieben, sie implizierten die »Demolierung des öffentlichen Verkehrs«, und zwar durch Erschwerung in der Erfüllung öffentlicher Betriebs- und Beförderungspflichten, durch einseitige Begünstigung der Vollmotorisierung und durch eine rein ökonomistische Betrachtungsweise, welche andere Werte, etwa räumliche Ausgleichsinteressen oder humanitäre und kulturelle Bedürfnisse verdränge.[11]

Hier sei nur auf das Prinzip der Eigenwirtschaftlichkeit der öffentlichen Verkehrsbetriebe hingewiesen, dem nicht nur die Bundesbahn[12], sondern auch die kommunalen Verkehrsbetriebe heute noch unterworfen sind. Dessen strikte Anwendung durch kostendeckende Tarife würde das Ende jeden öffentlichen Verkehrs in den Städten bedeuten. Nun ist zwar erkannt worden, daß die roten Zahlen öffentlicher Verkehrs-

---

[10] Fußend auf Art. 75 des Römer Gründungsvertrages.
[11] Karl Oettle in einer Reihe unermüdlicher Aufsätze, prononciert in: Verkehrspolitik. Stuttgart, 1967, S. 69 ff.
[12] Den Widerspruch im Zweckprogramm § 28 des Bundesbahngesetzes zwischen dem »gemeinwirtschaftlichen« Auftrag der DB und der Verpflichtung auf einzelbetriebliche, kaufmännische Grundsätze markieren die vergangenen 20 Jahre Bundesbahnpolitik aufs deutlichste. Dazu als Überblick: Oeftering, H. M.: Aufgaben und Organisation der DB im Wandel. In: Die Verwaltung, Heft 4, 1970, S. 41 ff.

betriebe nicht mit solchen eines normalen Wirtschaftsunternehmens verglichen werden können, und daß dem Vorwurf betrieblicher »Defizite« eine Milchmädchenrechnung zugrunde liegt: zum einen erfassen »Betriebsrechnungen« nur einen geringen Teil der gesamtwirtschaftlichen Kosten und Nutzen von Verkehrsleistungen, zum zweiten ist im Verkehr mit Kosten- und Nutzengrößen zu rechnen, die großenteils nicht auf dem Markt festgesetzt werden. Das Prinzip der Eigenwirtschaftlichkeit hat denn auch über die »Abgeltung gemeinwirtschaftlicher Leistung« und über den Verzicht auf Verzinsung des Anlagekapitals eine beträchtliche Milderung erfahren.

Die schrittweise Verbilligung der Beförderung in öffentlichen Verkehrsbetrieben bis hin zum Nulltarif ist zu einer Forderung etwa der Gewerkschaft ÖTV, von Jungsozialisten und »Roter Punkt«-Aktionisten geworden – nicht nur zum bloßen Selbstzweck, sondern »um Problembewußtsein zu wecken«[13]. Gerade solches Problembewußtsein wird nicht allenthalben geschätzt. So schrieb Hamburgs Erster Bürgermeister in einem Vorwort zur »Basisinformation zur Tariferhöhung des Hamburger Verkehrsverbundes« 1971:

»Mit Sicherheit wird auch in Hamburg der Versuch unternommen werden, die Auseinandersetzung um die Nahverkehrspolitik auf die Straße zu tragen; schon heute sind Ansätze bestimmter Gruppen unter dem Kennwort ›Roter Punkt‹ in dieser Richtung erkennbar. Die Erfahrungen mit solchen Aktionen in anderen Städten des Bundesgebietes haben gezeigt, daß die Motive der Akteure weit über den Rahmen einer sachlichen Auseinandersetzung um Nahverkehrspolitik hinausgehen. Hier wird letzten Endes auf die gegebene Ordnung von Staat und Gesellschaft gezielt, hier wird eindeutig der Versuch unternommen, auf dem Umweg über eine Sachfrage das Vertrauen des Bürgers in Regierung und Staat zu erschüttern.«[14]

Wie sehr Problembewußtsein allerdings vonnöten wäre, erhellen folgende Umstände: wissenschaftliche Gutachter beweisen, mindestens so seriös wie die Gegner kostenloser Beförderung, daß der Nulltarif gesamtwirtschaftliche Ersparnisse erbringt, falls er ein relatives Ansteigen des öffentlichen Verkehrs in den Städten bewirkt.[15] Dem Ausfall

[13] Vgl. zur Nulltarif-Politik den Aufsatz »Fünf Kopeken«, Spiegel 27/1971, S. 55 ff.
[14] Vortext von Prof. H. Weichmann, Berichte und Dokumente aus der Freien und Hansestadt Hamburg, Nr. 263 vom 2. 6. 1971. Hrsg. Staatliche Pressestelle Hamburg.
[15] Betriebs- und volkswirtschaftliche Konsequenzen eines unentgeltlichen Angebots der öffentlichen Nahverkehrsmittel in Ballungsräumen, München, 1970. Forschungsauftrag des Bundesverkehrsministeriums an das Institut für Verkehrswirtschaft und öffentliche Wirtschaft der Universität München. Leitung: Karl Oettle. Bearbeitung: Heinrich Ahner.

der Beförderungsentgelte stehen die Ersparnisse jedoch nicht an gleicher Stelle gegenüber. Zumindest kurzfristig müßten die Gemeinden ihren Haushalt mit anderen Steuerquellen ausgleichen, zum Beispiel der Gewerbesteuer. Da sie dies nicht tun wollen, laufen die Uhren der Tarifpolitik anders: regelmäßig werden Nahverkehrstarife in fast allen Städten erhöht.

Sodann ergeben sich Ersparnisse unter anderem dadurch, daß weniger Straßen zu bauen sind (so in der Rechnung des Nulltarif-Gutachtens). Eine vergleichsweise »mildere« Politik wäre die Verteuerung des Gebrauchs und der Produktion des Kraftwagens, der seine Kosten im Nahverkehr mutmaßlich bei weitem nicht trägt, durch zusätzliche Steuern und Abgaben.[16] Beides jedoch scheitert praktisch an den handfesten Produktions- und Verbraucherinteressen rund um das Auto. Seine Prestige- und Vorzugsstellung, die unter anderem in der gesamtwirtschaftlichen Subventionierung seines Gebrauchs entsteht, ist offenbar ohne Gefährdung der Wählerloyalität nicht anzutasten.

4. Kritik an der »Sanierungspolitik«

Die offizielle Politik der Förderung großkalibriger Massenverkehrswege behauptet zweierlei: zum einen, daß das vom Individualverkehr entflochtene Schienenverkehrsmittel das vernünftigste unter den heute verfügbaren technischen Instrumenten zur Handhabung großer und wachsender Verkehrsströme in den Großstädten sei. Dies bestätigt die Erfahrung. Gleichzeitig aber wird in Aussicht gestellt, solche Massenverkehrsmittel wie U- und S-Bahn brächten eine wirksame Entlastung der Straße. Dieser zweite Gesichtspunkt wird vermehrt in die Diskussion gebracht, seit eine Umweltschutzkampagne dem Automobil in der Stadt den Kampf, wenn auch vornehmlich verbal – und nicht das eigene, sondern stets das Auto des andern meinend – angesagt hat.

Nun läßt sich jedoch ebenso leicht zeigen, daß die Befreiung der Stadt vom »Moloch Straßenverkehr« nicht erfolgen wird, daß die Verkehrssysteme von U- und S-Bahn keinen nennenswerten Entlastungseffekt (und das kann sinnvollerweise nur heißen: Verminderung von Lärm, Abgas und Verkehrsunfällen) bringen werden.

Tatsache ist, daß die Ersetzbarkeit des Automobils durch die Schiene im Nahverkehr enge Grenzen findet. Massenverkehrssysteme, wo sie bereits mit allem verkehrstechnischen know-how gebaut wurden, wo Busse und Straßenbahnen Zubringerdienste in die Fläche über-

---

[16] Zu diesem Problem u. a. Grünärml, F.: Der Innerstädtische Verkehr. Preispolitische Möglichkeiten der Steuerung des innerstädtischen Pkw-Verkehrs. Marburg, 1971.

nehmen, wo »park-and-ride« Einrichtungen im Außenraum Möglichkeit zum Umsteigen bieten, wo dichte Netze, Zugfolgen und ein bequemes Platzangebot zur Verfügung stehen und relativ billige Verbundtarife gelten, werden kaum von mehr als der Hälfte des Berufsverkehrs benutzt. Wird offiziell gerade mit dem Argument der »Entlastung der Straße« zugkräftig für den Ausbau der Schienenverkehrswege geworben, so tönt es im internen Fachgespräch der Bahnbauer anders: sie versprechen sich davon lediglich, den relativen Anteil am städtischen Nahverkehr halten zu können.

Die wichtigsten Gründe sind folgende: das Automobil ist nach wie vor das einzige Verkehrsmittel, mit dem sich, zeitlich unabhängig, jeder Punkt innerhalb einer Stadtfläche erreichen läßt. Dem gegenüber nimmt die Flächenbedienung von Bahnsystemen ab, je leistungsfähiger sie konzipiert werden. Anmarschwege, gebrochener Verkehr (Umsteigen) mit Wartezeiten, psychologische Faktoren (passives Gefahren werden und mannigfaltige Unterordnungen im öffentlichen Verkehrsmittel gegenüber Autobesitz, Autofahren als aktive Betätigung in einem Bereich bloß funktionaler Herrschaft) sind nicht zu beseitigende Handicaps im heutigen kollektiven Verkehr. Solche Grenzen der Substitution können auch durch preispolitische Maßnahmen nicht durchbrochen werden[17]: weder die Verbilligung der Nahverkehrsbeförderung bis zum Nulltarif, noch das Gegenstück, die »kostenechte« Verteuerung des Automobils in der Stadt durch Steuern und Abgaben werden am Tatbestand der bis zum Kreislaufkollaps überfüllten Straße etwas ändern.

Die Alternative des öffentlichen Verkehrs mit echten Entlastungen von unerwünschten Folgewirkungen des Autos wird erst dann eine real mögliche, wenn neue Verkehrssysteme entwickelt und einsatzbereit sind, welche die Vorteile des Autos (Unabhängigkeit von Zeit und Ort) mit denen des öffentlichen Verkehrsmittels (große Kapazitäten, geringer Raumbedarf, Sicherheit, geringe Umweltbelastung) zu verbinden vermögen.[18] Daß solche Verkehrssysteme noch nicht einsatzbereit sind, ist grotesk, aber nicht verwunderlich: ein geschlossener Interessenkreis von Automobil- und Erdölkonzernen und des Straßenbaus hat eine echte Alternative im Verkehr verhindert[19] und ist

[17] Vgl. Grünärml, a. a. O., S. 130 ff.
[18] Dazu, mit einer Übersicht solcher Nahverkehrskonzepte: Borcherdt, H.: Der Konflikt zwischen der Fortschreibung des Verkehrsausbaus und den Ergebnissen der Verkehrstechnologie. In: Theorie und Praxis der Infrastrukturpolitik. Schriften des Vereins für Socialpolitik, NF 54, Berlin, 1970.
[19] So lehnten 1967 die einschlägigen Firmen ab, Mittel des Bundes zu gemeinsamer Forschung auf dem Gebiete des Elektromobils in Anspruch zu nehmen. Im gleichen Jahr wandte die Automobilindustrie in Deutschland mehr als 700 Mio. DM für Entwicklung und Forschung neuer Modelle auf.

offenbar weder fähig noch willens, zur Befriedigung eines der vitalen Bedürfnisse der Stadtgesellschaft beizutragen.[20]
Vorerst wird daher städtischer »Massenverkehr«, allen Beteuerungen der offiziellen Nahverkehrspolitik zum Trotz, weiterhin auf der Straße und im Auto stattfinden. Die Verantwortlichen wissen das und verkaufen mit der »Sanierungspolitik«, dem Feldzug gegen das Auto, der nur ein scheinbarer ist, ein Stück Ideologie – zum Teil notgedrungen. Warum Massenverkehrsmittel der Schiene, die in heutiger Form dem Auto in entscheidenden Punkten unterlegen sind, trotzdem so stark gefördert werden, und worin ihre eigentliche Bedeutung liegt, das soll an den Entwicklungsaspekten zu zeigen versucht werden.

II. Schienengebundener Massenverkehr als Strategie für Konzentration der Wachstumswirtschaft und angepaßte Stadtentwicklung

1. Die Problematik des Verkehrs im Prozeß wirtschaftlich-räumlicher Konzentration:

Das Phänomen der Verstädterung, der wachsenden Städte gilt als primär wirtschaftlicher Prozeß, in welchem, bei steigender und zunehmend differenzierter Produktion, die Wirtschaftsunternehmen nach räumlicher Konzentration suchen. Konzentration bietet den Unternehmen, neben inner- und zwischenbetrieblichen Rationalisierungs- und Kommunikationschancen, günstige Marktbedingungen. Die Nähe zum Arbeitsmarkt ist zum meist wichtigsten Standortkriterium im personalintensiven tertiären Sektor geworden. Nachdem, seit Fourestié das Vordringen dieses tertiären Wirtschaftssektors als gesichertes Erkenntnisgut und unabänderlicher wirtschaftlicher und sozialer Strukturwandel gilt, müssen Entscheidungen und Entscheidungskalkül dieses Wirtschaftsbereichs als zunehmende Determinationskraft auch für die räumliche Struktur des Verdichtungsortes, eben der Stadt, angesehen werden. Das Aufbrechen der historisch überkommenen Stadträume, der Einbezug des Umlandes in eine »Region«, die zunächst nichts weiter als die Kennzeichnung eines erweiterten Wirtschaftsraumes bedeutet, ist Folge der Auffüllung der überkommenen Stadt durch den Dienstleistungs- und Verwaltungsbereich. Die Verdrängung von Wohnungen aus dem Zentrum ist dabei nach dem Kalkül der Rendite möglich, bei ungehinderter ökonomischer Profitorientierung

---

[20] Entwicklungsarbeit an neuen Nahverkehrssystemen leisten nicht etwa die Automobilkonzerne, sondern vornehmlich relativ branchenfremde, kleinere Unternehmen (in der BRD z. B. Krauss Maffei, Messerschmitt-Bölkow-Blohm, Demag).

zwangsläufig. Neuer Wohnungsbau ist, aus den gleichen Gründen, nur mehr im Umland möglich. Die industrielle Produktion (sekundärer Sektor) weicht ebenso ins Umland aus: großer Flächenbedarf neuer Betriebe (Flachbau für automatisierte und mechanisierte Produktion) veranlaßt dazu, sinkende Personalintensitivität erleichtert die zentrifugale Bewegung.

Voraussetzung einer solchen Entwicklung ist auf jeden Fall die Überwindung räumlicher Distanzen für Personen und Güter durch den Verkehr. Dessen Problematik, die die Folge eines primären Wirtschaftsprozesses ist[21], kann folgendermaßen umrissen werden[22]:
• Zunahme des Gesamtverkehrsvolumens durch Steigen der Einwohnerzahlen in den Ballungsgebieten, Ausweitung der Siedlungsflächen sowie Erhöhung des Lebensstandards, der seinerseits einhergeht mit den Strukturveränderungen der Wirtschaft;
• Zunahme der Fahrtweiten infolge der Verschiebung des Bevölkerungsschwerpunkts nach außen und der erheblichen Konzentration von Arbeitsplätzen in den zentralen Gebieten;
• zunehmende Verdichtung des Berufsverkehrs im Bereich der Kerngebiete als Folge der ständig zunehmenden Tagesbevölkerung;
• steigende Pendlerwellen zwischen Umland und Zentralstadt.

Neben diesen Sekundärproblemen als Folge des Strukturwandels von Wirtschaft und Siedlungsform ist
zentraler Standorte aufheben, ist eine ausdifferenzierende Wachsdes (städtischen) Verkehrs grundlegend verändert hat und durch den die sekundären Problembereiche potenziert werden.

2. Massenverkehr als Beseitigung von Wachstumsschranken und als Entwicklungsfaktor

Die Tatsache, daß die Infrastruktur für den Straßenverkehr nicht unbeschränkt, und nur unter höchstem Kosteneinsatz überhaupt vergrö-

---

[21] Wenn hier von »Folge« die Rede ist, soll ein komplexes Verhältnis nicht auf ein immer gültiges Ursache/Wirkung-Schema reduziert werden. Daß Infrastrukturleistungen gerade im Verkehr die Strukturveränderung der Wirtschaft (mit den privaten Investitionen als Komplement) erst nach sich ziehen, ist immer möglich, falls die neue Infrastruktur qualitative oder quantitative Reserven aufweist. Von »Folge« zu reden, berechtigt auch die ökonomische Bedingtheit der Ziele solcher Infrastrukturpolitik im vorliegenden Bereich, was noch zu zeigen ist.
[22] Nach Lehner, F.: Der öffentliche Nahverkehr im Rahmen der städtischen Generalverkehrspläne. Kurzreferat des Vortrages auf dem XXXIV Kongreß der UITP in Kopenhagen, 1961. Abgedruckt in: Internationales Archiv für Verkehrswesen 13 (1961), Heft 8, S. 255 ff.

ßert werden kann, setzt dem Wachstums- und Verdichtungsprozeß der individuell motorisierten Stadt eine reale Entwicklungsschranke. Wo Nachteile aus wachsender Verkehrsbehinderung die Vorteile zentraler Standorte aufheben, ist eine aus differenzierende Wachstumswirtschaft gezwungen, in andere Zentren oder in die Peripherie auszuweichen. Dabei müssen zumeist bisher innegehabte Vorteile der Kommunikation und (Arbeits-)Marktnähe aufgegeben werden. Diese Politik ist für einzelne Unternehmen riskant, da die Unsicherheit späterer neuer Verdichtung in der Region groß ist – und, falls sie sich realisiert, wird sie von verbleibenden Unternehmen im Zentrum als Konkurrenzlage antizipiert.

Untersuchungen realer Entscheidungsprozesse lassen erkennen, daß die Argumente dieser Art, vertreten etwa vom meist gefährdeten Einzelhandel, von maßgeblichem Einfluß auf die Massenverkehrskonzepte in großen Städten waren. Schienverkehrsmittel beseitigen die Entwicklungsschranken der Großstadtzentren, welche der Individualverkehr immanent auferlegt. Das haben, im historischen Rückblick, die Wirtschaftsgruppen des tertiären Sektors zuerst erkannt und zum Gegenstand einer starken Politik gemacht. Die Gemeinden selbst, die sich in der Abhängigkeit von der Gewerbesteuer wie private Marktsubjekte verhalten zu müssen glaubten, fanden sich, mit diesen Wirtschaftssubjekten, in der Vergangenheit zu einer gemeinsamen Politik der weiteren Entfaltung konzentrischer Standortgunst. Als dritter Partner dieser Politik tritt die Bundesbahn auf: sie vertritt ihre Eigenziele der Wahrnehmung verkehrlicher Marktchancen in den regionalen Wirtschaftsräumen (gar: zur Schaffung regionaler Wirtschaftsräume überhaupt) äußerst stark.[23]

Massenverkehrssysteme mit U-Bahn-Durchmessern im engeren Stadtraum, mit S-Bahn-Linien in die weitere Region erhöhen das Verkehrsangebot massiv: der 45 Minuten-Einzugsbereich in München etwa wurde mit dem Bau der S-Bahn innerhalb von sieben Jahren vervierfacht, Kapazitäten sind vorhanden, die jede bisherige Dimension sprengen. Darin liegt nun die eigentliche Bedeutung dieser Verkehrsanlagen: sie beseitigen die Wachstumsschranken zentraler Standorte

---

[23] Daß sich die Bundesbahn in Konfliktlagen gegenüber Staat und Gemeinden regelmäßig durchsetzt, hängt mit ihrem Verweigerungspotential und ihrem Beitrag für die räumlich-wirtschaftliche Konzentration gleichermaßen zusammen. Der Streit zwischen Bundesbahn und München um die verkehrsreichste Trasse der Stadt von 1955–1963 zeigt dies beispielhaft. Über die Aushöhlung der Entscheidungsbefugnis der Gemeinden zu regionaler Entwicklungspolitik durch rentabilitätsorientierte S-Bahn-Planungen der DB vgl. Körber, K.: Überlegungen zur Planung des Nordbereichs von Darmstadt unter Berücksichtigung regionaler Zusammenhänge. Darmstadt, MS 1970, S. 11.

und legen den Weg frei für eine Entfaltung konzentrischer Standortgunst in den überkommenen Ballungskernen. Sie werden, aufgrund regelmäßig festzustellenden mittelfristigen Kapazitätsüberhangs, zu einem entscheidenden Entwicklungsfaktor selbst, der die Eigentendenzen der Wirtschaftsunternehmen zu räumlicher Konzentration in hohem Maße verstärkt.

3. Qualitative Aspekte der Stadtentwicklung durch Massenverkehr

Die Feststellung, wonach der Schienennahverkehr ein entscheidender Faktor der Stadtentwicklung (immer im Bezugsfeld ökonomischer Wachstums- und Konzentrationsziele) darstellt, wird heute in der Fachdiskussion anerkannt.[24] Weniger Ausführungen finden sich über die qualitativen Aspekte dieser Stadtentwicklung durch Massenverkehr. Massenverkehrssysteme werden nicht einfach in einen Raum hineingebaut, in dem es gewachsene und erwartete Verkehrsaufgaben gibt, sondern in einen Raum, in dem Verkehrsleistungen nach bestimmten ökonomischen Bedingungen verwertet werden. Folgende Bedingungen scheinen mir relevant:
* der Bodenwert, und, nachdem Grundeigentum marktfähige Ware wie jede andere ist, sein Preis, richtet sich nach dem Hauptkriterium der Erreichbarkeit;
* gesteigerter Bodennutzen durch sozial erbrachte Leistungen infrastruktureller Art (etwa Verbesserung der Erreichbarkeit) fällt nach dem Bundesbaugesetz den jeweiligen Grundeigentümern zu (als eine Art von Planungsgewinnen);
* es bestehen im geltenden Recht kaum Steuerungsmöglichkeiten für eine Bodennutzung nach sozialen Kriterien. Sie sucht in der Regel nach individueller Optimierung zumeist kapitaler Rendite, möglicherweise auch nach Eigenzielen nicht unmittelbar pekuniärer Art (zum Beispiel Repräsentation der Verwaltungsfunktion).

Massenverkehrssysteme nun, je leistungsfähiger konzipiert, desto grobmaschiger werden sie gebaut. Damit nimmt die praktisch erschlossene Fläche tendenziell ab, während gleichzeitig die Erreichbarkeit dieser punkthaft reduzierten Flächen eine rasante Steigerung er-

---

[24] Sie findet sich etwa bei Voigt, F.: Arbeitsstätte, Wohnstätte, Nahverkehr. Hamburg, 1968, S. 19 ff. Die Ansicht, die Bahn habe ihre »raumordnende Kraft verloren«, und das Kraftfahrzeug bringe eine »flächenmäßige Ausstrahlung der Industriestadt in den Raum« (Kloten, N.: Thesen zu einer rationalen Tarifpolitik im Verkehr, Kyklos 1959, S. 451 ff.) dürfte im ersten Teil überholt, im zweiten als negative Konsequenz der Strukturwirkung des Automobils gelten.

fährt. Was unter siedlungspolitischen Aspekten als Fortschritt gilt, die linienhafte Verdichtung anstelle des »Siedlungsbreis« der Ballungszentren, hat seine Kehrseite: die Flächen hoher Erreichbarkeit sind knapp. Bodenpreissteigerungen sind der erste, real ökonomische Prozeß, der einsetzt, sobald bloße Schienenverkehrsplanungen ins konkrete Entscheidungsstadium kommen. Steigerungen bis ums Achtfache des ursprünglichen Bodenpreises können dabei beobachtet werden.[25]

Heutige Massenverkehrswege schaffen extreme Renditedifferenzen innerhalb des Raums, in dem sie angelegt werden, und sie ermöglichen, durch die leichtere Überwindung größerer Distanzen (und das heißt: von teurer in billigere Fläche), die Substitution von ökonomisch ungleichwertigen Funktionen und damit die effektive Nutzung der Differentialrente. In diesem Prozeß unterliegt der Bereich »Wohnen« regelmäßig dem Produktionsbereich des tertiären Sektors, derjenige der »Erholung« den beiden ersteren. Werden Massenverkehrssysteme radial angelegt, wie in den meisten deutschen Städten[26], so kulminieren die Effekte.

Somit ist die Stadtentwicklung in der zunächst unter Punkt 1 skizzierten Form nicht ein Prozeß, der nach unausweichlichen Naturkonstanten abläuft. Nahverkehrssysteme, errichtet aufgrund politischen Wahlhandelns, haben entscheidende Auswirkungen auf die Konzentration von Dienstleistungen und Arbeitsplätzen im Zentrum als Zone höchster Erreichbarkeit, auf die Verdrängung der Wohnungen ins Umland. Dabei ist die Verdichtung des Wohnraums immanent schwieriger zu erbringen als diejenige der Arbeitsplätze. Ihre Zuordnung an die Schienenstränge ist wiederum zusätzlich erschwert durch hohe Bodenpreise in Nähe der Haltestellen. Günstiges Wohnen in Griffnähe zum großkalibrigen Massenverkehrssystem ist, unter heute entwickelten Wohnformen und den ökonomischen Bedingungen, kaum zu realisieren. Wohnbau, an Strängen alter Vorortlinien, gerät zudem tendenziell nahe an die industrielle Produktion des sekundären Sektors. Der Verdrängung des Erholungsraums (der nicht nur aus Grünem, sondern in der Stadt auch durch die sogenannten »K«-Lokalitä-

---

[25] Vgl. Seidewinkel, H.: Die Beeinflussung der Grundstückswerte durch das innerstädtische Verkehrssystem. Hamburg, 1966, S. 137 ff.
[26] Dabei haben nicht nur Bindungen an die historischen Verkehrsströme eine Rolle gespielt. Wenn 1964 der Sachverständigenbericht (a. a. O, BT IV/2661) radiale Konzeptionen empfahl (Tz. 253), so mit betriebswirtschaftlichen Gründen, während wirtschaftliche Interessengruppen in örtlichen Entscheidungsprozessen ihre Optionen für konzentrische Radialkonzepte nicht immer so offen äußern wie etwa die IHK München 1964 in ihrem Gutachten für die S-Bahn. Vgl. Münchner Merkur vom 29. 12. und 20. 8. 1964.

ten umrissen wird) aus dem Blickfeld des Städters steht im radial verdichteten Kerngebiet nicht selten eine Übererschließung entgegen. Dies bedeutet: Zugriff der Bodenspekulation auf Gebiete, die potentiell für den »Strukturwandel« geeignet sind. Auch die Zuführung in den »realen« Strukturwandel ist ein Kalkül. Hierher gehört das systematische Verkommenlassen der bisherigen Mischsubstanz, das gänzlich risikolose Abwarten des Optimums für die Nutzung der Renditedifferenz, will heißen etwa der Abbruch von Altwohnungen und Neubau von Verwaltungsgebäuden und Kaufhäusern.[27]

Diesem Prozeß der Merkantilisierung des Stadtraums, seiner Aufteilung nach ökonomischen, vordergründig individuellen Nutzungskriterien, verhelfen heutige Massenverkehrssysteme zum Durchbruch in großem Stil und auf lange Sicht.

Diese Art Stadtentwicklung, äußerlich gekennzeichnet durch eine »Funktionalisierung« des Raums, hat natürlich nicht erst mit U- und S-Bahnen eingesetzt, denn die ökonomischen Voraussetzungen waren vielerorts vor diesen Verkehrsmitteln gegeben und konnten sich, vor der Massenmotorisierung, besser auf die vorhandene Verkehrsinfrastruktur stützen. Die Funktionalisierung des Agglomerationsraums, als »Strukturwandel« beschrieben[28], seit Jane Jacobs und Alexander Mitscherlich als monofunktionaler Städtebau kritisiert[29], bekam, als sie real im Wiederaufbau einsetzte, mit den Regionsbestrebungen eine begrifflich darstellbare Form mit positiv-fortschrittlichem Unterton; zum Politikum ist sie kaum geworden. Drei Jahre nach Erscheinen von Mitscherlichs Pamphlet, als die Praktiker im Frankfurter Gespräch der List-Gesellschaft sich der »Polis und Regio« annahmen, wurde vom Ökonomen Isbary gesagt:

»(ich muß hier) einen Exkurs gegen das Wehgeschrei unternehmen, das heute gegen die ›Entmischung der Funktionen‹ erhoben wird ... Ich bin keineswegs ein Gegner einer vielseitigen Durchmischung funktionaler Elemente, wo sie möglich ist. Aber es gibt in der Raumordnung und wohl auch im Städtebau eine Grundregel, die nicht ungestraft verletzt werden darf. Es ist die Grundregel der volkswirtschaftlichen Priorität in der Nutzung von Böden. Jeder städtische

---

[27] Vgl. die Relokationswelle großen Stils von Mietern aus dem Wohngebiet Lehel in der Münchner Altstadt im Sommer 1970.
[28] Etwa durch Hillebrecht, R.: Die Auswirkungen des wirtschaftlichen und sozialen Strukturwandels auf den Städtebau. Köln und Opladen, 1964; sowie ders.: Erneuerung unserer Städte, Schriftenreihe des Deutschen Städtetages. Bonn, 1960, S. 51 ff.
[29] Jacobs, J.: Tod und Leben großer amerikanischer Städte. Gütersloh 1971; Mitscherlich, A.: Die Unwirtlichkeit unserer Städte. Zuerst in: Stadtbauwelt 2/1964, S. 94 ff.

Raum, wie jede Region insgesamt, hat Flächen, die unverzichtbar jenen Nutzern vorbehalten bleiben müssen, die dort am günstigsten wirtschaften und für das Allgemeinwohl den höchsten Ertrag erbringen.«[30]
Dieses Prinzip, die Anordnung der Funktionen nach dem höchsten wirtschaftlichen Ertrag, hat tatsächlich den Städtebau der letzten 20 Jahre in wachsendem Maß regiert und ist, als schleichender Prozeß, von der Bevölkerung vieler Städte klaglos hingenommen worden. In einer Stadt wie München aber, die ihren historischen Kern bis in die sechziger Jahre hinüberrettete (unter anderem durch eine Politik des »Burgfriedendenkens«, was ihr seinerzeit böse Kritik seitens »progressiver« Kräfte eintrug), und wo der »Strukturwandel« verspätet, aber rasant auftritt, da werden die externalisierten Kosten dieses Kalküls zum Politikum. In höchst konkreter Form wird dabei das pluralistische Axiom verworfen, wonach die individuell optimierte Nutzung des Bodens für das »Allgemeinwohl den höchsten Ertrag« erbringe:
• »Verlagerung der Wohnbevölkerung in den Außenraum« wird nun als das empfunden, was sie sozialökonomisch bedeutet, nämlich die Vertreibung von Mietern aus billigen Altwohnungen in teure Wohnsilos von »Schlafstädten«;
• der »Strukturwandel der Innenstadt« als das Ersetzen kleinmaßstäblicher Vielfalt durch eine Monostruktur, die zur Verödung und Verflachung des Innenstadtlebens führt;
• einer geringen Zahl von Grundeigentümern, die aus diesem »Strukturwandel« enormen Gewinn zögen, stehe eine Mehrzahl von Stadtbewohnern gegenüber, deren konkrete Lebensbedingungen sich verschlechterten.[31]
Solche neuen Bewertungen städtischen »Strukturwandels« sind keineswegs Privileg von Randgruppen radikaler Kritik. Sie reichen, von breiten Basisartikulationen über alle Parteien bis zur offiziellen Politik des Münchner Rathauses, was allerdings, wegen der teils realen, teils vorgeblichen Ohnmacht gegenüber den Phänomenen, auch nicht viel kostet. Damit wird mit jener Sozialkritik gleichgezogen, welche stets schärfer gegen den städtebaulichen Funktionalismus aufzog und

---

[30] Isbary, G.: Die Entwicklung der Stadt von heute zur Siedlungsform von morgen. In: Veröffentlichungen der List-Gesellschaft e. V., Bd. 57. Basel, 1967, S. 264.
[31] Vgl. zum Beispiel Bode, P.: Die Münchner werden an den Rand gedrängt. In: Süddeutsche Zeitung vom 25. 3. 1971, neben der Arbeitsstudie des Münchner Stadtentwicklungsreferates: Über den Wandel von Struktur, Funktion und Charakter der Münchner Innenstadt und Möglichkeiten seiner Steuerung. MS, 1971.

den Verlust des einheitlichen Erkenntnis-, Wertungs- und Handlungskreises der Polis nicht nur feststellte[32], sondern beklagte.[33]
Daß diese Kritik gleichermaßen nichts kostet, man sich mit verbaler Darstellung des desolaten Zustands eines in Wohnen, Arbeiten, Verkehr und Erholung aufgeteilten Stadtraums begnügt und das Feld den beschimpften und belehrten Technokraten wieder überläßt, wäre das Eine, hier Unwichtigere. Das Zweite wäre, abzuschätzen, wie weit die Förderung radialer Schienenverkehrsmittel hoher Kapazität nicht gerade eine Förderung solch städtischer Unwirtlichkeit bedeutet. Hier wäre nun auf Hillebrecht zurückzukommen. Er hat wiederholt die Forderung aufgegriffen, statt monozentrischer städtischer Regionsräume Nebenzentren zu stärken. In einem solchen Raum wären die Dienstleistungen nicht in einem einzigen »Central Administration (oder Business) District« angehäuft, sondern auf verschiedene Zentren mit unterschiedlicher Konzentration und unterschiedlicher Leistung verteilt. Hillebrecht, vom (wünschenswerten) Tatbestand der »Dekonzentration« ausgehend, sagt, er »würde die Einrichtung öffentlicher Nahverkehrsverbindungen erleichtern und durch sie nicht nur die Nebenzentren attraktiv machen, den Berufsverkehr menschenwürdig gestalten und das Zentrum der Stadtregion, die City der alten Stadt als Kern der Region, leistungsfähig mit den Nebenzentren eng verknüpfen.[34] Albers auf der anderen Seite hält fest, daß eine »Hierarchie« verschiedener Zentren überhaupt nur lebensfähig sei, wenn die Unterzentren mit dem Hauptzentrum durch leistungsfähige Verkehrssysteme verbunden seien.[35]
Nun muß jedoch festgehalten werden, daß eine städtische (regionale) Infrastrukturpolitik für eine »dekonzentrierte« Entwicklung einer Vielzahl von Zentren unterschiedlichen Grades überhaupt nicht wirksam geworden ist, wenigstens nicht im Sinne einheitlicher, vollständiger, relativ abgeschlossen erlebbarer Bereiche: die »Geschäftsstadt Nord« in Hamburg ist kein dekonzentrierter Lebensraum, sondern ein Arbeitsraum, in dem es nur während 44 Bürowochenstunden klappert. In der übrigen Zeit ist sie ein Bewachungsobjekt der Wach- und Schließgesellschaft. Die andere großmaßstäbliche Ausnahme, der neue Stadtteil Perlach im Südosten Münchens, zeigt, vor abseh-

---

[32] Wie Edgar Salin 1960: Urbanität. In: Erneuerung unserer Städte, a. a. O.
[33] Mitscherlich, a. a. O., v. a. aber: Berndt, Heide, u. a.: Architektur als Ideologie. Frankfurt, 1969.
[34] Hillebrecht: Wirtschaftlicher und sozialer Strukturwandel im Städtebau. In: Arbeitsgemeinschaft für Forschung des Landes Nordrhein-Westfalen, Heft 142. Köln, 1964, S. 28.
[35] Albers, G.: Städtebauliche Konzeptionen und Infrastrukturbereitstellung. In: Schriften d. Vereins f. Sozialpolitik. Berlin, 1970, a. a. O., S. 271.

baren Ergebnissen, zumindest die Schwierigkeit, aus dem monofunktionalen Konzept herauszukommen, es »planend« zu überwinden. Schwerer wiegt der Umstand, daß in der Nahverkehrspolitik auf solche Überlegungen, die nicht nur im ökonomischen Kontext schwierig zu realisieren wären, zumeist gar keine Rücksicht genommen wird. Allen Massenverkehrskonzepten liegt, cum grano salis, ein einziges Kriterium zugrunde: die großdimensionierte Beförderung der arbeitenden Wohnbevölkerung vom Umland in das Monozentrum. Verkehrsverbindungen zwischen möglichen Unterzentren werden nicht verbessert. Die Chance der Einrichtung von Unterzentren sinkt, nach Errichtung dieser Art von Infrastruktur, aus verschiedenen Gründen beträchtlich.

Statt der Scheinalternative »Automobil oder Massenverkehr«, auf die sich die offizielle Politik und ein Großteil ihrer Kritiker eingeübt haben[36], wäre eine Untersuchung der raumstrukturellen Aspekte wohl bedeutsamer. Überblickt man den heutigen Ausbau der Massenverkehrswege in deren konkretem, radialen Konzept, im gleichzeitigen Fehlen eines raumpolitischen Programms zur Förderung neu durchmischter Subzentren und im Kräftefeld individueller Bodennutzung, die alle bewirkten extremen Wertdifferenzen praktisch ohne soziale Bindung für sich zu verwerten privilegiert ist, dann ist diese Politik nicht das, was sie von sich behauptet. Sie saniert die Stadt von keinem einzigen Auto, ist jedoch eine wirksame Politik für die weitere Entfaltung der Standortgunst in monozentrischen Agglomerationen. Dies heißt: ungehinderte weitere Konzentration von Arbeitsplätzen im Hauptzentrum, weiteres Verdrängen von Wohnungen in die Peripherie. Diese Politik ist keine »Rettung der Städte«, zumal nicht vom Verkehr, sondern ein Pyramidenbau großdimensionierter Wirtschaftsräume, der, durch den Verkehr in Gang gesetzt, viel überflüssigen Verkehr produziert, und zwar mit dem Auseinanderfallen von Wohnen, Arbeiten und Erholen. Er wäre zu einem Gutteil nicht notwendig zur städtischen Produktion, aber es besteht kein Anreiz mehr, ihn zu vermeiden, nachdem er technisch handhabbar wird, wirtschaftlich auf den Konsumenten (und auf Dritte) fällt. Mit der Vierteilung des Stadtraums in Wohnen, Arbeiten, Erholen und Verkehr wird auch sein Bewohner »geviertteilt«: Verkehrend nur noch kann er ganzer Mensch sein. Um seinen erzwungenen Tagesablauf einzuhalten, braucht er, zumal als Berufspendler, stets mehr Aufwand und Zeit, um planvoll umherirrend die drei übrigen Bereiche zu verbinden.

Verteilungspolitisch wäre beizufügen, daß gerade im Massenverkehr viele die Sache von wenigen bezahlen. Das Bodenmonopol wirkt sich,

---

[36] Von Karl Oettle bis Krämer-Badoni/Grymer/Rodenstein: Zur sozioökonomischen Bedeutung des Automobils. Frankfurt, 1971, insbes. S. 305 ff.

nach gängigen ökonomischen Spielregeln, selbst auf den Nulltarif aus. Wer das Glück hätte, in einer knappen Wohnung nahe dem Verkehrsmittel zu wohnen, dürfte für den Nulltarif eine höhere Miete entrichten.[37]

III. Mögliche Alternativen

1. Anpassung der Siedlungsstruktur an den Verkehr – oder umgekehrt

Die heutige Infrastrukturpolitik des Ausbaus der Massenverkehrswege setzt eines fort, was bereits Kennzeichen des Straßenbaus für die heute verworfene »autogerechte Stadt« war: sie geht aus von sogenannten Erfordernissen räumlicher Mobilität und bestimmt daraus Geometrie und funktionale Struktur des Siedlungsraums. Auch diese neue Infrastruktur wirkt verdichtend bis in den Außenraum der an den Verkehr. Zweifellos hat sie Vorzüge gegenüber der früheren: die spezifischen Transportkosten sind gesamtwirtschaftlich billiger, die neue Infrastruktur wirkt verdichtend bis in den Außenraum der Region (Verhinderung des »Siedlungsbreis«), und bringt mit dem starken Impetus für eine Erhöhung des Produktionsstandes auch dem Einzelnen Chancen wirtschaftlich-sozialen Aufstiegs.

Trotzdem birgt dieses Konzept die Gefahr, daß mit der gleichzeitig geförderten Funktionalisierung des Raums die Verkehrsvorgänge überproportional wachsen und die Ersparnisse von Konzentration und Verdichtung aufheben. Dies stellt eine im wesentlichen ökonomisch orientierte Untersuchung fest.[38] Rechnet man die nicht quantifizierbaren Kosten monofunktionaler Aufteilung (die in allen ökonomischen »Gesamtrechnungen« nur über eine politische Artikulation Gewicht erlangen), so wird die sinnvolle Grenze schnell erreicht. Der umgekehrte Weg[39] besteht darin, aufgrund eines räumlichen Konzepts den Verkehr anzupassen. Dekonzentration, die darauf ausgeht, möglichst mehrere Ballungspunkte unterschiedlichen Zentralitätsgrades als noch einheitliche Lebensbereiche zu schaffen, führt immanent dazu, einen Teil des Verkehrs in echtem Sinn zu lösen: dadurch nämlich, daß sie durch die räumliche Struktur mit erhöhter Durchmischung zum Ver-

---

[37] Daß »eine Senkung der Fahrtkosten bei einem Verkehrsmittel in der Regel nicht den Bewohnern der durch das Verkehrsmittel bedienten Randgebiete zugute kommt, sondern den Grundbesitzern dieses Bezirks«, hält H. Seidewinkel, a. a. O., S. 90, fest.
[38] Voigt, F.: Arbeitsstätte, Wohnstätte, Nahverkehr. A. a. O., S. 144 ff.
[39] Damit ist nicht die logische Umkehrung, sondern die andere Richtung des Problemverarbeitungsprozesses aufgrund von Vorurteilen gemeint.

schwinden gebracht wird. Sie vermeidet ferner die soziale Problematik monofunktionaler Schlafstädte und Verwaltungsquartiere und bietet die Chance größerer Varianz »urbaner« Lebensbereiche.Zu schön, um wahr zu sein, zu alt, um's noch zu werden, ist das Konzept auf seine Voraussetzungen und Möglichkeiten hin zu prüfen.

2. Multifunktionaler Städtebau: Herausforderung des Konflikts

Die Forderung nach einheitlichen Lebensbereichen in »Regionalstädten«[40], ihre gleichzeitige Orientierung an einem gemeinsamen Schwerpunkt, ist ein Vorgriff, kein Leitbild, aus dem sich die konkreten Lösungen am Planertisch deduzieren ließen. Zielkonflikte sind ihm immanent, sind im Konkreten erst erfahrbar, und das heißt in der Planungspraxis: in der Phase der Ausführung. Multifunktionale Stadtentwicklung bedeutet in höchstem Ausmaß ständige Auswahl unter konfligierenden, sich ausschließenden Zielvorstellungen.[41] Eine Ziel-, Werte- oder Funktionshierarchie läßt sich darin nicht aufstellen, weder allgemeingültig noch für längere Zeit.[42] Auf die Anforderungen eines ständigen politischen Prozesses einzugehen, der die Mitwirkung Betroffener in konkreten Alternativen ermöglicht[43], verbietet sich in diesem Rahmen. Hingegen sollen einige Zielkonflikte, die dem Konzept inhärent sind, zur Verdeutlichung skizziert werden:
• Regionale Subzentren schaffen Konkurrenzlagen zum Hauptzentrum. Wandern zum Beispiel Großkaufhäuser in regionale Zentren, so verschlechtert sich die Lage von Geschäften des gehobenen Bedarfs auf jeden Fall: nur in der Nähe großer Käuferströme (von Großkaufhäusern) lebensfähig, sind für sie sowohl der alte Standort im Zentrum wie der neue in der Peripherie ungünstiger. Die Verlagerung von Zentrumsfunktionen ist ein komplexer Prozeß, der kaum erfaßt

---

[40] So der Terminus Hillebrechts.
[41] Vgl. Korte, H.: Multifunktionaler Städtebau und politische Öffentlichkeit. In: Zur Politisierung der Stadtplanung. Hrsg. ders., Düsseldorf, 1971, S. 155 ff.
[42] In generellem Zusammenhang so: Storbeck, D.: Zielkonflikt-Systeme als Ansatz zur rationalen Gesellschaftspolitik. In: Zur Theorie der allgemeinen und regionalen Planung. Bd. 1 der Beiträge zur Raumplanung, hrsg. vom Zentralinstitut für Raumplanung an der Universität Münster, 1969, S. 77.
[43] In Beobachtung kommunaler Praxis: Grauhan, R.: Zur Teilhabe Betroffener an der Stadtentwicklungsplanung. MS, Konstanz, 1971. Planung als kommunikativer Prozeß und nicht-hierarchisches Problemlösungsverhalten: Friend, J., W. Jessop: Local Government and Strategic Choice. London, 1969 (Tavistock). Gekürzte deutsche Ausgabe: Bauwelt Fundamente, Bd. 36. Gütersloh, 1973.

und kontrolliert werden kann.[44] Widerstand gegen Funktionsverluste des Hauptzentrums wird nicht nur von der dort ansässigen Geschäftswelt ausgehen, sondern auch vom politischen System des Hauptzentrums;
- falls durchmischte Subzentren durch entsprechende Infrastrukturmaßnahmen gefördert werden, so bleibt die Frage offen, ob private Investitionen das Angebot im Regionalzentrum annehmen. Die Problematik wird deutlich an den englischen »New Towns«, in denen es oft schwierig ist, nach Erstellung einer ganzen Stadt Arbeitsplätze des tertiären Sektors hinzubekommen. Dekonzentration von Verwaltungsfunktionen (etwa ohne Publikumsverkehr) scheitert nicht nur an betriebsökonomischen, sondern auch an prestigemäßigen Überlegungen (zum Beispiel öffentlicher Verwaltungszweige). Die Abschöpfung von Konzentrationsvorteilen im Hauptzentrum zugunsten der Nebenzentren kann andererseits bei den ökonomischen und politischen Interessen der Monozentren nicht realistisch ins Auge gefaßt werden;
- Regionalstädte werden entweder auf grüner Wiese aus dem Boden gestampft, oder sie knüpfen an bestehende Ortskerne an. Im ersten Fall ersetzt die Planung einer autoritativen Baubehörde den politischen Prozeß. Dabei kann nicht nur die Planung ihr Ziel (woher nimmt sie es?) inhaltlich verfehlen. Auch der Stadtbewohner, dem die Anlage schlüsselfertig übergeben wird, wird um einen sozialen Lernprozeß gebracht, auf den er Anrecht hat.

Im zweiten Fall, wo – als Lehrbuchfall – ein gewachsener Ortskern die Entwicklung zur Regionalstadt bejaht, wo die Chancen des politischen Prozesses real werden, da werden auch die ökonomischen Chancen real. Mit anderen Worten: Merkantilisierung und Funktionalisierung des Verdichtungsraums wird auch den Subzentren blühen, falls keine Sozialbindung des Grundeigentums dies verhindert.

3. Stadtentwicklung als politischer Prozeß und die Infrastruktur

Unser Wissen um die technischen, wirtschaftlichen und sozialen Beziehungen des »dynamischen Systems« *Stadt* ist außerordentlich gering. Die zukünftigen Verhaltensweisen dieses Systems abzuschätzen, ist praktisch nicht möglich. Jeder politische Auswahlprozeß in der Stadtentwicklung muß mit großer Unsicherheit darüber rechnen, was wir überhaupt aufgrund ungenauer Kenntnis der Phänomene wollen sollen, und jeder Auswahlschritt hat große Chancen, sein Ziel zu verfehlen. Die Forderung nach Korrigierbarkeit, Flexibilität in einem politischen Planungsprozeß ist daher mehr als formale Spielerei.

[44] Vgl. Institut f. Sozialwissenschaftliche Forschung München e. V.: Sozialwissenschaft und Stadtplanung, MS, o. J., S. 28 ff.

Ein großer Teil nun dessen, was im Bereich der Stadtentwicklung politisierbar ist, hängt mit Maßnahmen der Infrastruktur zusammen. Die Flexibilität der Infrastruktur bestimmt sich aus ihrer Form: sie ist am geringsten bei strenger Zentrierung und wächst, je mehr man sich einem Rasternetz nähert.[45] Zu solch höchst flexiblen, dreidimensionalen »Raumstrukturen« und »städtebaulichenNeutralstrukturen«, in denen verschiedenste Nutzungselemente beliebig einsetzbar, austauschbar und kombinierbar sind, wurden schon konkrete Vorstellungen entwickelt.[46]

Die »Neutralität« solcher Infrastrukturen (bestehend aus ihren großen Freiheitsgraden), wirkt im kleinen und im großen Maßstab eines Agglomerationsraums: so braucht im Konzept einer Dekonzentration nicht vorweg eine »Hierarchie von Zentren« (und Funktionen) aufgestellt zu werden. Zum zweiten sind die Entwicklungschancen in einem engeren Raum überall gleich groß: eine Verdrängung ökonomisch schwächerer Nutzungsfunktionen in der »Spielsituation« zwischen infrastruktureller und privater Investition findet nicht statt, nachdem eine Gewinnstrategie nicht vorauskalkulierbar ist.

Im Infrastrukturproblem des öffentlichen Verkehrs sind wir heute freilich am anderen Ende der Skala. Die immer größer ausgelegten Verkehrsstränge, ihre radiale, konzentrische Führung schafft höchste Ungleichheiten des Erschließungsgrades und niedrigste Flexibilität.

Von ganz anderer Seite her wird nun die Einengung städtischer Entwicklungspolitik, der Verlust ihrer Freiheitsgrade unter den Bedingungen ihrer eigenen Schritte sichtbar. Sie zeigt sich real in der Schwierigkeit, als ungünstig erkannte Raumkonzepte im determinierten Standortgefälle bestehender Verkehrsanlagen zu ändern[47] und endet im Kreislauf der »Sachzwänge«, der Unterwerfung räumlicher Entwicklung unter die Infrastruktur.[48]

Die Entwicklung eines öffentlichen Verkehrsmittels, das vergleichsweise »raumneutral« wirkt durch gleichmäßige, mehr flächenhafte Erschließung, durch kleinere flexible Kapazitäten unter Voraussetzung

---

[45] Albers, G.: Städtebauliche Konzeptionen und Infrastrukturbereitstellung, a. a. O., S. 270.
[46] Etwa das »Metastadt-Bausystem« (MBS) von R. Dietrich, zur Zeit im Versuchsbaustadium durch die Firma Okal. Die praktische Schwierigkeit solcher Strukturen liegt am hohen Preis der Vor-Investitionen und der Möglichkeit ungünstiger Lastfälle.
[47] Vgl. die Untersuchungen über die Errichtung von »Entlastungszentren« in München durch das Institut für sozialwissenschaftliche Forschung e. V., München, a. a. O., S. 18 ff.
[48] Etwa in der nachträglichen Aufzonung von Gebieten entlang von Massenverkehrslinien, wenn diese ungenügend ausgelastet sind.

niedriger Festkosten, hätte deshalb in erster Linie nicht nur transporttechnische, sondern entwicklungsmäßige Bedeutung.
Solche Verkehrsmittel wären als infrastrukturelle Strategie politisch machbarer Stadtentwicklung bedeutungsvoll, in welchem neue Alternativen für räumliche Konzepte ständig offen bleiben.
In der Theorie einer Stadtentwicklungsplanung würde dies heißen, daß mit der globalen oder teilweisen Infrastrukturausstattung weniger inhaltliche Ziele verbunden sind, deren Abstraktheit reale Konflikte übertüncht.[49] Politische Auswahlprozesse unter konfligierenden Handlungszielen können weiter »unten« ansetzen, nämlich über die Nutzung variabler Infrastruktur in kleineren, konkreteren Bereichen. Tendenziell kommen die sozial relevanten Entscheidungen auf eine Ebene, in der sie unter realistischen Annahmen im politischen Prozeß verarbeitet werden können: das sind nicht Entscheidungen über »Bandstadt« oder »Radialstadt«, aber schon eher Entscheidungen über Nutzungszonen und Gemeinschaftseinrichtungen in einem beschränkten Gebiet, die an konkrete Wertungen, Bedürfnisse, Konflikte problemhafte Sachverhalte anknüpfen.[50] Diese Chance sollte nicht übersehen werden, wenn auch die Problematik der übergreifenden Interdependenzen damit keinesfalls gelöst ist.

4. Zusammenfassung, Rückgriff: die engere Problematik

Fassen wir die Kritik an der praktischen Politik des Stadtverkehrs zusammen, so geht es um drei Hauptpunkte:
- was sie behauptet, kann diese Politik nicht erreichen: die Entlastung der Straße durch den öffentlichen Massenverkehr, die Alternative zum Auto mit seinen Umweltbelastungen in der Stadt. Das allein disqualifiziert den Ausbau der Massenverkehrswege keineswegs, macht seine offiziellen Begründungen aber zur Scheinlegitimation;
- diese Politik ist, mit der Vernachlässigung eines auf nichtökonomische Werte ausgelegten Raums und der spezifischen Struktur der Verkehrswege einseitig auf wirtschaftliche Produktivität mit ungleichen Entwicklungs- und Teilhabechancen ausgerichtet. Darin werden, mit zunehmender Funktionalisierung des Ganzen wie von Teilbereichen, die Verkümmerung des Stadtraums zum bloßen Wirtschaftsraum und die Hypertrophie des Verkehrs tendenzielle Realitäten;

---

[49] Vgl. Grauhan, R.: Zur Struktur der planenden Verwaltung. In: Stadtbauwelt, 1969, Heft 25/26, S. 134.
[50] Vgl. Neubeck: Zur Theorie der Zielvorstellungen zur Stadtentwicklung. Arbeitspapier des Münchner Stadtentwicklungsreferates. MS, München, 1971, insbesondere S. 5 ff.

• das Ergebnis dieser Politik ist ein Infrastruktursystem nicht nur ungleicher Kosten/Nutzenströme, sondern auch größter Rigidität, das die städtische Entwicklung gesamthaft und für lange Zeit determiniert. Damit werden Handlungsspielräume zukünftiger Politik (und der Repolitisierung) eingeschränkt, verbaut.

Das Phänomen solcher politischer Praxis gewinnt kein eindeutiges Profil allein im Licht ökonomisch vorherrschender Interessen. Fixierte Eigenziele und Selbsterhaltungsmechanismen politisch-administrativer Organisationen (nicht nur der Bundesbahn im Nahverkehr, sondern auch großstädtischer Kommunalverwaltungen in ihrer Statuspolitik) wirken mit. Der Umstand, daß der Verkehr als alarmierende Krise, die monofunktionale Verflachung des eigenen Lebensraums nur als Sonntagsbeschäftigung auf der Agenda städtischer Politik erscheint, hat nicht nur mit ökonomischen Interessen, sondern ebenso mit der unterschiedlichen Wahrnehmbarkeit der Probleme selbst zu tun: Verkehr ist täglich, spektakulär und individuell als Notstand erfahrbar, städtische Verödung nur als langsamer Prozeß, der sich der unmittelbaren Wahrnehmung entzieht und der zum »Strukturwandel« verharmlost, allenfalls über soziale Prozesse neu notiert und bewertet wird. Über Transportprobleme besitzen wir Formeln und Meßstandards, wir glauben, sie mit Bauten »lösen« zu können, während die Zusammenhänge zwischen räumlicher Struktur und den Chancen menschlicher Selbstentfaltung in der Stadt immer ein schlecht definierbares Problem sein werden, gerade wenn sie politischer Erkenntnis, Wertung, Auswahl und Verwirklichung nicht entzogen werden sollen.[51] Sie sind auch durch Baumaßnahmen nicht zu lösen, sondern nur, indem man die Regeln über die Nutzung dieses Raums durch die Betroffenen ändert.

Aus dem zweiten Hauptpunkt unserer Kritik würde sich die Forderung ergeben, die Suche nach sinnvoller, durchmischter Zuordnung von Wohnen, Arbeiten und Erholen zum Hauptgegenstand politischer Entwicklungsprozesse zu machen, und dabei vor allem auch zu fragen, welcher Teil des Verkehrsvolumens durch eine solche Zuordnung überhaupt vermieden werden kann. Die Schwierigkeiten solcher Politik liegen nach dem oben Gesagten auf der Hand. Sie werden aber in irgendwelcher Form doch über eine Vermehrung der zentralen Orte, über eine Entwicklung von Subzentren überwunden werden müssen.

[51] Auf die näheren Umstände, wieso aus einem politischen »Issue«, einem sozialen Problem, fast immer ein »Bau« wird, nicht aber eine organisatorische Maßnahme, hat Burckhardt hingewiesen: Burckhardt, L.,W. Förderer: Bauen – ein Prozeß. Teufen, 1968; und ders.: Politische Entscheidungen der Bauplanung. In: Kapitalistischer Städtebau, Hrsg. F. Benseler, Neuwied, 1970.

Das ist primär gerade nicht Verkehrspolitik, sondern Politik für Gebrauch und Nutzung eines knappen Raums. Will sie Erfolg haben, so bedingt dies allerdings Änderungen heutiger Verkehrskonzepte. Mit Bezug auf den dritten Hauptpunkt dieser Kritik wäre festzuhalten, daß das starke Erschließungsgefälle heutiger Infrastruktur im öffentlichen Verkehr die Bildung von Subzentren erschwert und diese ständig ins Monozentrum abrutschen läßt. Zum zweiten ist die Entwicklung von Subzentren unter den Bedingungen heutiger Verkehrsmittel mit Sprüngen (von der Vermittlung räumlicher Beziehungen über Fußgängerdistanzen und motorisierten Individualverkehr bis zur Mischung mit öffentlichem Verkehr) verbunden.[52] Darin wird die jeweilige Infrastruktur, bis zur Obergrenze der Entwicklung »optimiert«, unbrauchbar, die Qualität des bisherigen Raumkonzepts kann umschlagen.

In der heutigen Struktur des Massenverkehrs könnte es deshalb, ganz abgesehen von Postulaten sozialer Gerechtigkeit, sinnvoll sein, die extremen Unterschiede der Erschließung über die Besteuerung ihrer ökonomischen Nutzung auszugleichen. Sodann gewinnt in diesem Kontext die Entwicklung und der Einsatz neuer öffentlicher Verkehrsmittel mit hoher Flächenstreuung und flexiblen Kapazitäten vermehrte Bedeutung. Sie könnten nicht nur die echte Alternative zum Automobil im Stadtverkehr bringen, sondern wären für die Errichtung und kontinuierliche Entwicklung von Subzentren ein wesentlicher Beitrag.

Ansätze des Umdenkens in dieser Richtung sind in der Verkehrspolitik zu beobachten. So hat in München, derselben Stadt also, die heute ihren Bedarf an U- und S-Bahnen mit einerParforceleistung befriedigt, der Stadtrat von einer Entschließung Kenntnis genommen, die technische Entwicklung eines neuen Kabinenbahnsystems finanziell durch die Erschließung von Bundes- und Landesmitteln zu fördern. In der Begründung für diesen Schritt heißt es:

»Wie in allen Großstädten des In- und Auslandes werden auch in der Landeshauptstadt die Verkehrsverhältnisse trotz beträchtlicher Investitionen für den Bau von Straßen sowie die Neuanlage und Verbesserung öffentlicher Verkehrsmittel immer problematischer. Die vorhandenen Systeme des privaten und öffentlichen Verkehrs scheinen nicht in der Lage zu sein, künftig die Zugänglichkeit der Stadt beziehungsweise die Erreichbarkeit ihrer zentralen Einrichtungen unter zumutbarem Zeitaufwand und menschenwürdigen Verhältnissen zu gewährleisten.

Die vielenorts betriebenen Untersuchungen über Möglichkeiten und

---

[52] Dies gilt jedenfalls für punktförmige Verdichtungszentren. Näheres bei Albers, G., a. a. O., S. 267.

Zweckmäßigkeit neuer Nahverkehrssysteme finden deshalb weltweites Interesse.

Das Stadtentwicklungsreferat und die Stadtwerke-Verkehrsbetriebe beobachten im jeweiligen Aufgabenrahmen Stand und Tendenzen derartiger Projekte. Eines dieser Projekte wird von der Messerschmitt-Bölkow-Blohm GmbH. entwickelt. Eine erste Prüfung der dort verfolgten Konzeption ... erlaubt den Schluß, daß das in Rede stehende Nahverkehrssystem von seinem gedanklichen Ausgangspunkt, seiner technischen und funktionalen Idee her einen interessanten Beitrag zur Lösung städtischer Verkehrsprobleme liefern könnte. Grundgedanke hierbei ist, wie auch bei anderen Projekten, daß eine dauerhafte Lösung der Städtischen Verkehrsprobleme nur durch ein Verkehrssystem gefunden werden kann, das die Vorteile des Individualverkehrs mit denen des Massenverkehrs verbindet...«[53]
Vergegenwärtigt man sich, daß heute jährlich mehr als eine Milliarde DM in den Bau der »problematischen« Massenverkehrsmittel gesteckt werden, während vom Gesamtetat 1969 des Bundes für Wissenschaftsförderung von rund 7 Mrd. DM lediglich 2 Mio. DM für die Entwicklung neuer technischer Systeme für den Nah- und Fernverkehr verblieben, so zeigt sich eigentlich klar, wo »machbare« Alternativen auf diesem Gebiet liegen.

[53] Bekanntgabe in der Planungskommission am 28. 10. 1970 und in der Sitzung des gemeinsamen Stadtentwicklungs- und Stadtplanungsausschusses und Werkausschusses.

V. Bürgerinitiativen und gewaltsame Aktion

Zum politischen Stellenwert von Bürgerinitiativen
Von Claus Offe

Das Hauptargument, mit dem liberale und sozialdemokratische Ideologen die bei uns herrschende Ordnung des Spätkapitalismus zu rechtfertigen suchen, ist der materielle Reichtum, der dieses System hervorgebracht hat. Obwohl von einer egalitären Verteilung dieses Reichtums natürlich keine Rede sein kann, wird doch behauptet, daß der mit allen Mitteln staatlicher Intervention, monopolistischer Marktkontrolle und permanenter technologischer Neuerung stabil gemachte und »modernisierte« Kapitalismus jedenfalls eins geleistet habe: nämlich die Abschaffung von massenhaftem physischen Elend. Auch eine solche Behauptung kann man nicht für bare Münze nehmen. Denn sie lenkt ab von den Phänomenen des Elends, die zwar weniger sichtbar sind als das Massenelend der Arbeiterklasse im Frühkapitalismus, aber deshalb nicht weniger real. So lenkt sie zum Beispiel ab von dem Schicksal jener durchaus in Armut und Elend lebenden Bevölkerungsgruppen, die in Obdachlosenheime abgeschoben werden oder die sich oberhalb der Pensionierungsgrenze von kläglichen Rentenzahlungen über Wasser halten müssen. Ebenso lenkt eine solche Behauptung ab von dem handgreiflichen Massenelend in weniger entwickelten kapitalistischen Ländern (zum Beispiel Mexico) sowie den nahezu permanenten Hungerkatastrophen in den Ländern der Dritten Welt (zum Beispiel Indien), die in dieser oder jener Form die Kosten für den in entwickelten industriellen Gesellschaften angehäuften Reichtum zahlen.
Wenn wir diese Tatsachen von der Formelsprache der herrschenden Ideologie abziehen, so bleibt wenig von dem Wohlstand übrig, der zur Rechtfertigung des spätkapitalistischen Systems herangezogen wird. Die Rechtfertigung durch den ›gesellschaftlichen Reichtum‹, den der Kapitalismus erzeugt, ist so unglaubwürdig und irreführend wie eh und je. Was sich jedoch durchaus geändert hat und was deshalb in allen Überlegungen und Strategien systematisch berücksichtigt werden muß, die auf die Veränderung dieser Gesellschaft abzielen, sind die Bedingungen, unter denen der politische Kampf geführt wird und unter denen er geführt werden kann. Der französische Sozialist André Gorz hat als einer der ersten die Bedingungen untersucht,

die sich im Kampf um eine antikapitalistische Transformation der Gesellschaft heute neu stellen.

In seinem Buch ›Zur Strategie der Arbeiterbewegung im Neokapitalismus‹ beschreibt Gorz, wie sich die Erscheinungsformen der Verelendung und deshalb auch die Strategien, mit denen der Klassenantagonismus im entwickelten Kapitalismus ausgetragen werden muß, verändert haben. »Solange die große Mehrzahl der Bevölkerung im Elend lebte, das heißt so lange ihr alles Lebensnotwendige vorenthalten wurde, mochte sich die Notwendigkeit eines revolutionären Umsturzes der Gesellschaft von selbst verstehen. [...] Das Schlimmste war die Gegenwart; sie hatten nichts zu verlieren. Aber heute ist in den reichsten Ländern nicht mehr so sicher, was das Schlimmste ist. [...] Die Unerträglichkeit des Systems ist [...] nicht mehr absolut, sie ist nur noch relativ.« Das bedeutet: die Unerträglichkeit des Systems drückt sich für die Arbeitenden nicht unmittelbar in der Unzulänglichkeit ihres Geldeinkommens aus, das sie für den Verkauf ihrer Arbeitskraft erzielen. Sondern diese Unerträglichkeit läßt sich viel deutlicher an den gesellschaftlichen Bedingungen ablesen, unter denen die Arbeiter ihre Arbeitskraft zu reproduzieren gezwungen sind. Der ständig erweiterten Reproduktion des *Kapitals* steht eine stagnierende, ja in manchen Bereichen rückläufige und durch neue Formen der Verarmung gekennzeichnete Reproduktion der *Arbeitskraft* gegenüber, und dieser Widerspruch wird durch steigende Löhne und steigende Realeinkommen nicht abgeschwächt, sondern nur verdeckt. Deshalb behauptet Gorz, »daß die Lohnkämpfe nicht mehr genügen, um den grundsätzlichen Antagonismus der Klassen zum Ausdruck zu bringen«.

Der Begriff des Wachstums, besonders der Begriff wachsenden Realeinkommens, auf den die Verteidiger des Kapitalismus so stolz und nachdrücklich hinweisen, hat zudem einen trügerischen, oder besser: einen betrügerischen Charakter insofern, als er systematisch das unterschlägt, was Gorz die »im Rahmen sich wandelnder Lebensbedingungen tatsächlich entstehenden Kosten der gesellschaftlichen Reproduktion der Arbeitskraft« nennt. Was damit gemeint ist, macht folgende Überlegung klar: unter den Bedingungen eines weniger entwickelten Industriesystems reichten weit geringere Kosten aus als heute, die Arbeitskraft, die in den kapitalistischen Verwertungsprozeß einging, zu »erzeugen« und zu erhalten («Reproduktion«). Um dagegen unter hochentwickelten Verhältnissen die Arbeitskraft in Gebrauch zu halten, sind gesellschaftliche Aufwendungen von ganz anderer Größenordnung erforderlich; zum Beispiel: Voraussetzung für die jedenfalls zeitweise Nutzung der weiblichen Arbeitskraft für den Produktionsprozeß ist offensichtlich die Mechanisierung der Hausarbeit einerseits, die Versorgung der Kleinkinder während der Abwesenheit der Eltern andererseits. Eine weitere Voraussetzung, jedenfalls in Großstädten, ist die Beschaffung und Unterhaltung individueller Transportmittel zum Arbeitsplatz. Weitere Nebenkosten der Reproduktion der Arbeitskraft ergeben sich aus dem wachsenden Bedarf und der dementsprechend verlängerten Zeitdauer von Erziehung, Bildung, Fortbildung, Kommunikation und Erholung. Erhöhte gesellschaftliche Kosten müssen also aufgewendet werden, um dieselbe Arbeitskraft für den Gebrauch des Unternehmers zu erhalten. In diesen Zusammenhang gehört natürlich auch die Tatsache, daß die Arbeitskraft, um gebrauchsfähig zu sein für die Verwendung in kapitalistischen und bürokratischen Institutionen, ideologisch präpariert werden muß, damit sie sich loyal den Bedingungen ihrer Verwertung fügt: dies geschieht unter anderem durch die Erfüllung und Manipulation immer unsinnigerer Konsumbedürfnisse und das Angebot bloß symbolischer Neuerungen, von denen im übrigen riesige Industriezweige ihrerseits profitieren. – Festzuhalten ist hier nur, daß die Steigerung des »Wohlstandes«, auf den sich die offizielle Propaganda so viel zugute hält, nicht nur nicht in der Steigerung des Nominaleinkommens (das ist wegen der permanenten Inflation selbstverständlich!), auch nicht in einer Steigerung des Realeinkommens, sondern allein in einer über die wachsenden Reproduktionskosten der Arbeitskraft hinausgehenden Verfügung über Güter und Leistungen zu bemessen ist, sofern sie der individuellen und kollektiven Emanzipation zugute kommt. Was das Arbeitseinkommen »wert« ist, entscheidet sich – unter den Bedingungen entwickelter Vergesellschaftung auch der Reproduktion – nicht allein (und in abnehmendem Umfang) daran, was man im einzelnen Kaufakt dafür erhält, sondern entscheidet sich zunehmend an der Frage, welche kollektiven Risiken und Belastungen der anarchische Fortschritt kapitalistischer Industrialisierung den arbeitenden Individuen auferlegt, und wie die Reproduktion der Arbeitskraft kollektiv organisiert ist. Dabei bedeutet also »wachsender Wohlstand«: die Verbreiterung der Chance, individuelle und kollektive Lebensinteressen *über das Maß hinaus* wahrzunehmen, das von dem Erfordernis der Reproduktion bloßer Arbeitskraft jeweils definiert ist. Dieses quantitative *und* qualitative Kriterium ist der einzige denkbare Maßstab für Wohlfahrt in einem Sinne, der nicht schon von den Interessen der herrschenden Klasse verfälscht ist. (Wem ein solches »radikales« Kriterium unvernünftig oder übertrieben erscheint, der möge sich vergegenwärtigen, daß es für die Seite des fixen Kapitals dauernd wie die simpelste Selbstverständlichkeit angewandt wird: Abschreibungen bis zu 200 Prozent sind heute keine Seltenheit, werden vom Gesetzgeber anerkannt und von der Betriebswirtschaftslehre mit der Theorie der ›substantiellen Kapitalerhaltung‹ verbrämt: erst jenseits dieser Grenze, die also schon reichlich erweiterte Reproduktionskosten des Kapi-

tals – etwa aufgrund gestiegener Wiederbeschaffungskosten oder technischer Neuerungen – enthält, beginnt das, was offiziell als Gewinn erfaßt – und besteuert – wird.)
In allen hochentwickelten kapitalistischen Gesellschaften, auch und gerade in denjenigen, die sich mit dem Begriff des ›Wohlfahrtsstaates‹ schmücken, treffen wir heute die Situation an, daß die (in der Regel) steigenden Realeinkommen hinter den ebenfalls wachsenden gesellschaftlichen Reproduktionskosten der Arbeitskraft dauernd zurückzubleiben drohen und sie immer nur zeitweise einholen, wobei also von einer Erhöhung des Wohlstandes im definierten Sinn (Teilhabe an Gütern und Leistungen, die nicht nur der Bereitstellung und Erhaltung von Arbeitskraft unter geltenden technischen, organisatorischen und kulturell-ideologischen Kriterien dienen) keine Rede sein kann. Wir haben es also mit einem doppelten Sachverhalt zu tun. Die objektiv erforderten gesellschaftlichen Reproduktionskosten der Arbeitskraft steigen, und die Reallohnerhöhungen vermögen die gestiegenen Reproduktionskosten allenfalls einzuholen, nicht aber im Sinne wachsenden ›Wohlstandes‹ zu überbieten. Beide Sachverhalte lassen sich direkt in Beziehung setzen zu den Mechanismen kapitalistischer Verwertung beziehungsweise zu den Strategien eines Staatsapparates, dessen primäre Funktion die Erhaltung dieser Mechanismen ist.
1. Betrachten wir zunächst die Gründe für das Ansteigen der gesellschaftlichen Reproduktionskosten der Arbeitskraft. (Hier ist wohlgemerkt nicht der Preisanstieg eines *konstanten* ›Warenkorbes‹ gemeint, sondern der Zwang, immer neue Kategorien von Gütern und Leistungen in Anspruch zu nehmen, um auf dem Arbeitsmarkt »verwertbar« zu bleiben, das heißt seinen subjektiven und objektiven Anforderungen dauernd zu genügen. Mit wachsenden gesellschaftlichen Reproduktionskosten der Arbeitskraft vermindert sich zugleich der Anteil der Kosten, die auf dem Wege individueller Kaufakte aufgebracht werden zugunsten des Anteils, der – weil nämlich individuelle Kaufakte zu unrationell wären – durch kollektive Versorgungsleistungen und andere aus Steuern finanzierte Vorkehrungen abgedeckt wird.)
Die ständige Erneuerung und Verfeinerung der Produktionstechnik, durch die hindurch sich die kapitalistische Entwicklung vollzieht, setzt auf der Seite der Arbeitskraft eine erhöhte Qualifizierung und oft eine dauernde Vervollkommnung der Kenntnisse und Fertigkeiten voraus, die im Produktionsprozeß nachgefragt werden. Direkte Folge der technologischen Entwicklung des Kapitalismus ist also eine verstärkte Belastung der Arbeitskraft durch *Aus- und Fortbildungskosten*. Ebenso eine Folge der kapitalistischen Entwicklung ist die Konzentration der Arbeitskraft in großstädtischen Industrie- und Verwaltungszentren, das heißt der Tatbestand und die Folgeprobleme der Urbanisierung, insbesondere die Probleme der großstädtischen Woh-

nungs-, Personentransport- und Kommunikationssituation. Durch die direkten und indirekten, psychischen und physischen Belastungen der industriellen Produktion entstehen neue Erfordernisse auf dem Gebiet der Gesundheit und Erholung, ohne deren Erfüllung die Arbeitskraft nicht in der erforderlichen Qualität, Belastbarkeit und Kontinuität erhalten werden kann. Die vorbeugende Abwehr der wichtigsten der in die kapitalistische Sozialstruktur eingebauten individuellen Risiken wie Arbeits- und Verkehrsunfall, Arbeitslosigkeit, Krankheit, Invalidität etc. machte eine Reihe von Versicherungssystemen erforderlich, die ebenfalls den Reproduktionskosten der Arbeitskraft zuzurechnen sind. Selbstverständlich ließen sich, unter nicht-kapitalistischen Bedingungen, die meisten der Folge- und Nebenkosten der gesellschaftlichen Reproduktion der Arbeitskraft, die unter großstädtisch-industriellen Lebensbedingungen neu hinzugekommen sind, reduzieren und im Rahmen kollektiv-solidarischer Organisationsformen wesentlich rationeller aufbringen; der Wechsel von individuellen zu kollektiven Transportmitteln ist nur eines der Beispiele hierfür, die mögliche kollektive Verrichtung der »kapitalintensiven« hauswirtschaftlichen Funktionen in Kommunen ein anderes. Unter kapitalistischen Bedingungen stehen jedoch zwei Bedingungen einer solchen Rationalisierung im Reproduktionsbereich im Wege: einerseits sind ganze Industriezweige davon abhängig, daß die typischen Reproduktions- und Nebenkosten der Arbeitskraft nicht in kollektiver, sondern in individualistischer Weise aufgebracht werden – sonst blieben Millionen von Automobilen, Fernsehgeräten und Kühlschränken unverkauft, und andererseits ist die privatistische, haushalts- und familienbezogene Erfüllung sozialer Bedürfnisse die ideologische und institutionelle *Fiktion* des Individualismus – einer der wichtigsten Mechanismen der Disziplinierung und Entpolitisierung der Arbeiterklasse.

2. Das Kriterium bloßer Reproduktion der Arbeitskraft setzt die typische Obergrenze sowohl für individuelles Arbeitseinkommen wie für kollektive Versorgungsleistungen. Das bedeutet zweierlei: einerseits ist der Konsum von Gütern und Leistungen auf genau das Maß eingeschränkt, das als notwendig zur Erhaltung der Arbeitskraft und zur Erhaltung ihrer entpolitisierten »Arbeitszufriedenheit« anerkannt ist; andererseits haben alle jene Gruppen und gesellschaftlichen Bedürfnisse, die eine wenigstens indirekte Beziehung zum Arbeitsmarkt nicht aufweisen können, nicht mehr als die dürftigste Sicherung ihres Überlebens vom »Wohlfahrtsstaat« zu erwarten (und bisweilen nicht einmal das); das trifft auf die am Arbeitsmarkt nicht mehr teilnehmenden Bewohner von Gettos, Welfare-Slums und verarmten Regionen zu, und ebenso auf die Insassen von Gefängnissen und Irrenanstalten. Das politische System spätkapitalistischer Gesellschaften ist so beschaffen, daß die Forderungen und Bedürfnisse dieser

zuletzt genannten Gruppen ebenso wie diejenigen Forderungen der industriellen Arbeiterklasse, die über die bloße *einfache* Reproduktion und Erhaltung ihrer Arbeitskraft hinausgehen und unter diesem Gesichtspunkt nicht »legitimiert« werden können, keine Chance der politischen Durchsetzung haben, außer dort, wo sie zu Mitteln individueller oder kollektiv-politischer Gewalt Zuflucht nehmen; zu Mitteln also, die vom System der herrschenden Gesetze ausnahmslos für illegal und kriminell erklärt werden.
Diejenigen Institutionen und Lebensbedingungen, die die einfache Reproduktion der im kapitalistischen Verwertungsprozeß jeweils benötigten Arbeitskraft – und nicht mehr als das – festlegen, sind nicht das Objekt von Lohnkämpfen und Lohnverhandlungen, nicht einmal der Gegenstand von Kämpfen, die auf die Einrichtung von Arbeiterkontrollen im Betrieb abzielen; vielmehr liegen die Erscheinungsformen *relativer* Armut und Verelendung, von denen Gorz spricht, außerhalb des Produktionsprozesses. Das stellt uns vor eine paradoxe Situation: denn obwohl der Widerspruch zwischen Lohnarbeit und Kapital und die Dominanz kapitalistischer Verwertungsstrategien die Wurzel aller Erscheinungsformen des gesellschaftlichen Konflikts darstellt – im Produktions- wie im Reproduktionsbereich gleichermaßen –, so hat doch dieser Widerspruch, sofern er nur als Lohnkonflikt ausgetragen wird, eine allenfalls untergeordnete Bedeutung für die Veränderung der Institutionen und Lebensbedingungen, die die Reproduktion der Arbeitskraft regeln und sie den Erfordernissen der kapitalistischen Produktionssphäre unterordnen.
Die bisher erwähnten Zusammenhänge lassen sich in vier Punkten resümieren:
• Die Dynamik der kapitalistischen Entwicklung affiziert sämtliche gesellschaftlichen Lebensbereiche in der Weise, daß die vorhandenen sozialen Verkehrsformen zerstört und die relativ gesicherten Lebensverhältnisse in einen Zustand permanenter »Anarchie« versetzt werden, die nur noch von den Prinzipien des Tausches und der kapitalistischen Akkumulation regiert wird. Diese permanente und chaotische Umwälzung nimmt ihren Ausgang in Technologie und Arbeitsorganisation, erfaßt Lebensformen und Institutionen wie Stadt, Familie, Schulen, Universitäten, das Gesundheitswesen, die Militärapparate, und erstreckt sich auf kolonialistische und imperialistische Beziehungen zu anderen Ländern und schließlich auf das Verhältnis von Gesellschaft und Natur insgesamt.
• Dieser naturwüchsig um sich greifende Prozeß der »Vergesellschaftung der Produktion«, das heißt der widersprüchlichen Unterordnung aller gesellschaftlichen Lebensbereiche unter die Logik des Profits, ist in der Entwicklungsphase des Spätkapitalismus, das heißt in einer Stufe hoher ökonomischer Konzentration und weitreichender, aber

bloß regulierender Intervention des Staatsapparates, genau in dem Maße unter Kontrolle gebracht worden, daß die neuen Risiken und die zusätzlichen gesellschaftlichen Reproduktionskosten, die den arbeitenden Individuen aufgebürdet werden, jedenfalls *so* erträglich gemacht werden, wie es die Aufrechterhaltung der Produktion, sowie die macht werden, wie es die Aufrechterhaltung der Produktion sowie die
- Dadurch verschiebt sich die Erscheinungsform des gesellschaftlichen Grundwiderspruchs, der sich genetisch gleichwohl nach wie vor auf das Kapitalverhältnis zurückführen läßt: es ist nicht mehr der Konflikt zwischen wachsendem Reichtum und progressiver Verelendung, sondern der zwischen *erweiterter* Reproduktion des Kapitals und *einfacher* Reproduktion der Arbeitskraft in exakt der Menge und Qualität, wie sie vom Kapital jeweils benötigt wird.
- Dieser Konflikt wird vom Lohnkampf als solchem, und selbst von seinen Erfolgen, kaum berührt. Dies einmal aus dem Grunde, weil Lohnerhöhungen, wo sie erkämpft werden, von der Kapitalseite entweder auf dem Wege der Inflation geschluckt oder auf dem Wege planmäßiger Freisetzung mit resultierender Arbeitslosigkeit zunichte gemacht werden können – falls das nicht schon der Staatsapparat mithilfe von Lohnleitlinien, Einkommenspolitik usw. im vorhinein besorgt. Und der relative Bedeutungsverlust des Lohnkampfes für eine antikapitalistische Strategie ergibt sich zum anderen daraus, daß Lohnkämpfe jedenfalls unmittelbar keine Kontrolle über die *politisch* organisierten gesellschaftlichen Institutionen und Lebensbereiche zu gewinnen vermögen, die die Reproduktionsbedingungen der Arbeitskraft festlegen und nach den Bedürfnissen und Kriterien des Arbeitsmarktes begrenzen.

In dieser Situation tritt ein Bedürfnis auf, das nicht den Kampf um Lohnerhöhungen, sondern den Kampf gegen Lebensumstände motiviert, gegen die wir uns auch im Falle einer Verdoppelung unseres Monatslohnes nicht durch den Kauf von Gütern und Leistungen zur Wehr setzen könnten. Was dieses Bedürfnis erzeugt, ist der Kampf gegen die politischen und institutionellen Lebens- und Reproduktionsbedingungen der Arbeitskraft, die ihr nicht mehr an Lebenschancen und Bedürfnisbefriedigungen zugestehen, als was zu ihrer Verwertung im Produktionsprozeß erforderlich ist. Beispiele dieses Kampfes sind unter der Bezeichnung »Bürgerinitiativen« beschrieben und analysiert worden.[1] Wenn man beurteilen will, was sie für eine sozialistische Transformation des spätkapitalistischen Systems beitragen können, so muß man sich zumindest die folgenden Aspekte und Schwierigkeiten vergegenwärtigen, die solche Bürgerinitiativen typischerweise kennzeichnen. Dabei verstehen wir unter Bürgerinitiativen alle

---

[1] Bürgerinitiativen – Schritte zur Veränderung? Hrsg. v. Heinz Grossmann. Frankfurt, 1971, Fischer Bücherei, Bd. 1233.

Aktionen, die sich auf eine Verbesserung der »disparitären Bedürfnisbereiche« richten (das heißt also auf die Bereiche, in denen die Arbeitskraft und das Leben nicht durch individuelle Kaufakte, sondern kollektiv reproduziert werden: Wohnung, Verkehr und Personentransport, Erziehung, Gesundheit, Erholung usf.) und die weder bloße Formen kollektiver Selbsthilfe sind noch sich darauf beschränken, den offiziösen Instanzenzug des politischen Systems zu mobilisieren; sie bringen vielmehr Formen der Selbstorganisation der unmittelbar Betroffenen hervor, die ebenso wie ihre Aktionsformen im System der politischen Institutionen nicht vorgesehen sind.
1. Die Bezeichnung Bürgerinitiative läßt zunächst zweierlei erkennen. Einmal unterstreicht sie, daß in solchen Initiativen politische Bürgerrechte und Ansprüche wahrgenommen werden, die nicht die betrieblichen Produktions- und Herrschaftsverhältnisse selbst, sondern die politischen Rahmenbedingungen, unter denen die Reproduktion des Lebens steht, zu verändern suchen. – Was mit dieser Bezeichnung aber weiter deutlich wird, ist, daß solche Initiativen in vielen (wenngleich nicht allen) Fällen aus einer Bewußtseinslage hervorgehen, die als spezifische Variante bürgerlich-liberalen politischen Verhaltens bezeichnet werden muß. Denn solche Initiativen basieren häufig auf dem liberalen Vertrauen darauf, daß der Staat beziehungsweise die kommunale Verwaltung, wenn ihnen der Wille und die Bedürfnisse der Bürger nur mit hinreichendem Nachdruck präsentiert werden, sich beeilen wird, ihnen stattzugeben. Dieser liberalen Auffassung zufolge erscheinen die Verhältnisse im Reproduktionsbereich als »Mißstände«, deren Behebung im Grunde nichts im Wege steht, sobald einmal die Bürger genügend »Initiative« aufbringen. Nicht nur in dieser Zuversicht, sondern auch in der konkreten Interessengewichtung einiger Bürgerinitiativen scheint die besondere Bedürfniskonstellation mittelständischer, freiberuflicher und intellektueller Schichten durch: so kann man zum Beispiel mit einigem Recht behaupten, daß kommuneartige Formen eines solidarischen und zugleich haushaltstechnisch rationelleren Zusammenlebens, ebenso wie die antiautoritären Kindergärten, leicht aus dem Kontext der politischen Intentionen, in dem sie entstanden sind, herausgelöst und auf die spezifischen Komfortbedürfnisse einer gehobenen städtischen Mittelschicht zugeschnitten werden können; das ist in einigen Fällen geschehen. In ihnen haben wir es mit einer Perversion politischer Bürgerinitiativen in politisch belanglose Formen kollektiver Selbsthilfe zu tun: statt politischer Organisation entsteht ein genossenschaftlicher Dienstleistungsbetrieb für die, die sich's leisten können; an den politisch-institutionell festgelegten Reproduktionsbedingungen ändert sich nichts. – Von politisch folgenreichen Bürgerinitiativen können wir deshalb nur in den Fällen sprechen, wo die Gefahr vermieden wird, daß solche Aktionen auf das

Niveau spontaner Selbsthilfe-Einrichtungen zurückfallen, die nur den spezifischen Bedürfnissen einer bestimmten Schicht zugute kommen.
2. Es ist nicht zu übersehen, daß ein Aktivitätsschwerpunkt von (meist sozialdemokratisch geleiteten) Regierungen und Kommunalverwaltungen im kapitalistischen Wohlfahrtsstaat in genau den Bereichen liegt, die von der dominierenden Logik der Kapitalverwertung und der kapitalistischen Entwicklung vernachlässigt bleiben; dort ergeben sich chaotische Zustände in einem Ausmaß, das die reibungslose Fortsetzung dieser Entwicklung ernstlich behindert: die gesellschaftliche Reproduktion der Arbeitskraft wird nicht einmal in dem minimalen Umfang mehr aufrechterhalten, der für den Bedarf einer technologisch fortgeschrittenen Industrie unerläßlich ist. Daher also der Boom von »Gemeinschaftsaufgaben« und »inneren Reformen«, die das Ziel einer »Bereinigung« der institutionellen Bereiche haben, die die Industrie zwar nicht selbst profitabel versorgen und dadurch kontrollieren kann, auf deren geordnete Entwicklung sie aber langfristig angewiesen ist: Städtebau, Gesundheits- und insbesondere das Erziehungs- und Ausbildungswesen (das heißt also diejenigen Funktionen, die die regionale Verfügbarkeit, Kontinuität und Qualifikation der Arbeitskraft bestimmen) sind die bekanntesten Beispiele.
In diesem Zusammenhang stellt sich die Frage, ob Bürgerinitiativen, die sich unter anderem auf eine Verbesserung der Lebenschancen in genau diesen Bereichen der Reproduktion konzentrieren, nicht unwissentlich etwas fordern, was sowieso auf der Tagesordnung steht, und sich damit zum Anhängsel statt zum radikalen Opponenten einer wohlfahrtsstaatlichen Administration machen, deren Reform-Anstrengungen allerdings nach wie vor nicht über das Gebot hinausgehen, die notwendigsten infrastrukturellen Vorleistungen für den relativ störungsfreien Fortbestand kapitalistischer Herrschaftsverhältnisse bereitzustellen. Im Zuge einer solchen Politik der »Modernisierung« des Kapitalismus mögen Bürgerinitiativen sogar als willkommene Partner der Verwaltung eine Rolle spielen, insofern sie als politische »Frühwarnsysteme« mögliche Konflikte und sich abzeichnende Entwicklungspässe rechtzeitig signalisieren und damit Hinweise geben, wo die Administration aktiv werden muß.
Zudem gibt es zahlreiche private Interessen- und Kapitalgruppen, die an einer Sanierung des Infrastrukturbereiches nachdrücklich und unmittelbar interessiert sind: jeder neue Kilometer des Schnellstraßensystems bedeutet natürlich bessere Absatzchancen der Automobilindustrie; jede Gesetzesnovelle, die Mietzuschüsse erhöht, wird vom Hausbesitzerverband als indirekte Subventionierung warm begrüßt: in den USA konnten, aufgrund der Erweiterung des öffentlichen Krankenversicherungssystems, die meist privaten Krankenhäuser ihre Tagessätze in vier Jahren um 70 bis 100 Prozent heraufsetzen. Im

Zuge verstärkter »sozialer Aufräumarbeiten« des Staates rechnen sich fette Gewinnchancen auch andere Branchen des »medizinisch-industriellen Komplexes« (insbesondere die pharmazeutische und medizin- scheinen die Verhältnisse im Reproduktionsbereich als »Mißstände«, technologische Industrie, aber auch die reaktionären ärztlichen Standesorganisationen) aus, ebenso wie die Industrie für elektronische Unterrichtsmittel und die Industrie für Geräte, mit denen man die Luft- und Wasserverschmutzung reduzieren kann.

Die allgemeine Bedingung dafür, daß sich Bürgerinitiativen nicht zu belanglosen Hilfsorganen eines sowieso stattfindenden administrativen Anpassungs- und Reformprozesses umfunktionieren lassen und damit ihre politischen Intentionen preisgeben, besteht darin, daß sich solche Gruppen nicht an das Reglement halten, in dessen Grenzen die offizielle Reformpolitik verläuft. Das bedeutet konkret: die sachlichen, zeitlichen und sozialen Restriktionen, unter denen insbesondere die kommunale Verwaltung steht, müssen im Verlaufe von Bürgerinitiativen gesprengt werden.

Die *sachliche* Dimension: Bürgerinitiativen verlieren ihren politischen Sinn, wenn sie sich bloß an die im politischen Institutionensystem vorformulierten Alternativen, Pläne und Angebote halten und nicht zu Forderungen vorstoßen, deren Erfüllung die Verwaltung nicht ohnehin schon erwägt. Forderungen, die innerhalb des schon vorhandenen Spielraumes von Zugeständnissen liegen, können auch ohne Bürgerinitiative realisiert werden; diese machen sich, durch die mangelnde Radikalität ihrer Forderungen, also implizit überflüssig. Diesen Sachverhalt hat Gorz im Auge, wenn er die bloß *reformistischen* Forderungen beschreibt: »Eine Reform ist reformistisch, wenn sie ihre Ziele und Kriterien der Rationalität und den Möglichkeiten des bestehenden Systems unterordnet.«

Dieses Prinzip hat Konsequenzen für die *zeitliche* Dimension der Strategie von Bürgerinitiativen. Ein besonders absurdes Beispiel für die Widersprüchlichkeit systemimmanenter Anpassungspolitik wird im Zusammenhang mit Verkehrsstreiks und Massenaktionen sichtbar, die auf die Einführung des Null-Tarifes abzielen: zur gleichen Zeit, da die Stadtverwaltung alles daran setzt, solche Aktionen entweder niederzuknüppeln (Bremen) oder auszuhungern (Hannover), sind sich ihre Ressortbeamten ebenso wie nahezu alle verkehrswissenschaftlichen Experten darüber einig, daß in zehn Jahren die Einführung des Null-Tarifes die einzige Möglichkeit sein wird, großstädtische Verkehrssysteme effizient zu organisieren. Was die Administration heute als nahezu kriminelle Forderung abweist, betrachtet sie selbst für einen späteren Zeitpunkt, nämlich wenn alle Anlagen ordnungsgemäß abgeschrieben sind und sich das Chaos auch unter den »objektiven« Gesichtspunkten von Industrie und Verwaltung bis zur Unerträglichkeit entwickelt hat, als ihren einzigen Ausweg. In ganz anderem Maßstab gilt der gleiche Zusammenhang für die Schwarze Bürgerrechtsbewegung und die militanten Negerorganisationen in den USA: die Kampfparole NOW! bedeutet: durchkreuzt den Fahrplan der Administration, laßt ihr keine Zeit zu hinhaltenden Ausweichmanövern, in deren Verlauf sie die Kosten für Zugeständnisse an anderer Stelle und auf Umwegen wieder eintreiben kann.

Die Radikalität, mit der allein sich Bürgerinitiativen als politische Aktionsformen rechtfertigen können, manifestiert sich schließlich in den sozialen und organisatorischen Mitteln, von denen ihre Aktionen Gebrauch machen. Bürokratien können prinzipiell nur mit individuellen »Repräsentanten« von Gruppeninteressen, die eine »Verhandlungsvollmacht« vorweisen, fertigwerden: alles andere überlassen sie der Polizei. Aber sobald sich Bürgerinitiativen auf die Formen der Auseinandersetzung beschränken, denen Bürokratien allein gewachsen sind, zerstören sie die Bedingungen ihres eigenen Erfolgs. Alle erfolgreichen Bürgerinitiativen benutzen deshalb, neben und vor allen Verhandlungen, jene Mittel, die die einzige Basis ihrer Sanktionsgewalt (und gerade deshalb kriminalisiert) sind: Go-in, Besetzung, Blockade, gezielte Sabotage und Boykott. Vorbilder liefern wieder die Aktionen der militanten Schwarzen Gruppen sowie anderer Minoritäten in den USA: ob Straßenzüge von den Bewohnern abgesperrt werden, weil die Stadtverwaltung beziehungsweise Elektrizitätsgesellschaft sich weigern, Spielplätze, Straßenbeleuchtung und Versorgungsnetz in Ordnung zu halten; ob ein Tbc-Diagnosewagen von zelnen Falle konkret geführten Nachweis, daß das Kapital und die von den ›Young Lords‹ (der militanten puertorikanischen Organisation in New York) »entführt« und in eigener Regie im eigenen Wohnviertel betrieben wird; ob im Getto alle Geschäftsleute aktiv boykottiert werden, die sich weigern, regelmäßige Beiträge zu einem von der Black Panther Party organisierten Frühstücksprogramm für Schulkinder zu leisten; ob in Berkeley ein ungenutztes und zu Spekulationszwecken gehaltenes Grundstück besetzt und zum »Peoples Park« erklärt wird – oder ob im Frankfurter Westend leerstehende Häuser besetzt und an Familien verteilt werden: überall handelt es sich um eine Kombination von Verhandlungsstrategien mit kalkulierten Gewaltakten. Diese Kombination, sowie die Radikalität und Kurzfristigkeit der Forderungen sind die einzigen Mittel, mit denen verhindert werden kann, daß Bürgerinitiativen zu Scheingefechten auf dem falschen Terrain verkümmern.

3. Der dritte kritische Aspekt von Bürgerinitiativen liegt im Problem ihrer organisatorischen Selbststabilisierung. Denn während die Klassenauseinandersetzung im industriellen Großbetrieb sich aufgrund der Sichtbarkeit und des kollektiven Charakters des Konflikts eher

»spontan« organisiert und durch das Herrschaftsverhältnis des Kapitals selbst Dauer und Stabilität gewinnt, wird sie in der Vereinzelung der Wohnsituation und der individuell *erscheinenden* Probleme des Reproduktionsbereiches stets infragegestellt. Die Möglichkeit einer »elastischen« Politik der Stadtverwaltung, die punktuell nachgiebig und generell starr, mal mit Polizei und mal mit offiziösem Wohlwollen reagiert, leistet der Fragmentierung des Konflikts weiter Vorschub. Diese Fragmentierung hat jedoch eine objektive Ursache: die Phänomene »relativer« und kollektiver Verelendung im Reproduktionsbereich treffen die Familien, Individuen, Stadtteile, Einkommens- und Berufsgruppen in unterschiedlichem Ausmaß, so daß die unterschiedliche und zeitlich schwankende Neigung entsteht, sich gegen die ärgsten Benachteiligungen jeweils individualistisch zur Wehr zu setzen. Ebenso wechseln die *Kategorien* von Belastungen, denen der einzelne ausgesetzt ist: die Probleme der Ausbildung, Kindererziehung und -versorgung, der Gesundheit, Erholung, Wohnung und so fort werden nicht als einheitliches, kollektives Syndrom, sondern als Vielfalt individueller Schicksale und Schwierigkeiten erfahren. Versuche, sie in kollektiven und solidarischen Aktionen zu bekämpfen, werden ferner dadurch entmutigt, daß *scheinbar* alles durch zentralistische Entscheidungen der »großen Politik« schon festgelegt ist, gegen die man auf der Ebene lokaler Aktionsgruppen ohnehin nichts machen könne.

Es ist zweifellos diese objektive Fragmentierung, die die in allen entwickelten kapitalistischen Ländern stattfindende Verlagerung der Ausbeutung, Verelendung und relativen Armut von der Ebene des individuell ausgezahlten Lohnes auf die Ebene kollektiver Reproduktion der Arbeitskraft und institutionell festgelegter Befriedigung von Lebensbedürfnissen erleichtert: die Zersplitterung des auf disparitäre Bereiche abgeschobenen Elends vermindert für das System das Risiko organisierten Widerstandes. Am leichtesten ist dieser Widerstand dort aufzunehmen, wo soziale Gruppen *als Gruppen* vom Arbeitsmarkt praktisch ausgeschlossen sind und oft nur noch das physische Existenzminimum (verbunden meist mit den autoritärsten Formen sozialer und staatlicher Repression) als Maßstab ihrer Lebensführung zugewiesen bekommen. In einer solchen Situation befinden sich in den USA gleichermaßen die Schwarzen, die Frauen und bis zu einem gewissen Grade große Gruppen der Studenten; deren militante Organisationen arbeiten jeweils auf der Basis dieser Gemeinsamkeit.

Aber der Widerstand gegen die auf disparitäre Lebensbereiche verschobene Ausbeutung und Unterdrückung kann gleichfalls in sozialen Gruppen von geringerer Homogenität, eben in Bürgerinitiativen organisiert werden. Als Voraussetzung dafür zeichnen sich allerdings zwei weitere Bedingungen ab, ohne die eine vom Reproduktionsbereich ausgehende Entfaltung des politischen Kampfes nicht gelingen

kann und in zersplitterten Gruppenansprüchen und -aktionen stekkenbleiben muß. Um eine solche Zersplitterung zu überwinden, müssen wir sowohl in vertikaler wie in horizontaler Richtung die Konsolidierung der Bürgerinitiativen durch Aufklärung und Organisation vorantreiben. In vertikaler Richtung: das bedeutet den in jedem einzelnen Falle konkret geführten Nachweis, daß das Kapital und die von ihm getragene gesellschaftliche Entwicklungsdynamik den gemeinsamen Nenner aller disparitären Einschränkungen und Belastungen darstellt; daß also entweder die unangetastete politische Macht des Privateigentums von Hausbesitzern, Erdölkonzernen und Verkehrsunternehmen direkt die Verhältnisse im Reproduktionsbereich bestimmt; oder daß der Staatsapparat beziehungsweise die Kommunalverwaltung gezwungen ist, die Organisation dieser Lebensbereiche gemäß den Bedürfnissen des Kapitals qualitativ zuzuschneiden und quantitativ zu begrenzen; und daß das immanente Ziel solcher Bürgerinitiativen schließlich auf die Abschaffung der Herrschaft des Kapitals hinausläuft. – Diese Zusammenhänge konkret zu erarbeiten, ist eine der Bedingungen, die Bürgerinitiativen erfüllen müssen, um den Schritt von flüchtigen ad-hoc-Koalitionen zur politischen Organisation und Selbststabilisierung zu tun.
Die andere Bedingung, die der horizontalen Konsolidierung, besteht in der organisierten Zusammenarbeit, im Erfahrungsaustausch und in der gemeinsamen Aktionsplanung verschiedener Initiativgruppen auf der Ebene von Städten und Stadtteilen. Auf diese Weise kann die borniente Spezialisierung der mit antiautoritären Kindergärten, sozialistischer Kritik der Stadtplanung, Lehrlingsarbeit oder anderen Projekten beschäftigten Gruppen aufgebrochen werden, und das Syndrom der Unterdrückung von Lebensbedürfnissen im Reproduktionsbereich sowie deren durchgehende Ursache gerät in den Blick und in den Bereich organisierter politischer Praxis.

Im Dickicht städtischer Gewalt
Marginalien und Hypothesen zu umbautem und sozialem Raum, vornehmlich anhand nordamerikanischer Erfahrungen

Von Wolf-Dieter Narr

I. Vorbemerkung

Das banale statistische Faktum, daß sich als Folge eines stetigen Verstädterungsprozesses auch alle Formen von Gewalt zunehmend im städtischen Bereich abspielen, konstituiert nicht das Problem, wenn auch die fahrlässig gehandhabte Kriminalstatistik und ähnliches zu Horroraussagen und Gruselgeschichten über Gewaltwellen in den Großstädten herhalten müssen. Das Problem stellt sich gemäß der beobachtungsträchtigen Behauptung, daß die spezifische, räumlich faßbare Vergesellschaftungsform Stadt je nach Entwicklungsstand und Organisationsgrad, je nach der spezifischen Qualität dessen, was man mit dem schillernd-dynamischen Begriff Verstädterung benennt, spezifische Bedingung für potentielle und akute Gewalterscheinungen schaffe. Die Bezeichnungen der je besonderen Bedingungen der Verstädterung und die Gewichtung dieser Bedingungen sind äußerst umstritten und ungleichartig: welche Faktoren beeinflussen in einer gewichteten Rangskala Lebensart und Lebensgefühl der räumlich agglomerierten Menschen, wie wird die jeweilige räumliche Bedingung, die Art der Bebauung und so weiter sozial vermittelt und aufgehoben und was ist umgekehrt die soziale Folge spezifischer räumlicher Gestaltung? Mehr noch als in anderen Bereichen wird auf »gefühlig« gegründete Evidenzerlebnisse abgehoben: ist es nicht selbstverständlich, daß in solch »kalten« und »häßlichen« Siedlungen eine Reihe anomaler Verhaltensweisen auftritt?! Die Skala der Einschätzungen reicht von kulturkritischen Varianten zur Stadt- und Massengesellschaft bis hin zu den Analysen, daß es nicht das städtische Leben selbst ist – seine bebaute »Grundlage«, seine Organisation und anderes mehr –, das bestimmte Anomalien erzeugt, sondern in die Stadt von außen eingreifende Faktoren, nicht zuletzt die ökonomische und politische Zentralisierung und die sie bestimmende »Verwertungsdynamik«. Ein methodologisch überlegtes und methodisch bestimmtes Vorgehen erlaubte nun durchaus einen Ausweg aus dem Dickicht der Erklärungsansätze, die vorwiegend am äußeren Anschein haften bleiben nach Maßgabe eines Plausibilitätstests, der unter anderem Einheitlichkeit und Stringenz der Erklärungsansätze zum formalen, inhaltlich noch im einzelnen zu bestimmenden Maßstab hätte. Da jedoch in diesem knappen Anriß der Probleme auf material ausgeführte Beispiele verzichtet werden muß, sind alle nicht zurückgehaltenen Qualifizierungen durch die Einschränkung des Untertitels »Marginalien und Hypothesen« gemildert. Von wenigen Andeutungen abgesehen beschränkt sich die Ausführung des Themas prinzipiell auf Städte im Kontext entwickelter kapitalistischer Gesellschaften, obwohl ein genauer Vergleich mit der Stadt- und Slumentwicklung in kapitalistisch-industriell unterentwickelten Ländern weiteren Aufschluß über den nicht zu trennenden Zusammenhang ökologischer und sozioökonomisch-politischer Variablen ermöglichte und außerdem die – je verschiedene – Hierarchie der Bestimmungsfaktoren ausmachen ließe.

Es läßt sich im folgenden nicht vermeiden, einiges zur Definition von Gewalt als einer »sozialen Tatsache« zu bemerken (Kapitel II);

danach sollen Stadt- und Gewaltentwicklung in zwei Etappen kurz resumiert und einige zusätzliche Erklärungsansätze vorgestellt werden (Kapitel III); schließlich sind einige Erwägungen zur »politischen Ökonomie städtischer Gewalt« angebracht; vor deren Hintergrund ist zur Pseudoalternative »Stadt-Guerilla« einerseits und »freundlicher Faschismus« andererseits, im Sinn von historisch wahrscheinlicher Tendenz anmerkend Stellung zu beziehen.

II. Zur Definition von Gewalt[1]

a) Die holzschnittartigste »Definition« von Gewalt nimmt die je bestehende Ordnung, die durch die herrschende Interpretation (die »Formeln der Macht«) als legitim unterstellt wird, als den normativ gültigen Bezugsrahmen: alles das ist Gewalt, was gegen die legal bestehende und durch die herrschende Interpretation ausgelegte Ordnung verstößt; die Skala der simpel zu klassifizierenden und je nach dem eingeschätzten Gefährdungsgrad für die herrschende Ordnung problemlos pönalisierbaren Gewalttaten reicht dann von jugendlichen Drogenbenutzern bis hin zur Organisation von Regime- oder gar Systemstürzen. Selbst »falsche« Gesinnung ist als potentielle Gewalt je nach Lage des Legitimitätsverständnisses prinzipiell als Drohung bekämpfbar.
Es versteht sich, daß eine solche mechanisch vom status quo her normierende, urteilende und handelnde Vorgangsweise keinen wissenschaftlich-analytischen Wert besitzt, wenn auch eine nicht geringe Zahl von Wissenschaftlern sich je und je in sie einreihen läßt.
b) Eine weitere, schon methodischer vorgehende Definition faßt Gewalt als handlungstheoretisch begründete, in Handlungen, nämlich physisch ausgeübten Zwängen von Personen gegenüber anderen Personen sichtbare Erscheinung. Die angewandten Kriterien sind: prinzipielle Sichtbarkeit, positivistische Greifbarkeit, letztlich akute Ausführung. Die Beurteilungsdifferenz ergibt sich (siehe Variante a) an Hand des Maßstabes legitime und illegitime Gewalt, der als legitim

---

[1] Vgl. ausführlichere Definitionserörterungen und Materialbelege in: Narr, W.-D.: Gewalt und Legitimität (Manuskript, erscheint im Herbst 1972). Auf die psychologisch-mechanistischen Gewaltinterpretationen im Sinn eines »frustration-aggression«-Schemas oder der sogenannten »relative deprivation«, wie sie in dem eben übersetzten Buch von Ted Gurr (Why Men Rebel) entwickelt wird, soll hier nicht eingegangen werden; vom zeitlosen Anspruch und der Vorgabe einer scheinbar plausiblen Urteilsschublehre ohne Basis und Markierung abgesehen, bleibt ohnehin fast nichts Erwähnenswertes, allenfalls der symptomatische publizistische Erfolg, der selbst wirren Büchern wie Friedrich Hackers Aggressionskonglomerat zuteil wid.

in den Prämissen unterstellte Gewalt generell entproblematisiert und fraglos werden läßt. Man vergleiche die Identifikation von staatlicher Gewalt mit legitimer Gewalt, die kaum noch prozessual allenfalls in der vagen Kategorie der Unverhältnismäßigkeit der Mittel hinterfragt wird, überhaupt jedoch nicht mehr inhaltlich, wie sich etwa an dem für selbstverständlich genommenen Polizei- und Militäraufwand zeigen läßt. Diese Gewaltdefinition greift zu kurz, weil sie den »stillen« Handlungscharakter struktureller Bedingungen, von Funktionen, die sich »hinter dem Rücken« von Personen durchsetzen, nicht erfassen läßt. Ebensowenig wie der Beurteilungsmaßstab eine differenzierte und umfassende humane Kosten- und Nutzenanalyse vornehmen läßt, ebenso sehr verliert diese handlungstheoretische Gewaltkategorie ihre Griffigkeit für soziale Tatbestände und Resultate, die nicht durch »schreiende« Aktionen hergestellt worden sind.

c) Parallel – wenn auch nicht durchgehend abbildlich – zur Unterscheidung von »Entscheidungen« und »Nicht-Entscheidungen«[2] ist eine kategoriale Differenzierung des Gewaltbegriffs in »strukturelle«[3] und »aktuell/akute« Gewalt angebracht, wobei letztere noch einmal in »offizielle« und »inoffizielle« oder »legale« und »illegale« Gewalt zu unterteilen ist. Um aber Gewaltphänomene erfassen zu können, die ebenso wie »Nicht-Entscheidungen«, das heißt die strukturellen Vorgaben, die gar nicht mehr zur Disposition aktueller Entscheidungen stehen, aber gesellschaftliche Handlungsergebnisse beeinflussen, nicht in beobachtbarer Handlung greifbar sind, bedarf es einer neuen Bezugsebene, die aus der Art der sozialen Resultate Rückschlüsse auf strukturelle Gewalt ermöglicht. Gewalt, so könnte man zum Teil im Anschluß an Johan Galtung formulieren, kommt überall dort zum Ausdruck, wo historisch – gemäß der Unterscheidung von Produktivkräften und Produktionsverhältnissen – bestimmte gesellschaftliche Funktionen dauernd eine strukturell sich ausweisende Ungleichheit der Lebenschancen zwischen verschiedenen gesellschaftlichen erzeugen und stabilisieren, wo, mit anderen Worten, Herrschaft strukturell privatisiert ist. Der Begriff der strukturellen Gewalt gibt angesichts dieser Bezugsebene die gesellschaftlichen Bedingungen an, die die historisch mögliche Aufhebung solcher Ungleichheit verhindern. Strukturelle und offiziell/legale Gewalt fallen gewöhnlich, wenn

---

[2] Vgl. die Aufsätze von Peter Bachrach und Morton S. Baratz: Power and Poverty, Theory and Practice. London und Toronto, 1970. Zu einigen kritischen Punkten siehe Narr/Naschold: Theorie der Demokratie. Stuttgart, 1971.
[3] Galtung, Johan: Gewalt, Frieden und Friedensforschung. In: Senghaas, Dieter (Hrsg.): Kritische Friedensforschung. Frankfurt, 1971, S. 55–104. Siehe kritische Anmerkungen zu Galtung in Narr, Anmerkung 1.

auch nicht in ihrer Erscheinungsart, aber in ihrem Funktionssinn zusammen. Illegaler inoffizieller Gewalt sind die Versuche einzuordnen, die die strukturelle Ungleichheit direkt oder indirekt, bewußt oder unbewußt aufheben wollen. Strukturelle Gewalt ist also bei scheinbar vollkommen herrschender Ruhe und Ordnung möglich. Das Fehlen illegaler Gewalt, gar das Vorherrschen von Hinnahme und Apathie deuten eher auf die Ergebnispenetranz struktureller Gewalt (und damit auch potentiell illegaler) hin. Eine analytische Schwäche der Unterscheidung zwischen struktureller und nichtstruktureller Gewalt kommt allerdings dann zum Ausdruck, wenn die analog zu Theoremen über den Herrschaftskonflikt und die Dichotomie der »Rollen«[4] zu einem historisch nur durch diese oder jene Kämpfe modifizierten Dauerphänomen stilisiert wird, wenn die unterschiedliche Qualität historisch wechselnder Strukturen, wenn die unterschiedliche funktionale Erzeugung dieser Strukturen und ihr »Sinn«, wenn die genetisch-funktionalen Qualitätsdifferenzen struktureller Gewalt nicht mehr faßbar werden, wenn mit anderen Worten letztlich unhistorisch mit statischen Größen gearbeitet wird.

d) Unter Aufnahme der freilich noch zu global charakterisierten Bezugsebene kommt es entscheidend darauf an, die historische Entstehung der Hauptfunktionen einer Gesellschaft, ihre Übersetzungen in die sozialen und gleichzeitig herrschaftlichen Strukturen zu ermitteln, Hauptfunktionen, die dann als primäre Bedingungen für Gewalt in ihren verschiedenen Formen angenommen werden (und selbstverständlich jeweils zu erweisen sind). Damit entgeht man einer gefährlich statischen Strukturbestimmung ebenso, wie sich vermeiden läßt, Gegengewalt (nicht-offizielle) positiv oder negativ[5] als ursächlich nicht verhaftet anzusehen und entsprechend ohne Analyse zu verdammen oder emporzuheben.[6] Die später durch amerikanische Erfahrungen wenigstens in Andeutungen zu bestätigende Haupthypothese lautet: Hauptbedingung der gegenwärtigen städtischen Entwicklung, ihrer Widersprüche und ihrer politisch-sozialen Konflikte in all ihren Fragmentierungen, Hauptbedingung städtischer Gewalt ist die Form einer unter dem funktionalen Imperativ privater Aneignung, wichtiger noch der Machtstabilisierung und der Profitausweitung angelegten Ökonomie, die gesellschaftlich in der Dominanz privat sich durchsetzen-

---

[4] Neben Nicos Poulantzas und Isaac Balbus sind hier auch die älteren Arbeiten von Dahrendorf zu nennen.
[5] Banfield, Edward C.: Rioting Mainly For Fun And Profit. In: The Unheavenly City. Little Brown Boston, 1970; abgedruckt auch in: Wilson, James Q. (Hrsg.): The Metropolitan Enigma. Garden City, New York, 1970 (Anchor Books).
[6] Siehe zum Teil Frantz Fanon und seine intellektuellen Nachfolger.

der Interessen erscheint. Weitere Bedingungen kommen hinzu und verschieben die Erscheinungsform in je spezifischer Weise. Wichtig ist aber, daß man alle Zusatzbedingungen im Zusammenhang mit der Hauptbedingung sieht. Die Ausgrenzung »rein« ästhetischer, »rein« bauplanerischer Gesichtspunkte wirkt allenfalls ideologisch, nämlich verstellend und schadet darüber hinaus diesen Gesichtspunkten selbst, weil sie noch stärker dem Zugzwang der Hauptbedingung unterliegen, wenn die Bedingungen ihrer Möglichkeit nicht reflektiert werden.

III. Stadtentwicklung und Gewaltentwicklung: verschiedene Interpretationsvarianten und ihre Grenzen

a) Auf die »frei« und in gewissem Sinne auch fehdesicher machende Rolle der mittelalterlichen und spätmittelalterlichen Stadt ist hier nicht einzugehen, obgleich ihr zum Goldgrund geronnenes Bild nicht selten die Argumentationen von Stadtforschern und -planern aller Art beeinflußt, weit über den Kreis der von Jörn Janssen ins Gedächtnis gerufenen »Blubo«-Argumentationen hinaus.[7]
Für die Folgen des rapiden sozialen Wandels, die mit der Industrialisierung und Urbanisierung einhergingen – wobei Phasenunterschiede hier nicht von Belang sind – existiert vielfach eine »folk theory of social change«, wie sie Charles Tilly treffend genannt hat. Mit einer auch weit in die Soziologie hineinreichenden »Jeremias-Gotthelf-Attitude« sind Annahmen über die soziale Entwurzelung, die Auflösung alles Gemeinschaftlichen, den Verlust der Sitte und die Folgen von Anomalie, gar Gewaltsamkeit bruch- und fraglos vereinbar. Tillys allgemeiner Charakterisierung der kurz- und langfristigen Folgen der Verstädterung ist dagegen weitgehend zuzustimmen:
»Die Auswirkungen großer struktureller Wandlungen wie Verstädterung, Industrialisierung und Bevölkerungswachstum lassen sich, so scheint mir, in ihrer Schaffung oder Auflösung von Gruppen auffinden, die um Macht kämpfen, und in ihrer Formung der verfügbaren Zwangsmittel. Kurzfristig hat das Wachstum großer Städte und die beschleunigte Wanderung von ländlichen zu städtischen Gebieten in Westeuropa vermutlich eher als ein Dämpfer für gewaltsamen Protest gewirkt denn als seine Verstärkung. Dafür lassen sich zwei Gründe anführen:
1. Der Prozeß zog unzufriedene Leute aus den Gemeinden ab, in

---

[7] Janssen, Jörn: Der Mythos des 20. Jahrhunderts in der Architekturtheorie der BRD. In: Helms, Hans G., Jörn Janssen (Hrsg.): Kapitalistischer Städtebau. Neuwied und Berlin, 1971.

denen sie bereits die Mittel für gemeinsame Aktionen besaßen, und verpflanzte sie in Gemeinden, in denen sie weder eine gemeinschaftliche Identität noch die Mittel für gemeinsames politisches Handeln hatten.
2. Es nahm erhebliche Zeit und Anstrengung in Anspruch – einerseits für den einzelnen Wanderer, sich an die große Stadt zu gewöhnen und sich den politischen Bestrebungen seiner Mitbürger anzuschließen, andererseits, neue Organisationsformen für gemeinsame politische Aktion in den Großstädten zu entwickeln.
Langfristig indessen formte die Verstädterung intensiv die Bedingungen, unter denen neue Gruppen um politische Teilnahmerechte kämpften, und die mittelbaren Folgewirkungen der Verstädterung lösten eine Vielzahl ländlicher Protestbewegungen aus. Die Wanderungsbewegung in die Stadt wirkte mit, den Charakter kollektiver Gewalt umzuformen – mindestens in dreierlei Hinsicht:
1. Sie formte größere homogene Menschenblocks als je zuvor, vor allem auf dem Wege über die Fabrik und die Arbeiterquartiere.
2. Sie erleichterte die Bildung von Interessengruppen (insbesondere der Gewerkschaft und der Partei), die viele Menschen umfaßten und in der Lage waren, sie relativ schnell und wirksam zu informieren, zu mobilisieren und aufmarschieren zu lassen.
3. Sie massierte jene, die die größte Bedrohung für die herrschenden Schichten darstellten, in der Nähe der städtischen Machtzentren und brachte dadurch diese Schichten dazu, neue Strategien und Taktiken zur Kontrolle der Unterprivilegierten anzuwenden.
Für jene, die auf dem Lande verblieben, bedeutete der Aufstieg der Städte in zunehmendem Maße hartnäckige Forderungen nach Getreidelieferung und Steuern, um die Städte zu unterstützen, eine zunehmend sichtbar werdende Last der in den Städten festgesetzen Zoll- und Preispolitik für den einzelnen Bauern und zunehmend wirksame Mittel zur Erzwingung bäuerlichen Gehorsams. Alle diese Faktoren bewirkten zu ihrer Zeit gewaltsame Proteste in ganz Europa.«[8]
Zwischen der Industrialisierung in der Form des Kapitalismus, der zunehmend auf ihre Bedürfnisse zugeschnittenen Urbanisierung und den Erscheinungsarten kollektiver Gewalt besteht eine komplizierte Wechselwirkung. Agrarunruhen waren nicht zuletzt eine Folge städtischer Ausbeutung und des allgemeinen ökonomisch-sozialen Relevanzverlustes des flachen Landes.
Arbeiterunruhen waren angesichts einer die privatwirtschaftliche Aus-

---

[8] Tilly, Charles: Collective Violence in European Perspective. In: Graham, Hugh Davis, and Ted Robert Gurr (Hrsg.): Violence in America. New York, 1969 (Bantam Books). S. 4–45, S. 11.

beutung durchgehend absichernden Legalordnung und ihrer Verbote im Hinblick auf Organisation, Streiks usw. unvermeidlich.
So läßt sich für die erste Phase und langfristig, Tillys Beobachtung wohl bestätigen, daß zwischen städtischem Wachstum und kollektiver Gewalt, wenn überhaupt, eher eine umgekehrte Beziehung bestand. Erst die Organisation der Arbeiterbewegung brachte hier eine Veränderung, die aber gleichfalls vorübergehenden Charakter hatte. Roger Lane geht aufgrund der amerikanischen Stadtentwicklung noch einen Schritt weiter, wenn er feststellt, »daß die Verstädterung langfristig einen seßhaft machenden, im buchstäblichen Sinne zivilisierenden Einfluß auf die betroffene Bevölkerung hatte«[9].
Die in privatkapitalistischen Formen sich abspielende Industrialisierung und ihre funktionalen Bedürfnisse waren es, die einen höheren Standard an Regulierung, an Ordnung heischten.
Viele Gewaltsamkeiten, die in einer zufälligen, unabhängigen Gesellschaft toleriert werden konnten, waren in der formalisierten, auf Zusammenarbeit angewiesenen Atmosphäre der späteren Periode nicht mehr tragbar.
»Die direkte, private Reaktion auf kriminelles Unrecht war nicht länger notwendig und deshalb auch nicht gebilligt. Alle Großstädte und die meisten Mittelstädte hatten Polizeikräfte aufgebaut, die ständig erweitert wurden, um größeren Anforderungen zu entsprechen. Durch das ganze Land wurden die Opfer von Gewalt und Diebstahl dazu bewogen, staatliche Kräfte in Anspruch zu nehmen. Der Zug zu den Städten hatte, kurz gesagt, eine Generation hervorgebracht, die folgsamer, geselliger, ›zivilisierter‹ war als ihre Vorgänger.«[10]
Lanes Schlußfolgerung kann deswegen als gültig für die Phase gelten, in der trotz aller Nebenfolgen industrielles Wachstum Teilen der städtischen Entwicklung noch nicht direkt widersprach, wie es infolge des Konzentrationsgrads, der Kommunikationserleichterung und der überdimensionierten Folgen wirtschaftlichen Wachstums heute der Fall ist oder zunehmend wird.
»Alle Anzeichen deuten darauf hin, daß der langfristige Rückgang krimineller Aktivität gesetzmäßig ist und mit der Verstädterung zusammenhängt. Aber der Vorgang wäre nicht vollständig ohne die Vollendung einer raschen industriellen Entwicklung.«[11]

---

[9] Lane, Roger: Urbanization and Criminal Violence in the 19th Century: Massachusetts as a Test Case. In: Graham/Gurr: Violence in America, a. a. O., S. 468–485, S. 469. Zu Problemen der Kriminalstatistik siehe übrigens auch Wolfgang, Marvin E.: Urban Crime. In: Wilson: Metropolitan Enigma, a. a. O.
[10] Lane, a. a. O., S. 477–478.
[11] Lane, a. a. O., S. 480. Ein Teil der Probleme der Stadtentwicklung als

Neuer Ordnungsbedarf und demgemäß Organisation und Zentralisierung der Polizei (ihre funktionale Ausdifferenzierung im Laufe des 19. Jahrhunderts[12]) waren für Entstehung, Perzeption und Bekämpfung der Gewalt entscheidend. Die Polizei ist hierbei begreifbar im Sinn des sichtbaren und je und je aktualisierbaren Teils struktureller Gewalt. Die Polizei als sozusagen manifest zugegebener Teil sonst verschwiegener struktureller Gewalt, die schon der Legitimitätsvorbehalt allein verdeckt, hat die Ausdrucksformen kollektiver Gewalt, sowohl in repressivem (ordnungserhaltendem) wie offensivem Sinn gründlich verändert. Charles Tilly, der primär die europäische Entwicklung im Auge hat, mag hierfür ein weiteres Mal das Wort erhalten:

»Die Europäischen Polizeikräfte der damaligen Periode gewannen große politische Bedeutung, nicht nur als Einrichtungen der Massen-Kontrolle, sondern auch als Organisationen der politischen Spionage mit einem Netzwerk von Spionen und Informanten. Ihre Reorganisation im ganzen Europa des frühen 19. Jahrhunderts markierte einen Sieg des Zentralstaats über die örtlichen Gewalten, eine Verstaatlichung der Repressionskräfte. Allan Silver schreibt: ›Die Durchdringung der bürgerlichen Gesellschaft durch die Polizei kam nicht nur in deren Befassung mit Verbrechen und Gewalt im engeren Sinne zum Ausdruck. In einem weiteren Sinne bedeutete sie das Eindringen und die ständige Gegenwart der zentralen politischen Gewalt im täglichen Leben‹.[12a]

Obwohl es der neuen Polizei keineswegs gelang, kollektive oder individuelle Gewalt aus dem täglichen Leben zu entfernen, beschleunigte sie doch den Niedergang der älteren Formen des Protests. Indem sie der komplexeren und spezialisierteren Organisation der neueren Formen des Protests mit einer ebenfalls komplexeren und spezialisierteren Organisation der Repression begegnete, gewann sie vermutlich einen Teil ihres Ansehens durch die Annahme, sie hätte die Revolution verhindert.«[12b]

Für das 19. und für weite Teile des 20. Jahrhunderts galt die wechsel-

---

Slumentwicklung der industriell unterentwickelten Länder wäre am Auseinanderfall von Stadtagglomeration und industriellem Bedarf darzustellen, wobei notwendig die falsche, kapitalistisch-urbanistisch ausgerichtete Entwicklungsstrategie miteinzubeziehen wäre.

[12] Siehe als ein Beispiel Lane, Roger: Policing the City. Boston, 1822–1885. New York, 1971 (Atheneum).

[12a] Silver, Allan: The Demand for Order in Civil Society: A Review of Some Themes in the History of Urban Crime, Police and Riot. In: Bordua, David J. (Hrsg.): The Police: Six Sociological Essays. New York, 1967, S. 12 f.

[12b] Tilly, Charles, a. a. O., S. 23 f.

seitige Abhängigkeit von Urbanisierung als gesellschaftlich-räumlicher Verwirklichung und Industrialisierung. Die kapitalistische Form der Industrialisierung[13] schuf gleichzeitig einen erhöhten Ordnungsbedarf und einen um das Privateigentum und seine freie Entwicklung zentrierten Ordnungsbegriff, der durch die institutionell garantierte Polizei und ihre städtisch-staatlich zentralisierte Organisation abgedeckt wurde. Damit war eine *objektive Politisierung* struktureller und nichtstruktureller Gewalt geschehen nach Maßgabe des Kriteriums der Entprivatisierung einerseits – der öffentlichen Organisation – und gemäß der spezifischen inhaltlichen Ordnung, die es zu erhalten galt, andererseits, der kapitalistischen Ordnung mit den Ordnungskriterien privater Aneignung. Parallel der Gewaltkonzentration und Legitimitätszuschreibung auf der Ebene des Nationalstaates, der der bürgerliche Konsens zugrundelag, konnten freilich der politische Charakter von Gewalt abgestritten und Gewaltformen, die sich gegen die herrschende Ordnung wandten, sekundär *privatisiert* werden, im Sinn der unter II a) genannten Definition von Gewalt. Das Prinzip, daß der König nichts Unrechtes tun könne, war nun institutionalisiert, dynamisiert und gesamtgesellschaftlich verallgemeinert worden.

b) Diese objektive Politisierung der Gewalt haben die »urban riots« der 60er Jahre in Amerika, haben die Studenten- und Gefängnisunruhen, haben die nordirischen Ereignisse und vieles andere mehr erneut aufbrechen lassen, obwohl infolge einer Reihe von Ursachen die organisierte *systemische* Opposition nur ausnahmsweise zum Zuge kommt, obwohl nach einer kurzen Unsicherheitsphase die Vertreter der öffentlich geschützten und legitimierten Ordnung einerseits den Rumpelstilzchentrick anzuwenden versuchen, die aufgebrochenen Formen struktureller Gewalt umzubenennen, zu »versachlichen« (vgl. die »ökologische« (!) Krise), und obwohl sie andererseits längst zur Privatisierung und Kriminalisierung der Gegengewalt geschritten sind.

Anhand des Zusammenhangs von Stadtplanung und psychischen und geistigen Störungen im Kontext des Problems der Stadterneuerung insgesamt[14] wurde schon vor Jahren und Jahrzehnten auf die primär sozio-ökonomisch-politische Verursachung der Störungen hingewiesen und davon die Ursachen, die von der Art der physischen Umgebung ausgehen, deutlich als allenfalls zweitrangig abgehoben.

---

[13] Es soll hiermit nicht behauptet werden, daß eine andere strukturelle Form industrieller Entwicklung keinen »Ordnungsbedarf« konstituiert hätte; nur welche Ordnung und mit welchen Kosten, das ist entscheidend.

[14] Siehe beispielsweise Dean, John P.: The Mythos of Housing Reform (1949). Abgedruckt in: Bellush, Jewel, Murray Hausknecht (Hrsg.): Urban Renewal: People, Politics and Planning. Garden City, New York, 1967 (Anchor Books).

»So zeigte auch eine Studie über das Harlem New Yorks vor kurzem, daß die Korrelation zwischen einem Index sozialer Abweichungen und städtischem Verfall ganz gering war, ebenso die Korrelation mit der Überfüllung in den Wohneinheiten. Dagegen war die Korrelation mit der Beschäftigung an Arbeitsplätzen mit niederem sozialem Status außerordentlich hoch. Der Index maß Formen nach außen gerichteter Aggression und nicht so sehr emotionale Beeinträchtigungen, aber da auch diese Reaktionen auf Stress sind, läßt die Korrelation vermuten, daß die räumliche Umgebung als Quelle von Stress erheblich geringere Bedeutung hat als die Zugehörigkeit zur Unterklasse. Die Autoren der Studie kommen zu dem Schluß, daß bessere Wohnbedingungen zwar die Stimmung heben, aber die wesentlicheren Variablen des sozialen Status, der zerbrochenen Familiengemeinschaften und der herabgesetzten Lebenserwartungen nicht berühren. Die Bewohner von Harlem lediglich in Sozialwohnungen umzusiedeln, ohne ihre Lebensbedingungen – nämlich Arbeit in niederen Diensten, kümmerliches Einkommen, unzulängliche Ausbildung für ihre Kinder – zu verändern, würde sie aus der Verstrickung in sozial und persönlich pathologische Zustände nicht herausbringen.«[15]

In allen ernst zu nehmenden Gewaltstudien – wozu nicht die längst widerlegte These des »Randalierens hauptsächlich aus Spaß und für Geld« gehört[16] – kehrt die Ursachenkette fast identisch wieder: sozioökonomisch-politische Kettenglieder sind die stärksten, worunter vor allem die Arbeitslosigkeit, Unterbeschäftigung, inadäquate Ausbildungsmöglichkeiten und die Art der Wohnungen gehört. Der Kerner-Report hat die Bedingungen, die dem Ausbruch der »riots« zugrunde lagen, in verschiedenen Ebenen der Intensität zu gewichten versucht[17],

---

[15] Harlem Youth Opportunities Unlimited, »Youth and the Ghetto«, New York. Haryou, 1964, S. 158–160, Zitat auf S. 160. Die Midtown-Manhattan-Studie fand zudem, daß zwischen Überfüllung der Wohnung und dem Risiko der Geisteskrankheit keine Korrelation bestand. Da das untersuchte Gebiet ausschließlich von Weißen bewohnt war, wird es dort jedoch kaum ernsthafte Überfüllung gegeben haben, auch nicht bei Mietern geringen Einkommens. (Persönliche Mitteilung von Thomas S. Langner.)
Anmerkung und Zitat sind übernommen von Gans, Herbert J.: Planning – and City Planning – For Mental Health. In: Eldredge, H. Wentworth (Hrsg.): Taming Megalopolis, Vol. II. Garden City, New York, 1967, S. 897 bis 916, S. 909 (Anchor Books).
[16] S. Banfield, in: ders.: Unheavenly City, a. a. O. Banfields Voraussagen haben nicht einmal den Test von zwei Jahren überstanden – von allen anderen Einwänden zu schweigen –; nach seiner Ansicht müßte es im Augenblick mit den »riots« munter weitergehen.
[17] Report of the National Advisory Commission on Civil Disorders (Kerner Report): What Happened? Why Did It Happen? What Can Be Done?

unter denen die oben genannten Ursachenkategorien dominieren. Nimmt man weitere Studien hinzu, die die liberal-politische Zurückhaltung und eindeutige analytische Grenze des Kerner-Reports wenigstens teilweise überschreiten, so ist an eine Doppelursache neben den Ursachen der Arbeitslosigkeit und der klassenhaft unterschiedlichen Bildungschancen besonders zu erinnern (die bei Kerner in Bedingungen 1 und 6 erwähnt sind):
- die eminente Rolle, die die Polizei als Bedingung insgesamt, als Anlaß für Gewaltaktionen, als Einflußfaktor auf den Verlauf und im Hinblick auf das »Kosten«-Ergebnis von Gewalt spielt[18];
- die gravierende Bedeutung, die dem politischen System hinsichtlich seiner Schutzfunktionen einerseits und hinsichtlich der Gewährung von Artikulationschancen und Kommunikationsmechanismen andererseits zukommt. Das Fehlen zureichenden, selbst physischen Schutzes, im Beispielsfalle für Schwarze und Arme, das Fehlen zureichender Artikulationschancen und Einwirkungsmöglichkeiten, der strukturell eingeschränkte Pluralismus bis hin in Details der Rechtsordnung[19] – all das ist kein Zufall, keine politisch-voluntaristische, durch Einführung einiger Teilnahmechancen überspringbare Barriere, wenn auch letzteres zweifellos zeitweilig als Pazifizierungsmechanismus geeignet ist, wie etwa auch die jüngsten Beispiele der »Schwarzen Bürgermeister« zeigen.

Polizei und Politik dienen wie im 19. Jahrhundert in nun nur gesteigerter und systematisierter Weise dazu, die Funktionen, die in ihrer Einseitigkeit die ungleiche Struktur sozioökonomischer Verhältnisse

---

(Bantam Books) New York, 1968, S. 8 ff. und S. 143 ff. Der Report spart ebenso das politische wie das ökonomische System herrschafts- und ursachenanalytisch aus. Er führt folgende Gründe an: erste Ebene der Intensität: 1. Polizeipraktiken, 2. Arbeitslosigkeit oder Unterbeschäftigung, 3. unzulängliche Wohnung;
zweite Ebene der Intensität: 4. unzulängliche Ausbildung, 5. schlechte Erholungsmöglichkeiten und -programme, 6. mangelnde Wirksamkeit der politischen Struktur und der Beschwerde-Mechanismen;
dritte Ebene der Intensität: 7. abschätzige Haltung der Weißen, 8. Diskriminierung durch die Justiz, 9. Unzulänglichkeit der Hilfsprogramme des Bundes, 10. Unzulänglichkeit der kommunalen Dienstleistungen, 11. diskriminierendes Konsum- und Kreditgebaren, 12. unzulängliche Programme der Sozialhilfe.

[18] Tilly, a. a. O., und Jerome H. Skolnik: The Politics of Protest. New York, 1969 (Ballantine Books), und viele andere.
[19] Für viele andere vgl. mit einprägsamen Beispielen: Parenti, Michael: Power and Pluralism: A View from the Bottom; und Crenson, Matthew A.: Nonissues in City Politics: The Case of Air Pollution. Beide in: Surkin, Marvin, und Alan Wolfe (Hrsg.): An End to Political Science. New York, 1970 (Basic Books).

zur Folge haben, abzudecken und allenfalls im sozialen Resultat zu mildern. Obwohl mehr für das Amerika der ersten und zweiten Industrialisierungsphase gedacht, gelten Michael Wallaces Bemerkungen mit einigen Modifikationen, die vor allem den korporativistischen Charakter der Konzerne betreffen, auch heute:
»Sie (die Kapitalisten, d. Ü.) waren in der Lage, die Verteidigung von Privilegien in die Verteidigung von etwas viel Abstrakterem, für die Mehrheit viel Akzeptablerem umzudeuten: die Verteidigung von Recht, Ordnung und Eigentum ...
Denn sein Wachstum (das Wachstum des industriellen Kapitalismus, d. Ü.) war im wesentlichen ungehindert, sicherlich ungehindert durch einen Staat, der während eines Großteils unserer Geschichte das Prinzip des Laissez-faire hervorkehrte wenn es daran ging, die Wirtschaft zu regulieren und der, als er sie zu unterstützen begann, mit ihr so verquickt wurde, daß er sich von der Wirtschaft kaum noch unterscheiden ließ. Die Industrieführer entwickelten logischerweise eine Bedenkenlosigkeit und eine Mißachtung für menschliches Leben, die vielleicht die unausweichliche Konsequenz einer im wesentlichen unbeschränkten Macht ist.«[20]
Aus dieser massiven, wenn auch verdeckten Gegebenheit struktureller, je und je hergestellter Gewalt mit ihren einzig-sichtbaren, ihrerseits legitimatorisch verdeckten Spitzen in Politik und Polizei ist sowohl erklärbar, warum – wie durchgehend erwiesen – die Massen, sofern sie überhaupt zur Aktion kommen und nicht in Apathie vereinzelt bleiben, als politische agieren[21] und warum als Reaktion der herausgeforderten herrschenden Instanzen bestenfalls die »liberale Lösung«[22] zu erwarten ist. Diese ist in sich widersprüchlich, nämlich als der kombinierte Einsatz von Zuckerbrot und Peitsche, von sozialstaatlichen Modifikationen, dem Schein partizipatorischer Planung einerseits und der Erhöhung des Polizeietats und der Erweiterung des Polizeieinsatzes andererseits, da man offensichtlich selbst einsieht, daß die sozialstaatlichen Modifikationen nicht an die Wurzel der Ur-

[20] Wallace, Michael: The Uses of Violence in American History. In: American Scholar. Winter 1970/71, S. 81–102, S. 100.
[21] Wallace, a. a. O., S. 101: »Massen sind weder irrationale Herden noch mechanistische Körper, die auf Reize wie die ›relative Deprivation‹ reflexartig reagieren: sie handeln politisch – vielleicht mit Leidenschaft – aber gewöhnlich mit einem klaren Bewußtsein dessen, was sie wollen.« Vgl. auch die Analyse von Skolnik, die den durchgehenden Erweis erbringt.
[22] Oppenheimer, Martin: The Urban Guerilla. Chicago, 1969, S. 99 f. (Quadrangle Books). (Oppenheimers ausgezeichnetes Buch ist in der Zwischenzeit beim Ullstein Verlag auf deutsch erschienen). Siehe auch Groß, Bertram: Friendly Fascism. A Model for America. In: Social Policy, Vol. 1, No. 4, S. 44–54.

sachen gehen. Die je und je hergestellte Ruhe und Ordnung hat bei bleibenden Ursachen aber nicht nur die Stabilisierung der Polizei als Institution zur Folge, sondern dient ihrerseits zur Legitimation des Ordnungserhaltens selbst, der politischen Institutionen insgesamt. Auch der Zirkel der Gewalt ist ähnlich dem der wirtschaftlichen Krisen legitimitätsfördernd, unterstützt die Strukturerhaltung.[23]

c) Vor diesem historisch (siehe III a)) und gegenwärtig (siehe III b)) angetupften Hintergrund von Stadtentwicklung und Gewalt im Kontext industriell-kapitalistischer Entwicklungsstadien verblassen andere Erklärungsansätze zu Ergänzungen, vielfach zu bloßen Ideologien. Hierher gehören

c1) der ökologische Erklärungsansatz, der sich in zwei Varianten untergliedern läßt: die verhaltenswissenschaftliche Spielart, die vor allem Ergebnisse tierischer Verhaltensbeobachtungen für »städtische Überflußgesellschaften« verwertet und die wenigstens zum gegenwärtigen Zeitpunkt von humangenetischen Studien dieser Reichweite noch kaum ergänzt wird; die architektonisch-ästhetische Spielart, die vielfach mit sozialpsychologischen Unter- und Nebentönen vermischt auftritt. Die Thesen, die von Konrad Lorenz, Desmond Morris und anderen vorgebracht werden und die mit dem darwinistischen Hauch des natur- und entwicklungsgesetzlich Unaufhaltsamen versehen sind, haben als heuristische Anregungen ihren Sinn, wenn sie vielfach auch von Simmel bis zur Gruppendynamik schon wenigstens als Fragestellungen (Bedeutung der Anzahl von Personen in einer Gruppe, Bedeutung des Verdichtungsgrades usw.) vorgetragen worden waren. Die Problematik der verhaltenswissenschaftlichen »Hochrechnungen« für Gesellschaft fängt erst dann an, wenn sie ihre durch bestimmte Gesellschaftsbilder bis in die Sprache hinein vorgeprägten Beobachtungen ohne Reflexion gesellschaftlicher Funktionen und Strukturen und ihrer geschichtlichen Wandlungsmöglichkeiten sekundär zur Naturwissenschaft gegenwärtiger Gesellschaft, die ihrerseits perspektivenfrei zu sein behauptet, emporstilisieren. »Verdichtung« bedeutet gesellschaftlich ebenso sehr verschiedenes wie »eigener Raum«, der für bestimmte Tiere als ihr »Reich«, als besonders zentral beobachtet worden ist. Das Auslassen aller Vermittlungen macht diesen ökologischen Ansatz beliebig verwert- und verwendbar und infolge seines Jargons der »haltenden Mächte« eben besonders zu konservierender Argumentation, die der Ursachenanalyse zu entgehen sucht.[24] Die allen-

---

[23] Narr/Naschold: Theorie der Demokratie, a. a. O.
[24] Für den vagen Relevanztest vager Behauptungen siehe Greebbie, Barrie B.: What can we learn from other Anomals? Behavioral Biology and the Ecology of Cities. In: Journal of the American Institute of Planners, Vol. XXXVII, Mai, 1971, S. 162–168.

falls sekundäre Bedeutung physischer Faktoren wurde oben schon dargetan, für ästhetische Erwägung gilt dies besonders, da sie allenfalls an der sozialen Schichtung ihre Bestimmungsgrenze erfahren, ansonsten aber ohne Kontext jeder Beliebigkeit offen sind. Mitscherlichs Auf- und Ausrufe bleiben in diesem Zusammenhang ebenso bedenkenswert wie unverbindlich, da abgesehen vom privaten Bodenbesitz die Herrschafts- und Erzeugungsstruktur der von ihm aufgezählten Mängel unanalysiert bleibt, da er zu sehr auf Evidenz mit sehr durchwachsenen Bezugskriterien und nicht auf systematische Erfahrung und spezifische Negation voraussetzende Alternativen abhebt: »Um Schwung zu haben, muß man sich von einem festen Ort abstoßen können, ein Gefühl der Sicherheit erworben haben. Wenn der Jugendliche aus den Slums oder aus komfortablem Vorstadtmilieu, mit emotionaler Spar- und Rohkost aufgezogen, wenn beide Jugendliche, äußerlich so verschiedener Herkunft, plötzlich sadistische Gewalttaten verüben, an blindem Zerstörungsdrang Gefallen finden ... – dann wird mir eine gewisse ... soziologische Auffassung, die das alles als Unvermeidlichkeiten des sozialen Daseins hinzunehmen bereit ist, fragwürdig.«[25] Richtig! Doch was folgt daraus? Schlechte Soziologie bemühte sich schon immer um das Nachbellen des ohnehin Bestehenden.

c2) Mit der »Lorenz«-Variante oft eng zusammenhängend, ist die massenpsychologisch-massengesellschaftliche Interpretation zu nennen, die von Le Bon bis Smelser bei allen zutreffenden Beobachtungen im einzelnen, weder aus der Hintergrunddichotomie »Gemeinschaft-Gesellschaft« entkommt, noch der letztlich auf Autorität und Kontrolle erpichten Sicht »gewachsener« oder sekundär hergestellter Ordnungen.[26] Mehr in die frühkapitalistischen, früh-urbanisierten »Idylle« müssen Andersons[27] oder Jane Jacobs[28] Analysen zurückdatiert werden.

Ernster zu nehmen sind Hinweise, wie sie an Hand familiärer und

---

[25] Mitscherlich, Alexander: Die Unwirtlichkeit unserer Städte. Frankfurt, 1965, S. 24.
[26] Skolnik: Social Response to Collective Benavior. In: Politics of Protest, a. a. O., S. 329 ff.; Currie, Elliot, und Skolnik: A Critical Note on Conceptions of Collective Behavior, und Smelser, Neil J.: Two Critics in Search of a Bias: A Response to Currie and Skolnik. Beide abgedruckt in: The Annals of the American Academy of Political and Social Science, Vol. 391, Sept. 1970.
[27] Anderson, Martin: The Federal Bulldozer. Cambridge, Mass., 1964 (MIT Press).
[28] Jacobs, Jane: The Death and Life of Great American Cities. New York, 1961. Deutsche Ausgabe: Tod und Leben großer amerikanischer Städte Bauwelt Fundamente, Bd. 4). 5. Auflage. Gütersloh, 1971.

parallel dazu städtischer Entwicklungen von Sennett und anderen[29] gegeben worden sind, in denen die funktionale und schichteneinheitliche Aufteilung der Stadt- und Vorstadtbezirke aufs Korn genommen wird. Trotz der wichtigen Erinnerung des Relevanz- und Geselligkeitsverlusts infolge solcher funktionalen Rollengliederung mutet Sennetts eigene Bezugsebene leicht romantisch an, doch können diese Aspekte hier nur angedeutet werden.

IV. Zur politischen Ökonomie städtischer Gewalt – Relevanzschwund und Steigerung des Ordnungsbedarfs: die Pseudoalternative zwischen »Stadt-Guerilla« und »freundlichem Faschismus«

Ohne daß es an dieser Stelle analytisch und durch Beleg zureichend erwiesen werden konnte, ist zu einer einigermaßen adäquaten Analyse der Ursachen, des Prozesses und der Ergebnisse auch nur der in Handlungen faßbaren Gewalt allein der unter II d) entwickelte Begriff nützlich. Für eine befriedigende Analyse müßte man der historischen Entwicklung städtischer Probleme und Widersprüche – dem wechselnden Begriff der Stadt-, der genetischen Erzeugung und funktionalen Zurechnung von der Slumbildung bis zur rollensoziologischen Aufteilung der Stadt- und Umweltregionen (»Entstädterung« bei gleichzeitiger Herausbildung von Ballungszentren) ins einzelne beschreibend nachgehen, was gleichzeitig darauf hinausliefe, die Stärke der Vermittlung zur kapitalistisch-industriellen Entwicklung darzutun.
Wie adäquat der oben behandelte Gewaltbegriff ist, zeigt die Unfähigkeit, auch nur zu mittelfristigen Lösungen der nicht naturwüchsigen Problemlagen zu kommen, zeigen die Widersprüchlichkeiten der immer erneut aufgestellten, reformverheißenden Ziele, demonstrieren die symbolisch verfolgten und die tatsächlich instrumentierten Ziele.[30] Bei der Ausweitung der Verstädterung – ihrer gesellschaftlichen Universalisierung im Sinn von Ballungsgebieten und vorstädtisch eingerichteten Erholungsgebieten aseptischer Natur läßt sich unter anderem dreierlei beobachten:
a) der sich infolge der wirtschaftlichen Entwicklung und der technologischen Möglichkeiten (Kommunikation, Datenverarbeitung und -prozessierung usw.) anbahnende, verschieden weit fortgeschrittene Funktionsverlust der Städte, den George Sternlieb in den beiden Hypothesen für amerikanische Städte zusammenfaßte: »Das Problem

---

[29] Sennett, Richard: Families against the Cities: Middle Class Homes of Industrial Chicago. Cambridge, Mass., 1970 (Harvard University Press).
[30] Siehe als verhältnismäßig harmloses, wenn auch instruktives Beispiel: Städtebaubericht 1970 der Bundesregierung (Drucksache VI/1497).

der Stadt ist kein Rassenproblem, es ist ein Problem des Funktionsverlusts ... Die Stadt als Ort der Veredelung ist in den Vereinigten Staaten ein Fehlschlag, und dieser Fehlschlag ist eng verknüpft mit ihrer Rolle in der Wirtschaft. Das ist das Grundproblem«[31].
Die Stadt als industriell geforderte gesellschaftliche Einheit wird – kontrolliert man die kapitalistische Entwicklung nicht selbst (ein Gedanke, der Sternlieb typischerweise nicht gekommen ist) – obsolet, sie wird den Konzentrations- und den Diversifikationsanforderungen und Möglichkeiten gegenwärtiger kapitalistischer Entwicklung nicht mehr gerecht[32].
b) Mit dem Funktionsverlust – als industriell-arbeitsteiliger conditio sine qua non – hängt die Tendenz funktionaler und klassenmäßiger Entmischung zusammen, die sich in Amerikas Stadtzentren und Vorstädten nur besonders früh und besonders krass widerzuspiegeln scheint.
»Die heutige Stadt ist die verletzlichste soziale Struktur, die je von Menschen ersonnen worden ist. Einst dazu bestimmt, einer agrarischen Gesellschaft als Zentrum ihrer Produkte und Brennpunkt ihres Handels zu dienen, verfällt sie nun in ihrer Bedeutung für den Handel und die Industrie der Nation; gleichzeitig wird ihr Überleben immer abhängiger von Ressourcen, die außerhalb ihrer Kontrolle liegen. In den Vereinigten Staaten ist dieser gesamtgesellschaftliche Bedeutungsverlust zudem mit Bevölkerungsbewegungen verbunden, die die Stadt in zunehmendem Maße zum Sammelpunkt der Schwarzen und Armen machen.«[33]
c) Die kapitalistische Entwicklung – das kann hier nur grob behauptet werden – verlangt einen zunehmenden Mobilisierungs- *und* Ordnungsbedarf, wobei auch hier partiell eine funktionale Trennung im Gange ist, insofern bestimmte gesellschaftliche Gruppen ganz aus dem Mobilisierungsbedarf (über die Konsumentenrolle und die allgemeine »systemtheoretisch« nahegelegte Unterstützungsleistung hinaus) ausgeschieden und sozusagen sozialpolitisch, rekreationspolitisch stillgestellt werden. Dieser in den Ballungszentren zu erbringende Mobilisierungs- und Ordnungsbedarf läßt sich von den Städten als ökonomisch-sozial-politischen Einheiten nicht mehr leisten, wenn man zusätzlich die unter b) gemachten Feststellungen beachtet, nämlich die

---

[31] Sternlieb, George: Are Cities Obsolete? (Rezension des Buches von Jane Jacobs). In: trans-action, Vol. 7, Nr. 6, April, 1970, S. 84–86.
[32] Siehe auch die andeutenden Bemerkungen in: Roth, Wolfgang (Hrsg.): Kommunalpolitik für wen? Frankfurt, 1971, und Hoffmann, Pierre, Nikitas Patellis: Demokratie als Nebenprodukt. Versuch einer öffentlichen Planung. München, 1971.
[33] Oppenheimer: Urban Guerilla, a. a. O., S. 154.

in den City-Bezirken erforderliche Leistung der »positiven« Apathisierung und die komplementäre Gefahr nicht vorhergesehener Gewalt. Unter der Prämisse demokratischer Orientierung und demokratischer Kontrolle bedeutet dies – wird die über die Städte sich nun hinwegsetzende kapitalistische Entwicklung nicht gesellschaftlich eingeholt –:
1. das Ende der Möglichkeit einer politisch grundgelegten »culture of civility« und ihrer entsprechenden Toleranz gegenüber Anomien aller Art[34], ebenso wie die Unmöglichkeit der für eine Demokratisierung der offiziellen Gewalt notwendigen »community control of the police«[35];
2. vielmehr wird die fast notwendige Folge in die Richtung der oben erwähnten »liberalen Lösung« mit etwas mehr *systemischer* Konsistenz gehen: dem gleichzeitigen und gleichläufigen Ausbau der wohlfahrtsstaatlichen Interventionsmöglichkeiten mit sozialpolitischem Einschlag und der Polizei, der komplementären Entwicklung positiver (Skinner-Effekt) und negativer Sanktionen, wobei es keine Frage ist, wo der funktionale Bezugswert liegt und welche »Kraft« im Notfall die stärkere bleibt. Die für *diese* Gesellschaft notwendige Rolle der Polizei ist überhaupt nicht zu überschätzen[36], gerade dann nicht, wenn man sie in Analyse und Beurteilung nicht als »police brutality« oder ähnliches moralisierend und verteufelnd isoliert. Die Technik der Erzeugung von Wellen der Kriminalität[37], die Stimulierung des »law enforcement market«[38] einschließlich des Versicherungsgeschäfts sind in ihrer Polizei schaffenden und Legitimität erbringenden Funktion nahezu evident und ins einzelne erweislich.[39]

Tatsächlich nämlich droht von »Stadt-Guerillas« – seien sie selbst ernannt, seien sie von anderen so benannt – keine Gefahr für ein System, das zweierlei kann: vorhandene Widersprüche mit positiven und negativen Sanktionen daran zu hindern, extrem in Erscheinung zu treten und kollektive Konfliktartikulation strukturell unwahrscheinlich, in absehbarer Zeit fast aussichtslos zu machen. Auf jeden Fall gibt, wie schon Friedrich Engels bemerkte, die Strategie des Stadt-

---

[34] Becker, Howard, und Irving Louis Horowitz: The Culture of Civility. In: trans-action, vol. 7, No. 6. April, 1970, S. 12–20.
[35] Waskow, Arthur I.: Community Control of the Police. In: trans-action, Vol. 7, No. 2, Dezember 1969, S. 4–7; vgl. auch Skolnik und andere.
[36] Skolnik, Politics of Protest, a. a. O., S. 269 ff.
[37] Lane, Roger, a. a. O., S. 482 f.
[38] Oppenheimer, a. a. O., S. 156.
[39] Oppenheimer, a. a. O., und Franz Schurmann: System, Contradictions and Revolution in America. In: Aya/Miller (Hrsg.): The New American Revolution. Free Press Paperback, 1971.

Guerillas allenfalls infolge von Entwicklungen, die durch »ihn« überhaupt nicht kontrollierbar sind, mehr her als das, was sie heute als Bürgerschreck leistet: die Legitimation zu jedem »law and order«-Einsatz, die Legitimation – infolge des inhaltlichen Legitimationsverlusts – weitere mißliebige Elemente, die irgendwie gefährlich werden könnten, und sei es nur durch Schaffung einer »Atmosphäre der Timidität« (Eschenburg, Theodor), kaltzustellen.

Die reale Tendenz zeigt nicht in die Richtung des »Stadt-Guerilla«, der mit marxistisch informierten Analysen, die mit ihm trickreich identifiziert werden, so gut wie nichts zu tun hat. Die reale Tendenz zeigt trotz aller Widersprüche und verbleibenden Konflikte eher in eine Richtung, der Bertam Gross den Namen »freundlicher Faschismus« gegeben hat, um alle Verwechslung und Verharmlosung mit den als Kriterien verdinglichten »Knobelbechern« und »Hakenkreuzen« zu vermeiden:

»Pluralistisch in seiner Natur brauchte ein städtisch-technischer Faschismus keinen charismatischen Diktator, keine Einparteienherrschaft, keine faschistische Massenpartei, keine Staatsverherrlichung, keine Parlamentsauflösungen, keinen Abbruch von Wahlen, kein Mißtrauen in die Vernunft. Er würde wahrscheinlich ein krebsartiges Gewächs *innerhalb* des Weißen Hauses und *um es herum*, das Pentagon und das weitere politische Establishment sein.«[40]

Seine Hauptelemente: warfare, welfare, police, communications sind hier nicht auseinanderzufalten, zu gewichten, zu kritisieren. Sicher ist nur, daß eine Analyse städtischer Gewalt, will sie irgend realistisch sein, aus dem längst zerbrochenen Gehege der Stadt ausbrechen muß und dabei auch die Gewalt, die strukturelle, zu analysieren hat, die der Stadt als einer Möglichkeit aufklärerisch gelungener Vergesellschaftung prinzipiell Gewalt antut.

Es sind in diesem Zusammenhang, beim notwendigen Mangel detaillierter Beschreibung und Analyse, keine Äußerungen in Richtung »praktische Alternativen« angebracht, allenfalls eine informierte Warnung: das Dickicht städtischer Gewalt läßt sich von den Städten her kaum lichten. Baupreise und Eigentumsstruktur sind tatsächlich nur Marginalprobleme. Damit soll nicht der Kampf gegen diese gestoppt oder als irrelevant erklärt werden; vielleicht ist dies der einzig mögliche, da einigermaßen Handlungsspielraum vorfindende Ansatz. Solcherlei Aktionen bedürfen allerdings, um nicht enttäuscht zu werden, der richtigen, theoretisch begründeten Perspektive. Letztlich kommt es nicht auf die Besitzstrukturen in den Städten an – so klar die Sozialisierung geboten ist – sondern auf den sozialen Sinn der Benutzung des freigegebenen Bodens, der dort, wo heute Partizipation angeboten

---

[40] Gross, Bertram: Friendly Fascism, a. a. O.

wird, über entgegenkommende Entpolitisierung nicht hinausgeht: Vermeidung nicht vorgesehener Konflikte, gar Gewalt durch die Geste der Modifikation; der zweite Großflughafen kommt qua Notwendigkeit, das Rhein-Maingebiet als größten wirtschaftlichen Wachstums- und Ballungsraum aufrechtzuerhalten, bestimmt.

Die Autoren

Banfield, Edward C., Professor of Urban Government, Harvard University, USA

Banner, Gerhard, Beigeordneter der Stadt Duisburg

Grauhan, Rolf-Richard, Professor für Politische Wissenschaft, Universität Bremen

Gude, Sigmar, Tutor für Stadtsoziologie an der TU Berlin

Holden, Matthew, Professor of Political Science, University of Wisconsin, USA

Linder, Wolf, Fachbereich Politische Wissenschaft, Universität Konstanz

Long, Norton E., Professor of Political Science, Brandeis University, USA

Narr, Wolf-Dieter, Professor für Politische Wissenschaft, FU Berlin

Offe, Claus, Max-Planck-Institut zur Erforschung der Lebensbedingungen der wissenschaftlich-technischen Welt, Starnberg

Ostrom, Vincent, Professor of Political Science, Indiana University, USA

Thiebout, Charles M., Professor of Political Economy (versorben)

Warren, Robert, Professor of Political Science, Washington University, USA

Wilson, James Q., Professor of Government, Harvard University, USA

Quellenverzeichnis

Der Bedeutungswandel der Stadt als politischer Einheit. Von Sigmar Gude.
Aus: Korte, Hermann (Hrsg.): Zur Politisierung der Stadtplanung. Düsseldorf, 1971 (Bertelsmann Universitätsverlag).

Die örtliche Gemeinschaft als ökologisches System von Spielen. Von Norton E. Long.
Aus: The American Journal of Sociology 64 (Nov. 1958), Nr. 3. Originaltitel: The Local Community as an Ecology of Games.

Stadtpolitik. Von Edward C. Banfield und James Q. Wilson.
Aus: Banfield, Edward C., James Q. Wilson: City Politics. Cambridge/Mass., 1963. Kap.: The Political Function.

Die politische Organisation in Stadtregionen. Von Vincent Ostrom, Charles M. Thiebout und Robert Warren.
Aus: American Political Science Review, LV (Dez. 1961), Nr. 4. Originaltitel: The Organization of Government in Metropolitan Areas – A Theoretical Inquiry.

Die Politik der Verflechtungsräume als Problem der Diplomatie. Von Matthew Holden jr.
Aus: The Journal of Politics, Vol. 26 (Aug. 1964), Nr. 3. Originaltitel: The Governance of the Metropolis as a Problem in Diplomacy.

Der politische Willensbildungsprozeß in der Großstadt. Von Rolf-Richard Grauhan.
Aus: Der Bürger im Staat, 21. Jahrg. (Sept. 1971), Heft 3.

Politische Willensbildung und Führung in Großstädten der Oberstadtdirektor-Verfassung. Von Gerhard Banner. Originalbeitrag.

Stadtplanung und Politik. Von Rolf-Richard Grauhan.
Aus: Politische Vierteljahresschrift, Jahrgang VIII (Sept. 1966), Heft 3.

Sachzwang und Entscheidungsspielraum. Von Claus Offe.
Aus: Stadtbauwelt 23, Bauwelt 38/39, 60. Jahrgang (Sept. 1969).

Nahverkehrsplanung und städtische Lebensbedingungen. Von Wolf Linder. Originalbeitrag.

Zum politischen Stellenwert von Bürgerinitiativen. Von Claus Offe.
Aus: Grossmann, Heinz (Hrsg.): Bürgerinitiativen – Schritte zur Veränderung? Frankfurt, 1971 (Fischer-Bücherei Bd. 1233). Originaltitel: Bürgerinitiativen und Reproduktion der Arbeitskraft im Spätkapitalismus.

Im Dickicht städtischer Gewalt. Von Wolf-Dieter Narr. Originalbeitrag.

Namensverzeichnis

Adorno, Theodor W. 51
Ahner, Heinrich 217
Albers, Gerd 147, 227, 232, 235
Alger, Chadwick F. 121
Alperin, Robert J. 121
Altshuler, Alan 93
Anderson, Martin 263

Bachrach, Peter 252
Bahrdt, Hans Paul 38 f., 44 ff., 49 ff., 60, 203
Bain, Joe S. 98
Balbus, Isaac 253
Banfield, Edward C. 15 f., 88, 90 f., 131, 182, 191 f., 194, 253, 259
Baran, Paul A. 46, 48
Baratz, Morton S. 252
Barnard, Chester I. 90
Becker, Howard 266
Bellush 258
Benedict, Ruth 79
Benseler, F. 234
Bensman, Joseph 86
Bentley, Arthur 65
Berndt, Heide 49 ff., 60, 227
Bertram, Jürgen 145 f.
Bode, P. 226
Borcherdt, H. 219
Bordua, David J. 257
Breen, Matthew B. 84
Bülck, Hartwig 148
Burckhardt, L. 234
Burke, William T. 126

Childe, Gordon 70
Churchill, Winston S. 124
Cohen, Benjamin V. 74
Coleman, James S. 88
Collins, John F. 184, 187
Coke, James G. 88

Corcoran, Thomas G. 74
Crenson, Matthew A. 260
Currie 263
Czok, Karl 21 f., 35, 46, 58

Dahl, Robert A. 165
Dahrendorf 253
Daley, Richard J. 93
Davidoff, P. 204, 209
Dean, John P. 258
Deming, George H. 129
Dentler, Robert A. 92
Deutsch, Karl W. 134, 140, 143 f., 152
Dewey, John 99 ff., 104 f.
Dienel, Peter C. 160
Dietrich, R. 232
Dreitzel, Peter 21
Drewe, P. 52

Eaton, Cyrus 123
Eckstein, Otto 100
Eisenhower, Dwight David 63, 192
Eldredge, H. Wentworth 259
Elliot 263
Elsner, H. 201
Engels, Friedrich 20, 38, 45 f., 58 f., 266
Ennen, Edith 21, 56
Eschenburg, Theodor 267
Etzioni, Amitai 135

Faller, Peter 214
Fanon, Frantz 253
Fettmilch, Vincenz 33
Fischer, Victor 197 f.
Förderer, W. 234
Foote, Caleb 94
Forsthoff, Ernst 188

Fox, William T. R. 121 f.
Frank, Jerome 131
Freyer, H. 200
Friedrich, Carl J. 188
Friend, J. 230
Frost, Richard T. 127

Galtung, Johan 252
Gans, Herbert J. 259
Gehlen, A. 200, 203
Gettleman 211
Gladfeller, David D. 127, 131
Gorz, André 237 f., 242
Graham, Hugh Davis 255 f.
Grauhan, Rolf-Richard 149 f., 157, 163, 166, 168, 180, 230, 233
Greebbie, Barrie B. 262
Greer, Scott A. 121
Grimshaw, Allen D. 132
Gross, Bertram 261, 267
Gross, Neal 80
Grossmann, Heinz 243
Grünärml, F. 218 f.
Grymer 228
Gude, Sigmar 14
Guetzkow, Harold 128
Gurdes, G. 214
Gurr, Ted Robert 251, 255 f.

Haas, Ernst B. 134 f., 139, 143 f.
Habermas, Jürgen 20, 35 ff., 47, 51, 54, 204
Hackers, Friedrich 251
Hamilton (Konsul) 74
Hausknecht, Murray 258
Hawley, Amos H. 122
Hegemann, Werner 19
Heil, B. 25
Heller, Hermann 32
Helms, Hans G. 59, 254
Hennis, Wilhelm 151
Hesse, Joachim Jens 176
Hillebrecht, R. 225, 227, 230
Hoffmann, Pierre 265
Holden Jr., Matthew 16, 126, 129, 142
Horkheimer, Max 51

Horn 49
Horowitz, Irving Louis 266
Humes, Samuel 133
Hunter, Floyd 69
Huxeley, Julian 71

Imboden, Max 183, 195
Isbary, G. 225 f.

Jackson, Andrew 85
Jacobs, Jane 225, 263, 265
Janssen, Jörn 59, 254
Jefferson 193
Jessop, W. 230
Jewel 258
Joad 124
Jones, Victor 121
Jünger, R. G. 200

Kaiser, Joseph H. 197
Kaplan, Morton A. 134, 136 f., 142 ff.
Kaufman, Herbert 89, 135
Kehr, Eckart 146
Kirk Price, Eli 132
Kloten, N. 223
Körber, K. 222
Köttgen, Arnold 145
Kofler, Leo 22 f., 25 ff., 39
Korsch, Karl 58
Korte, H. 230
Krämer-Badoni 228
Krauch, H. 203 f.
Krauss, Karla 59
Krebsbach, August 146
Kress, Gisela 149, 208
Krippendorff, Ekkehart 148
Krutilla, John V. 100
Kuczynski, Jürgen 31, 35, 52

Lane, Roger 256 f., 266
Langner, Thomas S. 259
Laux, Eberhard 172, 177
Le Bon 263
Lehner, F. 215, 221

Levin, Melvin R. 185
Levy Jr., Marion J. 125
Lippmann, Walter 66
Locke, John 61
Lorenz, Konrad 262
Lorenzer 49

Maass, Arthur 125
Machiavelli 29
Marx, Karl 19, 23 f., 26, 30, 34, 38, 46, 56, 59
Mauersberg, Hans 19 f., 24, 26 f., 29 ff., 38 f., 47, 56
McCormick, Robert R. 91
McDougal, Myres S. 126
Merton, Robert K. 125
Meyerson, Martin 90, 131
Mills, C. Wright 69
Mitscherlich, Alexander 225, 227, 263
Morris, Desmond 262
Morstein Marx, Fritz 148, 191
Moseley, Philip E. 142
Mowat, Robert B. 136
Munro, William B. 181
Musgrave, Richard 101

Narr, Wolf-Dieter 149, 251 f., 262
Naschold, Frieder 146, 252, 262
Neubeck 233
Neuffer, Martin 157
Nisbet, Robert A. 125

Oeftering, H. M. 216
Oettle, Karl 216 f., 228
Offe, Claus 12, 162
Oppenheimer, Martin 261, 265 f.
Ortega 200 f.
Ostrom, Vincent 12, 16, 118, 131
Oswald, H. 48, 50, 53, 55 ff., 60

Parenti, Michael 260
Parsons, Talcott 188
Patellis, Nikitas 265
Platzmann 215

Poulantzas, Nicos 253
Preuß, Hugo 193

Riehl, Wilhelm Heinrich 35, 41, 51, 53
Rink, Jürgen 160
Robinson, James A. 121
Rodenstein 228
Roosevelt, Franklin D. 74
Rossi, Peter H. 92
Roth, Wolfgang 265

Saint-Simon 201
Salin, Edgar 53, 227
Sayre, Wallace S. 89
Schelsky, H. 200 ff.
Schlandt, Joachim 59
Schmidt-Relenberg, Norbert 50 f., 53, 60
Schurmann, Franz 266
Seidewinkel, H. 224, 229
Senghaas, Dieter 149, 208, 252
Sennet, Richard 263
Silberstein 211
Silver, Allan 257
Simmel 47, 50 f.
Simon, Yves R. 82
Skolnik, Jerome H. 260, 263, 266
Smelser, Neil J. 263
Smith, Adam 28, 61 f.
Smith, Stephen C. 105
Snyder, Richard S. 121
Spengler, Oswald 200 f.
Stagner, Ross 121
Stehl, K. 214
Sternlieb, George 264 f.
Storbeck, D. 230
Studeski, Paul 133, 135
Surkin, Marvin 260
Sweezy 48

Tamanend 84
Taylor, Thomasina 132
Thibout, Charles M. 12, 16, 101
Tilly, Charles 254 f., 257, 260

273

Vidich, Arthur 86
Vogel, Hans-Jochen 13, 179, 185, 216
Voigt, F. 223, 229

Wagener, Frido 16
Wallace, Henry 123
Wallace, Michael 261
Warren 12, 16
Waskow, Arthur I. 266
Webb, Sidney und Beatrice 114
Weber, Max 19 f., 22 ff., 32 ff., 38 f., 45 f.
Weichmann, H. 217

White, Morton und Lucia 193
White, W. H. 44
Wilcox, Delos F. 125
Wildavsky, Aaron 121
Wilson, James Q. 15, 182, 191 f., 194, 253, 256
Wittfogel, Karl August 24, 28
Wolfe, Alan 260
Wolfers, Arnold 122
Wolfgang, Marvin E. 256
Wood, Robert C. 97, 121, 125, 193

Ziebill, Otto 191

Bauwelt Fundamente

1 Ulrich Conrads, Programme und Manifeste zur Architektur des 20. Jahrhunderts · 180 Seiten, 27 Bilder

2 Le Corbusier, Ausblick auf eine Architektur · 216 Seiten

3 Werner Hegemann, Das steinerne Berlin · Geschichte der größten Mietskasernenstadt der Welt · 344 Seiten, 100 Bilder (vergriffen)

4 Jane Jacobs, Tod und Leben großer amerikanischer Städte · 221 Seiten

5 Sherman Paul, Louis H. Sullivan · Ein amerikanischer Architekt und Denker · 164 Seiten

6 L. Hilberseimer, Entfaltung einer Planungsidee · 140 Seiten

7 H. L. C. Jaffé, De Stijl 1917–1931 · Der niederländische Beitrag zur modernen Kunst · 272 Seiten

8 Bruno Taut, Frühlicht – Eine Folge für die Verwirklichung des neuen Baugedankens · 224 Seiten, 240 Bilder

9 Jürgen Pahl, Die Stadt im Aufbruch der perspektivischen Welt · 176 Seiten, 86 Bilder

10 Adolf Behne, Der moderne Zweckbau · 132 Seiten, 95 Bilder

11 Julius Posener, Anfänge des Funktionalismus · Von Arts and Crafts zum Deutschen Werkbund · 232 Seiten, 52 Bilder

12 Le Corbusier, Feststellungen zu Architektur und Städtebau · 248 Seiten, 230 teils farbige Bilder

13 Hermann Mattern, Gras darf nicht mehr wachsen · 12 Kapitel über den Verbrauch der Landschaft · 184 Seiten, 40 Bilder

14 El Lissitzky, Rußland: Architektur für eine Weltrevolution · 208 Seiten, 116 Bilder

15 Christian Norberg-Schulz, Logik der Baukunst · 308 Seiten, 118 Bilder

16 Kevin Lynch, Das Bild der Stadt · 216 Seiten, 140 Bilder

17 Günter Günschel, Große Konstrukteure 1 · Freyssinet – Maillart – Dischinger – Finsterwalder · 276 Seiten, 172 Bilder

19 Anna Teut, Architektur im Dritten Reich 1933–1945 · 392 Seiten, 56 Bilder

20 Erich Schild, Zwischen Glaspalast und Palais des Illusions · Form und Konstruktion im 19. Jahrhundert · 224 Seiten, 157 Bilder

21 Ebenezer Howard, Gartenstädte von morgen · Ein Buch und seine Geschichte · 198 Seiten, 35 Bilder

22 Cornelius Gurlitt, Zur Befreiung der Baukunst · Ziele und Taten deutscher Architekten im 19. Jahrhundert · 166 Seiten, 19 Bilder

23 James M. Fitch, Vier Jahrhunderte Bauen in USA · 330 Seiten, 247 Bilder

24 »Die Form« – Stimme des Deutschen Werkbundes 1925–1934 · 360 Seiten, 34 Bilder

25 Frank Lloyd Wright, Humane Architektur · 274 Seiten, 54 Bilder

26 Herbert J. Gans, Die Levittowner · Soziographie einer »Schlafstadt« · 368 Seiten

27 Über die Umwelt der arbeitenden Klasse · Aus den Schriften von Friedrich Engels · 238 Seiten, 23 Bilder

28 Philippe Boudon, Die Siedlung Pessac – 40 Jahre Wohnen à Le Corbusier · Sozio-architektonische Studie · 180 Seiten, 70 Bilder

29 Leonardo Benevolo, Die sozialen Ursprünge des modernen Städtebaus · Lehren von gestern – Forderungen für morgen · 172 Seiten, 72 Bilder

30 Erving Goffman, Verhalten in sozialen Situationen · Strukturen und Regeln der Interaktion im öffentlichen Raum · 228 Seiten

31 John V. Lindsay, Städte brauchen mehr als Geld · New Yorks Mayor über seinen Kampf für eine bewohnbare Stadt · 180 Seiten

32 Mechthild Schumpp, Stadtbau-Utopien und Gesellschaft · Der Bedeutungswandel utopischer Stadtmodelle unter sozialem Aspekt · 208 Seiten, 55 Bilder

33 Renato De Fusco, Architektur als Massenmedium · Anmerkungen zu einer Semiotik der gebauten Formen · 180 Seiten, 38 Bilder

34 Planung und Information · Materialien zur Planungsforschung, herausgegeben von Gerhard Fehl, Mark Fester, Nikolaus Kuhnert · 320 Seiten, ca. 20 Bilder

37 Gesellschaftsplanung in kapitalistischen und sozialistischen Systemen · 11 Beiträge, herausgegeben von Josef Esser, Frieder Naschold und Werner Väth · 311 Seiten

38 Großstadt-Politik · Texte zur Analyse und Kritik lokaler Demokratie, herausgegeben von Rolf-Richard Grauhan · 276 Seiten

Bertelsmann Fachverlag

Bei Fragen zur Produktsicherheit wenden Sie sich bitte an:
If you have any questions regarding product safety,
please contact:

Birkhäuser Verlag GmbH
Im Westfeld 8
4055 Basel, Schweiz
productsafety@degruyterbrill.com